出版研究新视野译丛 | 金鑫荣 主编

拆书

辅文的历史

〔英〕丹尼斯·邓肯
〔英〕亚当·史密斯 编

徐楠 译

Dennis Duncan
Adam Smyth

BOOK
PARTS

南京大学出版社

© Copyright Oxford University Press 2019

Book Parts was originally published in English in 2019,
This translation is published by arrangement with Oxford University Press.
Nanjing University Press is solely responsible for this translation from the
original work and Oxford University Press shall have no liability for any errors, omissions or inaccuracies or ambiguities in such translation or for any
losses caused by reliance thereon.
All rights reserved.

江苏省版权局著作权合同登记　图字:10-2021-36号

图书在版编目(CIP)数据

拆书:辅文的历史 /(英)丹尼斯·邓肯,(英)亚当·史密斯编;徐楠译. —南京:南京大学出版社,2024.1
(出版研究新视野译丛 / 金鑫荣主编)
书名原文:Book Parts
ISBN 978-7-305-26663-8

Ⅰ.①拆… Ⅱ.①丹… ②亚… ③徐… Ⅲ.①图书史－世界　Ⅳ.①G256.1

中国国家版本馆 CIP 数据核字(2023)第 162631 号

出版发行	南京大学出版社
社　　址	南京市汉口路 22 号　邮　编　210093
译丛名	出版研究新视野译丛
译丛主编	金鑫荣
书　　名	拆书:辅文的历史
	CHAI SHU: FUWEN DE LISHI
编　　者	[英]丹尼斯·邓肯　[英]亚当·史密斯
译　　者	徐　楠
责任编辑	陈蕴敏
照　　排	南京紫藤制版印务中心
印　　刷	江苏凤凰通达印刷有限公司
开　　本	635 毫米×965 毫米　1/16　印张 30.25　字数 358 千
版　　次	2024 年 1 月第 1 版　2024 年 1 月第 1 次印刷
ISBN 978-7-305-26663-8	
定　　价	98.00 元
网　　址	http://www.njupco.com
官方微博	http://weibo.com/njupco
官方微信	njupress
销售咨询	(025)83594756

＊ 版权所有,侵权必究
＊ 凡购买南大版图书,如有印装质量问题,请与所购
　图书销售部门联系调换

谨以此书献给菲莉帕·杰文斯(索引员)、马滕·希尔拜(封面设计师)、道恩·普雷斯顿(文字编辑)、安娜·斯库利(版面设计师)、SPi排版团队、杰奎琳·诺顿(高级策划编辑)、艾梅·赖特(高级助理策划编辑)、凯瑟琳·欧文和约翰·斯摩门(编辑助理)、艾拉奇亚·巴拉提(项目经理)、杰克·林奇(宣传文案)、史蒂芬·奥格尔(2号读者),以及匿名1号读者。①

---

① 以上皆为本书牛津大学出版社英文原版相关工作人员。——译注

"出版研究新视野译丛"序

邬书林

出版史,在一定意义上也是人类的文明史。俄罗斯文豪赫尔岑有一段精彩的论述,他说"书是和人类一起成长起来的,一切震撼智慧的学说,一切打动心灵的热情,都在书里结晶成形;在书本中记述了人类狂激生活的宏大规模的自白,记述了叫作世界史的宏伟自传"。自文字的诞生起,出版作为传播知识、传播文明的工具,为人类文明的演进和发展做出了不可磨灭的贡献。中国的造纸术和活字印刷术的发明,极大地融汇、促进了中西方的文化交流;而西方伴随着文艺复兴的革故鼎新,尤其是工业革命以来日新月异的科技发展,给人类带来了翻天覆地的产业变革,使得出版业成为近现代产业体系中的重要一极。

因出版产业而起的出版研究(出版专业)是一个古典与现代并存的研究领域,发展至今,俨然已经成为一门新的学科,"出版学"的概念呼之欲出。道理就在于,不管是人类思想史、文明史的研究,还是现代的学科分类研究,都离不开对出版学(专业)的独立、深入的研究,出版学(专业)研究已经成为现代人文科学和社会科学研究中的重要"构件"。中国古代先贤倡导士大夫"立功、立德、立言""三不朽",宋代大儒张载提出的"为天地立心,为生民立命,为往圣继绝学,为万世开太平"影响深远,而这一切都离不开对出版的倚重。近代中国积贫积弱、瓜分豆剖,面临"三千年来未有之变局"(梁启超语),为了中华民族的复兴,一代知识分子提出要"睁眼看世界",主要也是通过翻译、引进西方有关科学、民主和先进科学技术的系列出版物而达到"欧风东渐"的目的;而"五四"新文化运动中,中国先进知识分子也是通过引进西方"德先生""赛先生"方面的书籍来达到打破旧世界、建设新世界的目的。因此可以说,从古到今,出版起到了普及教育、"开启民智"、汰旧立新的重要作用。就出版的时代重要性而言,近现代中国知识界对出版的重视已经超越了对出版本身"工具理性"的实践认同,更加强了对出版业本身所附有的文化意义和时代意义的探索。

经过中华人民共和国建立 70 多年,特别是改革开放 40 多年的快速发展,中国出版业已经彻底摆脱了改革开放之前图书短缺的局面。现在每年出版 40 多万种图书,其中新书 20 余万种,极大地满足了社会大众的阅读需求。就出版物的数量来说,我们的出版物种类繁多,发行数量巨大,已经成为名副其实的出版大国。但同时我们也要清醒地认识到,与西方老牌出版大国、强国相比,我们还有很大的增长空间。当前,信息技术的革命性进步为我们提高出版水平提供了机遇。人工智能、大数据、区块链的应用使出版的理念、管理方式、载体形式、传播方式、运作流程、服务方式都发生了巨大变化。我们可以在一个平台上,用开放、协同、融合的理念,用新技术推进出版的繁荣发展。

与此同时,要建构具有中国特色的学术体系、学科体系、话语体系,增强中国文化的国际传播力,则需要我们深刻认识出版规律，加快提高出版水平，更好地发挥出版服务政治、经济、科技、文化、教育和提高国民素质的功能。为此，一方面，我们要不断地修炼内功，加强理论研究，建立服务出版、繁荣发展的出版学科体系；另一方面，我们要不断地借鉴世界各国出版的经验，从出版文明的交流、互鉴中，汲取营养，起到"他山之石，可以攻玉"的作用。

出版作为实践性强、实操性居多的学科专业，缺乏系统的理论建构，也缺少"宏大"的理论叙事，更多的是具体出版实践中一些心得、体悟和经验，因此中西方出版从业者的很多同质性问题，值得大家相互借鉴、探讨。这套"出版研究新视野译丛"，顾名思义，是为出版专业的学生或出版同业者提供新视野、新体验的书，所论述的问题涉及学术图书的未来、知识过载时代的阅读、装帧设计对读者阅读心理的影响、书籍各个"构件"的故事等，作者大多是出版研究者和身处出版一线的编辑，阐述的都是近年来出版者在日常工作中会遇到的现实问题和解决方案，这些对出版专业学生和出版工作者来说，具有很好的启迪作用和参考价值，因此我乐于推荐。

是为序。

2023 年 11 月 12 日

出版说明

出版编辑理论植根于古往今来的出版编辑实践。现代出版编辑理论在发展的基础上得到延伸和拓展，大数据、云计算、区块链等技术极大地扩展了出版编辑理论的研究空间，互联网、数字化、融合出版则对传统的出版编辑理论提出了新的挑战。如何在技术与理论、传统与现代的交互发展中探索现代出版编辑理论的诸多核心要素，是出版编辑理论研究中需要关注的问题。同时，在高校出版编辑学的教学研究过程中，出版的具体实践始终是教学过程重点关注的环节。没有编辑实践的出版教学，就会"头重脚轻根底浅"，易发蹈虚之言，好作虚妄之论。这也正是教育部颁布的出版学教学纲要中，特别要求具有出版实践经验的行业导师加持的原因。出版学发展至今还是"非主流"学科，学科设置一般挂靠于新闻传播学、信息管理学或文学的门墙之下，学科的主体性有待加强。因此，出版编辑理论尤其需要实操性比较强的理论和实践阐述，不断充实、加强当代的出版编辑研究，研究诸如出版类别的时代演变、出版内容的海量呈现、出版形式的多元拓展、出版受众的需求变化、编辑素养的综合提升等相关问题。

信息化时代，中西方的现代出版编辑理论和实践构筑不了"小院深墙"，国际化的出版交流日趋常态化。中国作为发展蒸蒸日上的出版大国，在世界出版版图中占据越来越重要的地位。特别是随着文化"走出去"国家战略的实施,许多优秀的出版社成为中华优秀文化走出去的"前哨站"和"桥头堡"。这对我们培养的出版人才也提出了更高的要求,需要他们具有宏阔的国际视野和多元的文化视角,在中外出版编辑理论的互鉴互融中得到能力的提升。为此,我们组织翻译了这套"出版研究新视野译丛"。说它"新",一是研究的题材新,"译丛"提出了一些新的探索、新的见解,如对学术图书的未来、知识过载问题的探讨,对"叛逆"的编辑解读,等等;二是出版时间新,遴选的是近十年中才出版的专业著作。作者既有著名大学的出版专家,还有著名出版社的资深编辑,这使得"译丛"阐述的问题兼具理论性和实践性、普遍性和专业性。

特别感谢施敏的协调统筹。对徐楠、卢文婷、邵逸、王苇等译者也一并致谢。

译丛主编

2023 年 11 月 18 日

目录

作者简介 ………………………………………………… 001
第 1 章 序言(丹尼斯·邓肯 亚当·史密斯) ……………… 001
第 2 章 护封(吉尔·帕廷顿) …………………………… 017
第 3 章 卷首页(路易莎·卡莱) ………………………… 039
第 4 章 书名页(惠特尼·特里蒂安) …………………… 059
第 5 章 出版信息、出版许可与版权页(谢夫·罗杰斯) … 075
第 6 章 目录(约瑟夫·A. 豪利) ………………………… 093
第 7 章 致读者书(米根·J. 布朗) ……………………… 113
第 8 章 致谢与献词(海伦·史密斯) …………………… 131
第 9 章 印刷商装饰画与花饰(哈泽尔·威尔金森) …… 149
第 10 章 人物表(塔玛拉·阿特金) ……………………… 167
第 11 章 页码、折标与页首词(丹尼尔·索耶) ………… 185
第 12 章 章节标题(尼古拉斯·达姆斯) ………………… 201
第 13 章 题词(蕾切尔·萨格纳·布尔玛) ……………… 219
第 14 章 舞台指示(蒂凡尼·斯特恩) …………………… 235
第 15 章 页眉标题(克莱尔·M. L. 伯恩) ……………… 255
第 16 章 木版画(亚历山德拉·富兰克林) ……………… 277
第 17 章 雕版画(肖恩·罗伯茨) ………………………… 295

第 18 章　脚注（珍妮·戴维森）……………………………… 313

第 19 章　勘误表（亚当·史密斯）……………………………… 331

第 20 章　索引（丹尼斯·邓肯）………………………………… 349

第 21 章　衬页（西德尼·E. 伯杰）…………………………… 365

第 22 章　书封文字（阿比盖尔·威廉姆斯）………………… 379

精选文献 ……………………………………………………………… 399

索引 …………………………………………………………………… 413

作者简介

塔玛拉·阿特金(TAMARA ATKIN)是伦敦玛丽女王大学(Queen Mary University of London)中世纪晚期与文艺复兴早期文学专业的高级讲师。著有《改革的戏剧:1461—1553年间的宗教学与戏剧性》(*The Drama of Reform: Theology and Theatricality, 1461-1553*, 2013)、《在英国都铎王朝阅读戏剧》(*Reading Drama in Tudor England*, 2018)。她正与劳拉·埃斯蒂尔(Laura Estill)一同主编论文集《早期英国戏剧手抄本》(*Early British Drama in Manuscript*)。

西德尼·E. 伯杰(SIDNEY E. BERGER)已经出版了至少十五本书,发表了六十多篇文章,内容涉及文献学、书籍艺术、印刷史、中世纪文学、二十世纪文学与图书史。他担任过六年期刊《珍本书稿图书馆》(*Rare Books and Manuscripts Librarianship*)[①]编辑,现为《保存、数字技术与文化》(*Preservation, Digital Technology and Culture*)的副编辑。他曾是皮博迪·埃塞克斯博物馆(Peabody Essex Museum)菲利普斯图书馆(Phillips Library)的安·C. 平格里馆长(Ann C.

[①] 现更名为《珍本、手稿与文化遗产》(*Rare Books, Manuscripts & Cultural Heritage*)。——译注

Pingree Director），现在则是荣誉馆长。他还曾任加州大学洛杉矶分校加州图书中心主任、加州大学河滨分校特殊馆藏及大学档案管理人。其著作《珍本图书与特殊馆藏》(*Rare Books and Special Collections*)曾获 2015 年度 ABC CLIO 出版社/美国图书馆协会联名奖,他的最新作品名为《图书辞典》(*The Dictionary of the Book*,2017)。

克莱尔·M. L. 伯恩(**CLAIRE M. L. BOURNE**)是宾州州立大学的英语系助理教授,其教学研究主要关注近代早期戏剧与图书史。她正在撰写一本名为《近代早期英国演出中的文字设计》(*Typographies of Performance in Early Modern England*)的著作。她也在《英国文学文艺复兴》(*English Literary Renaissance*)、《美国文献学会论文集》(*Papers of the Bibliographical Society of America*)、《莎士比亚》(*Shakespeare*)、《莎士比亚简报》(*Shakespeare Bulletin*)等期刊上发表文章,并为一些文集供稿,内容涉及针对克里斯托弗·马洛①的印刷文化与表演艺术的交叉研究、1640 年以后的莎士比亚文学印刷史,以及近代早期书籍中的旁注。

米根·J. 布朗(**MEAGHAN J. BROWN**)是福尔杰莎士比亚图书馆(Folger Shakespeare Library)的数字产品编辑,现主要负责图书馆最新数字资产平台"米兰达"(Miranda)。她拥有佛罗里达州州立大学的文本技术史博士学位,以及得克萨斯大学奥斯汀分校的信息系统科学硕士学位。米根的研究兴趣包括近代早期印刷厂如何向读者呈现印刷技术,近代早期学术中的引用行为,以及数字人文。她

---

① 克里斯托弗·马洛(Christopher Marlowe,1564—1593),英国文艺复兴时期的戏剧家和诗人。——译注

坚持认为这几个问题息息相关。她的作品被收录于《图书史》(*Book History*)、《加拿大文献学会论文集》(*Papers of the Bibliographical Society of Canada*)及《档案期刊》(*Archives Journal*)。米根也是《美国文献学会论文集》的执行编辑。

蕾切尔·萨格纳·布尔玛（RACHEL SAGNER BUURMA）是斯沃斯莫尔学院(Swarthmore College)的英国文学副教授,主要研究十八及十九世纪文学与印刷文化、小说史、二十世纪英美文学批评、文学信息学和图书史。她的近期文章发表在《表现》(*Representations*)、《维多利亚时代研究》(*Victorian Studies*)及《新文学史》(*New Literary History*)上。她即将完成一部讲述全知叙事模式物质史的著作,并着手写作有关维多利亚时代小说家研究行为的新书,现在正与劳拉·赫弗南(Laura Heffernan)合著一本题为《教学档案》(*The Teaching Archive*)的专著,内容是关于英语学习的历史。她还与乔恩·肖(Jon Shaw)共同管理"早期小说数据库"(Early Novels Database)。

路易莎·卡莱（LUISA CALÈ）是伦敦大学伯贝克学院(Birkbeck, University of London)高级讲师。路易莎发表过的作品内容涵盖浪漫主义文学、视觉资料与物质文化。她正在撰写的专著名为《解开书本》(*The Book Unbound*),主要研究书籍的阅读、收藏与拆卸行为,章节涉及霍勒斯·沃波尔[①]、威廉·布莱克[②]及查尔斯·狄更斯。

[①] 霍勒斯·沃波尔(Horace Walpole,1717—1797),英国作家。——译注
[②] 威廉·布莱克(William Blake,1757—1827),英国浪漫主义诗人、版画师。——译注

尼古拉斯·达姆斯（NICHOLAS DAMES）是哥伦比亚大学人文学科西奥多·卡亨讲席教授（Theodore Kahan Professor），著有《失忆自我：怀旧、遗忘与1810—1870年间的英国小说》（*Amnesiac Selves: Nostalgia, Forgetting, and British Fiction, 1810-1870*，牛津大学出版社，2001）及《小说生理学：阅读、神经科学及维多利亚时代小说的形式》（*The Physiology of the Novel: Reading, Neural-Science, and the Form of Victorian Fiction*，牛津大学出版社，2007）。他是小说研究领域的专家，主要关注十九世纪英国及欧洲大陆的小说作品，除此之外也涉猎小说理论、阅读史、十七世纪至今的散文小说美学。他目前正在研究图书章节的历史，范围将从古典末期的文本文化（尤其是早期基督教典籍的编辑抄写模式）延伸至现代小说。

珍妮·戴维森（JENNY DAVIDSON）是纽约哥伦比亚大学英语与比较文学教授。她最新的著作是《阅读简·奥斯汀》（*Reading Jane Austen*），目前正在撰写一部关于爱德华·吉本[①]与罗马遗迹的作品。

丹尼斯·邓肯（DENNIS DUNCAN）是一位作家兼译者，现定居于英国伦敦。他的出版作品包括《乌力波与现代思想》（*The Oulipo and Modern Thought*，2019）、《巴别塔：翻译中的冒险》（*Babel: Adventures in Translation*，2018）及《汤姆·麦卡锡：评论文集》（*Tom*

[①] 爱德华·吉本（Edward Gibbon，1737—1794），近代英国历史学家，著有《罗马帝国衰亡史》（*The History of the Decline and Fall of the Roman Empire*）。——译注

McCarthy: Critical Essays, 2016)。另一本名为《索引,的历史》(Index, A History of the)的专著已于2021年由企鹅出版社出版。

亚历山德拉·富兰克林(ALEXANDRA FRANKLIN)是牛津大学波德林图书馆图书研究中心(Bodleian Libraries Centre for the Study of the Book)协调员。作为负责珍本书的图书馆员,她参与创建了"波德林单页民谣①"在线资源库(ballads.bodleian.ox.ac.uk),编写了民谣歌谱上木刻插画的主题索引。她发表的文章也是有关大众印刷品上的木刻插画内容的,她将继续研究阅读史与印刷图像的运用,并同时管理波德林特殊馆藏部门的教育基金项目。

约瑟夫·A.豪利(JOSEPH A. HOWLEY)是哥伦比亚大学古罗马文化研究副教授。他的首部专著《奥卢斯·革利乌斯与古罗马阅读文化:〈阿提卡之夜〉中的文本、在场与帝国智慧》(Aulus Gellius and Roman Reading Culture: Text, Presence and Imperial Knowledge in the Noctes Atticae)从罗马帝国世界的阅读文化与文学潮流角度研究了二世纪古罗马作家奥卢斯·革利乌斯。他还围绕古罗马的焚书现象、海外留学活动与知识分子文化等主题发表过文章。目前,他正在研究奴役劳力在古罗马图书文化中的角色。他于2011年从圣安德鲁斯大学(University of St Andrews)获得古罗马文化研究专业博士学位,并在弗吉尼亚大学夏洛茨维尔分校(University of Virginia, Charlottesville)珍本图书学院获2014—

---

① 单页民谣(broadside ballad)指的是西方流行于十六、十七世纪的叙事性歌谣,通常被印在大型传单上出售。——译注

2016 年度的梅隆基金评注文献项目资助（Mellon Fellowship in Critical Bibliography）。

吉尔·帕廷顿（GILL PARTINGTON）是剑桥大学马柏院士（Munby Fellow），主要进行文学、视觉文化、传播媒介的交叉学科研究。研究内容包含实体书页及其非正统历史、形式、用途及滥用方式。她发表了有关艺术家汤姆·菲利普斯（Tom Phillips）与约翰·莱瑟姆（John Latham）的图书改造作品的文章，目前正在研究非纸质图书的发展史。

肖恩·罗伯茨（SEAN ROBERTS）是弗吉尼亚联邦大学卡塔尔分校（Virginia Commonwealth University in Qatar）艺术史副教授兼意大利艺术学会主席。他主要研究意大利与伊斯兰国度间的交互影响、地图的文化史，以及印刷品在艺术与建筑史中的地位。他著有《印刷地中海世界：佛罗伦萨、君士坦丁堡与地理学的文艺复兴》（*Printing a Mediterranean World: Florence, Constantinople and the Renaissance of Geography*，2013），并与蒂姆·麦考尔（Tim McCall）及贾恩卡洛·菲奥伦扎（Giancarlo Fiorenza）共同主编《欧洲近代早期视觉文化中的秘密》（*Visual Cultures of Secrecy in Early Modern Europe*，2013）。肖恩也曾在《世界意象》（*Imago Mundi*）、《印刷季刊》（*Print Quarterly*）、《文艺复兴研究》（*Renaissance Studies*）、《近代早期历史期刊》（*Journal of Early Modern History*）、《思想史评论》（*Intellectual History Review*）上发表过有关地图学、外交学和印刷技术的文章。

谢夫·罗杰斯（SHEF ROGERS）是奥塔戈大学（University of

Otago)副教授，图书中心联席主任。他是《手稿与印刷：澳大利亚与新西兰文献学会简报》(*Script and Print: Bulletin of the Bibliographical Society of Australia and New Zealand*)的主编，也是写作、阅读与出版史协会(Society for the History of Authorship, Reading and Publishing, SHARP)的主席。他发表的文章内容涉及十八世纪的旅行图书、皇家出版许可、作者版权费用，以及附赠增刊的书籍。

丹尼尔·索耶(DANIEL SAWYER) 是牛津大学英语系博士后研究助理、圣体学院(Corpus Christi College)初级研究员。他研究中世纪英国文学的方法结合了文学批评与文献校勘，以及定量与定性修辞学。目前他正在撰写有史以来第一本关于中世纪后期英语韵文阅读史的著作，同时也参与修订了首部《圣经》英语全译本《威克利夫圣经》(The Wycliffite Bible)的全新版本。他发表过的文章主题包括鲜有人关注的中古英语诗歌、被人重新发现的散落手稿，以及令人困惑不解的中世纪书签，他最新的文章研究了 1511 篇遗失的手稿。

海伦·史密斯(HELEN SMITH) 是文艺复兴文学教授，任约克大学英语及相关文学系主任。她著有《"非常现实"：近代早期英国女性与书籍制作》('*Grossly Material Things*': *Women and Book Production in Early Modern England*, 2012)，与露易丝·威尔逊(Louise Wilson)共同主编《文艺复兴时期辅文》(*Renaissance Paratexts*, 2012)，与凯文·基林(Kevin Killeen)、蕾切尔·威利(Rachel Willie)合编《牛津手册系列：约 1530—1700 年间近代早期英国〈圣经〉》(*The Oxford Handbook of the Bible in Early Modern*

England, c. 1530 - 1700, 2015),并且与西蒙·迪奇菲尔德(Simon Ditchfield)合编《对话:近代早期欧洲的性别文化与宗教变迁》(*Conversions: Gender and Religious Change in Early Modern Europe*, 2016)。海伦发表了大量有关近代早期物质文本、出版和女性文化作品的文章。

亚当·史密斯(ADAM SMITH)是牛津大学英国文学与图书史教授。他出版了多部著作,包括《近代早期英国的物质文本》(*Material Texts in Early Modern England*, 2018)、《近代早期英国的自传文学》(*Autobiography in Early Modern England*, 2010)。目前他正在为阿登版莎士比亚全集(Arden Shakespeare)编辑《佩力克里斯》(*Pericles*)一书,同时定期为《伦敦书评》(*London Review of Books*)撰稿。

蒂凡尼·斯特恩(TIFFANY STERN)是伯明翰大学莎士比亚学院的教授,主要研究莎士比亚与近代早期戏剧。她的专著有《预演:从莎士比亚至谢立敦①》(*Rehearsal from Shakespeare to Sheridan*, 2000)、《制造莎士比亚》(*Making Shakespeare*, 2004),她与西蒙·帕弗瑞(Simon Palfrey)合著的《台词本中的莎士比亚》(*Shakespeare in Parts*, 2007)在2009年获大卫·贝文顿奖(David Bevington Award)早期戏剧研究最佳新书奖,另一本专著《近代早期戏剧表演档案》(*Documents of Early Modern Performance*, 2009)则是2010年该奖项获奖图书。她与法拉赫·卡里姆-库珀(Farah Karim-Cooper)共同

---

① 理查德·布林斯利·谢立敦(Richard Brinsley Sheridan, 1751—1816),英国喜剧家。——译注

主编了论文集《莎士比亚剧场及表演效果》(*Shakespeare's Theatres and the Effects of Performance*, 2013),编有匿名作品《利尔王》(*King Leir*, 2001)、理查德·布林斯利·谢立敦的《情敌》(*The Rivals*, 2004)、乔治·法夸尔①的《招兵官》(*Recruiting Officer*, 2010)、理查德·布罗姆②的《一伙快活人》(*Jovial Crew*, 2014)。她还是"新美人鱼"(New Mermaids)丛书及阿登版莎士比亚全集第四卷的主编,撰有五十余篇有关十六至十八世纪戏剧文学的文章。

惠特尼·特里蒂安(WHITNEY TRETTIEN) 是宾夕法尼亚大学英语系助理教授。她撰写了许多有关文本技术的文章,包括文艺复兴时期的纺织品、塞缪尔·佩皮斯③的速写作品、约翰·柏格福特④的剪贴簿,以及电子文学。她正在编写一部印刷/数字形式结合的专著,研究的是十七世纪图书生产中废纸的回收利用。

哈泽尔·威尔金森(HAZEL WILKINSON) 是伯明翰大学英语系研究员兼讲师,主要方向是十八世纪文学。她是《埃德蒙·斯宾塞⑤与十八世纪的图书》(*Edmund Spenser and the Eighteenth-Century Book*, 2017)一书的作者,也是"花饰"(Fleuron)——印刷厂装饰花样在线数据库的主要研究员。目前,她正与马库斯·沃尔什

---

① 乔治·法夸尔(George Farquhar, 1678—1707),英国剧作家。——译注
② 理查德·布罗姆(Richard Brome, 约 1590—1652),英国剧作家。——译注
③ 塞缪尔·佩皮斯(Samuel Pepys, 1633—1703),英国海军官员,以其所写的日记著称。——译注
④ 约翰·柏格福特(John Bagford, 1650—1716),英国藏书家。——译注
⑤ 埃德蒙·斯宾塞(Edmund Spenser, 1552—1599),英国文艺复兴时期诗人。——译注

(Marcus Walsh)一同为《牛津版亚历山大·蒲柏①作品集》(Oxford Edition of the Writings of Alexander Pope)编辑蒲柏的《伦理书信》(Ethic Epistles)。

阿比盖尔·威廉姆斯（ABIGAIL WILLIAMS）是牛津大学教授，专业为十八世纪研究。她著有《图书的社会生活》(The Social Life of Books，2017)、《诗歌与辉格派文学的诞生》(Poetry and the Creation of a Whig Literary Culture，2005)，编有乔纳森·斯威夫特(Jonathan Swift)的《给斯特拉的日记》(Journal to Stella，2013)。她主导创办并管理由利华休姆基金会(The Leverhulme Trust)赞助的数据库"数字杂集索引"(Digital Miscellanies Index)。她目前正在研究十八世纪文学及数字文化中的有意误读，并开始撰写《床笫之间》(Between the Sheets)，一部有关卧床读书历史的图书。

---

① 亚历山大·蒲柏(Alexander Pope，1699—1744)，英国古典主义诗人。——译注

序言

第1章

丹尼斯·邓肯 亚当·史密斯

第1章 序言

> 当我们问起维尼"序言"(Introduction)的反义词是什么时,他的回答是:"什么的什么?"这可不是我们期待的有用答案,不过万幸的是,猫头鹰的头脑一直很清醒,他告诉我们,亲爱的维尼,"序言"的反义词是"矛盾"(Contradiction)。
>
> ——A. A. 米尔恩①,《维尼角落的家》
> (*The House at Pooh Corner*)

本篇序言与 A. A. 米尔恩所写的一样,是某种矛盾体,不过我们不希望它完全变成"序言"的反面。我们会找到平衡点,在讲述图书序言的历史的同时也为这本讲述图书史的图书撰写一篇序言。与《绅士特里斯舛·项狄的生平与见解》(1761)的第四卷第十章不同——"这是章节之上的章节,"特里斯舛声称,"我保证会在睡觉前写完它。"②——这章序言既是本书固有的一部分,也是对这一部分如何从无到有的探索。序言是一种很矛盾的东西:它们总是出现在正文之前,但又往往是在正文写完之后才动笔(这一篇同样如此)。序言框定了下文的内容,框架的制定者却是不确定的,是作者、编辑还是某位文学大家?〔比如 T. S. 艾略特为《月亮宝石》作

---

① A. A. 米尔恩(A. A. Milne,1882—1956),英国著名童话作家,小熊维尼之父。——译注

② Laurence Sterne, *The Life and Opinions of Tristram Shandy, Gentleman*, ed. Ian Campbell Ross (Oxford: Oxford University Press, 2009), pp. 225 - 6.〔此书又名《项狄传》,作者为劳伦斯·斯特恩(Lawrence Sterne,1713—1768),这是一部打破传统小说叙述模式的作品,各章长短不一,有的章节是空白。——译注〕

序,威尔·塞尔夫为《圣经》的《启示录》作序。[1]在这种情况下,序言占据了不定的篇幅,对正文进行补充,也为理解全书打下了关键基础——一种低调却充满控制力的文本。书籍中的某些构成部分是纯粹程式化的:我们只要点击某个按键,页码就会出现在整本书的每一页,且毫无后顾之忧。还有一些部分虽然是经人创作书写而成,但始终是匿名状态:律师不会在版权页上签名,索引员也不会在索引后署名。序言则完全不同。与之类似的只有书封文字(blurb),它们都传达了某种不仅仅来源于作者的具体而特定的声音,告诉我们应当如何思考手中这本书的内容。序言是一处奇异的空间,在这里,具名的闯入者拥有优先发言权。

那么我们要不要阅读序言呢?或许放到最后再来读吧。因为里面说不定包含剧透。正如《无神论者》(*L'Organiste athée*, 1964)——一部全部由序言组成的实验性小说所指出的,读者习惯将前言性质的文字作为备选项,而非必选项。事实上,序言通常会在页面上明确自己的次级地位,用罗马数字标记页码,以免影响正文内容的顺序。另一方面,它可能起到广告的作用,好让摇摆不定的读者决定是否继续读完剩下的部分。这也是博纳旺蒂尔·达尔贡在十八世纪初所说的:"意大利人把作者放在书籍最前面的序言称作'书的调味料'。好的序言实际上就像美味的酱料:可以吊起读者的胃口,成为

---

[1] Wilkie Collins, *The Moonstone, with an Introduction by T. S. Eliot* (Oxford: Oxford University Press, 1928); *Revelation, with an Introduction by Will Self* (Edinburgh: Canongate, 1998). [威尔·塞尔夫(Will Self, 1961—),英国作家。——译注]

他们吞食消化这本书的动力。"[1]

有关序言的问题,艾萨克·迪斯雷利曾这样写道:"我发现普通读者都会跳过这一精巧的部分。"[2]两个世纪后的现在,电子书设备通常会跳过辅文[3],直接定位至正文的第一页。[4] 不过鉴于你已经读到了这里,不是一位普通的读者,我们在此为你介绍《拆书:辅文的历史》这本书。《拆书》是图书史领域发展过程中的一次尝试,旨在为构成实体书的(通用)组成部件提供历史考证。它试图从新的角度看待图书,不视之为稳定的单一个体,而是将其看作各种成分排列组合而成的整体,每一部分都包含特有的传统与历史,与正文有着不同的关系,是特殊的劳动成果。《拆书》将清晰刻画图书的历史:就像埃德蒙·斯宾塞的《新婚颂歌》(*Epithalamion*,1595)所描绘的——"她的大眼睛像蓝宝石一样发光/她的额头象牙一样白/她的脸颊苹果一样红",本书中的图书是由一系列明确构思、充满细节、广为人知的部件构成的整体。《拆书》打破了图书的整体性,以更清晰的视角观察每一部分的运作机制和历史变迁:这是一部解剖学式的图书史,(再换种说法)把书看作原子的集合体,每个原子都争先

---

[1] M. de Vigneul-Marville [Bonaventure d'Argonne], *Mélanges d'histoire et littérature*, vol. 1 of 3 (Paris: Claude Prudhomme, 1701), p. 332.[博纳旺蒂尔·达尔贡(Bonaventure d'Argonne,1634—1704),法国文学家。——译注]

[2] Isaac D'Israeli, *Curiosities of Literature*, ed. Benjamin Disraeli (Widdleton, 1872), vol. 1, p. 128.[艾萨克·迪斯雷利(Isaac D'Israeli,1766—1848),英国学者。——译注]

[3] 辅文(paratext)这一概念由法国文论家热拉尔·热奈特(Gérard Genette,1930—2018)提出,又译作"副文本",指正文以外的辅助性文字,如标题、序跋、扉页、附录等。——译注

[4] Ellen McCracken, *Paratexts and Performance in the Novels of Junot Díaz and Sandra Cisneros* (Basingstoke: Palgrave Macmillan, 2016), p. 40,另见本书蕾切尔·萨格纳·布尔玛所著第13章《题词》。

扮演着自己的角色,而不仅仅是文献中的一行字。用路易斯·麦克尼斯的话来说,在这本书里,我们所阅读的书籍呈现不可变更的复数形式。①

全书分为22章,每一章各讨论实体书的某一组成部分,编排顺序与线性阅读②顺序一致:从护封(dust jacket)到书封文字。每章都很简短,以免过度追溯历史源头:我们想要生动呈现该部件第一次出现时的故事[比如十九世纪晚期的护封、十六世纪的勘误表(errata list)],不过有时也会分析往后或更早期的实例。鉴于印刷在文化方面的重要性于十五世纪晚期至十七世纪大幅提升,近代早期阶段将是我们的重点内容,除此之外,撰稿人也会着墨于其他重要的时间节点。每一章都会专注于某一时间段,但也会有长时段③的历史角度:我们希望读者能因此透过新的视角观察我们习以为常的存在——图书。④ 我们研究的地理范围大致限定在英国,然而其他国家的图书文化也有所涉猎。本书试图在精确(文献的天然属

---

① Louis MacNeice, 'Snow', in *Collected Poems* (London: Faber and Faber, 1979), p. 30. [路易斯·麦克尼斯(Louis MacNeice, 1907—1963),英国诗人、剧作家。——译注]

② 线性阅读(linear reading)指在阅读内容时按照内容发布者安排的顺序进行阅读,是连续、非跳跃式的过程。——译注

③ 长时段(longue durée)指社会发展过程或社会结构演变的漫长时期,是由法国史学家费尔南·布罗代尔(Fernand Braudel, 1902—1985)提出的一种历史研究方法。——译注

④ 近期将图书视为部分组成的整体来分析的有趣尝试可参考 *The Thing the Book: A Monument to the Book as Object*, ed. John Herschend and Will Rogan (San Francisco, CA: Chronicle, 2016),本书的作者包括马丁·克里德(Martin Creed)、米兰达·朱利(Miranda July)、埃德·鲁沙(Ed Ruscha)与乔纳森·莱瑟姆(Jonathan Lethem)等作家及艺术家,还可参考 Kevin Jackson, *Invisible Forms: A Guide to Literary Curiosities* (London: Picador, 1999)。

性)和拓展(图书史研究的当前发展方向)间找到平衡。

对辅文的研究已然成为图书史学的重要分支。[1] 这些研究成果通常受到了热拉尔·热奈特的影响,其 1987 年的作品《门槛》(Seuils)在 1997 年被翻译为《辅文》(Paratexts[2])出版。法语原书名提示我们,辅文是边缘性的工具。在 22 篇文章里,只有舞台指示(stage direction)和插图与正文共处同一空间。辅文的定义在字面意义上就是次要的形式。无论是在页面的边缘还是书籍的末尾,辅文像中世纪的宗教性评注一样环绕着正文,闪闪发光(彩色插图 1)。页码、页首词[3]、序言、索引、衬页(endleaf)紧紧包裹着正文主体——作者引以为傲地提交给印刷厂的作品手稿,或是今天用 Word 文档提交给出版社的文件,仅仅是最终成书的其中一部分而已。研究辅文——把它们从边缘处找出,让它们成为舞台中心——的意义在于提醒我们自己,封面上出现的作者并不是书籍唯一的贡献者,每一本书都是一系列惯例与协作的成果。在谈到护封时,文献学家查尔斯·比彻·霍根(Charles Beecher Hogan)夸张地写道:"这层包装纸跟作者一点关系也没有。"[4]还需要注意的是,书中的内容不全是为我们读者设计的。有一些部分有特定的其他受众——装订工、图书馆员、律师,这些部分在发挥应有的作用时就像是剧场的提词声,在

---

[1] 例如 Helen Smith and Louise Wilson (eds), *Renaissance Paratexts* (Cambridge: Cambridge University Press, 2011).

[2] Gérard Genette, *Seuils* (Paris: Seuil, 1987); *Paratexts: Thresholds of Interpretation*, trans. Jane E. Lewin(Cambridge: Cambridge University Press, 1997).

[3] 页首词(catchword),又称导字、渡字,是过去书籍印在前页末尾的次页首词。——译注

[4] Charles Beecher Hogan, *A Bibliography of Edwin Arlington Robinson* (New Haven, CT: Yale University Press, 1936), iii. 另见本书吉尔·帕廷顿所著第 2 章《护封》。

观众的听觉范围外默默低语。

热奈特书中有关图书边缘概念的细致思考使之成为辅文研究领域的最佳催化剂,然而此书也并非完美无缺,比如作者方面几乎只关注了十九及二十世纪的小说文学,因此缺乏历史、共性、材料上的广度。辅文的概念对于本书而言极其关键,《拆书》这一标题也点明了研究方法上的重要差异,反映了我们对于物质形式及体裁的重视。我们所讨论的书籍构成既是传统文学写作的惯例,也是图书的物理部件,比如出版后粘贴上去的勘误表、封皮或由人工调整的索引。

不过,《拆书》本质上不涉及图书的制作工艺,所以你不会看到针对装订、纸张、字体的章节(毕竟已经有无数的优秀学术作品进行了相关主题的详尽探讨[1])。部分章节会讨论纸质书的结构体系——因为完全不提环衬或护封的功能与外观是不可能的——但我们将主要聚焦于文字和图像。除此之外,我们有必要事先说明《拆书》中的"书"仅仅是狭义上的书。目前许多图书史研究的轨迹是外向型的,偏离以西方手抄本为中心的文献学传统,向阅读写作材料及行为的全球化研究发展:从卷轴、简札到贝壳与骨头上的铭刻。当然,某一两种辅文——如目录或题词(epigraph)——的历史源头的确可以追溯至卷轴时期。但我们编纂后续章节的目的是展现你现在可能就捧在手中的这种书——现代纸质书(某些方面也适用于电子书)——以及它划分出的各种部件,在行业术语中被称作

---

[1] 例如 David Pearson, *English Bookbinding Styles, 1450 – 1800* (London: British Library; New Castle, DE: Oak Knoll, 2005); Dard Hunter, *Papermaking: The History and Technique of an Ancient Craft* (New York: Knopf, 1943); Robert Bringhurst, *The Elements of Typographic Style* (Vancouver: Hartley and Marks, 1992).

"前辅文"(front matter)与"后辅文"(back matter),以及这两大类之外诸如页码、插图等不易归类的一些额外元素。但可写的内容远不止如此。尽管我们已有大致的收录原则,读者们可能仍会感到有所缺漏[我们要不要加上一章缩写列表的内容?或者写一下行间注(gloss)?还有以前用来保护插页图片的薄页纸(tissue sheet)?]。研究全球图书史的专家也会注意到,由于本书局限于西方传统纸质书,难免造成疏忽之处。我们由衷希望诸位学者能够因此接过笔杆,书写我们不熟悉的领域,以各种各样的方式剖析图书。

> 作品的序言,或称盛宴的菜单。
>
> ——亨利·菲尔丁[①],《汤姆·琼斯》(1749)

开场白(prologue)、献词(dedicatory epistle)、前言(preface)、文字注释(textual note)、致读者书(address to the reader)、绪论(isagoge)、序文(proem)、导言(preamble)、介绍(exordium)[②]:我们可以将出现在正文之前的文字视为某种延迟机制,用一些颇有难度的小任务拖延读者获得(或者说赢得)真正乐趣的时间,也可视之为努力营造阅读作品语境的工具、使正文合法化的附件,在这样的整体环境下,我们得以根据手中作品的光源调整自己的视线。无论如何,序言的历史都是有关导入文字是如何从一碗意大利杂菜汤中浮现的故事。

---

① 亨利·菲尔丁(Henry Fielding,1707—1754),18 世纪英国小说家、戏剧家。引文为《汤姆·琼斯》(*Tom Jones*)第一章标题。——译注

② 以上大部分单词为同义词,因原文的罗列方式特采取不同的中文译法。——译注

序言这一概念的范围并不十分清晰,与本书探讨的其他导入性文字(米根·布朗与海伦·史密斯分别研究了致读者书与致谢、献词)可能没有本质上的不同。我们是否可以提出一条普适标准:即前言(preface)一般由图书主要作者撰写,而序言(introduction)则由他人撰写?但这一观点显然缺乏历史论据。菲尔蒙·霍兰德翻译的普林尼作品就包含两个"前言"部分,一部分作者是普林尼,另一部分作者是霍兰德本人,无情地抹去了我们试图在两者之间画下的界限。① 并且在十八世纪初期,涂鸦社②成员将矛头对准前言时,他们拒绝区分经典著作再版时批评家附加的内容与作者创作的部分,比如约翰·德莱顿③写的那些。

1526年,流放中仍坚持写作的威廉·廷代尔④也没有让自己陷入非此即彼的抉择困境。他在为《保罗致罗马人的信》(Paul's Letter to the Romans)撰写评论时在书名页(title page)上将自己的作品定性为"一篇简明扼要的序言、开场白或前言"(A compendious introduccion, prologe or preface)。⑤ 不过,此书的页眉舍弃其他术语选择了"序言"——可能是早期排版人员对体裁界定的一次尝试?——

---

① Pliny the Elder, *The History of the World, Commonly Called, The Naturall Historie of C. Plinius Secundus*, trans. Philemon Holland (London: Adam Islip, 1601). [菲尔蒙·霍兰德(Philemon Holland, 1552—1637),英国教育家、医学家兼翻译家;普林尼(Pliny, 23—79),古罗马作家。——译注]

② 涂鸦社(Scriblerus Club),成立于1713年的英国文学团体,热衷于针砭时弊,成员包括乔纳森·斯威夫特、亚历山大·蒲柏、约翰·盖伊(John Gay)等。——译注

③ 约翰·德莱顿(John Dryden, 1631—1700),英国诗人、剧作家、评论家。——译注

④ 威廉·廷代尔(William Tyndale, 约 1494—1536),英国基督教学者、宗教改革先驱。——译注

⑤ William Tyndale, *A Compendious introduccion, prologe or preface vp on the pistle of Paul to the Romaynes* (Worms: Peter Schöfer, 1526).

且廷代尔的文本的确带有现代"序言"的许多特征(尽管这是一部博尔赫斯式的作品,并未包含序言所介绍的主体正文①)。廷代尔在翻译《约拿书》(Book of Jonah)时再次使用了"序言"这一术语——这一次书中包含了正文——他详尽解释了自己撰写序言的目的。书名页内容如下:

> 《先知约拿》的序言可以教导人们正确认识约拿及经文本身,探索其写作的深意,明示读者无论如何钻研可能也无法理解的难点;阐明这些关键可避免读者因为忽略细微之处或听信他人误言而错失真理,不解真意。②

这段话如果作为标题未免过于冗长拗口,虽然考虑到年代不同,我们也许可以宽容接受。但如果把它看作有关介绍性文字作用的一段描述,就相当具有现代风格,想必会引发今日在职学术编辑的共鸣。现在的编辑无疑会对序言能够阐释作品"真意"这一点持保留意见,但序言可以告知读者创作的动机,指出理解作品的关键之处,这是五百年来几乎没有改变过的事实。

就英语文学而言,序言或前言的历史可能与其本身的历史同样久远。阿尔弗雷德大帝③曾在九世纪末期翻译教皇格里高利(Pope Gregory)的《教牧关怀》(Pastoral Care)时附上了一篇前言——或者

---

① 博尔赫斯著有《序言集以及序言之序言》(Prólogo scon un prólogo de prólogos),收录了39篇不同作品的评介序言。——译注

② William Tyndale, *The Prophete Jonas* (Antwerp: Merten de Keyser, 1531?).

③ 阿尔弗雷德大帝(Alfred the Great, 849—899),盎格鲁-撒克逊英格兰时期威塞克斯王国国王。——译注

说是 *fore-spræc*(fore-speech 的古英语写法)。其中概述了他的翻译策略[那句名言"有时字字对应,有时只求达意"(hwilum word be worde, hwilum andgit of andgite)即出自此处],也说明了当时的时代背景对此类作品的迫切需求。从七世纪中期的卡德蒙[①]到二十世纪早期的维尔浮莱德·欧文[②],阿拉斯岱尔·格雷[③]的《前言之书》(*The Book of Prefaces*, 2000)按年代顺序研究了从作品中摘录出的前言——格雷用以涵盖所有序言的广义概念。有一些是作者本人撰写的,其余则是他人撰写,无论属于哪一类,格雷都(像许多研究辅文的学者一样,与建筑学相类比)视之为"语言筑成的门阶,引导读者离开惯常行走的路面,一瞥室内景观"。在格雷看来,前言具有双重作用,一方面推销作品,另一方面也能帮助读者做好阅读前的准备工作:前言"既是广告语也是挑战书",但读到这里,我们可能已经感受到了过度修辞带来的负担。格雷希望读者能在阅读序言时收获某种"快乐",包括"见识一下名家发脾气的样子",了解他们的"生平细节"("我们得知雪莱会在绿色草皮铺就的平台上一边写作一边晒日光浴"),并且"聆听作家之间的交流"。[④]

尽管近代早期图书通常已附有介绍性质的文字,但对于 1800 年后出版的书籍来说,序言开始具有文化上的意义,甚至代表了规范性。近代书籍中的序言是进行一系列文学性质判定及相关机构确认的参考。从约翰·弥尔顿《失乐园》的出版史可以看出,"序言"经

[①] 卡德蒙(Caedmon,约 658—680),第一位古英语诗人,其作品《卡德蒙的赞美诗》(Caedmon's Hymn)被认为是最古老的英语文字记录。——译注

[②] 维尔浮莱德·欧文(Wilfred Owen,1893—1918),英国反战诗人。——译注

[③] 阿拉斯岱尔·格雷(Alasdair Gray,1934—2019),苏格兰作家。——译注

[④] Alasdair Gray, *The Book of Prefaces* (London: Bloomsbury, 2000), pp. 7 - 9.

历了一定的时间才成为一种稳定的文学性及文献学概念。《失乐园》1667年首次问世时没有任何前缀材料,1668年发行时添加了7页导入性文字,包括由印刷商萨缪尔·西蒙斯(Samuel Simmons)为每一卷撰写的"论点"[(The Argument)也就是情节提要,"正如大家所希望的,我加上了这个"],还有弥尔顿为无韵诗所做的辩护,以及以《勘误》(Errata)为题的13处更正。① 1674年的第二版不再将诗歌分为10卷,而是分为12卷,并附上了一幅沃尔特·多勒(Walter Dolle)创作的弥尔顿版画像、塞缪尔·巴罗(Samuel Barrow)的拉丁语赞美诗、安德鲁·马维尔(Andrew Marvell)的英文赞美诗。1688年首次尝试出版插图本,每本书都包含罗伯特·怀特(Robert White)刻画的卷首肖像画和后续插图页。十八世纪的各个版本都在诗歌正文前后塞满了辅文:托马斯·纽顿(Thomas Newton)1757年的版本附有10页给巴斯伯爵(Earl of Bath)的献词,一篇讲述文本历史和编纂理据的"前言",85页长的"弥尔顿生平",还有约瑟夫·艾迪生②所写的《评〈失乐园〉》。十九世纪的版本继续收录了弥尔顿的生平介绍(有时会独立分成传记部分,同时讨论诗人的"道德品质")、塞缪尔·约翰逊③的评论节选及其他素材——比如1821年约翰·邦普斯(John Bumpus)印刷的版本。以上所有版本都没有使用"序言"这个术语,直到戴维·马森(David Masson)开始在1874年版的介绍文字中注有"书目、传记、说明"这种字样。这体现了近代(尤指1800年后)序言汇集梳理更早、更庞杂的辅文材料的方式。到

---

① John Milton, *Paradise Lost* (1668), pp. [3-16].
② 约瑟夫·艾迪生(Joseph Addison, 1672—1719),英国诗人、散文家、政治家。——译注
③ 塞缪尔·约翰逊(Samuel Johnson, 1709—1784),英国诗人、散文家、传记家、文学评论家。——译注

了二十世纪后期,新版的开场白不以"序言"命名已然是极其少见的个例。在芭芭拉·莱瓦尔斯基(Barbara Lewalski)2007年的版本中,其序言回溯了诗歌创作及出版的历史,也涉及弥尔顿的生平,勾勒了作品所处的动荡时代背景及文化传统,呈现了该诗歌与弥尔顿其他作品的联系,最后点明诗歌所要解决的核心问题。这些内容的比重在各个版本中可能有所不同,但此类学术性序言的大致结构已稳定成形。

内含序言已经成为图书规范化的重要标准,至少可以证明该作品具有一定的批评价值。更能代表作品文化声誉的则是独立成书的序言,例如约翰·布罗德本特(John Broadbent)的《失乐园:导论》(*Paradise Lost: Introduction*,1972),通常为教学所用。近年来——自二十世纪八十年代后期伊始——这样的书籍大多被命名为"伴读"(Companion)或"指南"(Guide),术语上的转变体现了一种互动式的教学理念,阅读难解的诗歌需要师生共同努力,布罗德本特式的居高临下则不再受到读者的欢迎。

十八世纪初期"图书之战"(Battle of the Books)期间,争议中的一方——所谓的"尚古派"(Ancients)对当时的学术体系颇有微词。①《格拉布街②日报》译介了法国教士皮埃尔·丹尼尔·于埃(Pierre Daniel Huet)的评论,他不无惋惜地回忆起文学作品鲜少附加辅文的时代:"想要阅读古人的作品只能选择手抄本……[而]那些分门别类的附属品……比如**翻译**、**前言**、**论点**、**章节**、**注释**、**评论**、**索引**、**语**

---

① 当时欧洲知识界爆发了"古今之争",主要争论是当代人能否超越古代人的文学成就,是否必须模仿古人,与"尚古派"对应的另一方为"崇今派"(Moderns)。——译注

② 格拉布街(Grub Street)位于伦敦西区,是18世纪独立作家、新闻记者和出版商的聚集地,也是英国出版业的一个中心。——译注

法、词典这些教学意义上的关键内容都是当时少见的东西。"①前言不仅出现在于埃这一连串的牢骚中,而且被许多同期英国作家单拎出来炮轰。亚历山大·蒲柏认为序言标志着知识界的倒退,他在《愚人志》(The Dunciad)中写道:"从开场白衰落至前言。"——诗意的形式萎缩后只剩乏味。② 同样是在《格拉布街日报》上,前言的历史被关联至另一辅文索引,而不是开场白。文章声称,当前者转移到了书籍的末尾时,出版商发觉他们的前辅文乏善可陈,因此纯粹用来充数的前言诞生了:

前言可自诩为某种发明,其历史并不比印刷技术更悠久。**古籍**出版商只会在所谓**前言**的位置简要介绍作者的生平,附加一份**索引**,至少我所见过的 1600 年前印刷的书大多如此。然而,当人们开始习惯将**索引**放置在图书的最后,书籍便仿佛裸露的身体,于是一系列没有意义的词语填满了**索引**曾经占据的空间。③

与此同时,乔纳森·斯威夫特也抱怨道,十八世纪的读者要么不够重视前言,要么过分重视前言:

---

① *Grub Street Journal*, no. 322 (26 February 1736), p. 2.收录于 Pierre Daniel Huet, *Huetiana, ou Pensées diverses de M. Huet, evesque d'Avranches*, ed. P.-J. T. d'Olivet(Paris: Jacques Estienne, 1722), pp. 171‑2.

② 实际上,"开场白"和"前言"这两个单词一度是同义词,例如威廉·卡克斯顿(William Caxton,1422—1491,英国第一个印刷商,也是翻译家。——译注)曾写道:"以下是《伊索寓言》第一卷的前言或称开场白。"*Aesop's Fables*(Westminster, 1484), sig. d5r.

③ *Grub Street Journal*, no. 318 (29 January 1736).

令人遗憾的是,我们现在的读者哈欠连天又不屑一顾地翻阅着四五十页长的前言和献词(这俨然是如今的通行标准),好像里面有多少拉丁文似的。另一方面,我们也不得不承认,确实有很多人不再往下看就开始动笔写评论了。①

真的有很多人不再往下看了吗?这显然是迪斯雷利所谓的普通读者不看序言的镜像,甚至更加不堪。我们希望在本书中,这两种情况都不会发生。现代学术著作序言的作用之一是介绍其中的各项内容。但在我们这种体量的书籍里去总结每一章的内容未免太过累赘,尤其是斯威夫特已经提醒我们,梗概这东西很可能越俎代庖,让本篇序言更感局促。因此我们的章节将即刻结束,借用特里斯舛的结语——"我这章节之上的章节就到此为止了"②——合上菜单,盛宴开启。

---

① Jonathan Swift, *A Tale of a Tub* (London: John Nutt, 1704), pp. 121-2.
② Sterne, *Tristram Shandy*, p. 226.

护封

吉尔·帕廷顿

第 2 章

护封属于图书的一部分吗？护封印有图书的标题，理应与书籍同为一体，但它又是可与图书分离的独立实体。它是其中的异类：游离于整体之外的部分。正如本章所示，护封与图书那分分合合的奇特关系是它的主要特征，而这种关系的历史与护封本身的历史一样久远。我们无法断定护封首次出现的准确时间点。其前身的历史可以追溯至近代早期，那时的读者会自行用包装纸保护图书。[①] 护封也与函套（slip case）及硬纸板做成的护套密切相关，后两者几乎是与护封同时诞生的。[②] 不过，特别制作的护封，即"可拆卸的印制封面"的确标志着书籍设计上的一项独特创新举措，并且很显然，是在二十世纪二十年代随着出版商装订技术的普及应运而生的。[③] 在那之前的书籍在售卖时要么不装订，要么用临时的封面覆盖，等待读者选择装订的方式，而后来的标准书籍都是包裹在固

[①] 有时著有文字的废纸会被用来包装图书，比如理查德·斯坦赫斯特的《维吉尔埃涅阿斯纪前四卷英雄史诗英译本》(*The First Fovre Bookes of Virgils Æneis, Translated into English Heroicall Verse*, 1583，现藏于牛津大学波德林图书馆）就是用12世纪的《埃涅伊德》(*Aeneid*, Oxford: Bodleian, Wood 106)手稿包装的。[理查德·斯坦赫斯特（Richard Stanyhurst, 1547—1618），爱尔兰炼金术士、翻译家、诗人、历史学家；《埃涅阿斯纪》《埃涅伊德》为维吉尔同一作品的不同译法。——译注]

[②] 坦赛尔（Tanselle）和戈德伯恩（Godburn）都认为想要确定护封第一次出现的时间点是极其困难的，他们也讨论了当时出版商已有的其他书籍保护材料与护封的共通之处。（坦塞尔和戈德伯恩即下文引文的原著作者。——译注）

[③] G. Thomas Tanselle, *Book-Jackets: Their History, Forms and Use* (Charlottesville, VA: Bibliographical Society of the University of Virginia, 2011), p. 11.

定布面硬板之下发行的。① 出版商非常希望他们的产品可以完好无损地抵达消费者的书架,因此开始使用纸质封面包装图书。

遗憾的是,我们很难考据护封的早期历史。一度号称拥有最悠久历史的护封不但处于与图书本体分离的状态,甚至已经完全遗失。查尔斯·希斯② 1833 年出版的《纪念册》(*The Keepsake*)是一部文学年鉴,在几乎整整一个世纪之后被古物学家约翰·卡特(John Carter)鉴定为由定制纸质封面包装的最早书籍样本。然而,这一珍惜标本在 1951 年被送到牛津大学波德林图书馆为藏书家协会(Society of Bibliophiles)展出的过程中,莫名丢失了其最重要的部件。③ 而如今的《纪念册》本体正包裹在波纹绸下藏于波德林图书馆,至于其护封的下落则始终不得而知。尽管缺席,《纪念册》的护封依然保持了半世纪之久的最古老纪录,这种诡异的情况最终得以缓解,也是因为人们在寻找这张护封时发现了另一份更古老的存在。一部名为《友情提供》(*Friendship's Offering*)的 1830 年文学年鉴的护封是目前公认的最早样本。它同样与书籍本体分离,被精心保存在不同地点,拥有单独的编号。④

但是这些早期文物并不是真正现代意义上的护封。人们研究了《友情提供》的封面和《纪念册》护封的照片记录,发现它们都是全

---

① 这种创新又反过来促进了"精装"(case binding)技术的进步,也就是封面与书芯分开制作,再粘贴在一起,这大大加快了图书制作流程。

② 查尔斯·希斯(Charles Heath, 1758—1848),英国雕刻师、插画师、出版商。——译注

③ Mark Godburn, *Nineteenth-Century Dust Jackets* (New Castle, DE: Oak Knoll, 2016), p. 32.

④ Michelle Pauli, 'Earliest-Known Book Jacket Discovered in Bodleian Library', *Guardian*, 24 April 2009: https://www.theguardian.com/books/2009/apr/24/earliest-dust-jacket-library.

包型包装纸。标题文字的位置、折痕形状和褪色处都显示它们最初完全包裹住了内里的书籍，甚至以蜡封口。在马克·戈德伯恩看来，这种护封与礼物包装纸的相似性并非偶然，因为顾名思义，像《纪念册》和《友情提供》这种文学年鉴本来便大多是礼品书。密封好的包装等待读者撕开，大部分"都会在消费者拆封时遭到损坏或丢弃"①。但我们提到的特例显然被早期的读者保留了下来，比如《纪念册》的护封就作为附加的外封被套回了书上。我们不仅能从这些旧时的特制护封中看到十九世纪书迷的智慧，而且能感受到这一书籍部件自诞生起的矛盾之处。令人困惑的杂乱折痕和多重用途就此指向了一个根本性的问题：护封到底是可弃置的包装纸，还是图书不可分割的一部分？

或许那时的出版商确实预设这些密封包装纸会在图书放上书架后被丢弃，但读者们似乎另有打算。如果每个人都理所当然地扔掉了护封，那么我们也不会见证它们成为文物。护封最终进化为现在的勒口形式，某种程度上是为了迎合部分读者的阅读习惯，他们已经适应了本该弃置的护封的存在。考虑到读者的需求，甚至还出现了一种"混合型"包装纸，其上附有虚线和剪裁提示，以便读者自行将其折叠为护封。例如约翰·E. 韦洛克（John E. Wheelock）的《寻金记》(*In Search of Gold*, 1884)就印有"将包装纸沿此线剪开用作外封"的字样，这说明密封包装纸不仅是现代勒口式护封的直系前身，而且在形式上甚至有一定的重叠。② 不过，这两者之间的过渡并不是无缝衔接的，因为它们所谓的材料可用性大有不同：勒口式护封的订制设计让读者可以直接捧住护封阅读，而不必撕去它。这

---

① Godburn, *Nineteenth-Century Dust-Jackets*, p. 30.
② Tanselle, *Book-Jackets*, p. 69.

大大提升了——或至少实现了——护封的持久性。然而,就在护封自十九世纪六十年代起逐渐成为常规部件后,一系列针对护封与书籍关系的新问题出现了。①

各种各样的设计形式表明,起初人们并没有就护封的基本属性达成共识。据说,刘易斯·卡罗尔②曾特别要求在他的作品护封书脊处印刷书名,而这种做法在当时并不常见。卡罗尔非常注重自己作品的实体样式,他在十九世纪七十年代中期致信于出版商麦克米伦(Macmillan),详细指示了新书《猎鲨记》(*The Hunting of the Snark*,1876)的设计。他写道,在护封书脊处印刷书名"可以让书籍连带护封直接放在书摊上,保持干净可售的品相"③。卡罗尔的意见说明了当时的图书是如何暴露在维多利亚时期伦敦的烟尘污垢中的,尤其是,许多书摊设立在街边。我们也因此得知,那时的勒口式护封比起密封包装纸更容易被人丢弃,因为它可以早早脱离图书本体。书商通常会除去护封,以便识别展示图书。经出版商之手发行时它还是书籍的一部分,消费者却很少能见到实体。

到了十九世纪末,情况发生改变。在书脊和正封上印刷书名已然成为常规,卖家也渐渐不再移除护封而是将之保留。之前大片空白的保护层开始充满文字和图画,护封上会印有价格和各种可选的装订方式(买家有时可以选择更便宜的"彩饰纸板"或豪华昂贵的布面装帧),同时宣传图书有多么畅销,"已售五万册!",为推荐语提供空间(定义了新型护封文字的术语"书封文字"就是在那时候出现

---

① 据托马斯·坦赛尔考证,十九世纪六十年代出现了少数勒口式护封,后来才成为行业标准。*Book-Jackets*, p. 68.

② 刘易斯·卡罗尔(Lewis Carroll,1832—1898),英国文学家,《爱丽丝漫游仙境》作者。——译注

③ Godburn, *Nineteenth-Century Dust-Jackets*, pp. 101 - 2.

的,阿比盖尔·威廉姆斯将在本书的第 22 章中进一步讨论)。除了本身包裹的图书,护封还会介绍出版商的其他产品。过去的全包型包装纸上也会出现出版商书目,但勒口型护封上的书目纯粹是为了推销。威廉·哈密顿·吉布森①的《公路与小径》(*Highways and Byways*)于 1883 年由哈珀兄弟(Harper Brothers)出版,护封上没有印刷这本书的书名,反而是转载了作者另一部作品的精彩书评。书评分为又长又密的两栏,平行印刷,环绕书籍一周,仿佛一份独立的传单或单页广告,而不像是护封。② 有些出版商甚至会在上面印刷其他商品的广告。1885 年版的《保罗和弗吉尼亚》(*Paul and Virginia*)③封底印有钢琴和奇迹神经疗法的广告。④ 护封演变为最佳广告阵地,"不是一动不动的大型广告牌,而是走进每个潜在顾客的家中"⑤。在十九世纪晚期印刷文化的嘈杂视觉世界里,护封一改往日的拘谨与简朴,与报纸、杂志、海报一同争夺人们的注意力。

勒口式护封的创意还为图书平添了一处空间,即折叠在封面内不属于书籍主体的勒口部分。勒口起初都是空白的,仿佛出版商们也尚不确定如何利用这一部分,直到十九世纪九十年代宣传性质的文字才开始出现在勒口上。彼时的出版商也曾尝试过其他用途。哈珀兄弟会在护封的后勒口上提供"如何打开一本书"的详细指导,

---

① 威廉·哈密顿·吉布森(William Hamilton Gibson,1850—1896),美国插画家、作家。——译注

② Godburn, *Nineteenth-Century Dust-Jackets*, pp. 120.

③ 雅克-亨利·贝尔纳丹·德圣皮埃尔(Jacques-Henri Bernardin de Saint-Pierre,1737—1814)于 1788 年出版的短篇小说,原文为法语 *Paul et Virginie*,此应为英译本。——译注

④ Godburn, *Nineteenth-Century Dust-Jackets*, pp. 117.

⑤ Sean Jennett, *The Making of Books* (London: Faber and Faber, 1951), p. 452.

教读者"将图书封底朝下放置在桌子或平滑表面上"以避免损坏。在那之后的几年时间里,人们对护封新近形成的设计体例已经习以为常,甚至可以将之作为恶搞的对象。吉利特·伯吉斯①1906年出版的《你是否庸俗?》(*Are You a Bromide?*)的护封正面就戏仿了书封文字夸张的陈词滥调,并按照惯例配有一幅女性画像,称其为"贝琳达·布勒布"[(Belinda Blurb)参见图22.1]。前勒口则讽刺了哈珀兄弟的阅读指南,滑稽地故意混淆读者与书籍的角色,玩起了人体杂技:"仰躺在桌子或平滑表面上,把你的脚放在吊灯上,一只手捧着书,另一只手翻阅它。"②

护封的正面最早只会简单地放置书名或者复制书名页的内容,后来逐渐配有插图。然而,这因此在护封与下方的图书之间造成了某种紧张关系。护封的作用本来是保护精装布面,并非与之竞争,后者在十九世纪后半叶变得越发华丽,以昂贵的烫金装饰、彩色插图及凹凸设计著称。反观护封则是由廉价的米色纸张做成。其上的插图一开始仅仅是精装封面的副本,小心翼翼地保持低调,不抢对方的风头。某些护封的设计甚至可以让人直接看到图书本身的封面。约瑟夫·鲁德亚德·吉卜林③出版于1894年的《丛林之书》(*The Jungle Book*)的封面是漂亮的藏青色布面,上面还有烫金的大象图案,可以透过半透明的玻璃纸护封看得一清二楚。玛格丽特·特恩布尔④1914年出版的《照顾桑迪》(*Looking after Sandy*)的护封

---

① 吉利特·伯吉斯(Gelett Burgess,1866—1951),美国艺术家、批评家、幽默作家。——译注
② Godburn, *Nineteenth-Century Dust-Jackets*, pp. 152.
③ 约瑟夫·鲁德亚德·吉卜林(Joseph Rudyard Kipling,1865—1936),英国作家、诗人。——译注
④ 玛格丽特·特恩布尔(Margaret Turnbull,1872—1942),英国编剧。——译注

则是有镂空部分,露出了下方的封面插图。① 这样的镂空有时还会出现在书脊处,不仅可以显示书名,同系列的书籍还可以沿用同样的设计。但到了十九世纪末,护封的宣传功能逐渐普及,很快不再对其下的图书盲目忠诚。护封上开始出现截然不同的插画,体现了出版商尝试不同审美策略的意图。内里封面的艺术设计或许可以相对克制,但外面的护封需要立刻吸引人们的眼球。装饰复杂的布面封面与简洁朴素的纸质护封慢慢颠倒过来,最后在两次世界大战之间,图绘装帧的黄金时代迎来终点。

鉴于护封一跃成为视觉的重点,出版社开始在其设计效果上大力投入。由排版专家斯坦利·莫里森②为维克多·高兰茨③设计的明黄色护封辨识度极高,为该出版商旗下产品营造了统一的风格。费伯出版社(Faber & Faber)也在同期有所突破,委托新锐艺术家雷克斯·惠斯勒(Rex Whistler)、格雷厄姆·萨瑟兰(Graham Sutherland)和本·尼科尔森(Ben Nicholson)设计书封。在之后的几十年里,护封的文化地位不断提升,有时甚至会是权威艺术家的创作载体。二十世纪六十年代早期,西德尼·诺兰④曾为 C. P. 斯诺⑤的小说封面作画,使得该系列书籍兼具艺术家与文学家的印记。这两种身份偶尔确有重叠:伊夫林·沃⑥在十九世纪二十至三十年代亲自为自己早期的漫画小说设计护封。不过通常来说,护封的设计方案

---

① Tanselle, *Book-Jackets*, p. 77.
② 斯坦利·莫里森(Stanley Morison, 1889—1967),英国人,同时也是印刷史学家,英文字体 Times New Roman 的设计师之一。——译注
③ 维克多·高兰茨(Victor Gollancz, 1893—1967),英国出版商、作家。——译注
④ 西德尼·诺兰(Sidney Nolan, 1917—1992),澳大利亚画家。——译注
⑤ C. P. 斯诺(C. P. Snow, 1905—1980),英国科学家、小说家。——译注
⑥ 伊夫林·沃(Evelyn Waugh, 1903—1966),英国讽刺小说家。——译注

并不在作者的决定权范畴之内。众所周知,欧内斯特·海明威对《太阳照常升起》(*The Sun Also Rises*)和《永别了,武器》(*A Farewell to Arms*)的护封非常不满。他与出版商之间因此产生的争端也说明了护封是由营销部门拍板的,与作者无关。① 护封具有推销功能,出版商自然会想方设法最大限度地发挥这项功能。西蒙与舒斯特出版社(Simon & Shuster)1958年出版的亚历山大·金(Alexander King)的《我的敌人老去了》(*Mine Enemy Grows Older*)有两张护封,并告知读者如果不喜欢最上面那种,可以扔掉外层而使用下方更"保守"的版本。② 尽管作者可能无法控制这个品牌宣传环节,但他/她在其中的存在感与日俱增,因为护封的后勒口往往会印有作者简介和照片。

而到了平装本时代,护封或许不再是读书或购书过程中不可或缺的一部分,但我们可以说它仍然在图书营销中占有一席之地,即便不再是以广告位的形式。现在的大众图书(trade book)通常会有两个版本,首先以价格更高的精装本出版,随后再上市低价的平装本。这种分为两阶段的出版模式不仅能让平装本附有首版书的评论和简介,同时也将精装本——以及它的护封——衬托为高档产品。越来越少见的护封要么象征着奢侈消费,要么沦为过于矫饰的累赘。然而这种衰落并不具有普遍性。在某些国家的出版行业,尤其是日本,护封并没有消失,而是转移到了平装本上,让书籍被双层纸张包裹。日本图书在销售时不仅被包在护封里,还会用腰封(Obi)缠绕一圈以保持其闭合状态。而法国则是发明了一种介于平

---

① Leonard Leff, *Hemingway and His Conspirators: Hollywood, Scribners, and the Making of the American Dream* (Lanham, MD: Rowman and Littlefield, 1999), p. 115.

② Tanselle, *Book-Jackets*, p. 61.

装本与精装本之间的混合形式,所谓的"法式折页"(French fold)即将护封的勒口设计融入纸质书封面。

  我们能够从护封形式上的多样性看出人们对于它的态度始终在变化,甚至常常充满矛盾。如果护封不再是简单的一次性包装纸,那么这种纸质覆盖物的意义究竟何在?十九世纪九十年代开始流行起来的"护封"一词未能准确定义这个部件,反而更加动摇了它的地位。首先,这个单词尴尬地夹在两个同义复合词之间摇摆不定:"图书护封"(book jacket)与"防尘护封"(dust jacket)。前者将护封与书籍关联,强调整体性;后者则强调护封的外向性,将其含义与其阻隔的灰尘关联。其次,"夹克"(jacket)这个喻体也会带来不同的理解。夹克是一种特殊服饰,并不完全等同于外套,它可以穿在别的衣服里面,也可以穿在最外面。不过它始终是外层服饰,可以让你得体地随时脱下。而这种服饰类比喻一度衍生出了相关争议。1929年,《出版商周刊》(*Publishers' Weekly*)批评护封"仅仅是图书的防护服",认为粗糙的它们只能临时蔽体,而非正式着装。[①] 雅各布·施瓦茨(Jacob Schwartz)形容护封是"衬裙"(chemise),意指一种更轻薄贴身的衣物,属于穿着者外衣的一部分,并不能保护外衣。[②] 艺术家洛克威尔·肯特(Rockwell Kent)本身就是一位知名的护封设计师,他在1930年声称:"纸质护封的真正目的是掩盖单调乏味的布面书封……粉饰糟糕的文字内容。它的实际功能就跟平庸女性的服装、口红、粉底一样。"[③] 这里的重点已经从"覆盖"转移到了

18

---

① John T. Winterich, *Publishers' Weekly* 116 (21 December 1929): 2885.
② Jacob Schwartz, *1100 Obscure Points* (London: Ulysses Bookshop, 1931), p. ix.
③ Rockwell Kent, *News-Letter of the American Institute of Graphic Arts* 26 (December 1930): 2. 转引自 Tanselle, *Book-Jackets*, fn. 57.

"伪装"。图书不仅是被包裹在护封中,更是被其美化。

在这些变化的意象背后,依旧是护封与图书的关系本质问题。它是书籍的延伸还是广告?它的作用是保护、隐藏、装饰还是展示下方的图书?书籍应该穿着它还是脱掉它?或者用理论化的术语来说,护封如何展现其辅文性质?热拉尔·热奈特将"辅文"这个概念定义为一种"阈"(threshold),框定了正文并支配着读者对内容的理解。辅文是由"使文字成为图书并提供给读者的副产品"[①]构成的。然而,这类副产品会有两种不同的形式。其一是与书籍同为一体的内文本(peritext),比如书名页、出版标记(colophon)、索引;其二则是不属于书籍本身但仍与之相关的评论、广告语等外文本(epitext)。而护封使得两者的区别难以成立。它既属于图书的内部,又游离在图书之外。它的实体可以与书籍保持接触,也可以分开存在。护封是书籍的广告页,也是它的一部分,将内文本与外文本合二为一。它不在正文的范围之内,作者的语言却通过书封文字和书评引文出现在其上。有时候,图书正文的内容甚至会流溢至护封。E. E. 卡明斯[②]于 1927 年出版的剧本《他》(Him)就在护封勒口处印有一出微型戏剧,题为《作者与公众之间的虚拟对话》[("Imaginary Dialogue between an Author and a Public")见彩色插图 2]。本杰明·迪斯雷利[③] 1881 年版的《恩底弥翁》(Endymion)由贝尔福德·克拉克(Belford Clarke)出版,其护封正面包含了小说人

[①] Gérard Genette, *Paratexts: Thresholds of Interpretation*, trans. Jane E. Lewin (Cambridge: Cambridge University Press, 1997), p. 1.

[②] E. E. 卡明斯(E. E. Cummings,1894—1962),美国诗人。——译注

[③] 本杰明·迪斯雷利(Benjamin Disraeli,1804—1881),两度出任英国首相,政治家兼小说家。——译注

物的提要,以往出现在封面之下的辅文在这里被放置在封面之上。①

那么究竟如何划分图书的边界线?这不仅是一个抽象的原则概念,更影响着图书收藏与存档的具体做法。对于图书馆而言,护封始终是一个难以解决的问题。《纪念册》的护封在波德林图书馆遗失固然具有讽刺意味,但也揭露了机构管理中的盲点。尽管有关那张护封如何消失的确切细节仍然成谜,但有人猜想,可能它只是被某个人误认为无关紧要,便随手丢弃。② 而这在当时属于常规操作。在二十世纪七十年代以前,大多数研究型图书馆都与波德林一样会直接扔掉图书的护封。③《纪念册》的这一部分无法留作纪念,因为没有地方可以安置它,即便是今天,我们也并不确定摆放护封的正确位置。波德林在采购书籍时仍然会将书籍主体与护封分开,书籍放在书架上,护封平铺放置在盒子里,占据一处边缘性的空间。护封被保留了下来,却不再属于图书的一部分。④ 除此之外,它们没有独立的编目,而是按照采购日期分批编码,所以想要让图书本体与护封重聚并非易事。大英图书馆也像其他研究型图书馆和高校图书馆一样会将书封分离。⑤ 可以想象,由此导致的

---

① Tanselle, *Book-Jackets*, p. 58.

② Mark Godburn, 'The Earliest Dust-Jackets: Lost and Found', *Script and Print* 32, no. 4 (2008): 233.

③ Julie Anne Lambert, 'Dustjackets in the Bodleian Library'[未发表论文,根据 2017 年由苏富比拍卖行(Sotheby's)在伦敦大学举办的护封主题研讨会上的演讲整理而成]。

④ Lambert, 'Dustjackets in the Bodleian Library'.

⑤ 查尔斯·罗斯纳(Charles Rosner)记录道,大英图书馆(彼时的大英博物馆)是从 1923 年开始保留护封,不再直接丢弃的,"不过不与相关书籍一起保留,而是成批分离"。然而不到十年后,如何处理及保存这些护封成了难题,大英博物馆的工作人员最终决定仅精选一部分留存在有限的空间里。Charles Rosner, *The Growth of the Book Jacket* (London: Sylvan, 1954), p. xiii.

后果之一是人们在图书馆研究护封这一话题时,会看到 G. 托马斯·坦赛尔的《图书护封》(Book-Jackets)一书赤裸地放在书架上,没有护封的包裹,尽管这本书本身的主张即重视护封在文献学数据中的核心作用,多么讽刺。而若要同时研究它的护封,读者必须查阅它的购书日期,调出相应的文件盒,从一堆护封中找到想要的那一张。不过目前(以本文写作时间为准)它正被大英图书馆钉在珍本图书阅读室入口处的公告栏上,以宣传新近馆藏。坦赛尔的读者可以在翻阅书籍本体的同时瞥一眼护封——但也就仅此而已,两者依然分离两处。

图书馆之所以这么做显然是考虑到了书籍存储与维护的现实需求。有人计算过,如果剥离护封,每收藏四十本书就可以多出一本藏书的空间。[①] 另一个出发点则是护封并不属于书籍本身的一部分,甚至可能不适合出现在庄严肃穆的研究型图书馆里。即便到了二十一世纪,这些机构依然受到早期归档原则的影响,认为护封会将图书与低俗的书店联系在一起,除去护封的图书才能呈现严肃的外观,以匹配图书馆的书架。学术图书的护封或许配有插图,但是其下的内封往往没有繁饰,严格地防范任何"以貌取书"的鲁莽行为。换言之,必须抛弃护封的浮华才能真正认识一本书。根据这种逻辑,图书的起始点是正文第一页,或是出版社商标、书名页。如果哈珀兄弟在勒口上印刷的是"如何阅读一本书"的指导,那么护封的缺失不会减损这堂阅读课的重要性。阅读图书并不——或者说不应——包括阅读护封上的文字。移除护封的那一刻,消费者才升级为读者。

而公共图书馆的政策则相反,书封文字、情节提要、护封插图通

---

① 转引自 Tanselle, *Book-Jackets*, p. 41.

通被保留下来，因为这些恰恰是读者做出选择的依据。这种区别不仅在于图书馆的不同，而且在于图书题材的不同，护封在虚构文学世界里被认为是合理甚至必要的存在。剑桥大学图书馆也会除去学术书籍的护封，但"补充"馆藏（它的非学术书籍）则是例外，亦即不同类型的图书适用不同的规则。不过事情远没有那么简单，公共图书馆不但会保留护封，通常还会套上一层透明聚酯薄膜作额外的保护。如果护封之外又有护封，这是否意味着它实际上也是书籍的封面，而不仅仅是外层保护套？针对剧作家乔·奥顿(Joe Orton)及其情人肯尼斯·哈利维尔(Kenneth Halliwell)的审判表明事实确实如此。他们花费数年篡改伊斯灵顿①图书馆的藏书，用超现实主义拼贴画修改图书的护封，再还回书架上，在 1962 年被判入狱。阿加莎·克里斯蒂的《名苑猎凶》(*The Secret of Chimneys*)封面上的威尼斯风景中出现了巨型猫咪(彩色插图 3)，约翰·贝杰曼②传记的封面肖像画被一个穿着内衣的文身男子代替。他们还会替换书封文字，把肆无忌惮的下流语句粘贴在勒口上。多萝西·L. 塞耶斯③的《证言疑云》(*Clouds of Witness*)的情节梗概变得滑稽又粗俗，其中甚至出现了遗失的内裤和阴茎等字眼。考虑到历史背景，六个月的严苛刑期无疑反映出当时社会对同性恋群体的迫害。但从文献学角度来看，这场裁决可能是唯一能够赋予护封合法地位的例证。这对伴侣对护封的篡改被判属于损毁书籍的罪行，因此护封必然是图书的一部分。

---

① 伊斯灵顿(Islington)，英国伦敦以复古艺术气息著称的地区。——译注
② 约翰·贝杰曼(John Betjeman, 1906—1984)，英国诗人。——译注
③ 多萝西·L. 塞耶斯(Dorothy L. Sayers, 1883—1957)，英国侦探文学作家。——译注

21 　　令人意外的是,文献学家与藏书家却对护封不屑一顾。① 坦赛尔所谓的"普遍忽视"建立在这样一种认知之上,即护封"可以说不值一提——事实上它们甚至根本不是文献学的研究对象"②。然而用"忽视"来形容二十世纪上半叶许多收藏家、贸易商对护封发自肺腑的反感似乎还是太过委婉了。按照藏书家莫里斯·帕里什(Morris Parrish)的说法,"应当在收到书籍的第一时间扔掉"③护封。而理查德·德拉梅尔(Richard de la Mare)尽管在费伯出版社任职期间委托创作了一系列当代最具标志性的艺术护封,仍然将护封贬低为"可悲的玩意儿,有时候甚至不该出现"④。"这层包装纸跟作者一点关系也没有。"文献学家查尔斯·比彻·霍根也如此声称。⑤ 即便到了1970年,文献学家埃德温·吉尔彻(Edwin Gilcher)还坚持认为护封"在任何意义上都不能被视为它们所保护的书籍的一部分"⑥。只有拉尔夫·施特劳斯(Ralph Strauss)罕见地持相反意见,他在《T. P.与卡塞尔周刊》(*T. P.'s & Cassell's Weekly*)上写道:

---

　　① 坦赛尔发现,虽然人们理应在描述性书目(descriptive bibliography)里找到护封的相关细节,却"偏偏有人拒绝将护封纳入",*Book-Jackets*, p. 24.(描述性书目指记录图书物理特征和出版历史的完整详细书目,通常包括各个印刷版本的变化说明。——译注)

　　② Tanselle, *Book-Jackets*, p. 7. 菲利普·盖斯凯尔(Phillip Gaskell)至今仍被奉为经典的教科书《新文献学指南》(*New Introduction to Bibliography*)只用了一小节讨论护封,足以证实这一点。

　　③ 转引自 Tanselle, *Book-Jackets*, p. 7.

　　④ Richard de la Mare, 'A Publisher on Book-Production', 1935, 转引自 Rosner, *The Growth of the Book Jacket*, p. xiii.

　　⑤ Charles Beecher Hogan, *A Bibliography of Edwin Arlington Robinson* (New Haven, CT: Yale University Press, 1936), p. iii.

　　⑥ Edwin Gilcher, *A Bibliography of George Moore* (Dekalb, IL: Illinois University Press, 1970), p. xiii.

不要扔掉那些裹着书的漂亮封面，也许某一天它们会大有价值……我相信在未来的图书交易中，护封无论衍变为何种形式，都是必不可少的。或许某位机智的藏书家能想出保存它们的好办法。①

施特劳斯的预测完全正确，近几十年来珍本图书的成交价验证了这一点。1986 年，吉卜林带有护封的《如此故事》(*Just So Stories*)以 2600 英镑的价格售出，苏富比拍卖行宣布这是"护封的……最高拍卖价格"，因为这本书无护封的版本仅区区价值 100 英镑。② 1998 年，带有罕见的 1902 年版护封的柯南·道尔的《巴斯克维尔的猎犬》(*The Hound of the Baskervilles*)卖出了 72000 英镑，"是无护封版本均价的一百多倍"。③ 对于藏书家而言——或至少对于投资者而言，没有护封的书籍不是完整的藏品。"少了护封的版本是……残次品"，而想要拥有"完美藏品"自然需要付出更高的代价。④ 这样一来，护封变得不再像是辅文，而更像是雅克·德里达所称的"增补物"(supplement)，是"为了替代所做的补充"。⑤ 换言之，这种附加物矛盾地引发了原物品的残缺。拍卖价格用赤裸裸的数字展现了这一逻辑，同时也证实了一种日渐广泛的共识，即缺少护

---

① Rosner, *The Growth of the Book Jacket*, p. xiii.

② Tanselle, *Book-Jackets*, p. 53.

③ Anthony Rota, *Apart from the Text* (Ann Arbor, MI: University of Michigan, Private Libraries Association, 1998), p. 139.

④ Tanselle, *Book-Jackets*, p. 54.

⑤ Jacques Derrida, *Of Grammatology* (corrected edition; Baltimore, MD: Johns Hopkins University Press, 1998), p. 144. [雅克·德里达(Jacques Derrida, 1930—2004)，法国哲学家。——译注]

封的书籍在某种程度上是不完整的书籍。护封的插图设计、宣传文字、作者简介现在被视为阅读体验的一部分。它们虽然不在图书之中,但为图书增添了不可或缺的意义。回到上文的例子,迪斯雷利小说《恩底弥翁》的读者如果没有看过护封上的人物提要,便无法顺利阅读下去,而如果拿走 E. E. 卡明斯的护封,就是直接删减了作者的作品。

然而事情仍然没有结束,因为这种增补物开始从书籍那里获得了一定的自主权。当代护封已然具有自己的价值。1949 年,护封在维多利亚与艾尔伯特博物馆(Victoria and Albert Museum)的"图书护封艺术展"(The Art of the Book Jacket)上首次获得官方机构的认可。它最终姗姗来迟地进入学术界和文化殿堂,被归在艺术史(或"装饰艺术")的羽翼下,而非文献学或文学。自那时起,针对护封的学术研究都是从美学的角度进行,几乎没有例外,因此护封的重要意义更体现在平面设计,而不是图书出版上。[1] 护封不仅作为艺术作品赢得了文化上的地位,而且是收藏家趋之若鹜的藏品。波德林图书馆虽然会将新书护封保管在阴暗的角落,但它也在其"约翰·约翰逊短时印刷品馆藏荟萃"[2]中收录了来自十九世纪的珍贵名品。这些护封与各种稀有的一次性印刷品文物一同归档,均富有不俗的历史意义。护封与摆在一旁的名片、书签、明信片、火柴盒等短时藏

---

[1] 最新的少数例外之一是马丁·索尔兹伯里(Martin Salisbury)的《图绘护封史:1920—1970 年》(*The Illustrated Dust Jacket: 1920 -1970*,London: Thames and Hudson, 2017),不过研究护封插图的专著显然数量更多。

[2] 约翰·约翰逊(John Johnson,1918—2005),美国出版商;"约翰·约翰逊短时印刷品馆藏荟萃"(John Johnson Collection of Printed Ephemera)是波德林图书馆与英国联合信息系统委员会(Joint Information Systems Committee, JISC)、ProQuest 合作的系列馆藏,种类包括广告、传单、节目单、菜单、贺卡、海报等只在短期内有效的印刷品。——译注

品之所以价值不菲，正是由于它们随手可弃。无论它们被归为艺术品还是短时收藏品，其本质都是一样的。（在抽象意义与物理意义上）脱离书籍的护封才真正值得人们的注意。

过去剥离护封是为了弃置，如今往往是用于展出。伊斯灵顿的图书馆将奥顿和哈利维尔蓄意破坏的护封装裱展示，奉为珍品，尽管当时它们是作为不当行为的罪证被保留下来的。芬斯伯里图书馆（Finsbury Library）2017年的一场展览还为这些护封设计制作了明信片，将它们誉为"独特稀有的艺术作品"。[1] 与其他著名艺术家创作的护封插图一样，这种对于原作的特殊颠覆给予了护封极高的标志性与辨识度。与此同时，这些护封下的书籍——也就是奥顿入狱的原因——却不再有人关心。这样看来，护封在与图书分离时才最受人关注，大肆通过护封的独特复古美感获利的周边产业也说明了这一点。护封的图案被印在海报、T恤、马克杯、手提包、枕头以及各种与图书无关的商品上。波德林图书馆的阅读室里可能不容易找到护封，但它们在礼品店里随处可见。童书的护封出现在礼物包装纸上，二十世纪四十年代的低俗小说护封插图制作成了留言卡，还有直接改变用途或者说进行了"升级"的护封包裹在空白笔记本之外。[2]

护封重获新生，它与图书的关系也再次变化。以往争议的焦点在于护封是否"属于"图书，现在看来这似乎是一个不当的提问。我

---

[1] 这些护封图像的版权现为伊斯灵顿地方历史中心（Islington Local History Centre）所有。

[2] Bodleian Libraries, University of Oxford: https://www.bodleianshop.co.uk/christmas-797/gift-wrap/winter-playtime-giftwrap.html; Bodleian Libraries, University of Oxford: https://www.bodleianshop.co.uk/gifts/bookshelf/the-devastating-man-notecard.html.

们不确定护封是不是文字的**框架**,但肯定可以在画廊、博物馆墙上的**框架**里欣赏单独展出的护封。与其疑惑护封是否为书籍的一部分,倒不如反过来思考,自问书籍是不是护封的必要构成。除此之外,护封这一增补性元素扰乱了图书不言而喻、自给自足的整体性概念。一本没有护封的图书一定是缺少了什么。而护封的存在让事态更加复杂,因为"图书加护封"不单单是一个完整实体。护封微妙地改变了书籍的身份,模糊了界限,混淆了内外。它是书籍实体与文字作品的朦胧边界,让我们不知从何处开始,又应该到哪里结束。

PARTES LIBRI

第 3 章

卷首页

路易莎·卡莱

卷首页(frontispiece)是书籍的脸面。这个单词源自中古拉丁语，最初的意思是"看向前额"，《牛津英语词典》(*Oxford English Dictionary*, *OED*)在十六世纪末正式将其定义为"建筑物的正面"，并在不久之后演化出文献学方面的义项，指"图书或手册的第一页"。与建筑物的门面类似，纸质卷首页标志着图书内外空间的临界点。早期卷首插图中富含的精致建筑物画面就是参考了各种古典建筑模型，尽管其中的一部分只是昙花一现，比如剧院背景、纪念拱门，以及十六世纪为了庆祝英雄凯旋而临时树立的建筑物。[1] 这些图案激活了将图书比作纪念碑的隐喻，将纸质书与记忆艺术语境下的建筑结构联系在一起，创意、构图、语言被安置在建筑物的不同部位，以便勾起人们的回忆。而阅读也就此成为进入文本内部的旅程。这在威廉·布莱克华美的预言诗《耶路撒冷》(*Jerusalem*)中尤其得以具象化：卷首页上一位旅人手持灯笼，背对着我们进入文字的大门。

卷首插图是随着印刷时代的开启而出现的，书籍自那时起开始以批量副本的形式出版。与在制作时就装订成册的单份手抄本不同，书店里的印刷书都是未装订的状态，难以区分，因为"每本书开头都有一页空白纸张，以便保护印刷好的待售图书"[2]。卷首页是辅文的重要组成部分，它界定了每一部书籍，使其区别于其他同类产

---

[1] Margery Corbett and Ronald Lightbown, *The Comely Frontispiece: The Emblematic Title Page in England 1550 – 1660* (London: Routledge and Kegan Paul, 1979), pp. 7 - 8; Alistair Fowler, *The Mind of the Book: Pictorial Title Pages* (Oxford: Oxford University Press, 2017), pp. 16 - 18.

[2] Fowler, *The Mind of the Book*, p. 5.

品。安东尼·格里菲思（Antony Griffiths）认为，"在书店架子上'空荡荡'的散装书页顶部加上图文并茂的扉页再装订，这比印刷文字更能吸引人们的注意力"①。龚古尔兄弟将十七世纪誉为"卷首世纪"②。《牛津英语词典》中收录的"卷首页"在十七世纪的各种用途后来分化为图书不同的部分："图书或手册的第一页，或是其上印刷的内容；包含插图和目录的扉页；序言或前言。"这一分化过程包括将卷首插图页与图文扉页区分为翻开书籍第一页后的左页与右页。根据《牛津英语词典》，这些图书辅文的定位与功能最终在十七世纪晚期与十八世纪早期确定下来。③

作为辅文的卷首页对识别书籍身份起到了稳定作用，它的制作与传播方式则体现了纸质书这种集成产品的生产所涉及的分工合作。卷首插图由不同的印刷厂使用不同于正文用纸的纸张印刷，以独特的质感区分于图书本体。这张活页印刷品有单独的印版，由印刷厂的镌版工签发，与版画（engraving）的制作流程相似。④ 通过添加薄纸以防油墨蹭印相邻纸张的做法更是验证了卷首插图的版画本质。相对独立的卷首插图因此具有了推销图书的作用：出版商会将之与书籍介绍一同分发，贴在窗口或街头广而告之。以上用途体现了卷首页身为部分却能代表整体的文献学属性，而它可以脱离书

---

① Antony Griffiths, *The Print before Photography: An Introduction to European Printmaking 1550 – 1820* (London: British Museum, 2016), p. 185.

② Michael F. Suarez and H. R. Woudhuysen, *The Book: A Global History* (Oxford: Oxford University Press, 2013), p. 235. ［龚古尔兄弟即法国作家埃德蒙·德·龚古尔（Edmond de Goncourt, 1822—1896）与茹尔·德·龚古尔（Jules de Goncourt, 1830—1870）兄弟二人，龚古尔文学奖正是依据前者的遗嘱而创办的。——译注］

③ *OED*, 3 and 4.

④ Roger Gaskell, 'Printing House and Engraving Shop: A Mysterious Collaboration', *Book Collector* 53 (2004): 213 – 51.

籍本体存在的物理属性也使其成为藏书家的收藏对象。①

塞缪尔·佩皮斯的图书馆便展现了可与书籍分离的卷首页的多重功能。在逐项列举他的馆藏目录时，佩皮斯提到了两本名为《公元 1700 年图书卷首页收藏册》的合辑。② 佩皮斯的这一系列收藏确定了未装订的卷首页所具有的特殊文献学效用。正如简·范德瓦尔斯(Jan van der Walls)所说的，这些收藏册记录同时也补充了其图书馆的内容，甚至成为纸面上的替身，将藏品分门别类，建构某种知识记忆系统。③ 曾参与组建罗伯特·哈利④和汉斯·斯隆⑤的大型图书馆的书商兼古董商约翰·巴格福德在卷首页之外，还会收藏书名页、首字母页、边框页等其他书籍活页，以作为研究印刷艺术史的材料，尽管他未能完成这项工作。(本书第 4 章也讨论了巴格福德这一人物。)这些素材作为哈利手抄本藏品的一部分在其死后一同移交至大英博物馆，在 1759 年以"数份纸板封面与一些活页"为名登记在案，后在 1808 年更名为"数张活页，现装订为四卷"。⑥ 佩皮

---

① Griffiths, *The Print before Photography*, pp. 185-6.

② *Catalogue of the Pepys Library at Magdalen College Cambridge*, gen. ed. Robert Laham (Woodbridge: D. S. Brewer, 1980), Ⅲ, compiled by A. W. Aspital, pp. 87-175.

③ Jan Van Der Waals, 'The Print Collection of Samuel Pepys', *Print Quarterly* 1, no. 4 (1984): 236-57, esp. 238 and 252.

④ 罗伯特·哈利(Robert Harley,1661—1724),英国政治家。——译注

⑤ 汉斯·斯隆(Hans Sloane,1660—1753),英国物理学家兼收藏家,其藏品为大英博物馆、大英图书馆馆藏的基础。——译注

⑥ Anthony Griffiths, 'The Bagford Collection': https://www.bl.uk/picturing-places/articles/the-bagford-collection, accessed 11 December 2017; A. W. Pollard, 'A Rough List of the Contents of the Bagford Collection', *Transactions of the Bibliographical Society* 1st series, 7 (1902-4): 143-59; Milton McC. Gatch, 'John Bagford, Bookseller and Antiquary', *British Library Journal* 12, no. 2 (Autumn 1986): 150-71.

斯与巴格福德的收藏说明了卷首页是可以作为册页或活页印刷品进行流通的,这也体现了它们在其他书籍里甚至书籍之外的别样生命力。正如罗杰·盖斯凯尔(Roger Gaskell)所指出的,卷首页的肖像画常常会被制作成副本以赠送亲友及熟客。① 新增的卷首页更是可以将赠书包装为礼品经济下的产品,使定制礼品书重回其商品地位。独立于图书本体的卷首页"形式灵活"。②

作为一张"插图页",卷首页往往能够代表整本书的内容。它会用一幅合成图像呈现图书的内容,引导读者的阅读理解。它还会暗示文字的文学体裁,定义图书的主题领域,阐明阅读究竟是何种意义上的行为,又有怎样的社交属性与传统惯例。在接下来的内容里,我将探索各类卷首页,从作者肖像画到叙事性插图,从多重意象到讽刺寓言。

卷首肖像版画的出现将作者的形象与写作成果绑定,实现了与读者之间的远距离交流。在扉页上放置作者的正面肖像与姓名标志着图书制作与艺术创作领域的重合。拥有单独印版的卷首页在展现作者形象时可以利用各种已有媒介上的肖像,比如硬币、半身雕像,以及出于其他目的绘制的画像,有时独立发表的系列版画像可以重新制作成卷首插图放入书中。莎士比亚形象在书中的不同展现形式可以清晰描绘出卷首肖像画的演变过程。比如《第一

---

① Gaskell, 'Printing House and Engraving Shop', p. 217.
② Volker R. Remmert, '"Docet parva picture, quod multae scripturae non dicunt": Frontispieces, Their Functions, and Their Audiences in Seventeenth-Century Mathematical Sciences', *Transmitting Knowledge: Words, Images, and Instruments in Early Modern Europe*, ed. Sachiko Kusukawa and Ian Maclean (Oxford: Oxford University Press, 2006), pp. 239-70, 268.

对开本》①前两版书名页上由马丁·德洛舒特②刻画的莎士比亚肖像在第三版中改到了卷首页,下方附有本·琼森③的题词。正如玛格丽塔·德·葛拉齐亚(Margreta de Grazia)所指出的,莎士比亚对开本的卷首页与本·琼森1616年版作品集的建筑风格书名页体现了莎士比亚与琼森艺术人格上的差异性。另一个经典的案例则是雅各布·汤森④在1709年出版的尼古拉斯·罗尔⑤评注版,由马丁·范德古赫特(Martin van der Gucht)刻画的钱多斯肖像⑥增加了从1660年鲁昂⑦版皮埃尔·高乃依戏剧作品集中复制来的装饰画框:"通过挪用这种华丽装置为莎士比亚加冕,这幅版画调和了法国严肃艺术与英国写实创作之间的紧张气氛:英国剧作家的现代化肖像与其法国竞争对手的古典半身像的篡位结合。"⑧除了涉及莎士比亚在世界古典戏剧界的地位之外,德·葛拉齐亚还发现这幅肖像画也是出版商的象征。事实上,汤森位于斯特兰德(Strand)的书店采用钱多

---

① 《第一对开本》(The First Folio),现代学者对第一部莎士比亚剧本合集的命名,其实际书名为《威廉·莎士比亚先生的喜剧、史剧和悲剧》(*Mr. William Shakespeares Comedies, Histories, & Tragedies*)。——译注

② 马丁·德洛舒特(Martin Droeshout,约1560—1642),英国版画师。——译注

③ 本·琼森(Ben Jonson,1572—1637),英国文艺复兴剧作家。——译注

④ 雅各布·汤森(Jacob Tonson,约1656—1736),英国出版商。——译注

⑤ 尼古拉斯·罗尔(Nicholas Rowe,1674—1718),英国首位出版评注版莎士比亚作品集的编者。——译注

⑥ 钱多斯肖像(Chandos portrait),以画像所有人钱多斯公爵命名的最知名的莎士比亚肖像画。——译注

⑦ 鲁昂(Rouen),法国西北部名城,诞生了福楼拜、高乃依等诸多文化名人。——译注

⑧ Margreta de Grazia, *Shakespeare Verbatim: The Reproduction of Authenticity and the 1790 Apparatus* (Oxford:Clarendon, 1991), p. 82.

斯版本的莎士比亚头像作为标志,就体现了其在1709年至1767年期间持有莎士比亚版权的商业性意义。[1] 肖像画的确能加强作品与作者、出版商的联系,而作为多卷本作品集,罗尔版莎士比亚全集将总卷首页与不同戏剧开头的卷首页区分开来。书中为各个剧本选用了叙事性插图以突出关键情节:直接放置在书名页的下一页,没有第几幕第几场的说明,没有标题也没有节选,等待着读者继续阅读。[2] 这种从对开本的作者声明到文集内的舞台表演的转变尤其可在约翰·贝尔[3]1774年的表演版莎士比亚作品集中得到体现,那一年永久版权概念不复存在,廉价重印版兴起,对这一英国文学经典的发展起到了不可忽视的作用。[4] 这一版本中,除了约翰·霍尔(John Hall)刻画的钱多斯肖像被用作全卷首的插图外,另附有一幅演员大卫·加里克(David Garrick)的画像,在这之后人们受到启发,开始

---

[1] De Grazia, *Shakespeare Verbatim*, p. 81; David Piper, *The Image of the Poet: British Poets and Their Portraits*(Oxford: Clarendon, 1982), p. 52.

[2] Stuart Sillars, *The Illustrated Shakespeare* (Cambridge: Cambridge University Press, 2008), p. 62;有关叙事性卷首插图的内容,可参见 Stuart Sillars, 'Defining Spaces in Eighteenth-Century Shakespeare Illustration', *Shakespeare* 9, no. 2 (2013): 149-167.

[3] 约翰·贝尔(John Bell,1745—1831),英国出版商,《晨邮报》(*Morning Post*)创始人。——译注

[4] Mark Rose, 'The Author as Proprietor: Donaldson v. Becket and the Genealogy of Modern Authorship', *Representations* 23 (Spring 1988): 51-85; Thomas F. Bonnell, *The Most Disreputable Trade: Publishing the Classics of English Poetry 1765-1810* (Oxford: Oxford University Press, 2008), pp. 32-4.(英国上议院在上文提到的1774年"唐纳森诉贝克特案"中判定作者不再享有永久复制权。——译注)

使用主要演员的舞台表演画面作为分卷卷首插图。① 1802年,以托马斯·班克斯(Thomas Banks)为颇尔商场(Pall Mall)博伊戴尔莎士比亚画廊(Boydell Shakespeare Gallery)入口雕刻的高凸浮雕作品《莎士比亚的画与诗》(*Shakespeare attended by Painting and Poetry*)为蓝本的点刻画被用在了博伊戴尔九卷本版的莎士比亚《戏剧作品集》(*Dramatic Works*)中,该版本因此得以与画廊其他展品融为一体。

而硬币和徽章上的半身雕像、侧脸头像属于古典风格肖像,尤其受到亚历山大·蒲柏作品的青睐。蒲柏翻译的《荷马史诗:伊利亚特》(*The Iliad of Homer*)的卷首页配有乔治·弗图②仿"法尔内塞宫(Farnese Palace)中的古董大理石像"刻画的荷马半身像。蒲柏本人也在1738年至1741年期间配合路易-弗朗索瓦·鲁比利亚③完成了一系列陶土及大理石半身像,其中之一的重制版肖像画出现在威廉·罗斯科④版的《亚历山大·蒲柏作品集》(*Works of Alexander Pope*, 1824)第一卷的卷首页上。此外,由乔纳森·理查森⑤在1738年刻画、雅克·安托万·达希尔⑥在1741年铸造的硬币

---

① Shearer West, 'Shakespeare and the Visual Arts', in *Shakespeare in the Eighteenth Century*, ed. Fiona Ritchie and Peter Sabor (Cambridge: Cambridge University Press, 2012), pp. 223-53, 232.

② 乔治·弗图(George Vertue,1684—1756),英国古董家,也是擅长肖像画及书籍插图的版画师。——译注

③ 路易-弗朗索瓦·鲁比利亚(Louis-François Roubiliac,1702—1762),法国雕塑家。——译注

④ 威廉·罗斯科(William Roscoe,1753—1831),诗人、历史学家。——译注

⑤ 乔纳森·理查森(Jonathan Richardson,1667—1745),英国肖像画家、艺术理论家。——译注

⑥ 雅克·安托万·达希尔(Jacques Antoine Dassier,1715—1759),瑞士艺术家、铸币师。——译注

式蒲柏肖像成为寓言风格卷首构图的模板。在威廉·沃伯顿[1]八开本版的蒲柏《作品集》(Works，1751)的卷首页上，圆形蒲柏头像被刻画在更引人注目的编者威廉·沃伯顿的肖像上方，形成金字塔结构，后者周围环绕着丘比特和其他寓言人物，象征着在作者死后出版的文集对权威性的固有追求。[2]

卷首肖像画将图书与作者关联，而其他种类的卷首插图则在表现图书领域、图书主题方面发挥作用。欧勒·沃姆[3]的《沃姆博物馆》(Museum Wormianum，1654)中的夺目画面告诉我们，馆藏目录可以直接由室内展品的陈列替代。而多样的排版方式让人们能够选择不同的关键画面呈现在卷首页，例如詹巴蒂斯塔·德拉波尔塔[4]《自然魔法》(Natural Magick，1658)的英译本就将"火""混沌""空气"的意象安排在顶端，"艺术"的寓言形象和多乳房的"自然"在书名两侧，"土地"和"水"则在书名下方作者肖像画的一左一右。除了展示主题元素之外，卷首页还能模拟知识传播的过程。贝尔纳·勒波维耶·德·丰特内尔[5]的《关于多重世界的对话》(Conversations on the Plurality of Worlds，1715)的英文版卷首页分为两个部分：上方

---

[1] 威廉·沃伯顿(William Warburton, 1698—1779)，英国国教格洛斯特(Gloucester)圣公会主教、文学评论家。——译注

[2] W. K. Wimsatt, *The Portraits of Alexander Pope* (New Haven, CT: Yale University Press, 1965); Malcolm Baker, *The Marble Index: Roubiliac and Sculptural Portraiture in Eighteenth-Century Britain* (New Haven, CT: Yale University Press, 2015), pp. 261–75.

[3] 欧勒·沃姆(Ole Worm, 1588—1654)，丹麦博学家、收藏家。下文提到的其所著书籍卷首页是其博物馆的全貌版画。——译注

[4] 詹巴蒂斯塔·德拉波尔塔(Giambattista della Porta, 约 1535—1615)，意大利自然哲学家、数学家。——译注

[5] 贝尔纳·勒波维耶·德·丰特内尔(Bernard Le Bovier de Fontenelle, 1657—1757)，法国哲学家、诗人。——译注

图 3.1　雅各布·福尔克马①根据路易-法布里修斯·杜伯②作品创作,伏尔泰《牛顿哲学原理》卷首页[阿姆斯特丹:莱德出版社(Ledet),1738],维基媒体公共平台

---

① 雅各布·福尔克马(Jacob Folkema,1692—1767),荷兰版画师。——译注
② 路易-法布里修斯·杜伯(Louis-Fabricius Dubourg,1693—1775),荷兰历史画家。——译注

是宇宙的图案,并标识了相关天体;下方是一位男性导师指向天空,为女弟子讲解。这幅典型画面体现了升级为观察者的读者如何将书籍这种理性消遣学以致用。还有的卷首插图通过引经据典再现科学教化。伏尔泰的《牛顿哲学原理》(Elémens de la Philosophie de Neuton, 1738)的卷首页汇集了各种意象(图3.1)。构图同样分为两部分:作者坐在下方书房的写字台前,地上堆放着书籍和科学仪器;云朵飘浮在其头顶,代表真实有形的房间与上方想象世界的界限。云朵图案会让人联想到超自然存在,比如古典史诗中插手人类事务的神灵,在建筑领域的使用则有基督教教堂巴洛克神话风格的天花板,比如詹姆斯·桑希尔[①]1710年为格林尼治医院大会堂(Great Hall at Greenwich Hospital)绘制的神化后的威廉与玛丽(William and Mary)。与桑希尔出于强化国家认同的世俗目的对神化形象加以利用一样,该卷首页让牛顿出现在伏尔泰的思想之云中也是对科学进行了某种程度上的神化。牛顿的形象可以通过与戈弗雷·内勒爵士[②]和路易-弗朗索瓦·鲁比利亚克所创作的肖像对比辨认,也可以通过天文学元素(他用圆规指向一颗星球)确定。他具体的面目被照映在一位裸露胸脯的女性手举的镜子中,这种反射意指一位因其性别而受到冷落的人物:加布里埃尔·埃米莉·勒通尼尔·德·布勒特伊尔(Gabrielle Émilie le Tonnelier de Breteuil),亦即夏特莱侯爵夫人(Marquise du Châtelet),一位哲学家、科学家,也是牛顿作品的翻译家,她化身为科学缪斯,将牛顿的光芒折射给创作中

[①] 詹姆斯·桑希尔(James Thornhill,1675—1734),英国画家。下文提到的威廉与玛丽即英国国王威廉三世和女王玛丽二世。——译注

[②] 戈弗雷·内勒爵士(Sir Godfrey Kneller,1646—1723),英国肖像画家。——译注

的伏尔泰。①

　　充满象征意义的卷首页汇集了各种艺术与科学寓言画,不仅彰显了书籍的主题灵魂,也说明了具体的实践领域。② 比如约翰·伊夫林③的《雕塑:铜版雕刻的历史与艺术》(*Sculptura: Or the History and Art of Chalcography and Engraving in Copper*,1662)就呈现了一位周围摆放着雕版工具的女性寓言人物。象征性形象还会被用来升华或讽刺某些曾在历史上闪现的职业。遵循象征手法的传统,亨利·福塞利④为威廉·苏厄德⑤收录了《欧洲杂志》(*European Magazine*)已发表文章的文集《名人轶事》(*Anecdotes of Some Distinguished Persons*,1795—1796)的卷首页绘制了简洁鲜明的讽喻画,由中心人物像和一行文字组成。第一卷的卷首插图是一位女巫的形象,灵感似乎源自其1789年以来在博伊戴尔莎士比亚画廊展出的描绘了麦克白、班柯及女巫⑥的画作(图3.2)。亨利·福塞利三角式构图下的女巫蜷缩着在长卷纸上写字,下方刻有贺拉斯的格言"unde unde extricat"。(出处为 Hor., Sat. Ⅰ, 3, 88:"除非他不择

---

　　① Patricia Fara, 'Images of Émilie du Châtelet', *Endeavour* 26, no. 2 (2002): 39–40; Gerald L. Alexanderson, 'About the Cover: Voltaire, Du Châtelet, and Newton', *Bulletin of the American Mathematical Society* 52, no. 1 (2015): 114–18. 更多有关夏特莱的内容,可参见 Mary Terrall, 'Émilie du Châtelet and the Gendering of Science', *History of Science* 33 (1995): 283–310.(夏特莱夫人也是伏尔泰的情人,为科学事业做出巨大贡献,却因身为女性而长期默默无闻。——译注)

　　② Corbett and Lightbown, *The Comely Frontispiece*; Fowler, *The Mind of the Book*, pp. 42–53.

　　③ 约翰·伊夫林(John Evelyn,1620—1706),英国作家,英国皇家学会(Royal Academy)的创始人之一。——译注

　　④ 亨利·福塞利(Henry Fuseli,1741—1825),瑞士画家。——译注

　　⑤ 威廉·苏厄德(William Seward,1801—1872),美国政治家,曾任国务卿。——译注

　　⑥ 莎士比亚作品《麦克白》中的人物。——译注

手段地攫取利益或资本。"①)这位现代女预言家是轶闻秘事的化身,仿佛随手就可以将自己手中碎片化的故事散播至风中。② 而在第三卷里,福塞利刻画了"记忆的形象",下方附有"Dies Praeteritos!"(旧日时光!)的字样,与苏厄德在广告语中所宣传的一致,即传记作者的任务是存储过去时代的记忆。画家通过选用扭曲的姿势突出人物的匀称身材,展现了其风格主义技巧,同时也呼应了乔舒亚·雷诺兹爵士③1779 年至 1780 年为英国皇家学会在萨默塞特宫(Somerset House)的新址所作的理论寓言画。在最后的第四卷中,福塞利选择了"谨慎的形象",一个坐着的半裸男子,肌肉发达,另刻有铭文"Decoro inter verba silentio"(Hor., Carm., Ⅳ, Ⅰ, 35 - 36),巧妙地从贺拉斯有关"不得体的沉默"的原文中摘取了部分词语——"词与词之间庄严的沉默",表达出描写名人的挑战性,尽管读者们可能还记得原句的语境和本意并非如此。④ 从收集秘密的女巫到代表审慎的男性,福

---

① Horace, *Complete Works*, ed. John Marshall (London: Dent, 1953), 39; *Satires, Epistles and Ars Poetica*, trans. H. Rushton Fairclough (Cambridge, MA: Harvard University Press, 1928), p. 39.[昆图斯·贺拉斯·弗拉库斯(Quintus Horatius Flaccus,前 65—前 8),古罗马诗人;正文中的出处"Hor., Sat. Ⅰ, 3, 88"为古典文献不同版本可通用的标准页码,下文提到的柏拉图作品也是如此,不再赘述。——译注]

② 类似的对女预言家的刻画可参见查尔斯·格里尼翁(Charles Grignion, 1721—1810,英国版画师。——译注)以亨利·福塞利作品为蓝本为以下作品创作的插画:Johann Caspar Lavater, *Essays in Physiognomy* (1793), British Museum, Department of Prints and Drawings, 1863,0509.77.

③ 乔舒亚·雷诺兹爵士(Sir Joshua Reynolds, 1723—1792),英国肖像画家。——译注

④ 'Cur facunda parum decoro / inter verba cadit lingua silentio' ("为何扼住我曾经雄辩的舌头,在我的演讲中制造不得体的沉默"), Horace, *The Odes and Epodes*, trans. C. E. Bennett (Cambridge, MA: Harvard University Press, 1988), p. 285. 有关以上卷首页的详细历史可参见 D. H. Weinglass, *Prints and Engraved Illustrations by and after Henry Fuseli* (Cambridge: Scolar, 1994), pp. 174 - 7, nos. 136 - 8.

图 3.2 威廉·夏普（William Sharp）根据亨利·福塞利作品创作，威廉·苏厄德《名人轶事》第一卷卷首页（共四卷）［伦敦：卡戴尔出版社（Cadell），1795］，现藏于大英博物馆

塞利的卷首插图记录了充满趣味和讽刺的象征手法的发展轨迹，将苏厄德的著作提升至现代传记式寓言集的地位。苏厄德在第四卷的广告页中予以回报，将之推崇为"柯勒乔①式的玩味与古典的高雅"。

最后让我们回到"灵活卷首页"这一概念，思考其作为书籍部件是如何脱离原始语境而插入另一本图书，又具有怎样的可能性。比如激进出版商约瑟夫·琼森（Joseph Johnson）在 1788 年出版的由福塞利翻译的约翰·卡斯珀·拉瓦特②《人类格言》（Aphorisms on Man），其卷首插图是威廉·布莱克根据福塞利的设计镌刻的（图 3.3）。③ 图

---

① 柯勒乔（Correggio，1494—1534），意大利画家。——译注
② 约翰·卡斯珀·拉瓦特（Johann Caspar Lavater，1741—1801），瑞士作家。——译注
③ Weinglass, *Prints and Engraved Illustrations by and after Henry Fuseli*, pp. 90 - 2, no. 80.

图 3.3 威廉·布莱克根据亨利·福塞利作品创作，约翰·卡斯珀·拉瓦特《人类格言》卷首页［伦敦：琼森出版社（Johnson），1788］，现藏于大英博物馆

中一位男子坐在书桌前，对面摆放着写作材料，扭过上半身抬头看向一位悬浮在右上角的女子，后者举起手指引导前者朗读刻写版类似物上的希腊文字："γνωθι σεαυτον"（认识自我）。这一自我认知场景包含了女性的介入。这句皮提亚①的格言被雕刻在德尔斐的阿波罗神庙上迎来送往，也在柏拉图的对话录中被苏格拉底提及（Charm. 164d‑e；Laws，XI，923a）。原本的建筑元素被福塞利的卷首插图舍弃，改为室内写作的场景，女祭司也似乎由传播超自然知识的缪斯形象取代。相对的书名页印有出自尤维纳利斯的题词

---

① 皮提亚（Pythia），古希腊德尔斐城（Delphi）宣示阿波罗神谕的女祭祀。德尔斐是古希腊最著名的宗教圣殿之一，供奉太阳神阿波罗。——译注

"—e coelo descendit γνωθι σεαυτον. | Juv. Sat. Ⅸ"("'认识自我'这句话来自天堂")①,解释了福塞利构图中的空间取向,暗示了一场超自然的探访,与米开朗琪罗·梅里西·达·卡拉瓦乔②的《圣马太的启示》(The Inspiration of St Matthew)类似。卷首页令读者代入作者及译者,通过阅读将这句格言付诸实践。鉴于早期卷首页会刻写书名,此处的题词便相当于标题的替代品。福塞利的图像语言将《人类格言》置于自我认知的古典传统中,从柏拉图的哲学对话延伸至尤维纳利斯的讽刺诗歌。从原文锚点抽离出来并重新置入另一种预言语境的卷首画面因此而变得复杂起来。

"灵活可能性"进一步体现在威廉·布莱克所著的《阿尔比昂女儿们的幻想》(Visions of the Daughters of Albion,1793)的卷首插图中。作为蚀刻在单面纸页上的满版插画,它可以随意移动。而作为卷首页,它也具有能够影响即将发生的阅读行为的序言性功能,呈现了三位主人公背靠背束缚在一起的绝望场景。不过在个别版本中,这张卷首页被当作满版插图页放置在书名页的下一页,读者将先阅读书名和题词"眼睛所见多于心灵所知",才能再看到充满束缚感的场景,理解其超越语言的表达能力,意会到开篇画面中女性情感的力量。③ 还有的版本将其放在最后,作为书籍的结尾。④ 这张

---

① Juvenal, Satire Ⅺ, 27, in *Juvenal and Persius*, ed. and trans. Susanna Morton Braund (Cambridge: MA: Harvard University Press, 2004), p. 403.(书名页上的出处"Sat. Ⅸ"有误。)[尤维纳利斯(Juvenal,约60—约140),古罗马讽刺作家。——译注]

② 米开朗琪罗·梅里西·达·卡拉瓦乔(Michelangelo Merisi da Caravaggio,1571—1610),意大利画家。——译注

③ William Blake, *Visions of the Daughters of Albion*, Copy G, plate 2. Cambridge, MA, University of Harvard, Houghton Library, Lowell 1217.5F.

④ William Blake, *Visions of the Daughters of Albion*, Copy A, plate 11. London, British Museum, 1847,0318.116-21.

活页满版插画甚至在原作以外的其他书籍即《设计大全》(*Large Book of Designs*)中获得重生,这是一部献给皇家学会院士、微型画画家奥齐斯·汉弗莱(Ozias Humphry)的插图集,收录了各种从彩饰图书剥离出来的彩色印刷品样本。① 在这本作者同样是布莱克的《设计大全》中,卷首页和满版插图的关系是可逆的,因为自由组合正是布莱克彩饰印刷作品的亮点。布莱克制作书籍的方法颠覆了纸质书的组装单位,因为他的作品不是由叠纸和书帖②做成的:每一页都以凸版蚀刻(relief etching)单独印刷,与活版印刷(letterpress printing)流程不同,后者的一张纸包含四、八甚或十六页,具体取决于图书规格。布莱克作品的构成元件本身就是活动的书页。③

尽管这些手工制作的彩饰印刷品是可以移动的活页,但为了保持以相同方式整合起来的卷首页、插图、正文的统一性,最终的集成品可能不便再添加额外的素材。然而拉瓦特《人类格言》的卷首页被插入了另一本《阿尔比昂女儿们的幻想》的末尾,书中因此出现了两张卷首页:布莱克的束缚感卷首画开启正文,福塞利追寻自我认知的男性形象用作结尾。④ 这种做法模糊了两本书之间的界限,体现了一本书的卷首页如何在另一本书中转型为插图页,甚或是结尾页,从开头变成末尾,暗示终点也可能是新的起点,为读者打开另一部著作的入口。那么拉瓦特作品与《阿尔比昂女儿们的幻想》一书

---

① Martin Butlin, *The Paintings and Drawings of William Blake* (New Haven: published for the Paul Mellon Centre for Studies in British Art by Yale University Press, 1981), 85.5.

② 书帖(gathering),印刷好的页张按顺序折叠成多页的一沓。——译注

③ Gaskell, 'Printing House and Engraving Shop', p. 220.

④ William Blake, *Visions of the Daughters of Albion*, Copy O, plates 1 and 12. London, British Museum, 1940,0713.27.1; 1940,0713.27.12.

的联系是什么？回到这本书的起始页，那位仿佛想要跳出书名页仰望标题的女子似乎与坐着抬头看向希腊格言的男子相呼应。而下方的题词"眼睛所见多于心灵所知"与拉瓦特卷首页的苏格拉底格言风格一致。分别位于正文开头和结尾的两张卷首页也暗示了一种从《阿尔比昂女儿们的幻想》中的女性焦点到苏格拉底式自我反思的男性视角的转变。那么阅读布莱克的书籍又如何得以升华最后出现的拉瓦特的自我认知场景呢？女性缪斯形象是否意味着在读完女儿们的幻想之后，载有苏格拉底警言的刻写板应指引男性进行自我反思，让拉瓦特笔下的行事准则影响读者对于布莱克作品中的性掠夺与女性权利福祉的思考？

  这种组合背后的逻辑是什么？材质上的鲜明对比可以让人轻易分辨出拉瓦特的插图页并不属于原书，是后来添加上去的。这是否在引导读者从福塞利、拉瓦特、布莱克的私人关系来看待布莱克的书籍？布莱克的作品是一座版画宝库，印证了其与众不同的多重作者身份，突出了卷首页的视觉属性。如果将这张卷首页视作一页版画，那么它完全可以从文字中独立出来，收录进"雕版师"布莱克的作品集。卷首页因此得以成为遵循不同传播规则的另一种知识产品。佩皮斯的收藏集会将卷首页按主题分门别类地整理，并冠以所有者及其图书馆之名，而巴格福德收藏的卷首页则是转移到了大英博物馆的印刷品与绘画部，以严格区分排版艺术与版画艺术。卷首页与插图页共享相同生产模式的独立地位因此凸显出来，其作为图书一部分的特征却被弱化，因为它是归档在以艺术家命名的文件夹内的版画作品。

第 4 章

书名页

惠特尼·特里蒂安

1891年,文献学家A. W. 波拉德(A. W. Pollard)所著的《最后的书名页史话》①出版,标题野心勃勃。不过显而易见,这并不是最后一部书名页史话。后来许多印刷专家、图书史学家、文学批评家撰写过有关书名页及其近亲卷首页的专著或文章。② 事实上,我们甚至可以说针对书名页的研究远多于图书其他组成部分。在某种程度上,书名页之所以能有这种吸引力是因为它恰好体现了印刷技术对出版的影响。简单来说,在活字印刷术出现以前,书籍是没有书名页的,而在印刷时代开启后的前五十年里,书名页开始出现。图书如何从无书名页的中世纪手抄本发展到印有标签书名(label-title)的摇篮本③,再到以配有书名页为标准的印刷纸质书,这一过程见证了印刷史上的每一次重大技术革新。正如印刷史学家斯坦利·莫里森所说,"印刷的历史基本上就是书名页的历

---

① A. W. Pollard, *Last Words on the History of the Title Page* (London: Nimmo, 1891).

② 可参见 Theodore Low De Vinne, *Title Pages as Seen by a Printer* (New York: Grolier Club, 1901); Ronald McKerrow, *Title Page Borders Used in England and Scotland 1485 – 1640* (Oxford: Oxford University Press, 1932); Margery Corbett, *The Comely Frontispiece* (Chicago, IL: University of Chicago Press, 1979); Margaret Smith, *The Title Page: Its Early Development 1460 – 1510* (London: British Library, 2000); Alastair Fowler, *The Mind of the Book: Pictorial Title Pages* (Oxford: Oxford University Press, 2017).

③ 摇篮本(incunabulum),又称古版书、初期刊本,在欧洲指欧洲活字印刷术发明之后至1500年前所印刷的书籍。——译注

史"①,这句引言也成为出版史研究领域的准则。

　　而在记载印刷技术发展史的同时,书名页也体现了这些技术与其生产出的文本在社会关系上是密不可分的。书名页是图书向潜在读者进行自我展示的场所,它通过将作品的相关事实整理为结构化的信息来告知读者文本的内容。但这种书目编码过程并不纯粹。一方面,图书行业希望读者(及官方机构)信任他们的产品,书名页的设置因此起到了建立信心的关键作用;另一方面,正因为书名页具有这样的功能,它也极易被迫切的印刷商、出版社利用,他们想方设法宣传图书,逃避法规,绕过审查。即使书名页上的出版信息全部属实,背后可能也有复杂的动机。杰弗里·马斯滕(Jeffrey Masten)就指出,类似于"在以本·琼森头像为商标的书店里"的字样不仅仅是地理数据,更是特定时代背景下"暗含深厚意义的文化密码",体现了更广义的文学及文本实践。② 因此,找寻书名页的历史定位便需要采用视差视角,跟踪不断变化的技术与人文语境。

　　本章即以此为目标来安排具体的内容。虽然从手抄本到印刷品的过渡是书名页历史上的重要一页,但我也希望借由其他相似甚至相异的观点引领大家跳脱出来,更好地理解书名页是如何诞生的。随着图书开始进入崭新的网络空间——我们本身也是如此——相关历史不仅展现了过去,而且为我们提供了管理当下新兴信息基础设施的不同模式。

---

　　① Stanley Morison, *First Principles of Typography* (Cambridge: Cambridge University Press, 1967), p. 11.

　　② Jeffrey Masten, 'Ben Jonson's Head', *Shakespeare Studies* 28 (2000): 160-8, 163.

书名这一概念——通常具有说明性质的简短文本标签——在如今的读者看来司空见惯，但实际上它是在文本的复制与流通发生变革后才出现的。印刷时代以前，誊写员会用一段文字标记文章的开端，即我们所说的 incipit，拉丁语义为"由此开始"。这段文字会简要陈述书籍的主题或作品的作者。部分《圣经》和英国国教的祈祷书就是以其开头的几个单词命名的，比如《圣约翰启示录》（Apocalypse of St John）和圣歌《上帝的羔羊》（"Agnus Dei"）。这类开端文字会根据具体手稿的上下文进行调整，誊写员有时会使用，有时不会，完全取决于该部分是否需要标记。大字号、精美的彩饰边框或红字写印[1]等视觉标记也会被用来区分文章的起始点。如果这些装饰过于华丽，以至占据了整个页面，便成为我们今天所指的"起始页"（incipit page）。有关誊写员或手抄本制作情况的信息往往不会出现在起始页上，而是在开头或末尾单独提及抄写人员的姓名与所在地等细节。这段说明可能怨气十足，比如现藏于莱顿大学（Leiden University）的一部十四世纪晚期的手抄本最后是这么写的："hoc opus est scriptum magister da mihi potum; dextera scriptoris careat grauitate doloris"（主人，这部作品已经抄好了，给我喝口水吧；让抄写员的右手从痛苦的压迫中解放出来）[2]。

---

[1] 红字写印（rubrication），指使用不同颜色的字迹以区分文本，起源于用红色衬托宗教仪式领仪书或法令标题。——译注

[2] Giulio Menn, '"Give me a drink!" Scribal Colophons in Medieval Manuscripts', *Medieval Fragments* (blog), 28 September 2012, https://medievalfragments.wordpress.com/2012/09/28/give-me-a-drink-scribal-colophonsin-medieval-manuscripts/.

由于视觉标记通常与开端文字同时出现,所以现在看来,它们似乎就是书名页的原型,但实际上这些装饰性的开头并不是书名页的真正前身。开端文字并不只是半成形的标题——这一论点建立在后者是前者的目的的基础上。① 正如 D. 万斯·史密斯(D. Vance Smith)在研究《农夫皮尔斯》(*Piers Plowman*)时所写的,开端文字的使用指向了某种阅读理论,即与其说文本是空间上待标记的对象,不如说它是在时间中展开的过程。② 对开端的强调是中世纪手抄本制作传播流程下的产物。大多数手抄本是定制的,可能会在一卷中包含许多不同的文本。因此相较于活字印刷时期,当时的实体书籍与其中的文字之间的关系更加松散灵活:装订好的手抄本会含有各种作品,包括各种开端文字。除此之外,中世纪图书馆的规模也不如今天,藏书的外观和摆放位置已经足以进行区分和查找。例外情况下,比如在更大型的修道院图书馆中,开端文字目录便可以用于卷宗中具体文本的定位,但它们很有可能被固定在一起不可移动。如此一来,书名页似乎是一种无法想象的附加物,完全不能匹配纸质文本的结构、作用与流通属性。

　　我们必须提出这一点,这有助于说明为什么书名页或类似存在在人们发明了活字印刷术之后才体现出必要性。印刷技术带来了文本的大规模生产与区分标记每份副本的需求。方便起见,我们在此从形符与类符③的角度简要地解释这种复杂的演变过程。如果每一份实体文本都或多或少是独一无二的,那么便没有类符,只有形

---

　　① Smith, *Title Page*, p. 25.

　　② D. Vance Smith, *The Book of the Incipit: Beginnings in the Fourteenth Century* (Minneapolis, MN: University of Minnesota Press, 2001).

　　③ 均为语言学概念,形符(token)指文本内出现的单词总数,即文本标记数,类符(type)指不同单词的总数,即文内标记类型数。——译注

符,每一个体——再次或多或少地——都记录了其制作时的情形:某间修道院的手抄本彩饰华丽精美,大学城商业缮写室为学生复写的课本则更具实用性。一旦生产流程机械化,同一文本便会拥有多个几乎相同的形符,在文化意义上,即诞生了能够统一此种实体书籍的类符。在开头几行陈述每一形符的主题以区别文本已不再可行,精心构思的起始页或彩饰首字母也不再适用。文本副本的激增催生出了更简短便捷的标签。换言之,沉浸在叙事中的文本生态——在时间中从头展开——需要向元数据生态转变。图书开始与文字吻合。

许多摇篮本展现了这种转变,以及早期的印刷商为了厘清文字与新技术之间的关系都做了哪些尝试。当今大多数读者用来指代摇篮本的标题实际上都有迹可循,例如被称作《伊索寓言》(*Aesop's Fables*)的威廉·卡克斯顿1484年印刷的伊索作品。书籍本身就包含了类似开端文字与出版商信息的结合,用大号字体印刷在第一页的上部:"这是一部伊索所写的精妙历史与寓言集,由威廉·卡克斯顿于1484年在威斯敏斯特从法语翻译为英语。"还有一些摇篮本会将正文的首字母留空,以供填画彩饰或红字——向定制化手抄本致敬,或是为了满足读者的期待。另有一例格外能说明图书行业是如何自觉地为新型印刷媒介粘贴图书标签的:1483年左右由尼古拉·詹森①用羊皮纸印刷的亚里士多德作品,现藏于摩根图书馆(Morgan Library)(彩色插图4)。起始页上,设计师用错视画法(trompe l'oeil)精心装饰了文本,让印刷字看上去像是写在破损羊皮纸上的手迹。当然,这些文字确实是印刷在羊皮纸上的,也由此实现了为新兴技术赋予年代感的讽刺效果。这一点在装饰"手抄本"的图案

---

① 尼古拉·詹森(Nicholas Jenson,1420—1480),法国印刷商。——译注

上尤其得到体现:有一些画在了羊皮纸上,另一些则超出了破裂的边缘,有意模糊了古老手抄本和新型印刷羊皮纸之间的界限。更值得一提的是,彩饰本身就被设计成镶嵌在手稿上的珠宝挂件,代表了精心制定的边界——兼顾了早期手抄本的传统与现有印刷品、金属制品、石膏作品中的雕版设计。挂件上的丘比特金属浮雕与清晰逼真的标志性人像,以及在首字母彩饰中被图标化的亚里士多德形象都进一步展现了媒介与表达间的张力。

不过就我们的角度而言,这张起始页最有趣的部分其实在破损的羊皮纸之外。在页面最上方,亚里士多德与阿威罗伊①交谈的画面几乎——但不完全是——正好出现在伪造出的破旧手稿顶端。他们似乎正在为了脚下摊开的那本书争论,这本书极其关键,因为它将两个相隔千年之外的人物联系在了一起。在这里,书籍使得跨越时间长河的对话成为可能。页面底部也有画面,在视觉上与上部的场景并不平衡。下方是幅建筑风格卷首画,印有"VLMER ARISTOTILEM PETRUS PRODUXEAT ORBI"["彼得·乌尔姆(Peter Ulmer)将(这个)亚里士多德带来此世"]的字样。彼得·乌尔姆指的可能是彼得·威格尔海默(Peter Ugelheimer),威尼斯知名书商。如果顶端的图像将亚里士多德视作本书文字的灵魂,能与未来的作者进行交流,那么底部的画面便将亚里士多德与被某个人引入现实世界的亚里士多德合为一体,后者即这本实体的亚里士多德之书。在书籍这一舞台上展开的跨时空对话会随着每一次阅读从头开始,而这里的书名页类似物则将此书定位为历史中的具体存在。上方的中世纪彩饰与下方的印刷卷首画升华了文本元数据新旧管理方

---

① 阿威罗伊(Averroes,1126—1198),中世纪阿拉伯哲学家。——译注

式之间的微妙关系。①

　　这些彩饰虽然极具巧思与观赏性,但无法适用于大规模的图书生产。因此在往后不到十年的时间里,我们可以看到印刷商开始尝试采用新的方式区分流通中的书籍。玛格丽特·史密斯(Margaret Smith)在其有关书名页早期发展史的专著中梳理了这一阶段。首先,印刷商为书籍加上了标签书名,即印在正文开头空白页上的简短标题。正如史密斯指出的,这些空白页可能本来是为了在运输过程中起到保护书籍的作用,但它们的存在导致人们难以分辨书籍的内容,尤其是大部分印刷商都会在生产时使用相同的纸张与字体。曾经以彩色首字母与华丽的开端文字相区别的手抄本如今变成了黑白单一的文字块。所以,简短的标题——往往在语言结构上与开端文字近似,比如上文所举的卡克斯顿的例子——开始出现在保护页上以辨别不同的图书。这些标签书名外观简单,印刷商无须使用大号字体,只要与正文字号一样即可。早期的标签书名很少附有木版画(在摇篮本时代比例只有五分之一),但其中一幅图画——描绘了圣格里高利教导两位学者的木版画《授予》(Accipies)似乎成为指代教科书的视觉语言标记。② 尽管标签书名是顺应大量复制的纸质文本的传播而生的,但印刷商并没有将这些印有标记的封面视为书名页。史密斯写道,部分印刷商仍然称之为"alba",即白页(空白页)。③

---

　　① 阿拉斯泰尔·福勒(Alastair Fowler)在《图书思想》(*The Mind of the Book*)的第18至20页简要讨论了类似的例子,也就是现藏于哥达研究图书馆(Gotha Research Library)的威格尔海默版查士丁尼作品(Ugelheimer Justinian)。当时的威尼斯流行在摇篮本中使用错视画法设计出破损羊皮纸效果。[查士丁尼一世(Justinian I,483—565),东罗马帝国皇帝。——译注]

　　② Smith, *Title page*, p. 87. 有关木版画《授予》的内容,可参见 Robert Proctor, 'The Accipies Woodcut', *Bibliographica* 1 (1894): 52-63.

　　③ Smith, *Title page*, p.68.

早期兼有多种功能的标签书名页在印刷商中流行起来，装饰性边框与木版画等进一步尝试开始出现。出版信息也从书籍尾部移至这一处新空间，在这里，文本由其自身的元数据引入。印刷时代开启近五十年后，一种我们可以认为是书名页的东西终于以熟悉的方式成为每一份印刷品的标配。它至少需要包含书名、作者名、出版地点与日期，以及印刷商或出版商的名字，同时也十分灵活，可以吸收各种各样的文字与图画元素，比如经典格言、铭文、印刷商商标和插图。英国印刷史上最著名的书名页之一出自莎士比亚的《第一对开本》，其上印有出版商对文本权威性的声明（"根据真实原稿出版"）和一幅大型雕版肖像画。不过需要强调的是——与波拉德等早期文献学家的研究工作相悖——追溯这些元素的演化过程既不可能也不可取。装饰性木版画在早期印刷时代时而出现，时而消失，时而又再次出现，作者名、出版时间及地点、印刷商名称也是如此——这种情况甚至会发生在同一家印刷厂内部，史密斯补充道。①今天的书名页看上去与十八世纪的差异极大，这其中并不存在所谓"进步"，而仅仅是由技术、文化、经济与美学影响塑造出的种种个例。在这种多样性中，书名页贯穿始终的效用是作为一个站点对书目元数据进行编码，将文字转化为图书，使互不相关的产品在法治社会框架中流通。

一本十八世纪的小册子绝妙地讽刺了书名页的功能。作品题为《四月一日：一首空白诗歌，献给新近出版的诗歌〈化装舞会〉或称〈假面的没落〉的作者》（*The First of April: A Blank Poem, In Commendation of the suppos'd Author of a Poem lately publish'd, call'd, Ridotto, or Downfal of Masquerades*），诗歌的确是空白的，

---

① Smith, *Title page*, p. 132. 有关英国及苏格兰地区书名页花边的发展过程，可参见 McKerrow, *Title Page Borders*.

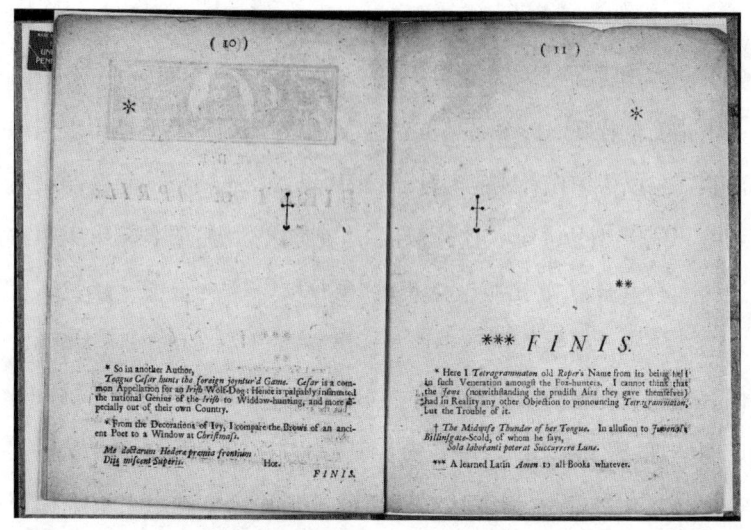

图 4.1 《四月一日:一首空白诗歌,献给新近出版的诗歌〈化装舞会〉或称〈假面的没落〉的作者》(1723),现属于宾夕法尼亚大学珍本图书馆藏

大约出版于 1723 年(图 4.1)。册子中没有正文,只有辅文:先是书名页和"不献给谁"的献词页,随后是只有页码、页眉、脚注悬浮在边缘的空白页。尽管没有正文,这本书还是满满当当,有关这首不存在的诗歌的信息包裹在边界处,挤占了文学作品应有的空间。当然,这是一场玩笑。印刷品的运行机制取代了韵文,诗歌的主要"意义"不再是诗歌本身,而在于使其得以传播的机制:书名页上的文字,以及印刷商为了宣传另一首"新近出版"的诗歌的实际目的。《四月一日》是在《安妮法令》(Statute of Anne)——首次提供政府监管下的版权保护的法律——于 1710 年通过后不久出版的,这部作品玩味甚至嘲弄的是读者想要阅读"书籍"而非诗歌的预设。在这里,程序压倒了一切。①

---

① 曾有两篇博文讨论过这本书:Whitney Trettien, 'A Blank Poem (1723); or, the Present of Absence', *diapsalmata* (blog), 29 August 2010; Sarah Werner, 'Reading Blanks', *Wynken de Worde* (blog), 10 October 2010.

尽管读者(与审查人员)肯定希望在书名页上看到符合一定事实的内容,但我们必须注意,图书的元数据——与所有元数据一样,并不是完全客观的。书名页也会撒谎。[1] 印刷商可能会使用虚假的出版信息以保护作者或他们自己,比如玛丽女王治下的新教印刷商约翰·戴伊(John Day),他疑似以"迈克尔·伍德"的名义出版了激进的宗教手册,并将出版地点写成"鲁昂"。[2] 部分威廉·廷代尔所著的宣传册也号称是在马尔堡——黑森州(Hesse)的一座大学城,以其与马丁·路德的联系闻名——由"汉斯·卢福特"(Hans Luft)印刷的,虽然实际上册子是在安特卫普[3]制作的。后来,到了法国大革命时期,许多具有颠覆社会性质的政治作品会在书名页上标记"伦敦"的字样以掩护已经使用了化名的印刷商。[4] 不实的出版信息也许还会起到推广图书的作用,使其更具异域"风情",比如米奇·弗拉斯(Mitch Fraas)所记录的印有美国出版社名称的欧洲大陆书籍。[5] 还有些情况下,错误的出版信息只是恶作剧。至少有三本十七世纪的英国图书宣称自己是在乌托邦印刷的。其中一本,即现藏

---

[1] Jacob Blanck, *The Title Page as Bibliographical Evidence* (Berkeley, CA: University of California, 1966).

[2] Elizabeth Evenden, *Patents, Pictures and Patronage: John Day and the Tudor Book Trade* (Burlington, VT: Ashgate, 2008), pp. 32ff.

[3] 马尔堡(Marburg)位于德国,安特卫普(Antwerp)位于比利时。——译注

[4] James Mitchell, 'The Use of the False Imprint "Londres" during the French Revolution, 1787–1800', *Australian Journal of French Studies* 29, no. 2–3 (1992): 185–219.

[5] Mitch Fraas, 'Don't Believe that Imprint', *Mapping Books* (blog), 14 June 2013, http://mappingbooks.blogspot.com/2013/06/dont-believe-that-imprint.html.

于福尔杰莎士比亚图书馆的弗朗西斯·戈德温①的《无声明的信使》（*Nuncius inanimatus*，1629），被一位头脑清醒的读者划掉"乌托邦"，写上了"伦敦"和"英国"。②

这些印刷商选择虚构信息而非简单地省去可入罪的事实，说明书名页已在极大程度上与近代新兴数据技术紧密相连，同时这也促进了它的发展。宗教组织与国家当局需要知晓书籍是在何时何地印刷的，以便审查并控制其流通。出版商和作者也需要以此防范盗版。在印刷时代初世纪，由许可签发机构与同业公会组成的管控体系开始成熟，规定印刷商必须在书籍书名页上标明作者及出版社的名字。③ 这种机制进一步确保了书名页在印刷书籍中的关键地位，强调了它在法律上的必要性，最终促成了版权法的创立。版权法又反过来提升了版权页——有时也被称作"版本声明"（参见本书第5章）——的重要性。我们在此只能用粗略的笔触描述以上变迁，值得注意的是，活字印刷术与大规模生产在催生了书名页的同时，也带来了与之息息相关的系统化审查与监管制度。而如今以元数据监控为标志的全球化技术网络设施同样发源于书名页在近代早期资本主义图书贸易行业中的管控功能。

---

① 弗朗西斯·戈德温（Francis Godwin, 1562—1633），英国主教、历史学家。——译注

② Godwin, *Nuncius inanimatus* (1629), STC 11944, Folger Shakespeare Library. 另外两本宣称在乌托邦印刷的图书是约翰·泰勒的《奥德康控诉》（*Odcombs complaint*, 1613, STC 23780)和《对大暴君及其同伙所作所为的质问或批评之书》（*A copie of quaeries, or A comment upon the life, and actions of the grand tyrant and his complices*, 1659)。[约翰·泰勒（*John Taylor*, 1578—1653），英国诗人，因在泰晤士河上当过很长时间的船夫而自称"水上诗人"（the water poet）。——译注]

③ Adrian Johns, *Piracy: The Intellectual Property Wars from Gutenberg to Gates* (Chicago, IL: University of Chicago Press, 2009), pp. 8 – 9.

活跃于七世纪晚期的名人约翰·柏格福特(可参见本书第 3 章相关内容),一位曾是鞋匠的书商,精心记录了这一段历史。他收集了各种文本——印刷品、手抄本,只要是他能找到的——装订成册。一部分卖给了塞缪尔·佩皮斯、汉斯·斯隆爵士等富有的收藏家,其他则自己留存,并基于此创建了大型的个人档案馆,以展现印刷技术的历史。馆藏中有大量的书名页印刷品,来自不同时期的欧洲各地,其中英国作品约占 3600 件。后来有的藏书家如托马斯·弗罗格内尔·迪丁(Thomas Frognall Dibdin)称其为"最饥渴贪婪的图书印刷品收藏家"——甚至波拉德都在自己的书名页上贬低他,但正如米尔顿·McC. 盖奇(Milton McC. Gatch)所说的,这些评价都有失公允。① 柏格福特当时收集的似乎都是本来会被遗弃的素材。因此,他实际上为图书史做出了巨大贡献,为我们保存了简明标题书目②未记载的 800 部左右作品,其中 544 部出自 1701 年以前。③ 柏格福特一定清楚,通过收藏书名页,他为后人完善了印刷人文史:即使某本书已经遗失,它仍然留下了存在过的证据。

现在的我们开始将过去数字化,书名页再次进入了崭新的领域。如果在图书馆馆藏中搜索"书名页",你不仅能找到有关书名页的文章,还能看到以文章性质归档的书名页本身,在带有自身元数据的同时也包含着它们用纸面形式呈现的元数据。曾经意在绑定

---

① Thomas Frognall Dibdin, *Bibliomania; or Book-Madness; a Bibliographical Romance* (London, 1842), p. 326;Milton McC. Gatch, 'John Bagford as a Collector and Disseminator of Manuscript Fragments', *Library* 7, no. 2(June 1985):95 – 114.

② 简明标题书目(short-title catalogue),以缩写形式列出标题关键字的书目,通常用来记录书名冗长的摇篮本及近代早期书籍。——译注

③ Gatch, 'Bagford as Collector', p. 96;Milton McC. Gatch, 'John Bagford, Bookseller and Antiquary', *British Library Journal* (1986):150 – 71.

散落的纸质书稿的辅文部件如今成了正文,在数字化的数据库中自由穿梭。书名页仿佛退化的器官,象征着早期的媒体生态。技术体系已然革新,当我们面对元数据更加庞杂、可能性更加多样的环境时,这一部分的历史或许会是我们的指南。

拆书

出版信息、出版许可与版权页

谢夫·罗杰斯

章节：5

第 5 章　出版信息、出版许可与版权页

纸质书在上世纪中期欢度了它的五百周岁生日。尽管印刷书籍的构成体系与读者相应的期待似乎都已经僵化，但通过近距离的观察，我们仍然能看到一段充满变革的历史。而最能体现其中变迁的莫过于图书中涉及出版业管理的元素。本章考察的是纸质图书中的版权页或称版本记录页，这一部件在印刷时代之前的手抄本及早期摇篮本中就已存在，保留至今。版权页（通常是书名页的反面）是随着图书销售、所有权概念、知识分类法和出版行业需求的变化持续发展的。这一章将按时间顺序分析以下要素，探究书籍的创意起源、商业生产、公开发行及其在全球知识领域中的地位：

　　出版标记（colophon）
　　出版信息（imprint）
　　出版许可（licence）
　　版权等权利说明（copyright and moral rights）
　　版本声明（edition statement）
　　印刷质量与标准声明（quality and standards statement）
　　图书编目数据（cataloguing information）

我们也可以按照以上信息的相关人员进行分类，亦即印刷商、出版商、书商、编目员、政府官员，偶尔还包括读者。我还会尽可能地将这些元素的出现、消失与印刷技术及发行方式的改变关联起来，以梳理版权页的历史如何印证了欧洲图书印制的历史。

图 5.1—5.3 生动呈现了本章所讨论的大部分内容,除了知识共享许可协议(creative commons licence)。[1]

出版标记

泥板文献(clay tablet)与手抄本通常会在结尾附上一段简短的注释。这段文字可能是为了说明作品的内容,也可能更具私人性质,比如记录誊写员的姓名,以及进行抄写的特定场合与地点。这类注释还会表达对上帝的感激之情(尤其是在宗教经文中),或者仅仅是抒发完成作品后的如释重负。这就是我们所说的出版标记,该词源自希腊语,意为顶点。

欧洲自十五世纪中期开始印刷图书,出版标记也成为标准配置,包含出版人、购买地点等重要信息,并且由于当时的书籍大多以活页形式出售,还会为装订员写明装订顺序。图 5.1 就涵盖了以上三部分细节,外加印刷商用来树立品牌形象的纹章[2]。首个印刷商纹章于 1457 年出现在《美因茨诗篇》[3]中。而直到 1476 年,才有印刷商在雷格蒙塔努斯[4]的《日历》(*Calendar*)的书名页上印刷完整的出版商商标。到了 1496 年,欧洲大陆的印刷商与出版商数量激增,书名页上的出版商标也已普及。[5] 十六世纪的出版商渐渐不再注

---

[1] 有关创作共用许可证的更多细节可参见其网站 https://creativecommons.org/。

[2] 纹章(device),欧洲贵族用来标识身份的设计图案。——译注

[3] 《美因茨诗篇》(Mainz Psalter),西方第二部用活版印刷的书籍。——译注

[4] 雷格蒙塔努斯(Regiomontanus,1436—1476),德国数学家、天文学家。——译注

[5] 参见 'Printer's device' and 'Imprint',*The Oxford Companion to the Book*, ed. Michael F. Suarez, S. J. and H. R. Woudhuysen (Oxford: Oxford University Press, 2010)。

> Registrum.
>
> huius operis diligēter impressi Zugduni
> a magro Johāne Trechsel alemāno. anno sa=
> lutis nostre. Mccccxcvij. ad nonas Aprilis.
> chartē cōsignate huiuscemodi characteribus.
> a.b.c.d.e.f.g.h.i.k.l.m.n.o.A.B.C.D.E.ff.B.
> H. et J. connectēde sunt. o.r. J. quine. B. ter=
> ne. relique autem quaterne.

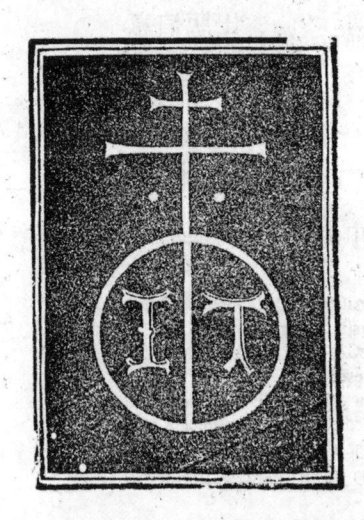

图 5.1 罗伯特·霍尔科特①,《箴言四书之问》
("Quaestiones super IV Libros Sententiarum"),
现属于新西兰奥塔戈大学特殊馆藏

明装订顺序,因为在右页底部印刷折标②是当时的常规,不需要额外向装订员说明。③ 十七世纪中期,印刷机的压印版规格升级,造纸商也开始制造更大面积的纸张,使其可以折叠成书帖(而不是必须将

---

① 罗伯特·霍尔科特(Robert Holkot, 1290—1349),英国多明我会神学家、哲学家。——译注
② 折标(signature),指示装订顺序的字母等标记。——译注
③ 参见第 11 章丹尼尔·索耶有关折标的讨论。

对开的纸张彼此嵌套),书帖内部的页面数量也有了通行标准,进一步减少了对特殊装订说明的需求。出版标记也逐渐被出版信息取代,位置由后至前,移动到书名页的底部。不过,它仍然是精细印刷(fine press printing)中的保留元素,用以鸣谢图书制作者,强调书籍使用的材料,以及在限定版中记录书籍在编号丛书中的顺序。

出版信息

在当代语境中,"imprint"一词可以指作品出版商信息,也可以指大型出版公司旗下的某个编辑团队。后者是二十世纪才出现的新义项,前者便是由出版标记发展而来,作用基本不变,除了出版社

> The University of Chicago Press, Chicago 60637
> The University of Chicago Press, Ltd., London
> © 1969, 1982, 1993 by The University of Chicago
> All rights reserved
> First edition published 1906. Twelfth edition 1969
> Thirteenth edition 1982. Fourteenth edition 1993
> Printed in the United States of America
> 02 01 00 99 98   10 9 8 7 6 5
>
> ISBN (cloth): 0-226-10389-7
>
> Library of Congress Cataloging-in-Publication Data
>
> University of Chicago Press.
>   The Chicago manual of style — 14th ed.
>   p. cm.
>   Includes bibliographical references and index.
>   1. Printing, Practical—United States—Style manuals.
> 2. Authorship—Handbooks, manuals, etc.   3. Publishers and
> publishing—United States—Handbooks, manuals, etc. I. Title.
> Z253.U69   1993
> 808'.027'0973—dc20   92-37475
>   CIP
>
> ⊗ The paper used in this publication meets the minimum
> requirements of the American National Standard for
> Information Sciences—Permanence of Paper for Printed
> Library Materials, ANSI Z39.48-1992.

图 5.2 《芝加哥格式手册》第十四版版权页

的地址和出版时间或地点可能会放置在版权页上,而不是书名页上。以《芝加哥格式手册》[(*Chicago Manual of Style*)上图 5.2]为例,我们会看到书名页上有大学出版社的名字和出版日期,而详细的联系地址则在反面。

传统上的出版信息包含以下主要内容:出版社的名称和书店的位置,其他参与图书发行的书商名称(合作出版可以共担风险并扩大市场范围),以及出版地点及时间。① 在不同时期和不同地区,法律所规定的必要信息也有所不同,在手抄本时代,出版信息大多针对的是批发商,而不是零售购买者。②

英国自 1799 年起立法规定印刷商的名字必须出现在书籍中③,可以像过去的出版标记那样放在末尾,也可以放在书名页背面。出版技术从木制或铁制的手动印刷机革新至更大型、更快速也更昂贵的蒸汽机械印刷机,印刷商在出版流程中的存在感也随之提升,有必要指明其身份。

十九世纪另一重大技术改革是装饰布面和印刷纸张装订的发展。那时候的书籍已很少以活页形式出售,装订图书是出版社的常规操作。出版社的名称及商标也因此转移至封面和书脊上。十九世纪晚期护封的出现巩固了这一趋势(参见本书第 2 章)。但商标与

---

① 大卫·福克森详细分析了十八世纪初期英国图书的出版信息。其对"出版商""书商""印刷商"等概念的细致区分适用于古今图书业。D. F. Foxon, *Pope and the Early Eighteenth-Century Book Trade*, rev. and ed. James McLaverty (Oxford: Clarendon, 1991), pp. 1-12.[大卫·福克森(David Foxon,1923—2001),英国文献学家。——译注]

② Peter W. M. Blayney, *The Stationers' Company and the Printers of London, 1501-1557*, 2 vols (Cambridge: Cambridge University Press, 2013), p. 76.

③ 参见'Imprint', *Oxford Companion to the Book*.

名称不足以让读者或执法人员确定出版商的所在地，所以例如出版社地址、印次信息和生产制作或法律方面的技术性细节可以在书名页的反面找到。这种设置在十九世纪晚期成为惯例，图书业也开始称之为版权页。

到了二十世纪，出版社根据专业所长进一步细分，"imprint"也具有了指代附属出版品牌的新含义。通常这些品牌的前身都是独立出版公司，后被大型出版商收购，比如1975年被企鹅出版社收购的维京出版社（Viking）。不过有时候这些品牌也可能是由知名编辑创立的：1935年，迈克尔·约瑟夫（Michael Joseph, 1897—1958）在维克多·高兰茨有限公司旗下创建了自己的同名出版品牌，并在1938年接管了母公司。而"迈克尔·约瑟夫"这一子品牌则在1985年加入了企鹅出版社。还有的情况下，出版品牌代表了大型企业下的独特分支：2017年，名编辑埃里克斯·克拉克（Alex Clarke）离开迈克尔·约瑟夫出版社，在头条（Headline）公司下成立了分社野火（Wildfire），出版"像野火一样传播"的图书。以上出版品牌几乎都拥有自己的商标——印刷商纹章的小号远亲，会印在书脊、护封和书名页上，以宣传该品牌。人们最熟知的出版品牌之一莫过于企鹅出版社在1940年为童书开创的海雀出版社（Puffin）。

出版许可

在整个中世纪与近代早期，图书交易的方方面面都受到贸易协会的控制，协会根据成员制定的条例管理书籍的生产与营销。只要印刷业始终集中在少数中心城市并由其主导，这种体系就能够充分运转。法律上对印刷商数量的限制阻碍了印刷行业的大规模发展，但有利于行业协会的管控。这样一来,决定谁有权印刷某种特定内容的讨论仅限于协会内部。当然,没有体制能在其国界之外执法,而当时欧洲的通用语言是拉丁语,其次是法语,某国出版的图书常常会在未经授权的情况下在另一个国家传播,那些被认为可能威胁宗教或政治秩序的书籍往往会使用虚假的出版信息伪装成其他国家的产品。印刷商之间的竞争加剧,在争夺印刷祈祷书、年鉴等高利润书籍的权利方面尤为激烈。后来,欧洲大陆的印刷商开始向执政当局申请印刷某本书或某类图书的垄断性许可权,比如《圣经》及法律书籍。有时法律上会规定在作品中注明其所获得的许可权,不过即使没有强制要求,许多出版商也发现官方认可有助于图书的营销。自 1538 年起,在英国获得皇家印刷许可的图书必须声明它们虽然"取得授权",但"仅供印刷"。"我们有必要解释一下,这种皇家授权并不等同于亨利八世时代的'奉女王陛下之命',而仅仅是一种商业垄断行为……'仅供印刷'也表示印刷商的独家权利**绝不**意味着皇室对图书内容的认同。"①尽管官方试图澄清这一点,但十八世纪的印刷商仍然乐此不疲地追求皇家许可的光环,尤其是在出版重要的高成本作品时。②

唯一在欧洲多国都具有权威性的是教皇,天主教会也一直在签发自己的图书许可。基督教会的印刷许可仅仅说明作品符合教义,不代表任何商业价值或国家认可。在颁发许可前,教会审查员——

---

① Blayney, *Stationers' Company*, pp. 484–5.
② 有关 1695 至 1760 年期间英国皇家出版许可的完整讨论,可参见 Shef Rogers, 'The Use of Royal Licencesfor Printing in England, 1695–1760: A Bibliography', *The Library*, 7, no. 1 (2000): 133–92. 其他地区会为具有重要文化意义的图书颁发许可,比如在科学上有所发现的作品,或者是极有可能被盗版的作品,比如利率表或物量衡量标准。

通常是主教或其他有学识的神学家——会签署一份"无异议"声明，以证明图书没有任何违背教义方面的问题，允许出版。此类意在证明作品可信度的文字也出现在教会以外的地方。塞缪尔·佩皮斯作为英国皇家学会主席批准了牛顿《自然哲学的数学原理》(*Principia*, 1687)的出版，大学校长会为重要的或有争议的学术书籍签发许可。这些许可或声明一般印在书名页左页或再前一页，可被视作管控书籍出版的手段之一。

以上所有许可都意在对图书出版起到积极作用。欧洲天主教会及各国政府，尤其是十七世纪下半叶的英国权力机构，还会以各种各样的方式限制书籍的出版或将已经出版的图书定性为非法。天主教会在1559年首次发布了禁书索引，直到1966年才正式废除。政府部门常常要求出版社在出版前提交作品以供审查。在英国，这部规定了审查流程的法律被称为《许可法案》(Licensing Acts)，每本通过审查的图书都会附有许可声明。约翰·弥尔顿撰写了著名的《论出版自由》(*Areopagitica*, 1644)以声讨出版前审查制度，英国议会最终妥协，在1695年宣布《许可法案》失效，并于1709年颁布了要求注明作者与出版社的版权新规。

版权等权利说明

版权是极其复杂的法律概念，作为许可权的延伸它发展缓慢，并且在不同地区发展程度不同。[①] 不过，其总体目标始终是一致的，即推动创新知识的传播，并且以1886年《伯尔尼保护文学和艺术作

---

① *Primary Sources on Copyright*(1450-1900)，http://www.copyrighthistory.org.

品公约》(Berne Convention for the Protection of Literary and Artistic Work)为起点的各式国际协定都旨在深化这种一致性。彼得·布莱尼(Peter Blayney)认为版权这一术语最早出现于十八世纪①,而在英国,则可以更精确地追溯至 1710 年的《安妮法令》。这项立法类似于专利与许可证,保证了作者对自己的文字拥有十四年的独家控制权,如果作者在世,还可以继续延长十四年。然而,长期习惯于将图书视为交易资本并通过出版商公会(Stationers' Company)处理内部事务的书商们十分不愿把所有权割让给作者。这个问题最终在 1774 年一锤定音,作者方大获全胜。② 自那时起,版权的关注点便主要在于保护期的延长、后人的继承权,以及受保护作品需要符合的具体条件。

1886 年的《伯尔尼公约》规定版权保护是自动生效的,这意味着作者与出版商无须再向版权机构申请登记,比如英国的出版商公会(从 1710 年开始要求进行版权登记)或美国版权局〔(US Copyright Office)从 1790 年开始要求进行版权登记〕。关于保护图画、雕塑等非语言类创作的争议持续不断,美国因此在 1909 年为这类媒介引入了我们现在熟知的版权符号"©"。1954 年,这一符号的适用范围扩大至所有作品。尽管法律并没有规定出版社必须使用版权符号或添加版权声明,它们仍然出现在几乎每一张书名页的背面。

版权法规只保护思想的特定表达的财产权,不保护思想本身。但由于思想与表达并不能轻易分割,思想与拥有该思想的人也同样

---

① Blayney, *Stationers' Company*, p. 861.
② 即第 3 章提及的"唐纳森诉贝克特案"。——译注

密不可分，人身权利的概念逐渐发展起来。① 大多数国家的版权法规定了以下三种人身权：②

  1. 发表权（作者有权决定是否出版）与撤回权（如果作者观点改变，可以选择撤销出版），因为此类侵权问题鲜少诉诸法庭，所以这种权利"在很大程度上属于象征性立法"；

  2. 署名权（防止他人冒充或不承认原作者）；

  3. 保护作品完整权（防止未经许可修改作者的作品，即使这种修改可能改进了作品）。

以上权利与财产权不同，无法转授予他人。在英国，作者必须通过出版物上的正式声明行使自己的人身权，而不是像财产权那样自动受到保护。1928年版的《伯尔尼公约》首次广泛规定了人身权利。

  涉及名人的回忆录或历史类书籍会出现其他复杂情况，因为这些作品对人物动机的解读也许并不正面。因此，例如历史小说的版权页往往会包含一段文字，声明其中的人物与某个在世或过世之人的雷同纯属巧合。在米高梅公司（Metro-Goldwyn-Mayer）的电影《拉斯普丁与皇后》（*Rasputin and the Empress*）于1934年被起诉诽谤后，这类声明首次出现在演职人员表中，③并在后来类似的电影中

---

  ① 作者对版权法规不保护思想的概念理解有误，这与人身权利的发展没有因果关系。版权法规保护的始终仅限于作品的财产权和人身权，不包括尚未成为作品的思想。——译注

  ② Cyrill P. Rigamonti, 'Deconstructing Moral Rights', *Harvard International Law Journal* 47, no. 2 (2006): 353–412.

  ③ Natalie Zemon Davis, '"Any Resemblance to Persons Living or Dead": Film and the Challenge of Authenticity', *Yale Review* 86 (1986–7): 457–82.

得到保留，最终延伸至纸质书。这种免责声明无须遵循特定的措辞，但应当试图明确作者解读事实的自由度。《凡妮莎与她的姐妹》(Vanessa and Her Sister)的声明（图 5.3）不仅将历史人物与虚构角色区分开来，还否认了与任何当代人之间的联系。第二段声明则感谢了出版社为了合法引用相关早期作品所付出的努力。这种复杂的免责声明常见于各类文集，因为编者几乎不可能获得所有作者或其继承人的授权。以上免责声明可能会在针对作者或出版社的起诉中起到有利作用，但并不能确保万无一失。与人身权利类似，这些免责声明既是法律话术，也象征性地表达了作者与出版社的确无意冒犯。第三种免责声明是用来规避为书中提供的财务、医疗与法律方面的建议可能造成的后果承担责任。图中没有包含这类声明，但或许大多数读者最为熟悉此类文字，这也无疑是最能有效保护作者及出版社免受起诉的声明。

随着复印机、打印机和数字网络的普及，通过非传统渠道发表的作品与日俱增，作者们希望在不受版权法限制的情况下主张自己的权利。与此同时，学术出版界开始质疑现有的商业模式，即学者为期刊免费创作作品，所在机构的图书馆却要从出版商那里购买期刊。开放获取运动中的里程碑，美国非营利公司知识共享（Creative Commons）于 2001 年成立。知识共享负责管理修订其设计的许可机制，任何人都可以将其适用于所有已知的权利种类。尽管该体系允许作者放弃某些权利，但绝不会凌驾于版权法之上。知识共享协议最新的 4.0 版主要包含以下四个方面的权利：第一，复制作品或衍生作品必须注明原作者［署名（attribution）］；第二，衍生作品的许可协议不能超过原作许可协议的限制程度［相同方式共享（share-alike）］；第三，不允许商业用途的二次使用［非商业性使用（noncommercial）］；第四，不可改变原作品［禁止演绎（no derivates）］。这类

First published in Great Britain 2015

Copyright © 2015 by Priya Parmar

The moral right of the author has been asserted

No part of this book may be used or reproduced in any manner whatsoever without written permission from the publishers except in the case of brief quotations embedded in critical articles or reviews

Every reasonable effort has been made to trace copyright holders of material reproduced in this book, but if any have been inadvertently overlooked the publishers would be glad to hear from them. For legal purposes the acknowledgements and credits on pages 349–52 constitute an extension of the copyright page

Vanessa and Her Sister is a work of historical fiction. Apart from the well-known actual people, events, and locales that figure in the narrative, all names, characters, places, and incidents are the products of the author's imagination or are used fictitiously. Any resemblance to current events or locales, or to living persons, is entirely coincidental

Bloomsbury Circus is an imprint of Bloomsbury Publishing Plc
50 Bedford Square
London
WC1B 3DP

www.bloomsbury.com

Bloomsbury is a trademark of Bloomsbury Publishing Plc

Bloomsbury Publishing, London, New Delhi, New York and Sydney

A CIP catalogue record for this book is available from the British Library

Hardback ISBN 978 1 4088 5020 6
Trade paperback ISBN 978 1 4088 5021 3

10 9 8 7 6 5 4 3 2 1

Book design by Barbara M. Bachman
Typeset by Hewer Text UK Ltd, Edinburgh
Printed and bound in Great Britain by CPI Group (UK) Ltd, Croydon CR0 4YY

MIX
Paper from responsible sources
FSC® C020471

图 5.3 普莉亚·帕尔马(Priya Parmar)所著《凡妮莎与她的姐妹》版权页

许可将版权涉及的法律、商业、伦理问题有趣地结合在一起,常会作为版权说明的一部分出现在版权页上。

版本声明

虽然出版社认为有必要记录图书的版次和印次,但并不愿意告知读者他们修改内容的频率(无论过高还是过低)。出版商通常希望突出"新修订"的版本,也乐于在名作的书名页写上更近的日期,为书店的书架增添新意。可另一方面,印数和重印次数在他们看来属于商业机密。因此,版权页上的版本记录往往难以保证其信息量与准确度。

现在的"版本声明"可以指任意新版、修订版图书带有的标识,不过在销售上万册便可称为畅销书的上世纪,这类声明格外错综复杂。铅版印刷(stereotyping)或影印副本令消费者难以区分图书的新旧版本,出版社不得不加上相关说明。① 具体的措辞方式没有明确规定,所以实际操作中花样百出,本应澄清事实,却反而令人混淆。这导致约翰·卡特(John Carter)在其著作《图书收藏入门》(ABC for Book Collectors)中专门用了一整节来解释"首"(First)一词,详细辨析了"英文首版"(First English edition)、"首次出版"(First published edition)及"首版单行本"(First separate edition)等说法。② 图书馆编目员在编写书目时会逐字记录版本声明,以防在特殊情况下误解其本意。在所有版权页信息中,版本声明应当是对图书史学

---

① 参见亚历山德拉·富兰克林所著第 16 章有关铅版印刷的讨论。(铅版印刷指的是使用铅合金铸成的印版印刷的方式。——译注)

② John Carter and Nicolas Barker, *ABC for Book Collectors*, 8th edn (London: British Library; New Castle, DE: Oak Knoll, 2006), pp. 103–4.

家最有帮助的部分,但也是对历史研究要求最高的部分,因为只有详尽的调研才能精准确定某个版本的文献学地位。

印刷质量与标准声明

自十八世纪晚期起,不断扩大的纸张需求使得人们开始大规模进行各种纤维质料实验,想方设法将纤维分解至适于造纸的精度。尽管某些方式在当时具有可操作性,但实际上麻烦不断,因为化学残留物会随着时间推移与空气发生反应,产生我们现在所谓的易碎纸或酸化纸问题。虽然那时的造纸商还没有想出防止图书变质的经济方法,但他们很快制定了一套标准,以向消费者保证其生产的纸张经得起时间的考验。这套标准一般会出现在主要针对学者及图书馆市场的布面精装书中,后来随着环保意识的加强,人们对原材料可持续生产的关注推动了相关标准的发展,类似声明越来越多地见于各种书籍中。国际标准化组织(International Organization for Standardization)于1993年发布了首份纸张耐久性指南,力图确保造纸商充分使用缓冲剂,以应对长期酸化问题。同年,森林管理委员会(Forest Stewardship Council)设计了特殊符号与标语,以标记某本书使用的木浆纸来自可持续发展森林。印刷中使用的石油基油墨和溶剂也引发了类似关注。人们从二十世纪七十年代起开发替代品,大豆油墨在当代印刷业已十分常见,往往也会被特别提及。以上细节都会出现在书名页的反面。

政党出版物这种特殊印刷品则会强调出版作品的本地印刷公会。这种"公会标签"在美国最为普遍,尤其是在二十世纪中期的各种印刷品上。现在除了政治读物之外,公会标志已经极其罕见,部分原因是许多商业出版物会在海外比如亚洲印刷。

我们还可以在版权页上看到监管范围之外的其他制作说明，包括字体和字号的使用、对设计师的致谢、插画及封面艺术作品的署名，以及常见于学术图书的政府或研究机构对出版的资助。

图书编目数据

在所有技术革新中，计算机的发展对版权页的影响是最大的。图书馆暂且可以使用卡片目录处理缓慢增长的馆藏，但连锁书店的出现促使英国在 1965 年设立了标准书号（Standard Book Number，SBN），以统计不断变化的大量库存产品。标准书号在 1967 年迈向国际化，变为 10 位数字的国际标准书号（International Standard Book Number, ISBN），后又在 2005 年增加至 13 位，以适应条形码的需求。ISBN 的最后一位是校验码，通过书号中的其他数字加以计算而得出。校验码易于通过计算机查验，减少了复制过程中发生错位的可能性。ISBN 是目前图书馆电子编目与线上销售的基础。

而在图书编号尚未标准化的时期，每家出版社会自行记录图书的各种版本。方法之一是在版权页加上印刷厂的编码或数字串，多见于二十世纪下半叶出版的书籍。图 5.2 所展示的版权页出自 1993 年首次出版的第十四版《芝加哥格式手册》，第八行的数字表示这本书是 1998 年的第四次重印版。[①] 当印次增加时，出版社可以剔除之前的编码。对于使用金属活字印刷的书籍而言，"剔除"一词完全是字面上的意思，因为这串数字属于铅版的一部分，需要用凿子去除。而在芝加哥大学出版社发行第十四版《手册》时，印刷厂应当已经开始使用影印技术，删除一行数字同样是很简单的步骤。后来官方规

---

① 'What Is a Numberline?', *Bibliology Blog*, https://www.biblio.com/blog/2010/12/what-is-a-numberline/.

定出版物每出版一次新版本或以不同形式发行(有声书、电子书)都需要申请新的 ISBN，数字串的必要性大大降低，但对于图书经销商和收藏家来说，它仍然具有重要意义，有助于判定各个版本的优先级与价值。①

主题词也是图书编目所要求的关键信息，但无法通过数字标识。因此在二十世纪九十年代后期，英语国家印刷的图书增加了图书在版编目(Cataloguing in Publication，CIP)数据，现在大多数地区的国家图书馆都会为出版社提供此项服务。在《芝加哥格式手册》的例子(图 5.2)里，版权页包含了由国会图书馆(Library of Congress)创建并管理的详细分级主题词，同时分别附有国会图书馆和杜威十进制(Dewey Decimal)图书分类法下的主题编码。如果这本书属于某套丛书，丛书书名和这本书的具体序号通常也是编目数据的一部分。

如今的技术发展仿佛正在为这段简短的历史画上恰当的句号，英语国家的电子书再次将版权声明移至书籍末尾，以便用更长的篇幅记录数字媒体更复杂的权利归属与发行安排。这一转变看似是倒退，实则合乎逻辑，体现了对图书的管控需要多方努力，以顺应技术、立法、用户需求的变化，而今天的用户将不再是传统意义上的读者，而是图书生产与知识组织形式的管理者。国界内外各个历史时期的版权页或许位置不同，内容不一，但基本功能始终是不变的——记录一本书的专业信息：创作者的权利、生产的历史、市场营销与发行的情况。而这些细节对图书而言至关重要，赋予了其存在于此世的意义。

---

① 参见詹姆斯·瑞文(James Raven)所著的《什么是图书史？》(*What Is the History of the Book?*)的书名页反面所列的四个 ISBN，分别对应 Mobi 版、epub 版、精装版与平装版。再加上有声书的 ISBN，可能才是真正完整的"图书史"。(Mobi 和 epub 分别是亚马逊公司和苹果公司的电子书格式。——译注)

第 6 章

目录

约瑟夫·A. 豪利

当你拿起一本书时，应该先从哪部分开始阅读？你大概会在草草浏览序言之后，直接翻到目录页，选择一章来读。可能是这一章，也可能是另一章。或许你会通过目录找到某一章节，读完之后接着读下一章，下下章，又或者其中一章提到了别的章节，你再次通过目录翻到了那一章。也许在反反复复中，你最终读完了整本书，虽然顺序不是从头至尾，而是依据你自己的路线。还有的情况下，你始终遗漏了某个章节。说不定就是本章。①

我们称之为《754 年编年史》(Chronicle of 754)的匿名中世纪文本记载了阿拉伯将军穆萨·本·努塞尔(Musa bin Nusayr)从北非经阿尔赫西拉斯港(Port of Algeciras)跋涉至西班牙的过程，其中涉及书籍的修辞令人印象深刻：

> 穆萨本人穿越加的斯的海峡，朝着赫拉克勒斯之墩——像一本书的标识一样指明港湾的入口(quasi tomi indicio porti aditum demonstrantes)，又像是他手中可以打开通道的钥匙——的方向来到这片贫瘠的土地，以破坏者的身份进入了被长期掠夺、残忍入侵的西班牙。②

---

① 在我完成这一章节后，才读到了这部新近出版的重要作品：Georges Mathieu (ed.), *La Table des Matières. Son histoire, ses règles, ses fonctions, son esthétique* (Paris: Classiques Garnier, 2017).

② *Cont. Hisp.* 70. 拉丁文部分出自 T. Mommsen, *Chronica minora saec. IV. V. VI. VII* (Munich: Monumenta Germaniae Historica, 1894), p. 353. 我的翻译参考了 K. M. 沃尔夫(K. M. Wolf)所著的《中世纪西班牙的征服者与书史者》(*Conquerors* "indicio"指的是打开书本后首先看到的具有导航作用的辅文。它是旅程中的第一个停靠港,可以指明方向,也"像是手中的钥匙",能够为读者打开图书的内容。说明后续与引导理解这两个概念对于我们接下来的讨论至关重要。

"目录"在我们的讨论范围内指的是对图书内容的简要提炼说明,并**按照在书中出现的次序排列**(而"索引"——本书第 20 章所讨论的内容——则是按照其他标准列明图书内容)。① 历史上,它的位置时前时后,都便于读者查阅,因此无法作为判定标准。② 所以,我们认为目录的定义关键在于其反映了文本本身的内容顺序。

"顺序"这一文本属性与目录息息相关:目录页既展示了下文内容的次序,又将自己插入该次序之前。读者对目录的预期会打断图书既有的线性阅读顺序。基于此,不同类型书籍的目录页发展过程有所不同:目录最早也最常出现在参考类图书中(后来首字母顺序及其他排序规则才取而代之),偶尔也开始出现在小说里,与章节标题的起源密不可分(参见本书第 12 章)。

更重要的是,目录作为图书的一部分占据了一处介于实体书籍与超物质文本之间的不确定空间。我们今天所知的目录是由出版

---

and Chroniclers of Medieval Spain, Liverpool: University of Liverpool Press, 1990),在此感谢蕾切尔·斯坦因博士(Dr Rachel Stein)推荐这部作品,以及沃尔夫教授与我讨论此段译文。[加的斯(Cádiz)是大西洋的一个海湾,位于直布罗陀海峡附近;赫拉克勒斯之墩(Pillars of Hercules)则是直布罗陀海峡东端两块巨大岩石,据希腊神话为大力士赫拉克勒斯所立。——译注]

① A. Riggsby, 'Guides to the Wor(l)d', in *Ordering Knowledge in the Roman Empire*, ed. J. König and T. Whitmarsh (Cambridge: Cambridge University Press, 2007), pp. 88 - 107. 需要注意的是,里格斯比认为"目录"的作用是分割文本,而在本书中,这被严格视为"章节标题"的权限。

② 欧洲不同地区图书的目录页位置的演变过程涉及更大规模的研究。

社或编辑添加在图书中的元素（所以不同时间出版的不同版本可能拥有不同的目录，有的甚至没有目录），但最原始的目录是从古希腊、古罗马时期流传下来的，难有相关版本能够佐证其当时的形式与功能。我将在下文梳理数例拉丁文典籍目录从手抄本到印刷时代的传播轨迹，探究它们是如何成为图书构件的。① 目录所处的特殊阈限为图书史学家——或是对图书史感兴趣的学生——提供了一种案例研究的角度。②

与许多古书的故事一样，我们即将谈到的这一本也要从遗失开始讲起。普林尼的《自然史》（*Natural History*）著于公元 79 年以前，在介绍此书内容目录时，他提到自己之所以这么做，是效仿了一位名叫索拉纳斯（Soranus）的公元前二世纪学者，而后者的作品（及目录）现已失传。③ 我们目前可以确定"原创性"的拉丁文目录只有四份，普林尼的就是其中之一。④ 这四份目录的出处都可

---

① 我未能着墨的内容之一是《圣经》中的"纲目"（capitula）传统，这一丰富而特别的主题值得进一步独立研究，具体可参见 D. De Bruyne, *Sommaires, divisions et rubriques de la Bible latine*（Namur：Godenne, 1914）, trans. P.-M. Bogaert, Summaries, *Divisions and Rubrics of the Latin Bible*（Turnhout：Brepols, 2015）。

② 我将提到摩根图书馆的多本藏书，但除了其中某一份手抄本外，其他类似案例可以在任意一家拥有特殊馆藏的图书馆中找到。

③ Pliny NH Pr. 33. Riggsby, 'Guides', p. 90. 更多有关普林尼这篇目录的内容及其在印刷时代的后续故事参见 A. Doody, *Pliny's Encyclopedia: The Reception of the Natural History*（Cambridge：Cambridge University Press, 2010）。

④ 拉丁语及希腊语典籍中的目录必然不仅限于此。参见本书尼古拉斯·达姆斯所著章节中有关爱比克泰德《论说集》（*Discourses*）的讨论，其中章节标题的作用类似于下文提及的革利乌斯（Gellius）的例子。[爱比克泰德（Epictetus，约 55—约 135），古希腊哲学家。——译注]

被归为技术类或准技术类图书,以"混杂"的结构为标志,有必要添加目录辅助阅读:斯克里博尼乌斯·拉格斯的药理学著作《构成》(Compositiones)、卢齐奥·科伦麦拉①的《论农学》(De Re Rustica)及普林尼的百科全书《自然史》都可追溯至公元一世纪,距离我们最近的《阿提卡之夜》(Attic Nights)则是革利乌斯写于二世纪晚期的古典文集。② 除此之外,我们还应当算上由阿利安③编辑的爱比克泰德的希腊文典籍《论说集》。虽然这些目录最开始是出现在原书开头、前言之后(只有科伦麦拉的例外,出现在第十一卷中),但到了中世纪,这种安排方法不再常见。④ 这种变化可能与三世纪左右从卷轴至手抄本的过渡具有某种程度上的同步性,两种方式都各自适用于当时的图书形式(手抄本读者只需要翻过几页即可找到一本书的目录,而卷轴读者则不需要打开第二卷就能了解全书的内容)。

---

① 斯克里博尼乌斯·拉格斯(Scribonius Largus)与卢齐奥·科伦麦拉(Lucio Columella)分别是活跃于一世纪中期的古罗马医师与农学家。——译注

② 许多流传下来的拉丁文古籍有着奇特而有趣的书名或小标题,可参见 B. Schröder, *Titel und Text: zur Entwicklung lateinischer Gedichtüberschriften* (Berlin: DeGruyter, 1999)。

③ 阿利安(Arrian, 86—160),古希腊历史学家。——译注

④ 此处提及的"卷"这个说法提醒我们,原本分为数卷轴的古希腊与古罗马书籍在手抄本中会合为一部,这加剧了古代目录发展过程的复杂性。有关科伦麦拉的内容可参见 J. Henderson, 'Columella's Living Hedge: The Roman Gardening Book', *Journal of Roman Studies* 92 (2002): 110–33, 111–13。而在书籍开头的这种位置也与《圣经》的纲目类似,纲目同样既总结了内容,又起到了导航作用: L. Light, 'French Bibles c. 1200–30 and the origin of the Paris Bible', in *The History of the Book in the West: 400 AD–1455*, ed. J. Roberts and P. Robinson (Farnham: Ashgate, 2010), pp. 262–5. Originally published in R. Gameson (ed.), *The Early Medieval Bible: Its Production, Decoration and Use* (Cambridge: Cambridge University Press, 1994), pp. 168–73.

这些古籍目录的共同点是都伴有作者对目录功能的说明,其功能也都与寻找和发现有关。① 不过有些作品的目录,比如革利乌斯和爱比克泰德书中的目录似乎是在利用其中的章节标题与读者玩起了哲学性的游戏,引发读者对某一章的思考,或将读者的注意力集中在某一章上。② 如此一来,古籍中的目录便不仅仅是"第一个停靠港",而更是"手中的钥匙",不光明确方向,还能指点迷津。

那么古籍中的目录是如何发挥其导航作用的?我们可以在誊写于公元500年左右的小普林尼③《书信集》(*Letters*)手抄本(现藏于摩根图书馆)中发现端倪。④ 这份手抄本只遗留下六张对折页,内容是《书信集》的第二卷末尾和第三卷开头,中间以第三卷的开端文

---

① Riggsby, 'Guides', p. 91. 需要注意的是,爱比克泰德的目录虽然同样古老,但并不符合这一点,因为其前言并未提及目录。从古本中流传下来的目录如果未被作者提及,便可能被定性为誊写员的手笔。

② 更多相关内容可参见该书第1章: J. A. Howley, *Aulus Gellius and Roman Reading Culture: Text, Presence and Imperial Knowledge in the Noctes Atticae* (Cambridge: Cambridge University Press, 2018).

③ 小普林尼(Pliny the Younger,约61—约113),古罗马作家,是前文提及的老普林尼的外甥及养子。——译注

④ 该手抄本的具体制作时间、图像及相关研究可参见 E. A. Lowe and E. K. Rand, *A Sixth-Century Fragment of the Letters of Pliny the Younger: A Study of Six Leaves of an Uncial Manuscript Preserved in the Pierpont Morgan Library New York* (Washington, DC: Carnegie Institution of Washington, 1922). 更多有关该目录(或称"索引")及其对于解读普林尼书信的作用的讨论,参见 R. Gibson, 'Starting with the Index in Pliny', in *The Roman Paratext*, ed. L. Jansen (Cambridge: Cambridge University Press, 2014), pp. 33 - 55 与 J. Bodel, 'The Publication of Pliny's Letters', in *Pliny the Book-Maker*, ed. I. Marchesi (Oxford: Oxford University Press, 2015), pp. 13 - 104(前者的图片更加清晰)。

字及目录分割。目录文字分布在整张对页上,并进行了精心排列:每页下方都画有四条空白格线,在起始页构成了对称设计,文字块的四角都加上了红色的小点,仿佛锚定了整片视域。[①] 与开端文字周围的涡卷装饰类似,目录交替使用红色墨水与黑色墨水,前者是每封信的收件人,后者是每封信开头的文字(下方引文用粗体字代替红字):

AD CALVISIVM RVFVM   致卡尔维斯·路弗斯
  NESCIOANVLLVM   "我不知道是否有……"

AD VIBIUM · MAXIMUM   致维比乌斯·马西默斯
  QUOD · IPSE AMICISTVIS   "对于您的朋友而言,有些事情我自己……"

AD CAERELLIAE HISPVLLAE   致凯列里埃·希斯普莱
  CVMPATREMTVVM   "鉴于您的父亲……"

《书信集》收录了普林尼的私人信件,并按照时间顺序巧妙排序以达到文学效果。读者可以按照既有的顺序阅读,探索后续信件之间的联系,也可以无视安排好的次序,专门追溯普林尼与不同人物的通信往来。该书的目录似乎更加鼓励第二种模式:每行红字都写明了信件的收件人,并以此为标题。

事实上,这份目录涵盖了每封信件的关键信息:第一,信件在书中的位置;第二,信件的收件人;第三,信件的开端文字。以上信息综合起来可以令读者快速定位至想要阅读的书信,誊写员也为每封

---

① 在 f48v 页上,其中一点的位置曾被擦除调整过。或许是执迷于对称设计的誊写员遗漏了目录中的某一条目,后来又小心地补充上去。

信的开头做了特殊处理。每一封信都以红字从左页边空白处开始誊写,并加上小点,使收信人名和开端文字在视觉上有所区别,这也是古籍中常见的分段方式。①

我们判定这部分文字为目录的理由是它为每封信件拟定了描述性标题并按顺序排列。红色的标题没有复制原信开头的称呼语,例如"C. Plinius Calvisio suo salutem"(普林尼问候他的朋友卡尔维斯),收信人是与格②的形式,而是将收信人置于宾格,即"ad Calvisium Rufum"(致卡尔维斯·路弗斯)。并且,目录中记录了收信人的全名,这在原信中是被省略的,意味着目录出自作者本人之手。③

我们无法确定这种做法在古罗马时代有多普遍,因为这完全取决于我们掌握了多少例证,以及我们在多大程度上相信后古典时期的手抄本真实还原了古典时期的辅文。如果我们在中世纪手抄本中发现了目录,那么首先必须判断这是誊写自作者的原稿,还是后来补充上去的。实际上,几乎每一份中世纪手抄本的目录都需要具体情况具体分析。

目录之所以能在中世纪书籍中流行起来,主要原因有两方面。首先,如果文本已经明显被划分为数篇小文章,那么誊写员或读者便会倾向于添加(或替换现有的)目录。当时的文本通常使用章节标题(最早在拉丁文中写作 capita,意思是"头部",单数形式是 caput,后来演变为 capitula,希腊语中写作 κεφάλλια)进行划分,或者

---

① S. Butler, 'Cicero's capita', in *The Roman Paratext*, ed. L. Jansen (Cambridge: Cambridge University Press, 2014), pp. 73 – 111.

② 与格(dative),拉丁语、俄语等语言语法中名词的一种格,通常为间接宾语的形式。——译注

③ Gibson, 'Starting with the Index in Pliny', p. 45.

仅在正文中暗示,没有具体的标题。其次,目录的频繁出现也与阅读行为的变化有关。十二世纪前后兴起的修道院阅读文化推动了快速、非线性"参考式"阅读方法的发展,查找目录便是其中之一。这一趋势影响了经文、古籍的整理及当时的写作方式。[①] 中世纪的图书制作者与使用者尝试了各种方式以描述、提炼、概括书籍的内容,并会在书中向其他读者展示其中的过程。我们能不断在拉丁文古籍中发现流传下来的目录页,尽管它们可能是在欧洲进入印刷时代前的最后几个世纪里,在勤奋的誊写员笔下获得新生的。而如今我们所说的目录通常指的是印刷书籍的组成部分,也就是我们即将在下文探讨的内容。

十五世纪版本的拉丁文典籍中的目录一般是以手抄本为底本印刷的,因此最早的印刷目录页比书籍本身更具有中世纪晚期或近代早期的特征。印刷时代早期的图书制作商与读者仍在探索目录既有及应有的样式,尽管目录的新近竞争对手——索引(参见本书第 20 章)已逐渐普及。

我们发现每一部摇篮本的印刷商在面对流传至印刷时代的古籍目录时,都做出了略有不同的决定,并且同一版本的副本装订方

[①] Olga Weijers, *Dictionnaires et répertoires au moyen age. Une étude du vocabulaire* (Turnhout: Brepols, 1991), pp. 94 – 9. 此书区分了"tables des matières"与"tables alphabétiques"这两个概念,前者是我们所说的目录,后者可以理解为索引;更多有关两者的区别及如何分别命名的复杂问题,可参见本书第 20 章。维杰斯在书中详细分析了中世纪的目录,及其与其他阅读元素之间的紧密关联。另见 Christopher de Hamel, 'The European Medieval Book', in *The Book: A Global History*, ed. Michael F. Suarez and H. R. Woudhuysen (Oxford: Oxford University Press, 2013), pp. 59 – 79.

式也不统一。由于印张和页码的概念在十五世纪九十年代才开始出现，在那之前，装订员只能依据书帖上的折标判断装订顺序。而将目录页制作成独立于正文的书帖并不罕见（例如，正文标记为 a-n，目录标记为 A-B）。但在没有页码、没有折标也没有书名页的情况下，装订员便无从知晓目录页是应该放在书籍最前面还是最后面。① 所以现存的同一版古籍可能会有两种不同的装订顺序（即 a-nA-B 和 A-Ba-n），并没有正误可言。经过印刷的目录页得以从虚拟领域来到物质世界。

革利乌斯 1469 年的初版《阿提卡之夜》的目录页就是活动书帖，现藏于摩根图书馆的版本将目录页装订在最前，并以红色字迹标注张数，这些张数又被添加到原目录中。除此之外，虽然这个版本与其他摇篮本一样，将每一章节的标题复制为目录中对应文章的标题，但它省略了每一卷第一篇的标题，这些标题也是由人手工补齐的（也许这是为了响应印刷商的前言，鼓励读者阅读"每一篇杂记，以及它们的标题"）。② 也就是说，在这本书离开书店之后，有人不仅加强了目录的导航功能，而且修复了它辅助阅读的功能。

有些书稿的目录则是后来补充上去的。比如伊西多尔③《词源学》(*Etymologies*)的手抄本和印刷本在分卷内容呈现及章节标题设

---

① 不过，目录有时会被归为"前辅文"或"前页"(preliminary)。这种将正文与辅文区分为不同书帖的做法恰巧在一定程度上说明了目录是否属于图书的"一部分"这一问题。需要注意的是，有人认为如果印刷商运输或销售的是已经折叠好的书帖，那也便不再需要额外指示装订顺序。

② Johannes Andreas, prefatory epistle to the 1469 *Noctes Atticae* of Sweynheyn and Pannartz, f5r.

③ 伊西多尔(Isidore, 约 560—636)，西班牙塞维利亚主教(Bishop of Seville)。——译注

计上都有所不同。[1] 我们可以在摩根图书馆现存的一版十世纪手抄本散页上看到第三卷的开头列出了经过编号的章节标题,这些编号又出现在每一部分的页边空白处。[2] 伊西多尔的这部巨著也提醒我们,目录有时还可能作为序言或导读性质的文字出现(与现代学术著作的标准不同,古书往往不会专门依次介绍每一章的内容,虽然本书也没有这样做)。《词源学》流传下来的前言中提到:"读者们,为了便于你们快速找到想要阅读的内容,下方文字将告诉你们本书作者在每一卷中都讨论了什么话题:第一卷,是语法及其部分;第二卷……"1472 年奥格斯堡[3]的版本将目录接着正文部分印刷,摩根图书馆的一份藏本在页边空白处顺着目录文字手写了编号(如"Liber primus, 2us, 3us &c"),并注明了这一部分即"目录"("tabula generalis")的字样。与此同时,这一版本还附有一份完整的目录,是独立的无折标书帖(被摩根图书馆的版本装订在全书最后)。我们可以将之与 1473 年斯特拉斯堡的版本进行对比,后者将分卷目录拆分,在每一卷的开头列出本卷的具体标题,避免了来回翻阅不同的书帖,但也导致读者难以同时检索全书的目录。其中第一卷的标题以表格形式列明,仿佛是为了保留原有的分卷目录格式,然而后续的卷本样式则与正文相同。在早期的摇篮本中,目录的位置和表现形

---

[1] 其中部分目录的形式可以追溯至布劳里奥主教(Bishop Braulio,约 585—约 651——译注)对文本的修订:S. A. Barney, W. J. Lewis, J. A. Beach, and O. Berghof, *The Etymologies of Isidore of Seville* (Cambridge: Cambridge University Press, 2006), 34. 更多有关其复杂的流传过程的内容,参见 Schröer, *Titel und Text*, pp. 146-50.

[2] Morgan MS G.28. 其划分章节的方式与现代文本的编辑方法一致,但编号方式(通常)不同。

[3] 奥格斯堡(Augsburg),德国中南部城市;下文的斯特拉斯堡(Strasburg)是法国东北部城市。——译注

式与手抄本里一样变化多端。在地理学家索里努斯（Solinus）不同版本的作品中，我们既可以看到带有编号的标题同时在目录和正文每章开头出现（1473年威尼斯版），也会看到只有目录标题，没有正文标题（1474—1475年罗马版），还能看到目录有编码，正文标题却没有编码的情况（1480年帕尔玛版）。①

我们可能会设想，一旦目录开始出现在部分拉丁文典籍中，其显而易见的优势就会促使更多的作品纳入这一元素，尤其考虑到早期印刷时代行业竞争的激烈程度，印刷商会想方设法提高自身产品的吸引力。然而在初步考察了拉丁文摇篮本的首版与晚期版本之间的区别之后，这一预设似乎并没有得到验证：我比较了小普林尼、西塞罗②、苏维托尼乌斯③、卡图卢斯④、马提亚尔⑤作品十五世纪六十至七十年代与九十年代之后的版本，没有发现摇篮本印刷商自行添加目录的例证。因此，我们可以得出结论，那时候的目录仍然是古籍自有的一部分，而不是印刷商的附加服务。

但可以确定的是，十六世纪初的印刷商迫不及待地加入图书的新构件是按字母顺序排列的索引。革利乌斯的《阿提卡之夜》就用早期印刷形式的字母索引替代了已在十五世纪印刷本、手抄本之间传播的手写索引，以便人们挖掘充满趣味的古代文字与故事。

---

① 摇篮本在售出后经历的修订和补充过程与印刷时代的图书一样丰富，比如现藏于普林斯顿大学的1480年帕尔玛版本在小标题旁标有罗马数字。这提醒我们，应当尽可能地参考各种近代早期图书样本。［意大利与西班牙都有帕尔玛（Parma）这个地区，此处可能依然指的是意大利的版本。——译注］

② 西塞罗（Cicero，前106—前43），古罗马政治家、哲学家。——译注

③ 苏维托尼乌斯（Suetonius，69—122），罗马帝国早期历史作家。——译注

④ 卡图卢斯（Catullus，约前84—约前54），古罗马诗人。——译注

⑤ 马提亚尔（Martial，约38—约102），古罗马诗人。——译注

1515年阿杜思印刷社①的版本开头是按字母顺序排列的主题索引，正文最后才是革利乌斯所写的目录。可即便字母索引已与全书页码保持一致，原版目录依然只涉及分卷与章节，没有将全书的页码整合进来。近代式索引最终在十六世纪中期阿杜思之后的各个版本中成功取代了古版目录，比如直接复刻了阿杜思版正文及辅文的1550年里昂（Lyons）版。② 这些版本的正文最后直接是希腊语注释，跳过了原版目录。印刷商为省略这一部分致歉，仿佛是在盗走宝物后留下赎金条："尊敬的读者，原本在此处的革利乌斯《阿提卡之夜》目录被我省去，一方面因为每一篇文章都已有单独的标题，另一方面因为我们添加了信息量极其丰富的**索引**，您可以在那里找到所有值得关注的内容。"

伊西多尔作品中全书目录及分卷目录的存在引发了另一个问题，即制定目录的规格。除了章节目录以外，我们还可以在手抄本杂集〔(manuscript miscellany) 如包含多部作品的手抄卷宗〕、汇编集〔(sammelbände) 装订成合集的多部印刷本〕、印刷选集中看到列明多部作品名称的目录。现藏于得克萨斯州哈里·兰森中心（Harry Ransom Center）的1493年版《阿提卡之夜》就是与其他七部作品一起装订于一本汇编集中，其中还包括薄伽丘的作品，此书的某任主人在薄伽丘作品的书名页空白处按顺序列出了汇编集中的所有书目——一份由读者提供的特殊目录（图 6.1）。

---

① 阿杜思印刷社（Aldine Press），意大利出版商阿杜思·马努提乌斯（Aldus Manutius, 约1452—1515）成立的出版社。——译注

② 1503年，阿杜思发表了一篇长文抨击里昂出版社的盗版行为，但没有什么效果。

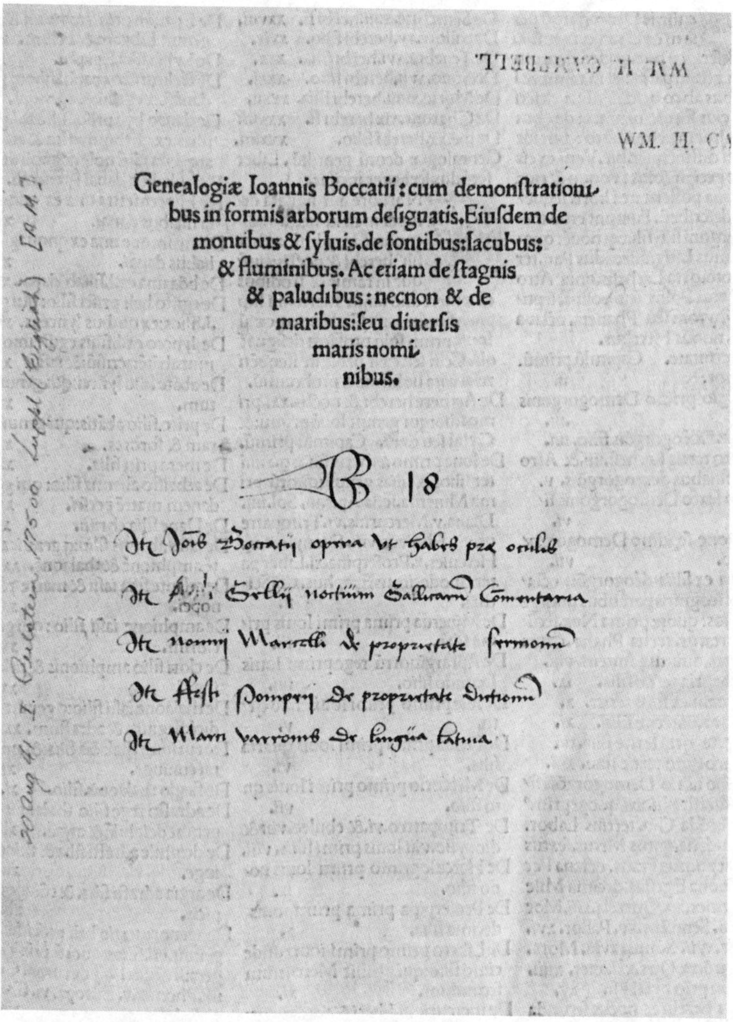

Genealogiæ Ioannis Boccatii: cum demonstrationi-
bus in formis arborum designatis. Eiusdem de
montibus & syluis. de fontibus: lacubus:
& fluminibus. Ac etiam de stagnis
& paludibus: necnon & de
maribus: seu diuersis
maris nomi-
nibus.

图 6.1　汇编集第一卷书名页上的手写目录。第二行表明书中收录了 1493 年版的革利乌斯《阿提卡之夜》（并印有其原版目录）。现藏于得克萨斯州哈里·兰森中心

1500年威尼斯版的小普林尼作品也是与其他作品一同印刷的，开头是以三角形状排列的目录，措辞极其谦抑："为以下作品献出了绵薄之力"("Quae in isto continentur opusculo")。① 阿杜思有时会在前言中列出某卷本的内容②，有时也会添加目录：1497年出版的扬布里柯③等人的作品合集在开头按顺序列出了具体篇目，并以《本书中所包含的内容索引》为题；1498年出版的阿里斯托芬④作品首页按序列有剧目；1502年版的希罗多德⑤作品《历史》(*Histories*)以九位缪斯分别命名各个分卷（而不是数字）。阿杜思1513年出版的尤利乌斯·恺撒⑥作品不仅列明了正文及辅文（地图！词汇表！）的具体内容，而且印有弯形鱼与锚组成的纹章，十分显眼地占据了页面一半的空间，目录则和广告语合二为一（图6.2）。

1508年版的小普林尼通信集（共九卷本，外加一卷与图拉真⑦的往来信件）不仅收录了他的《颂词》(*Panegyricus*)，还含有苏维托尼乌斯的《语法学家和修辞学家的生活》(*Lives of Grammariansand*

---

① 印刷商阿尔贝蒂努斯·韦尔切利希斯（Albertinus Vercellensis）1500年的版本，f1r.

② 参见 N. G. Wilson, *The Greek Classics* (Cambridge, MA: Harvard University Press, 2016) and J. N. Grant, *Humanism and the Latin Classics* (Cambridge, MA: Harvard University Press, 2017).

③ 扬布里柯（Iamblichus, 约250—约330），古希腊数学家、哲学家。——译注

④ 阿里斯托芬（Aristophanes, 约前448年—前380年），古希腊喜剧作家。——译注

⑤ 希罗多德（Herodotus, 约前480年—约前425年），古希腊历史学家。——译注

⑥ 尤利乌斯·恺撒（Julius Caesar, 约前100—前44），罗马共和国末期政治家。——译注

⑦ 图拉真（Trajan, 53—117），罗马帝国皇帝。——译注

Rhetoricians)和神秘的编年史家尤利乌斯·奥普塞昆①的作品。书籍开头的索引将前九卷的书信对象按字母顺序排列,接着是按主题顺序排列的与图拉真的信件,最后是其他作品的内容篇目。十年后的出版社会直接为全卷图书附上字母索引,而在阿杜思的版本中,我们看到的是复杂的近代辅文如何从位置顺序向字母顺序转变,并最终取代了古代辅文。②

在连续页码普及之前,按顺序列明图书的内容是导读文本的最有效方式。所以,目录中的顺序一定程度上直接反映了近代前书籍的基本结构,无论书籍的形式是卷轴还是手抄本:目录的顺序依据的是图书的顺序。而随着页码的出现,图书得以灵活地摆脱序列性,允许无序的阅读方式,因此也需要索引这种凌驾于次序之上的辅文。近代早期的杂集内容越发庞杂,导航性质的辅文也越发密集,比如阿杜思 1508 年出版的伊拉斯谟③的巨著《箴言集》(*Adages*)就拥有两种索引。④

虽然目录仍然是第一个停靠港,但似乎索引才更像是手中的钥

---

① 尤利乌斯·奥普塞昆(Julius Obsequens)活跃于四世纪的古罗马作家,著有《奇迹之书》(*Liber Prodigiorum*)。——译注

② 阿杜思在 1502 年出版的尤利乌斯·波吕克斯的《专名词典》(*Onomasticon*)的前言中特别解释了该书每一卷都附有按位置顺序排列的目录,而不是按字母顺序排列的索引,并将之称为"capita rerum"——借用了革利乌斯一千两百年前所使用的术语,不知是否刻意而为(参见本书尼古拉斯·达姆斯所著章节)。[尤利乌斯·波吕克斯(Julius Pollux),活跃于二世纪的古希腊语法学家、修辞学家。——译注]

③ 伊拉斯谟(Erasmus,约 1469—1536),荷兰人文主义学者。——译注

④ 其中第二种索引深深吸引了某位积极的读者,以至于现藏于哈佛大学霍顿图书馆(Houghton Library)的版本中出现了针对第二种索引的第三种手写索引:A. Blair, 'Corrections Manuscrites et Listesd' Errata a la Renaissance', in *Esculape et Dionysos: Mélanges en l'honneur de Jean Céard*, ed. J. Dupèbe, F. Giacone, E. Naya, and A.-P. Pouey-Mounou (Paris: Droz, 2008), pp. 269–86.

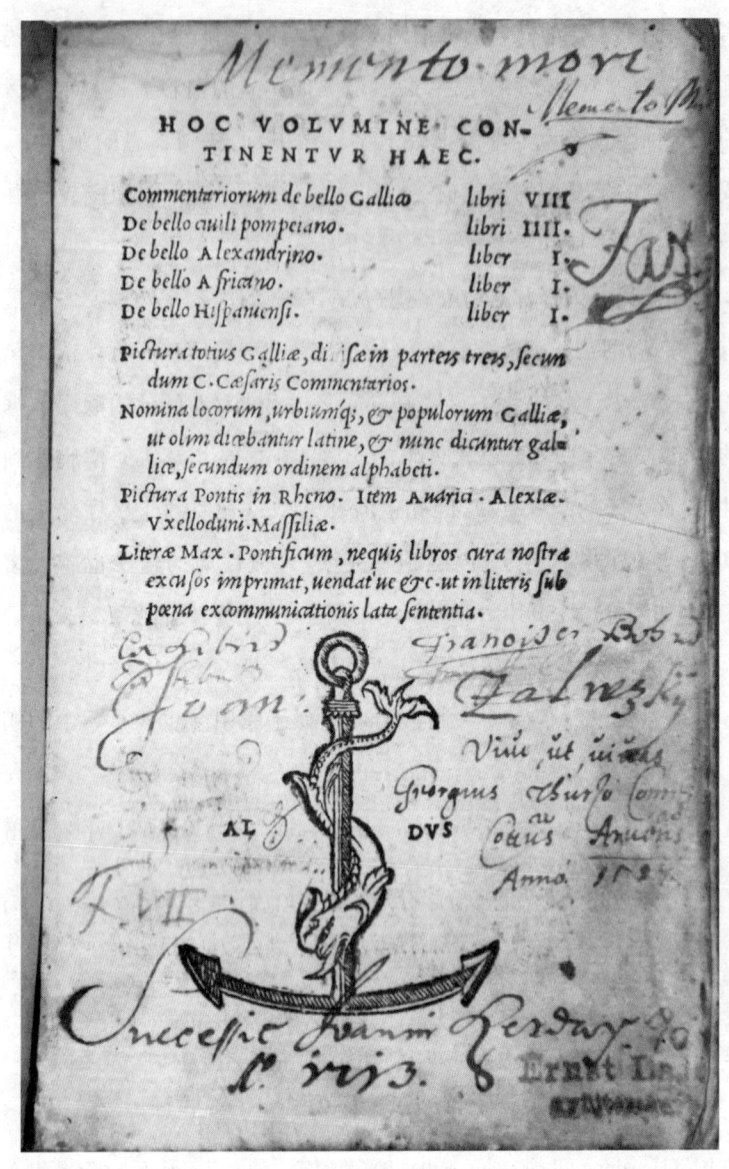

HOC VOLVMINE CON-
TINENTVR HAEC.

Commentariorum de bello Galliœ   libri VIII
De bello ciuili pompeiano.   libri IIII.
De bello Alexandrino.   liber I.
De bello Africano.   liber I.
De bello Hispaniensi.   liber I.

Pictura totius Galliæ, diuisæ in parteis treis, secun
dum C. Cæsaris Commentarios.
Nomina locorum, urbiumq3, & populorum Galliæ,
ut olim dicebantur latine, & nunc dicuntur gal-
lice, secundum ordinem alphabeti.
Pictura Pontis in Rheno. Item Auariæ. Alexiæ.
Vxelloduni. Massiliæ.
Literæ Max. Pontificum, ne quis libros cura nostra
excusos imprimat, uendat ue &c. ut in literis sub
pœna excommunicationis lata sententia.

图 6.2 阿杜思 1513 年版恺撒作品集的第一页列明了书中的正文及辅文内容，并印有阿杜思出版社纹章。图片来源为斯科特·克莱蒙斯（Scott Clemons）

匙,能够解开更多的内容。尽管目录已然成为西方书籍的常规要素,其作用却发生了变化:除了导航之外,如今的目录还具有宣传图书内容,厘清结构层次甚至写作意图的功能。

图书制作者的规定安排与使用者自由阅读的意愿之间的矛盾关系可以被视为某种权力斗争吗?老普林尼百科全书式的巨著以帝国主义扩张吞并的方式将知识搜罗起来,读者若想要自由阅读其中的内容,那么也必须像与(利剑下的)帝国秩序妥协一样接受(通过目录)强加于文本的次序。出版成集的文字正如被征服的帝国,需要自上而下的体系管理。

在这一概念下,博尔赫斯的一项思维实验一直为学界所津津乐道,这项实验即其虚构的中国百科全书《天朝仁学广览》(*The Celestial Emporium of Benevolent Knowledge*)[后又因被福柯在《事物的秩序》(*The Order of Things*)中提及而广为人知]。[1] 其中对动物的分类("皇家所属""驯良种类""远古神物""流浪犬只""归入此类"等)说明了知识分类的方法与特定文化(乃至异国文化)意识形态息息相关。[2] 不过百科全书并不是唯一庞杂的写作方式,甚至不是最常见的。其他诸如书信集、论文集等形式并不根据全面性来定义,而是依据个体特质、内容思想与阅读方式。目录对各类内容进行编码,将文本强制排序,但它同时可供读者绘制自己的地图,

---

[1] M. Foucault, *The Order of Things: An Archaeology of the Human Sciences* (New York: Vintage, 1973).

[2] 该虚构图书出自博尔赫斯的文章《约翰·威尔金斯的分析语言》("John Wilkins' Analytical Language"):J. L. Borges, *Collected Nonfictions*, ed. Eliot Weinberger (London: Penguin, 1999), p. 231.

允许某种程度上的无序。

或许更能说明这一切的博尔赫斯作品是他的《小径分岔的花园》("The Garden of Forking Paths")。① 文中的中国依然是哲学幻想中的一处异域空间:主人公的祖先创作的迷宫式小说在情节上将每一种决定及其可能造成的结果排列组合,在同一个叙事世界中延伸出错综复杂的无数路径。阅读体验中的不可能性在经验与隐喻意义上均构成了多元宇宙的图景:

> 与牛顿和叔本华不同,你的祖先不相信绝对一致的时间,他信仰的是无限的时间序列,平行的时间分支汇聚成一张不断扩张的网,令人眼花缭乱。互相趋近、分叉、阻断或永不为人知的时间网络包含了**所有**可能性。②

阅读体验本身也是一种多元宇宙——我们完全不可能重构任何一位读者畅游文本的路径,尤其是在文本的结构与辅文有助于甚至鼓励非线性阅读的情况下(比如你正在阅读的这本书)。《小径分岔的花园》里的人物说过,这个故事是一个谜语,谜底是"时间",而目录通过其次序性告诉我们,图书是在时间中展开的,并且在每个读者的时间线里有不同的展开方式。每一条分岔路径对于每一位读者、每一次阅读来说都是独一无二的。这是永恒的真理——文字或许是固定不变的,但意义由读者重塑。目录让这条真理不言而喻,发人深省:书籍中便于阅读的设计动摇了其中文字的稳定性,也削弱了制作者对阅读体验的控制。

---

① J. L. Borges, *Collected Fictions*, trans. A. Hurley (London: Penguin, 1998), pp. 119 - 28.

② Borges, *Collected Fictions*, p. 127.

第7章

致读者书

米根·J.布朗

如今随处可见的纸质书在进入西方文化时与其他技术产品一样,首先是通过与现有事物的类比,其次才是差异化的过程。在英语印刷品发展初期,印刷商、作者、译者发觉有必要向广大读者解释这类新型书籍与手抄本有何不同。而当读者熟悉了印刷技术之后,需要解释的东西也发生了改变。随着读者期待与文化规范的演进,文本生产商选择直接与读者对话以了解其不断变化的关注点。印刷书籍中的致读者书脱胎于过去在手抄本的编者声明中大谈书籍制作过程的传统,一般会说明文字创作的背景,印刷过程中所做的修改,及其如何满足了读者的需求。献词的对象往往有名有姓,而参考了其语言风格甚至书信体格式的致读者书通常是针对不具名的潜在读者群体,试图收到人群的反馈也接受各种批评。与其他人工制品不同,图书的制作者有机会描述自己的产品,介绍由来,告诉受众为何应当下单购买。

在历史上第一本英文印刷书里,身为译者兼印刷商的威廉·卡克斯顿以自传体的口吻解释了自己选择翻译及印刷拉乌尔·勒费弗尔(Raoul Le Fèvre)的《特洛伊故事集》(*Recueil des histoires de Troyes*)的原因。他自称是一位勤奋的译者,尽管自己"是个土生土长的肯特郡人",因此也请读者务必原谅他的"英文粗俗浅显"。[①] 在最后的结语中,卡克斯顿还表示是英国读者对这部作品的需求让他"肩负起出版此书的艰巨使命":"因为我答应过许多人特别是我的朋

---

① William Caxton, *Recuyell of the Historyes of Troye* (Bruges, 1473?), EEBO image 2a.

友们，会尽快将此书翻译出来。"①这本书"与其他书籍不同，不是笔墨写就的"，他认为有必要解释一下此种新技术的几个关键点："正如您所见的"文字样式，生产的速度与规模，以及"每个人都能立刻拥有一本"。②虽然卡克斯顿当时身处布鲁日③，但他所设想的受众理论上是拥有一口"我们的英国腔"、住在"英格兰王国"的群体，并且——最好——都能购买此书。

　　类似这样写给大众读者的文字常常出现在十六世纪的图书里。大部分是短篇幅的随笔，通常只有一页，后来的书信体可能内容更多。有一些或是诗歌的形式，这主要是受到乔叟等作家为作品撰写的告别诗的影响④，也可能是延续了颂词（encomia）这类赞美作者或作品的韵文的传统。散文体通常也会从有着固定对象的献词（参见本书第 8 章）那里借用书信体的元素：具体的致信群体、问候语、结语，以及较为少见的签名。在 1700 年以前，"致读者"是最常见的开头，尽管有时还会附加其他标题，比如《序言》或《公告》。而在 1700 年后，这部分的标题变得更加多样化，有普通的《前言》，也有直截了当的《为什么》。⑤玛丽·阿斯泰尔在 1721 年指出，这类辅文的特别之处在于它直接与广大读者对话，并起到承启下文的作用："按照值得遵循的古老传统，我认为应当通过序言或公告（哪种说法都可以）

---

① Ibid., EEBO image 351b.

② Ibid.

③ 布鲁日（Bruges），比利时西北部城市。——译注

④ 如乔叟在《特洛伊罗斯与克瑞西达》（Troilus and Criseyde）的结尾处撰写的短诗《去吧，小书》（"Go, litel boke"）。——译注

⑤ James Henry Ferguson, 'Preface', in *The Philosophy of Things* (Denver, CO, 1922), pp. i–xiv; David Graham Phillips, 'Why', in *The Husband's Story: A Novel* (New York: D. Appleton, 1911), p. 1.

的形式让您大致了解书中那些优秀的人物。"①

　　大多数致读者书出自作者、译者、印刷商或其他与作品创作直接相关的人。书信的开头或者签名可以通过具体的名字或者职务指明作者是谁。《科弗代尔圣经》(The Coverdale Bible)就包含了一封以"一段开场白。迈尔斯·科弗代尔致读者"开头的致读者信,紧接在给国王的献词后面——典型的正式献词优先的次序安排。② 而来自"译者""印刷商"的致读者书强调的则是出版流程的协作性,就像威廉·赛里斯(William Seres)所说的:"经过霍比大师的辛勤笔译,再加上我在印刷方面所做的工作,我们才得以在此刻向您献上这本书。"③其他作家也会撰写致读者书赞美某本书或其原作者,一般会接在正式献词和作者(或出版商)的致读者书之后。威廉·莎士比亚的《第一对开本》里便有几篇此种性质的致读者书,作者是本·琼森,比如一首题为《致读者》的诗称赞了德罗舒特的版画及其所涉作品,还有著名的《纪念我挚爱的作家威廉·莎士比亚先生:以

---

① [Mary Astell], 'The Preface', *An Essay in defence of the female sex, in a letter to a lady. Written by a lady* (London: for S. Butler, 1721), p. i. [玛丽·阿斯泰尔(Mary Astell, 1666—1731), 英国女性主义作家、哲学家。——译注]

② Miles Coverdale, 'A prologe. Myles Couerdale Unto the Christen reader', *Biblia the Byble, that is, the holy Scrypture of the Olde and New Testament, faithfully translated in to Englyshe* (Southwark?: J. Nycolson, [1535]), ✠ 4ᵛ. [迈尔斯·科弗代尔(Miles Coverdale, 1488—1569), 英国宗教改革家, 第一部英文版《圣经》的译者。——译注]

③ William Seres, 'The Printer to the reader, greetyng', in Baldassarre Castiglione, *The courtyer of Count Baldessar Castilio*, trans. Thomas Hoby (London: William Seres, 1561), A2r.

及他留给我们的一切》。① 相比译者与作者,印刷商的致读者书很少有明确的署名。统一的行业人格能够避免复杂的印刷生产过程可能造成的混乱,比如多家出版社共用同一条印刷生产线,或者印刷到一半的某部作品被另一家印刷商重新接手。

虽然印刷商的致读者书在近代早期极为常见,但十七世纪初的读者似乎还是希望与作者对话。1619年,出版商托马斯·斯诺达姆(Thomas Snodham)在书中写道,由于作品的"公开出版"未经作者同意,因此作者

> 不会通过赞美文的形式向读者致意。不过考虑到现在发表诗歌不加上献词类的开场白不符常规,所以请允许我补充几句以问候尊敬的读者们。②

斯诺达姆所谓作者拒绝撰写致读者书的说法与他接下来的文字有所矛盾:"我不知道作者是谁,因此不便代表他发言。"

1700年以前,在书中加入致读者书会被认为是唯利是图的做法:托马斯·布朗爵士的出版商就将作者的致读者书称为"自卖自夸式的献词或是前言风格的书信","像妓院门口招揽客人的年轻妓

---

① Ben Jonson, 'To the memory of my beloued, the Author Mr. VVilliam Shakespeare: And what he hath left vs', in *Mr VVilliam Shakespeares comedies, histories, & tragedies: published according to the true originall copies* (London: Isaac Iaggard and Edward Blount, 1623), πA4r.

② Thomas Snodham, 'The Printer to the Reader', in Pasquil [pseud.], *Pasquils palinodia, and his progresse to the tauern where the suruey of the sellar, you are presented with a pleasant pynt of poeticall sherry* (London: Thomas Snodham, 1619), A2r.

女一样浓妆艳抹地"出现在卷首页上——尽管他自己也写了一篇题为《书商致读者》的致读者书。① 随着作者对其文字控制权的提升，出版商的致读者书越来越少见，到了二十世纪，一般仅限于出现在精细印刷图书、历史档案重印本和文集中——也就是有必要解释文本来源的产品。1902 年鸽子出版社(Doves Press)出版的弥尔顿《失乐园》不仅有着复古的《印刷商致读者书》，而且包含了勘误表等一系列当时已经极少使用的辅文。② 读者对作者本人的期待一定程度上决定了哪些类型的致读者书会被保留下来。代序作为一种由原作者、印刷商以外的某位作家署名撰写的短文具有早期致读者书的部分特征：主要目的是赞赏作者本人或作品内容，通常带有日期、签名等书信元素。在阿狄丽娜·贝尔·霍斯(Adeline Belle Hawes)的纪念文集《远古公民：罗马帝国时期的生活与书信》(*Citizens of Long Ago: Essays on Life and Letters in the Roman Empire*)中，格兰特·休曼(Grant Showerman)以现代学者颇为熟悉的方式在书籍开头表达了对作者的肯定，介绍了此书对于特定读者群体而言的创作价值，最后以签名、日期及所在地威斯康星州麦迪逊市(Madison, Wisconsin)结尾。③ 这种署名方式几乎已成常规，代表了来自明确的第三方的权威认证。至于具有同样功能的护封、包装纸上的简短版

---

① J. S. [J. Nutt?], 'The Bookseller to the Reader', in Thomas Browne, *A Collection of Miscellany Poems*, *Letters*, &c. 2nd ed (London: J. Nutt, 1700), π2r. [托马斯·布朗(Thomas Browne, 1663—1704)，英国讽刺作家。——译注]

② T. J. Cobden-Sanderson and Emery Walker, 'The Printers to the Reader', in John Milton, *Paradise Lost: A Poem in XII Books* (Hammersmith: Doves Press, 1902), p. 14.

③ Grant Showerman, 'Introduction', in Adeline Belle Hawes, *Citizens of Long Ago: Essays on Life and Letters in the Roman Empire* (New York: Oxford University Press, 1934), p. vii.

致读者书,可参见本书第 22 章有关书封文字的讨论。

作者对图书出版流程的控制权也在提升,前言作为"让读者一瞥作者思想"的文字,其重要性随之凸显。① 1908 年,一篇针对亨利·詹姆斯纽约版作品集的早期评论写道,"新版最有价值的一点"在于"一系列前言展现了故事的萌芽、形成轨迹与助其进一步发展的背景因素"②。詹姆斯的前言在 1908 年是能够引起读者注意的一件创举:"我们何其有幸得以进入小说家的书房,了解他完成作品的过程。"③琳达·西蒙(Linda Simon)则指出,"将詹姆斯的前言视为进入其创意世界的邀请函的批评家会赞赏这一安排,而抨击前言的批评家认为其中不经意的讽刺、明显的欺骗和自我认知的缺乏是疏远、排斥读者的表现"④。致读者书试图通过解释作品的起源、目的、来引导读者的反馈,但实际上的结果并不总是尽如人意。

近代早期的读者似乎以"客气""宽容"的态度著称,虽然这或许是一厢情愿的想法。部分致读者书会将购书行为与身份表达相关联,说明印刷某本书是基于特定读者群的需求:虔诚的基督徒应当购买此书,"真正的"英国人都需要阅读,有学问的博士人手一本。

---

① Herbert J. C. Grierson and Sandys Wason, 'An Introduction on Introductions Being a Preface to Prefaces', in *The Personal Note: Or First and Last Words from Prefaces, Introductions, Dedications, Epilogues* (London: Chatto and Windus, 1946), p. 1.

② 'Review of *The Novels and Tales of Henry James*', *Literary Digest* (21 March 1908): 418. [亨利·詹姆斯(Henry James,1843—1916),美国小说家。——译注]

③ Ibid.

④ Linda Simon, 'Instructions to the Reader: James's Prefaces to the New York Edition', in *The Critical Reception of Henry James* (London: Boydell and Brewer, 2007), p. 30.

理查德·沃特金斯(Richard Watkins)在其出版的乔治·佩蒂的《佩蒂特宫殿》(*A Petite Pallace*)中写了一篇《致优雅的淑女读者们》的文字,不过他承认自己对作品受众的限制只是个人的意愿:"我希望读者们都是女士,这样我便可以直抒胸臆。"① 尽管面向男性的致读者书更为常见,但佩蒂特书中的致读者书证明女性也会被视为目标消费群体。到了十七世纪早期,这类有针对性的致读者书逐渐普及,甚至出现在了讽刺作家的作品中。本·琼森的第一部四开本《喀提林的阴谋》(*Catiline his Conspiracy*)有两篇致读者书,一篇《致平凡的读者》,一篇《致非凡的读者》。他能容忍前者,因为"缪斯禁止我限制你们的干预",但他更青睐后者:"我想您会成为更优秀的人……我为您献上我的作品。"② 正如约翰·科里根(John Kerrigan)所指出的,"近代早期文学作品中的致读者书总在强调分裂",琼森这种让读者自我分类的做法便可见一斑。③ 显然,如果不喜欢这部剧作,你就是"平凡"读者,那么我们每个人不都想要与众不同吗?

若要提高读者对作品的期待,便需预先掩饰缺陷、宣传优点。作者与出版商会借机突出出版物中可能引起读者关注的元素,可以是内容的准确度、庞杂的辅文材料,也可以是创作的权威性。早年间的致读者书预料读者会介意印刷失误和内容错误,比如在文本复

---

① Richard Watkins, 'To the Gentle Gentlewomen Readers', in *A Petite Pallace of Pettie his pleasure contaynyng many pretie hystories by him set foorth in comely colours, and most delightfully discoursed* (London: By R. W[atkins], [1576]), A.ii.r. [乔治·佩蒂(George Pettie,1548—1589),英国浪漫小说家。——译注]

② Ben Jonson, 'To the Reader in Ordinarie' and 'To the Reader extraordinary', in *Catiline his Conspiracy* (London: [William Stansby?] for Walter Burre, 1611), A3r.

③ John Kerrigan, 'The Editor as Reader: Constructing Renaissance Texts', in *The Practice and Representation of Reading in England*, ed. James Raven, Helen Small, and Naomi Tadmor (Cambridge: Cambridge University Press,1996), p. 112.

制过程中"混淆了注释与正文",或是由于作者并未参与"此书的印刷,所以勘误时无法征求他的意见"。① 出版商的致读者书将问题归咎于作者的疏忽或缺席,而作者也会在致读者书中指责出版社未尽心力。由非英语母语人士在海外印刷的图书尤其会出现错误,1580年某部天主教传教作品的印刷商就利用了这一点要求读者自查谬误,"虽然我已经非常谨慎仔细地进行了勘误工作,但由于排字工是个不懂英语和正字法的外国人,有些错误难免被我遗漏"②。这本号称在欧洲大陆出版的书实际上是在东汉姆③印刷的,这篇致读者书为版权页上的虚构信息增加了可信度。这些有关书籍错误的问题最终被归为独立的辅文,即通常被安排在末尾的勘误表(参见本书第19章)。

致读者书在早期的印刷作品中极为常见,但直到印刷时代开启150年后,才逐渐成为标配的前辅文。在书籍开头解释文字的创作背景和作者、印刷商出版作品的理由是十分合理的布局。制作者往往会将图书的出版归功于友人、热心读者和希望推广该作品的投资方。1485年,威廉·卡克斯顿在威斯敏斯特出版了托马斯·马洛礼的《亚瑟王之死》(Le Morte Darthur),宣称自己对读者有求必应,因为"尊贵的老爷与绅士们""建议[他]出版手中这本讲述亚瑟王光辉

---

① Thomas Berthelet, 'The Printer to the Reader', in *Plutarch, The table of Cebes the philosopher* (London: by Thomas Berthelet, [1545?]), A1v; Henry Denham, 'The Printer to the Readerr', in *Reginald Scot, A perfite platform of a hoppe garden* (London: Henry Denham, 1574), B3r.

② John Lion [pseud, Greenstreet House Press] , 'To the Reader' in Anonymous, *A reply to Fulke, In defense of M. D. Allens scroll of articles, and booke of purgatorie. By Richard Bristo Doctor of Diuinitie* (Louaine [i. e. East Ham] :Iohn Lion [i. e. Greenstreet House Press] , 1580), 3E4v.

③ 东汉姆(East Ham)与下文的威斯敏斯特(Westminster)都是英国城市。——译注

历史的图书"。① 卡克斯顿的致读者书不仅说明了他获取文本的来源,而且将读者对亚瑟王传说的好奇定义为阶级需求:如果这是贵族喜欢的故事,那么购买此书便意味着向高阶层靠近。在更通俗的例子里,威廉·庞森比(William Ponsonby)也同样表示出版埃德蒙·斯宾塞的《抱怨》(*Complaints*)与之前《仙后》(*The Faerie Queene*)在商业上获得的成功有关:"鉴于近期出版的《仙后》受到了广大读者的欢迎,因此我决定尽我所能(进一步满足读者,)出版同一作者的其他短诗。"(图 7.1)② 身为代理人的庞森比将斯宾塞的文字印刷出来,提供给通过购买《仙后》表现出兴趣的读者。

  作者、编辑与印刷商还可以通过说明出版过程中对文本所做的增补或修订,将自己的产品与其他相同内容的现有作品区分开来,或是将已出版的相关产品联系在一起。1532 年,印刷商托马斯·贝特莱特(Thomas Berthelet)在为约翰·高尔③的《忏悔者阿曼蒂斯》(*De Confessione Amantis*)撰写前言时,提到了自己所担任的勘误角色。贝特莱特"认为有必要提醒读者,手写稿与出版物并不一致",并在新版中加上了缺失的序言。④ 尽管前辅文通常是最后印刷,在组装书帖时的顺序也不一定,印刷商和作者还是会借用致读者书来强调增补内容的时效性,即便它们可能出现在书籍的中段或末尾。

---

  ① William Caxton in Thomas Malory, *Le Morte Darthur* (Westminster: William Caxton, 1485), f. iiir. [托马斯·马洛礼(Thomas Malory,约 1405—1471),英国作家。——译注]
  ② William Ponsonby, 'The Printer to the Gentle Reader', in Edmund Spenser, *Complaints Containing sundrie small poemes of the worlds vanitie.* (London: for William Ponsonby, 1591), A2r.
  ③ 约翰·高尔(John Gower,约 1330—1408),英国诗人。——译注
  ④ Thomas Berthelet, 'To the Reder', in John Gower, *De Confessione Amantis*(London: Thomas Berthelet,1532), aa3r.

女王的御用印刷商克里斯托弗·巴克（Christopher Barker）在《有关威廉·帕里所犯下的叛国重罪的正式声明》(A true and plaine declaration of the horrible treasons, practised by William Parry)中附上了一份目击者的陈述，并表示这是"在开始印刷这篇文章后"才收到的。① 致读者书的大部分篇幅一般会用来解释文本的出处，以借此机会证明其出版价值，推销书中的内容。

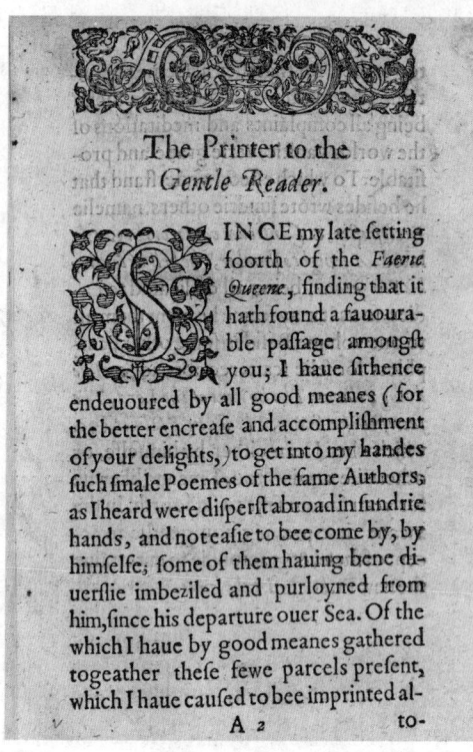

图7.1 威廉·庞森比，《印刷商致读者书》，出自埃德蒙·斯宾塞《〈抱怨〉及虚无世界的其他小诗》(伦敦：威廉·庞森比出版社，1591)，现藏于福尔杰莎士比亚图书馆

---

① Christopher Barker, 'The Printer to the Reader', in William Parry, *A true and plaine declaration of the horrible treasons, practised by William Parry the traitor, against the Queenes Maiestie* (London: Christopher Barker, [1585]), F4v.

To the PUBLICK.

AS it has been repeatedly suggested to the Publisher, by Persons, who have seen the Manuscript, that Numbers would be ready to suspect they were not really the Writings of PHILLIS, he has procured the following Attestation, from the most respectable Characters in *Boston*, that none might have the least Ground for disputing their original.

WE whose Names are under-written, do assure the World, that the POEMS specified in the following Page, * were (as we verily believe) written by PHILLIS, a young Negro Girl, who was but a few Years since, brought an uncultivated Barbarian from *Africa*, and has ever since been, and now is, under the Disadvantage of serving as a Slave in a Family in this Town. She has been examined by some of the best Judges, and is thought qualified to write them.

His Excellency THOMAS HUTCINSON, *Governor,*
The Hon. ANDREW OLIVER, *Lieutenant-Governor.*

The Hon. Thomas Hubbard,	*The Rev.* Charles Cheuney, D. D.
The Hon. John Erving,	*The Rev.* Mather Byles, D. D.
The Hon. James Pitts,	*The Rev.* Ed. Pemberton, D.D.
The Hon. Harrison Gray,	*The Rev.* Andrew Elliot, D.D.
The Hon. James Bowdoin,	*The Rev.* Samuel Cooper, D.D.
John Hancock, *Esq;*	*The Rev. Mr.* Samuel Mather,
Joseph Green, *Esq;*	*The Rev. Mr.* Joon Moorhead,
Richard Carey, *Esq;*	*Mr.* John Wheatley, *her Master.*

N. B. The original Attestation, signed by the above Gentlemen, may be seen by applying to *Archibald Bell*, Bookseller, No. 8, *Aldgate-Street*.

---

* The Words "*following Page*," allude to the Contents of the Manuscript Copy, which are wrote at the Back of the above Attestation.

图 7.2 阿齐博尔德·贝尔,《致公众书》,出自菲利斯·惠特利《有关宗教道德等各种主题的诗歌集》(伦敦:由 A. 贝尔印刷,考克斯与贝利先生销售,1773)现藏于南卡罗来纳大学哥伦比亚分校图书馆欧文珍本特殊馆藏部

还有一类致读者书的重点在于作者的身份或资质。1550年，罗伯特·克劳利在为《农夫皮尔斯的幻象》(*The vision of Pierce Plowman*)撰写的致读者书中介绍了威廉·兰格伦的生平，以及他在考证方面所做的工作："除了确定这部极具价值的作品的作者真名之外"，他还收集了"古本书"，去请教"据我所知比我更了解古书研究的人士"。① 十八世纪七十年代，菲利斯·惠特利的出版商在咨询相关专家后，提供了出自"最权威法官"的附誓文件，以证明这位"黑人女孩"当时是"有资格"以自己的名义出版诗歌的。② 惠特利的出版商预见自己会受到质疑，因此补充说明："由以上几位先生签署的证明原件可向书商阿齐博尔德·贝尔(Archibald Bell)申请查看。"(图7.2)③

贝尔的附誓文件针对的是对文学作品的构成性质和框定文本的纸质出版物抱有疑虑的读者。而将致读者书用作文学框架装置④的做法体现了该部分在引导读者理解方面起到的重要作用。正如迈克尔·辛格(Michael Saenger)所言，有时候"前辅文可能相当具有

---

① Robert Crowley, 'The Printer to the Reader', in William Langland, *The vision of Pierce Plowman* (London:[Richard Grafton] for Robert Crowley, 1550), *2r. [罗伯特·克劳利(Robert Crowley,1518—1588),英国社会改革家;威廉·兰格伦(William Langland,约1332—约1400),英国诗人。——译注]

② Archibald Bell, 'To the Publick', in Phillis Wheatley, *Poems on Various Subjects, Religious and Moral* (London:printed for A. Bell, and sold by Messrs. Cox and Berry, King-Street, Boston 1773), π4r. [菲利斯·惠特利(Phillis Wheatley,1753—1784),身为黑奴的她是第一位非洲裔美国诗人。——译注]

③ Ibid.

④ 框架装置(framing device)，一种出现在故事开始和结尾的场景设定，用于在故事中构建故事的叙事方法。——译注

文学性,因为这富有创意的一部分同样讲究文体风格"①。富有创意的致读者书可以将写作中的诗人设定为叙事框架,比如都铎王朝中期的作品《为官之鉴》(A Mirror for Magistrates),也可以是旨在增加销量或掩饰非法出版行为的公开谎言。骗术手册《流浪者互助》(The fraternitye of vacabondes)的出版商兼作者约翰·奥德利(John Awdelay)在他的《印刷商致读者书》中声称,他(所虚构)的作者之所以匿名是为了防止受到同行罪犯的报复。② 在乔治·加斯科因的《百花争艳》(Hundreth Sundrie Flowres)中,未署名的印刷商致读者书对信件失窃的说法提出疑问,认为书信的作者"(无一例外地)巧妙避免了自己沦为出尔反尔之人,却让我这个可怜的印刷商背负起为了成功出版此书铤而走险的恶名"③。而这篇文字的内容与信件本身提到的虚构印刷商"A. B."的做法并不一致。致读者书的自我反身性④也令作者得以借此机会与读者开开玩笑。马克·吐温在《傻瓜

---

① Michael Saenger, *The Commodification of Textual Engagements in the English Renaissance* (Aldershot: Ashgate, 2006), p. 18.

② John Awdelay, 'The Printer to the Reader', in *The fraternitye of uacabondes As wel of ruflyng vacabondes, asof beggerly, of women as of men, of gyrles, as of boyes, with their proper names and qualities* (London: John Awdelay, 1575), A1v.

③ Anonymous, 'The Printer to the Reader', in George Gascoigne, *A hundreth sundrie flowres* (London: Henry Bennyman [and Henry Middleton] for Richard Smith), A2r. [乔治·加斯科因(George Gascoigne, 约1542—1577),英国诗人。他的《百花争艳》在第一次出版时是多作者文集,内容包括诗歌、信件,第二次出版时加斯科因又承认他是唯一的作者。因此其中的来往信件,包括印刷商的致读者书都被认为是虚构作品。信件中声称出版商偷窃了作者并不想出版的信件加以出版,印刷商的致读者书又否认这一点。——译注]

④ 自我反身(self-reflexive)性,指在文学作品中反映其本身的创作过程,比如强调其本身的虚构性。——译注

威尔逊》(*Puddin'head Wilson*)的致读者书中幽默地将"本书中有关法律的章节"的法律责任转嫁到所谓的"威廉·希克斯"身上。① 真诚直白的致读者书已不再适用于十九世纪,而是摇身一变升级为虚构作品中的框架叙事手法。②

重印版是考察不同功能致读者书的绝佳机会,有时传统风格和虚构手法甚至可以共存,因为新的受众也需要新的解释角度与阅读背景。出版商约翰·韦兰德(John Wayland)在1554年告诉读者,他之所以策划初版《为官之鉴》,是为了在等待玛丽女王祈祷书③交稿期间让他的机器保持运转,印刷"一些有必要又有利润的作品"。④ 韦兰德在正式的《印刷商致读者书》中提到的选题大纲,包括讲述隐秘历史的初衷和出版的目的,都在1559年的版本中以叙事框架的形式再次出现。虽然出版商不同,但该框架叙事手法依然保留了"印刷商"的选题策划者身份。⑤ 在之后的50年里又有12个版本出版,1609/10年版的编辑理查德·尼科尔斯(Richard Niccols)再次借用

---

① Mark Twain, 'A Whisper to the Reader', in *Pudd'nhead Wilson and those extraordinary twins* (New York: Harper, 1899), pp. vii - ix.

② David Seed, 'Framing the Reader in Early Science Fiction', *Style* 47, no. 2 (2013): 137 - 67.

③ 玛丽女王祈祷书(Marian Primer),英国女王玛丽一世下令印刷的天主教祈祷书。——译注

④ John Wayland, 'Prynter to the Reader', in John Lydgate, *The Fall of prynces. Gathered by John Bochas, fro[m] the begynnyng of the world vntyll his time, translated into English by John Lidgate monke of Burye Wherunto is added the fall of al such as since that time were notable in Englande: diligently collected out of the chronicles* (Londini: in aedibus Johannis Waylandi, [1554], †1v.

⑤ William Baldwin, 'William Baldwin to the Reader', in *A myrroure for magistrates* (Londini: In aedibus Thomae Marshe, [1559]), A1r.

致读者书"以使您大致了解我们为此书所做的工作"①。尼科尔斯的版本将近 900 页,收入了多篇致信,包括 1574 年版编辑的《献词》,及其他较长篇幅版本中的致信,比如一首献给伊丽莎白女王的赞美诗《英国伊丽莎白女王》(England's Eliza)。

有的印刷商希望通过重印本在作品中留下印记,但也有一些作品中的致读者书总是一成不变。许多致读者书会描述当时的制作环境,尽管这已不再符合多年后新版出版时的情况。瓦伦丁·西姆斯(Valentine Simmes)与托马斯·克里德(Thomas Creede)在 1596/7 年重印了卡克斯顿的《特洛伊故事集》,他们加上了一篇《印刷商致尊敬的读者》,借用了卡克斯顿的部分文字,却也诋毁了他的翻译。文章最后惋惜道:"如果有机会,我们一定会精心修订语句,补充遗漏的名字,与作者商讨,更正各种错误。"②印刷商进一步解释道,这些问题都会在下一版中得到解决:"如果此书反响良好,我们可能会很快加印第二版,并完成所有修订。"③这一说法一直延续到第六版,直到 1663 年第七版的印刷商塞缪尔·斯皮德(Samuel Speed)终于意识到或许应该立刻更正书中的谬误,因此他在致读者

---

① Richard Niccols, 'To the Reader', in *A mirour for magistrates being a true chronicle historie of the vntimely falls of such vnfortunate princes and men of note, as haue happened since the first entrance of Brute into this iland, vntill this our latter age* (London: Felix Kingston, 1610), A4v.

② [Thomas Creede and Valentine Simmes], 'The Printers to the curteous reader, health and happinesse', in Raoul Le Fevre, *The auncient historie, of the destruction of Troy … Translated out of French into English, by W. Caxton*, ed. William Fiston (London: Thomas Creede [and Valentine Simmes], 1596/7), (æ).4r.

③ Ibid.

书中表示自己"完善了这一[版本]"。① 这一版的致读者书一直保留至1738年在都柏林出版的第十八版,内容几乎没有变化。我们难以确定后来的出版社之所以收录克里德与西姆斯的文本——及其对卡克斯顿文字的改动——是因为他们认为这本就是正文的一部分,还是因为直接保持原样简化了排版工作。不过此篇致读者书在后续版本中的微妙变化仍然体现了不同时期出版社面临的共性矛盾,即如实地描绘文本诞生背景或为普及作品重新搭建已知现实语境的两难选择。

致读者书意图在某些片刻侵扰沉浸式的阅读体验,提醒读者他们正在阅读的文字是由意识构建的产品。纵观致读者书的历史,我们可以发现创作者们通常会强调他们认为可能引起争议的部分,比如印刷字母的早期形式,或是再版短篇故事集时的选篇内容。此类文字便于我们深入了解印刷书籍在社会中的地位,但主要作用之一始终是加强其后正文对潜在消费者的吸引力。正如约翰·海明斯与亨利·康德尔②在莎士比亚《第一对开本》中所写的,读者"定会行使我们所知的特权:阅读,并批判。请便,不过先买一本再说。在书店看来,这是对一本书的最高褒奖"③。

---

① 'The Printer to the Courteous Reader, wisheth Health and Happiness', in Raoul Le Fevre, *The destruction of Troy in three books*, 7th edition (London: R. I. for S[amuel] S[peed], to be sold by F[rancis] Coles ... and C. Tyus, 1663), A2v.

② 约翰·海明斯(John Heminges)与亨利·康德尔(Henry Condell),活跃于16至17世纪的英国演员,两人共同发起并编辑了《第一对开本》。——译注

③ John Heminges and Henry Condell, 'To the great Variety of Readers', *VVilliam Shakespeares comedies, histories, & tragedies*, πA3r.

第 8 章

致谢与献词

海伦·史密斯

献给温柔善良宽容无所事事吹毛求疵讨人厌的读者们

本章的写就离不开作者友人与同僚的支持。不过我所获得的支持显然不足以令我按时交稿。为此我要感谢编辑们的耐心等待。作者与同领域权威学者的交流成果也会反映在本文中,感激他们对我的看法表示认可,同时也希望他们了解"致谢……是将有关作者与致谢对象之间的联结价值以及未来对此种联结的坚守的元信息汇集在一起"。[①] 人情债总是有来有往的,白纸黑字为证。

我想对行业前辈表达谢意:[* 此处插入名单 *],以及所有曾将一本书/一座建筑/一艘船/一首诗/一片土地献给某个人的人。我还想感谢"家人",但我的父母已经很久没有看过我写的东西了,我养的狗也没帮过我什么忙。与本文最相关的研究——尤其是使本文显得多余的那类研究——发表时间太晚,以至未能在本章中提及。其他被我借鉴的学术作品可以在脚注中找到,我特意选择了那些作者比我更具智慧、更富有洞察力的文献。[②] 我参考最多的其实

[①] Eyal Ben-Ari, 'On Acknowledgements in Ethnographies', *Journal of Anthropological Research* 43 (1987):63–84, 68.

[②] 有关献词与赞助人之间的复杂关系,参见:Dustin Griffin, *Literary Patronage in England, 1650–1800* (Cambridge: Cambridge University Press, 1996); Richard McCabe, *'Ungainefull Arte': Poetry, Patronage, and Print in the Early Modern Era* (Oxford: Oxford University Press, 2016); Valerie Schutte, *Mary Iand the Art of Book Dedications: Royal Women, Power, and Persuasion* (New York: Palgrave Macmillan, 2015); Franklin B. Williams, *Index of Dedications and Commendatory Verses in English Books before 1641* (London: Bibliographical Society, 1961).

是网络。①

或许我不应承认在撰写这样的文章时,我总是十分刻意。我希望你觉得我广交人脉或聪明风趣,最好是两者兼有。我也希望你在评价这篇作品时能够宽容一些,最好是能够认识到自己根本没有资格评价它。如果辅文的意义在于影响读者对文本的理解——制定阅读的相关规则——那么,献词与致谢就是常常会遭到误读的痛点,试图围挡读者的栅栏也总是会短那么一截。

亲爱的读者们,请将自己视为某种庄严传统的一部分。古罗马作家会将作品献给赞助人,有些会直接在正文中体现,比如卢克莱修②的《物性论》(De rerum natura)中出现的梅米乌斯·盖梅鲁斯(Memmius Gemellus),以及维吉尔《农事诗》(Georgics)里的梅塞纳斯③,后者甚至成为慷慨赞助方的代名词。而中世纪手抄本的作者与誊写员会将作品献给委托人或具有影响力的读者,并由此发展出书信式献词的传统,以尝试建立乃至确认一种互惠互利的关系。印刷书籍中的献词激化了私人性质的书信与更广泛读者群之间的矛盾,人们因此开始在献词之后紧接一封"致读者"信,以覆盖多样化的受众(参见本书第 7 章)。出版于 1604 年的第一部单语英语词典的书名页上写道,此书旨在为"各位女士、先生或其他非专业人士提供帮助"④。作者罗伯特·考德里(Robert Cawdry)本人又将此书献

---

① https://www.buzzfeed.com/jzebarrow/the-27-greatest-book-dedications-you-will-ever-rea-mvjw? utm_term=.guAVJJ2gm#.qa6rRR2vd 。

② 卢克莱修(Lucretius,约前 99—约前 55),罗马共和国末期诗人、哲学家。——译注

③ 梅塞纳斯(Maecenas,前 70—前 8),罗马帝国皇帝奥古斯都的谋臣,著名外交家。——译注

④ Robert Cawdry, *A table alphabeticall conteyning and teaching the true writing, and vnderstanding of hard vsuall English wordes* (London, 1604), A1r.

给了五位贵族修女；考德里在献词中强调此书对于外国人和儿童的实用性，也在致读者书中阐述了词典的阅读及使用方法，无一不在将五位具名的被题献者与书名页上的"非专业人士"区分开来。

几百年来，经编辑提醒才意识到有必要撰写献词的作者们都面临一个棘手的问题，即如何让自己看起来态度诚恳。伊丽莎白时代的博物学家威廉·特纳（William Turner）就未能妥善解决这一问题：他提到，在作品即将出版时，印刷商告诉他需要找到"某个有权势又有学问的赞助人以避免我的成果遭受对手出于嫉妒的恶意攻击……并向对方表示我乐于将自己的成果献给他"①。特纳格外直白的说明展现了图书生产过程的协作性，而最后他的献词对象不是什么别的"伟人"，正是伊丽莎白女王。这个例子同样涉及赞助与出版许可（事前或事后）之间的关系问题。

早期献词频繁使用"致谢"这一术语，至少在印刷时代的数百年间都是如此。比如在1667年，尼古拉斯·比林斯雷（Nicholas Billingsley）将一首奇形怪状的三列藏头诗献给了"尊敬的特雷维尔·威廉姆斯男爵先生"，并写道"我应向您致以崇高的敬意/在此附上我的致谢"（图8.1）。②

直到很久以后，致谢才发展为独立的辅文。1960年，一本高中年鉴编写指南写道："有的年鉴工作人员喜欢在最后一页写上'一段结语'作为致谢，向在书籍制作过程中提供过帮助的人们说声'谢

---

① William Turner, *The first and seconde partes of the herbal of William Turner* (Cologne: [Heirs of] Arnold Birckman, 1568), *2r.

② Nicholas Billingsley, *A Treasury of Divine Raptures Consisting of Serious Observations, Pious Ejaculations, Select Epigrams...* (London: T. J. for Thomas Parkhurst, 1667), A3v–A4r.

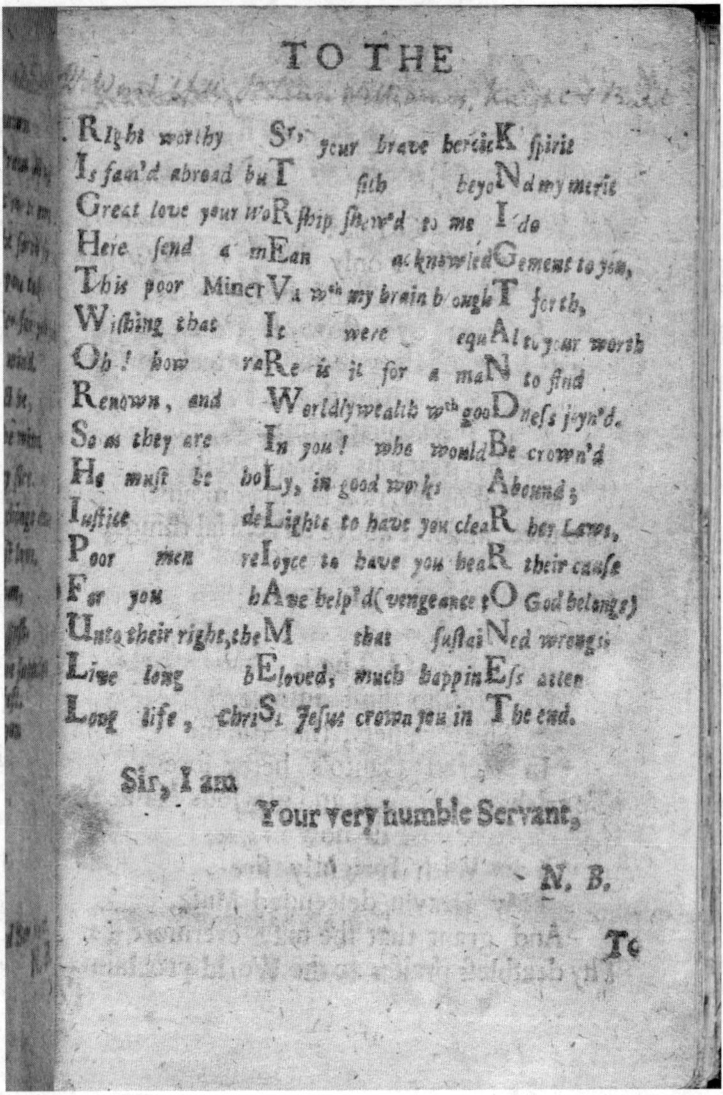

TO THE

Right worthy Sr, your brave heroicK spirit
Is fam'd abroad buT sith beyoNd my merit
Great love your woRship shew'd to me I do
Here send a mEan acknowledGement to you,
This poor MinerVa wth my brain brougHt forth,
Wishing that I were equAl to your worth
Oh! how raRe is it for a maN to find
Renown, and Worldly wealth wth gooDness joyn'd.
So as they are In you! who wouldBe crown'd
He must be hoLy, in good works Abound;
Iustice deLights to have you cleaR her Laws,
Poor men reIoyce to have you beaR their cause
For you hAve help'd (vengeance tO God belongs)
Unto their right, theM that sustaiNed wrongs
Live long bEloved, much happinEss atten
Long life, chriSt Jesus crown you in The end.

Sir, I am

Your very humble Servant,

N. B.

图 8.1 三列藏头诗献词，尼古拉斯·比林斯雷，《由严肃的观察、虔诚的发声、精选的警句构成的神圣极乐宝库》(伦敦：托马斯·帕克赫斯特，1667)。现藏于大英图书馆

谢'",也就是我们所说的"致谢页"。"如果你也决定这样做,"指南严谨地继续写道,"务必注意设计好这段文字的排版与字体,以便与年鉴其他部分的风格保持协调。"①这种对于版面设计的关注(不一定针对一致性)一直是献词的特点:现代献词断断续续的居中排版类似于诗歌,古代的书籍则通常使用不同的字体以区分献词,或者是将最后几行安排成三角形结构。② 克里斯托弗·里克斯③对《布鲁姆斯伯里献词词典》(The Bloomsbury Dictionary of Dedications, 1990)嗤之以鼻不仅是因为其收录的献词缺乏新意,而且是因为此书在印刷时"连续接排,没有遵循原有的铭文风格版式"。④ 古代建筑物的献词则是刻写在柱子或门面上(有关文献学对建筑学的借鉴,参见本书第3章路易莎·卡莱的说明)。

在人们怀念着情感真挚的传统献词的同时,元献词、反献词等各种异想天开的形式开始出现。当查尔斯·布可夫斯基⑤在《邮局》(Post Office, 1971)开头写下"本作品纯属虚构,且不献给任何人"

---

① Calvin J. Medlin, *Yearbook Layout* (Ames, IA: Iowa State University Press, 1960), p. 129.

② 参见:乔治·贝克(George Baker)印刷精美的《最优质珍贵的油品提炼构成》(*The composition of making of the moste excellent and pretious oil called oleum*, 1574),其中的献词使用了斜体并以三角形结构和螺旋状的段落符号结尾,之后的致读者书和正文则使用了哥特字体;约翰·李利(John Lyly)的《尤菲绮斯和他的英格兰》(*Euphues and his England*, 1588)中,格外冗长的罗马文献词在结尾处排版逐渐变窄,后接哥特字体的"致英格兰的女士与先生们"的一封信;莎士比亚《维纳斯和阿多尼斯》(*Venus and Adonis*, 1595)中献给南安普顿的知名斜体献词。

③ 克里斯托弗·里克斯(Christopher Ricks, 1933—),英国文学批评家。——译注

④ Christopher Ricks, 'Umpteens', *London Review of Books* 12, no. 22 (22 November 1990): 16-17, 17.

⑤ 查尔斯·布可夫斯基(Charles Bukowski, 1920—1994),德裔美国作家。——译注

时，或许会认为这是独创之举，然而事实并非如此。1622年，热衷于利用辅文做文章的水上诗人约翰·泰勒将《格雷戈里·胡说爵士及其无中生有的故事》(Sir Gregory Nonsence his newes from no place)献给了"(尊敬的爵士)富有崇高的特离谱·特烂·无知大人，权威的伟大代表，名城愚人村长官"，并在第二篇较短的致信中明确了以上人物的身份，"献给无人"。①

而在《学术的进展》(The Advancement of Learning, 1605)一书中，弗朗西斯·培根爵士强烈谴责撰写献词的做法，坚持认为

> 书籍（那些值得被视为书籍的东西）不应接受赞助，只需包含真实与理性。古人的习惯仅仅是将作品献给私下的平辈朋友，或直接以他们命名，如果是献给国王或其他伟人，也是因为书籍的内容正好合适。②

培根将这部作品献给了当时的国王詹姆斯一世，如果他读到这里，很可能会对号入座，认为自己就属于"合适"的读者，正好应当阅读这本旨在通过重构哲学探究巩固国家基础的图书。

一个半世纪后，塞缪尔·约翰逊在《漫谈者》(The Rambler)上发表了一篇文章。开头是一段出自荷马的希腊语警句，作者借此在作品前设置极高的门槛，读者如果不能理解开篇的文字，进入有识之士的殿堂，就只能略过天书一样的字母，感受约翰逊千斤般的学

---

① John Taylor, *Sir Gregory Nonsence his newes from no place* (London, 1622), A3r‑A4v.

② Francis Bacon, *The Oxford Francis Bacon Ⅳ: The Advancement of Learning*, ed. Michael Kiernan (Oxford: Clarendon Press, 2000), p. 20.

识带来的压力。① 约翰逊鄙夷道,献词"这种浪费现代智慧之力的东西"是"对才智的滥用……破坏了赞美的意义,仿佛它可以被购买,而不是被赢得"。② 为了避免这种情况,我仅将本章献给水平足以与我志同道合,学识足以获得毫无保留的赞美的读者。

约翰逊的批评建立在一个简单的问题之上,即献词的市场价是多少?〔麦克·穆考克③在《钢铁沙皇》(*The Steel Tsar*,1981)中写道:"献给我的债主们,你们始终是我不竭的灵感源泉。"〕1612 年,剧作家内森·菲尔德④将自己的《女人是风向标》(*A Woman is a Weathercock*)献给了"所有不像风向标的女人"(指女性反复无常)并总结道:

> 我一度决定不将我的剧作献给任何人,因为我并不在乎这 40 先令……现在我看了看,想到了献词的对象,这恐怕不亚于我当初的决定:任何一位敢说自己从未做过风向标的小姐或女士都可以获得本书赞助人的头衔。⑤

我们可以从菲尔德尖酸刻薄的所谓献词中窥见十七世纪早期的献词市场,但 40 先令只是一个反映了当时贫困环境的虚数,表明赞助人的吝啬有多么臭名昭著,并非某位作者得到的具体报酬。

1718 年,作家托马斯·戈登(Thomas Gordon)匿名写下了《有关

---

① Echthrus gar moi keinos, omos aidao pulusin, / Os ch eteron men keuthei eni phresin, allo de bazei(出自《伊利亚特》(*The Iliad*)第 9 卷第 412 行,蒲柏的译文为"谁敢想着一件事,却说另一件事,我打从心底憎恶这种如同地狱之门的人"("Who dares think one thing, and another tell, My heart detests him as the gates of Hell")。

② Samuel Johnson, 'Dedication', *Rambler* 136 (6 July 1751): 32, 31.

③ 麦克·穆考克(Michael Moorcock, 1939—   ),英国作家。——译注

④ 内森·菲尔德(Nathan Field, 1587—1620)也是一位演员。——译注

⑤ Nathan Field, *A woman is a weather-cocke* (London, 1612), A3r.

献词的献词,致一位伟人》(*A dedicationto a great man, concerning dedications*),哀叹自己所获的报酬是"一块硬币似的东西,号称承诺的荣誉勋章,但根本无法在商店餐馆流通"①。为了预防这种令人不悦的局面,戈登建议拟定标准化的合约或具体的章程细则,包括对"赞美您的祖先,在我不认识他的条件下""赞美您的夫人的美丽,在我没见过她的条件下"明码标价。1765 年,劳伦斯·斯特恩的《项狄传》第 8 卷第 9 章更是以催人泪下的 50 几尼②的价格提供了献词写作服务,只不过其"本质、形式及位置"等关键细节会有所缺失。这些充满讽刺的做法展现了艺术与商业之间的关系:为读者写作还是为酬劳写作的微妙平衡。不过请放心,针对您现在阅读的文字,我除了能得到一本精美的作者样书,以及与其他学者共同参与创作的荣幸(目录页可以作为我的简历)之外,并不期待更多的收入。

有关致谢的理论文章比比皆是。有些人认为致谢提供了"一种罕见的作者视角,令其得以被视为现实中存在的人……是各种谎言中的唯一真实"③。这种轻信文本的看法不仅忽视了长久以来虚假献词的传统——将辅文以元小说④的形式呈现[最为著名的例子或许是在沃尔特·司各特的《艾凡赫》里,"劳伦斯·邓普顿"向"德拉斯德斯特博士"致以敬意⑤],并且将致谢页置于修辞范围之外,认为

---

① Thomas Gordon, *A dedication to a great man, concerning dedications* (London, 1718), A3v.

② 几尼(guinea),英国旧时货币单位,价值 21 先令。——译注

③ Anna North, 'On Acknowledgements', *Paris Review*, 6 July 2011: https://www.theparisreview.org/blog/2011/07/06/on-acknowledgements/.

④ 元小说(Meta-fiction),又称"超小说"或"后设小说",指的是有意暴露虚构性质的虚构文学。——译注

⑤ 沃尔特·司各特(Walter Scott,1771—1832),英国历史小说家、诗人,"劳伦斯·邓普顿"(Laurence Templeton)是他写作《艾凡赫》(*Ivanhoe*)使用的笔名,"德拉斯德斯特博士"(Dr Dryasdust)是其虚构出的人物,dryasdust 一词也引申为卖弄学问令人厌烦的人。——译注

其表达谢意的目的无足轻重。其他观点则更加愤世嫉俗：在萨姆·萨克斯(Sam Sacks)眼中，致谢的泛滥极为可悲，是"商业腐败"的表现，仿佛"在线弹出的广告……啰唆又自恋，布满陈词滥调"。[1]

在特里·恺撒(Terry Caesar)看来，致谢页体现了严格的平均主义："一切浑然一体，人人皆有一席之地。总而言之，致谢是**民主精神**的象征，无论一本书多么学术，都能通过它展现自己作为社会产物的责任。"[2]其中的讽刺手法还能产生特殊的效果，让致谢与献词"既公开又隐秘"，吸引读者透过赤裸的事实看见文字背后的复杂历史。[3] 保罗·塞洛克斯[4]就在他 1980 年的文集《世界末日》(*World's End*)中讽刺了致谢这一传统，上演了一出黑色喜剧，他的致谢开头看上去并无异样，后来逐渐演变为杀人凶手的自白。正如简·B. 戈登(Jan B. Gordon)所指出的，致谢中包含的生平细节和对各种人物抒发感激之情的执念或许最终可以解读为作者的自我主张，而不是对集体的认可，并借此"强制性地将所有权与真实性之间一度被切断的一致性重新联结起来"。[5]

人们总是倾向于利用献词宣泄不满，而不是表达感谢。谢谢我目前的雇主约克大学为我提供工作岗位，但多年前也是你们拒绝了我的本科入学申请(虽然最后结果不错)。1935 年，E. E. 卡明斯向母亲借了 300 美元，安排印刷商塞缪尔·雅各布斯(Samuel Jacobs)

---

[1] Sam Sacks, 'Against Acknowledgements', *New Yorker*, 24 August 2012: https://www.newyorker.com/books/page-turner/against-acknowledgments.

[2] Terry Caesar, *Conspiring with Forms: Life in Academic Texts* (Athens, GA: University of Georgia Press, 2010), p. 34.

[3] Ben-Ari, 'On Acknowledgements in Ethnographies', p. 71.

[4] 保罗·塞洛克斯(Paul Theroux, 1941—)，美国小说家。——译注

[5] Jan B. Gordon, *Gossip and Subversion in Nineteenth-Century British Fiction: Echo's Economies* (Basingstoke: Macmillan, 1996), p. xii.

出版一部自己的诗集。他最初的计划是将著作命名为《70首诗》(*70 Poems*),但最后决定叫它《不了谢谢》(*No Thanks*):这两个单词提炼了他从14家不同的出版商那里得到的回复。卡明斯的致谢也采用了诗歌的形式:将每一家出版社的名字堆叠成骨灰瓮的形状。

并不

感谢

法勒与莱因哈特

西蒙与舒斯特

考沃德-麦凯恩

限量版出版社

哈考特与布雷斯

兰登书屋

春分出版社

史密斯与哈斯

维京出版社

克诺夫

达顿

哈珀

斯克里布纳

乔维奇-弗雷德①

---

① 以上出版社的原名依次为 Farrar & Rinehart、Simon & Schuster、Coward-McCann、Limited Editions、Harcourt, Brace、Random House、Equinox Press、Smith & Haas、Viking Press、Knopf、Dutton、Harper's、Scribner's、Covici-Friede。——译注

卡明斯的玩笑具有深刻的意味：身为文化守门人的出版社成了文化工艺品，既是诗歌也是纪念品。

献词与致谢还会将作者的隐私公之于众。我可以分享的是，我两岁的女儿安娜以富有创意又讨人喜欢的方式干扰了我写作本章的进度，剥夺了我的睡眠时间（稍等，我马上回来）。但很少有人会像古生物学家那样在《当代生物学》(Current Biology)的论文里通过致谢向自己的女友求婚："洛娜，嫁给我好吗？"[①]不过晚年的 T. S. 艾略特曾写过一首赤诚深情的《献给我的妻子》("A dedication to my wife")，作品本身是诗歌而非献词，其中歌颂了"主宰我们睡梦的韵律/和谐的一呼一吸"。艾略特在诗歌结尾忐忑地承认道："但这是供他人阅读的献词：/是公开致以你的私密话语。"这段结语是否削弱了诗歌通过家庭氛围表现出的亲密度？还是说它反而强化了这一点，因为瓦莱利·艾略特会在意识到自己是众多读者中唯一的致意对象时感动不已（她对于这位年迈作家而言就像亲爱的读者你之于我一样独一无二）？

或许在更多的情况下，献词通过一次又一次地展现亲密的私人关系，在书籍中建立起一系列交流，甚至可能超出作者的预想与控制。（妈妈，我真没想到你会看这个。）作者应当如何跨越献词的意向读者——被题献者本人，无论是全名还是只有名字没有姓氏，无论是自己人才懂的笑称还是首字母组成的调侃叫法——和拿起书本购买回家的"真正"读者之间的鸿沟？马克·丹尼尔斯基(Mark Danielewsk)的《树叶之屋》(House of Leaves, 2000)把这个问题摆上了台面：献词

[①] Caleb M. Brown and Donald M. Henderson, 'A New Horned Dinosaur Reveals Convergent Evolution in Cranial Ornamentation in Ceratopsidae', *Current Biology* 25, no. 12 (2015): 1641-8. 她似乎答应了求婚。

中写着"这不是给你看的"。J. K. 罗琳则相对慷慨,将《哈利·波特与死亡圣器》(Harry Potter and the Deathly Hallows, 2007)开篇献词的七分之一献给了"追随哈利直至最后一刻的你"。[1]

真正私人性质的献词往往都是作者手写的:在基尔大学(Keele University)图书馆收藏的约三十种阿诺德·本涅特[2]的初版作品中,几乎每一部都有本涅特写给妹妹特尔蒂亚的题词手迹。2012年,小说家安·帕切特(Ann Patchett)表示自己无法适应致谢这种体裁,选择单独赠送签名本给支持她的人,这样做尤其可以防止落纸成文的献词沦为破碎友谊的不堪见证。[3] 但作者签名作为后狄更斯时代的商品[4],其现代形式已不再是富含特殊情感的标记,而是与文学名家有过交集的证明。文本的价值由与作者的联系赋予。一些读者还会更进一步,要求定制化的献词,将书籍包装成传递或巩固友谊、爱意、亲情的礼物,并试图在书中添加自己的特性、品味、喜好或影响力。[5] 在某个线上平台上,伊塔洛·卡尔维诺[6]的后现代小

---

[1] 均转引自 David Barnett, 'Stories Told by Book Dedications', *Guardian*, 20 July 2011: https://www.theguardian.com/books/2011/jul/20/book-dedications.(《哈利·波特》的这篇献词还排成闪电的形状,即主人公哈利的标志。——译注)

[2] 阿诺德·本涅特(Arnold Bennett,1867—1931),英国作家。——译注

[3] Henriette Lazaridis, 'The Story behind the Story: An Appreciation of Authors' Acknowledgements', *Millions*, 9 January 2012: https://themillions.com/2012/01/the-story-behind-the-story-an-appreciation-of-authorsacknowledgments.html.

[4] 可能指附有狄更斯亲笔签名及赠言的《双城记》曾标价 27.5 万英镑出售。——译注

[5] W. B. 古德汉姆(W. B. Gooderham)出版过一部收集自二手书籍的献词集,《献给……二手书籍中被遗忘的友情、隐藏的故事与丢失的爱》(*Dedicated to... the Forgotten Friendships, Hidden Stories and Lost Loves Found in Second-Hand Books*, Ealing: Bantam Press, 2013)。

[6] 伊塔洛·卡尔维诺(Italo Calvino,1923—1985),意大利作家。——译注

说《寒冬夜行人》(If on a Winter's Night a Traveller)的一本二手书商品信息这样写道,"唯一的美中不足"就是"前衬页上的手写献词"。①

我这篇掺杂着致谢研究的致谢其实位置有误。在学术专著中,致谢(通常)应当放置在开头,而在虚构作品里应当在结尾。献词则(几乎)总是在最前面。这种安排实际上很讲究策略:学术书的致谢是作者介绍履历、夸耀人脉的方式。社会人类学家埃亚尔·本-阿里(EyalBen-Ari)就反思了民族志学者感谢自己所研究的民族的虚伪做法,他们明知这些研究对象既无法领受这份好意也不会阅读研究内容。他认为,"这种致谢的形成与职业战略选择、人类学界的关系管理、民族志研究真实可信度的构建和人类学家社会形象的塑造有关"②。

致谢与献词是多向的表达,对内阐明作品所受的影响,完善书籍的结构,对外则与真实或虚拟的读者交流,同时也与滋养文本的社会环境对话(尽管有时的结果是营养不良)。在小说中却恰恰相反,致谢被降级至结尾的位置,意味着后浪漫主义时代对孤傲不群的推崇:在虚构作品里,有谁会希望自己梦幻般的掌控感被学究式的粗粝破坏?③

本-阿里将致谢归类为"清单或名录……用于按序列举某些类别与子集"④。这一定义忽视了献词或致谢的记叙功能,但确实精准地描述了其普遍的写作习惯与手法:在现代书籍中,正如特里·恺

---

① https://www.abebooks.co.uk/Winters-Night-Traveller-Calvino-Italo-Minerva/1834413177/bd.

② Ben-Ari, 'On Acknowledgements in Ethnographies', p. 63.

③ 参见 Jack Stillinger, *Multiple Authorship and the Myth of Scholarly Genius* (Oxford: Oxford University Press, 1991);极端例子可另见希拉里·曼特尔(Hilary Mantel)的《狼厅》(*Wolf Hall*, 2009)中的作者注释与致谢。

④ Ben-Ari, 'On Acknowledgements in Ethnographies', p. 65.

撒所言,致谢对象的出现顺序都是"从集体到个人"①。如今的致谢页一定会感谢朋友、家人,幸运的作者才有机会感谢资助方。而在近代早期的英国,则是频繁出现各种隐喻,例如将作品比作微薄的献礼,或是亟待收养的弃儿,以表达自己的千恩万谢。

其中最特别的惯例可能要属作者会将书中所有错误包揽在自己身上:在恺撒看来,这种做法实际上违背了致谢页所体现的共同体精神。② 作者仅限于对文理不通的问题负责。这也与印刷时代早期的传统形成鲜明对比,勘误表的存在说明文本永远不可能完美,作者与印刷商也乐此不疲地指责对方才是书中谬误的罪魁祸首。约翰·泰勒就在《格雷戈里·胡说爵士》里讽刺了这一现象,声称"如果印刷商插入了任何一行字、一个字母甚至一个音节,导致本篇巨著遭到任何人士的误解,我在此请求读者不要怪罪作者,因为这绝非他所愿"③。

二十及二十一世纪的人们习惯借献词表达情感(班邦④,我爱你胜过一切),而十六及十七世纪的献词则是显示威望的工具。亚瑟·玛洛迪(Arthur Marotti)认为,传统式的冗长献词仿佛"(误导性的)名人代言的标志",试图让题献者与被题献者的关系有凭有据。⑤ 某些近代早期作家与玛洛迪一样也是怀疑主义者。迈克尔·德雷顿⑥将自己1599年版的《英格兰英雄书信诗》(*Englands Heroicall Epistles*)的部分内容献给了"他可敬可佩的朋友詹姆斯·惠施大

---

① Caesar, *Conspiring with Forms*, pp. 30-1.
② Caesar, *Conspiring with Forms*, p. 39.
③ John Taylor, *Sir Gregory Nonsence his newes from no place*, A4v.
④ 班邦(Banban)可能是作者爱人的爱称。——译注
⑤ Arthur Marotti, 'Poetry, Patronage, and Print', *Yearbook of English Studies* 21 (1991): 2.
⑥ 迈克尔·德雷顿(Michael Drayton, 1563—1631),英国诗人——译注

人",并抱怨道:"我觉得有些人……把伟人的名字放在他们的书里,是想要证明自己写了不错的东西,仅仅凭借这些名字。"①戈登的《有关献词的献词,致一位伟人》则乐于承认自己的一厢情愿:"阁下与我并不熟悉,因此请允许我与您亲近。"②他继续写道:

> 我听说有的作者用了整整二十页纸赞美一位伯爵,尽管他对人家一无所知,除了对方很有钱这一点……这种做法极为普

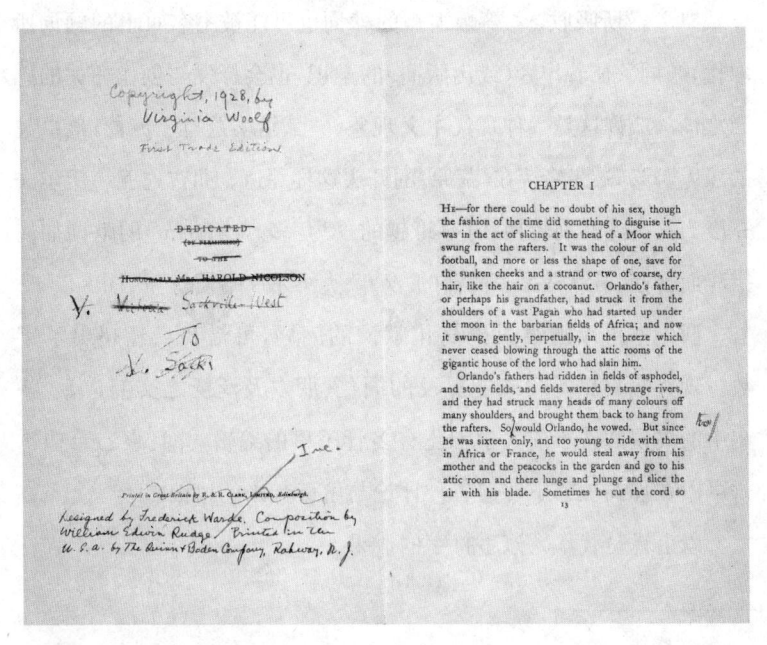

图 8.2 弗吉尼亚·伍尔夫,《奥兰多》修改校样,1928 年 6 月 9 日—7 月 22 日。©弗吉尼亚·伍尔夫著作权代理者英国作家协会(The Society of Authors)。现属于史密斯学院(Smith College)特殊馆藏

---

① Michael Drayton, *Englands Heroicall Epistles* (London: J. Roberts for N. Ling, 1599), H3r.

② Thomas Gordon, *A dedication to a great man, concerning dedications*, A2r.

遍，以至我们可以根据颂文的篇幅猜测出赞助人有多少财力以及作者有多么饥饿。如果超过三页，那么你大可以性命担保，作者一定已经绝食三天了，而他那浑身上下都是优点的称颂对象一年至少有一万英镑的俸禄。①

我们难以确定献词是从哪一刻开始式微的：热拉尔·热奈特认为这种落寞是由于其自身发展到一定阶段，被十九世纪末出现的新体裁"序言"所吸收。② 篇幅缩短的献词也可能被书名页上的题词所取代，题词象征着作者（或出版商）的学识，也会抒发与创作相关的感激之情。或许这是一种现代主义现象。"献给埃兹拉·庞德，最卓越的匠人"，T. S. 艾略特在《荒原》的开头这样写道。弗吉尼亚·伍尔夫一度为其讲述性别转换、时空跨越的《奥兰多》(Orlando)的献词如何措辞而苦恼，最终选择了简洁的"V. 萨克维尔·韦斯特"③（图 8.2）。

我们本可以继续讨论简化献词的问题，可惜我已经超出了字数。现在我只想向我未能提及的同仁、朋友及泛泛之交们道歉，将文中的失误归咎于前人学者还有多管闲事的编辑，并且衷心希望本章可以在你的羽翼下躲避各种评论与解读带来的风浪。

以上皆是我本人亲手打字的成果。④

---

① Thomas Gordon, *A dedication to a great man, concerning dedications*, A2v.

② Gérard Genette, *Paratexts: Thresholds of Interpretation*, trans. Jane E. Lewin (Cambridge: Cambridge University Press, 1997), pp. 123 - 4.

③ 薇塔·萨克维尔·韦斯特(Vita Sackville West, 1892—1962)，英国诗人、小说家、园艺家。——译注

④ 参见推特话题#ThanksForTyping［即"谢谢帮我打字"，一个由弗吉尼亚大学教授发起的话题活动，专门发布各种书籍致谢中男性作者感谢自己的妻子帮忙打字录入手稿的截图。——译注］

第 9 章
印刷商装饰画与花饰

哈泽尔·威尔金森

活字印刷术的发明使人们得以机械化地复制文字,但并没有因此与手抄本的传统彻底割裂:彩饰手抄本里的精美花边、手写花体字、华丽的起首字母几乎无缝嫁接为印刷商的工艺。装饰图案被雕刻在木质或金属材料上,涂上油墨以装饰文字的开头或结尾,较小的部分则用来印刷首字母或段落间的花纹。有些装饰是用活版花饰印成的,它们与字母活字块类似,但其上是抽象的图案或简单的形象,可以单独使用也可以由排版人员组合为复杂的样式。

1500年以前,相比英国,木刻装饰画在欧洲大陆更为普遍,不过西奥多里克·路德(Theodoric Rood)自十五世纪八十年代初就开始在牛津制作印刷装饰画,威廉·卡克斯顿也早在十五世纪九十年代就在伦敦使用了木刻花边。① 英国印刷业在最初的几十年里经历了手抄本至印刷本的过渡期,各种装饰图案也被认为是手工彩饰的印刷替代品。为富有顾客制作的摇篮本通常是印刷完文字后再手工上色装饰的混合产品。1500年由理查德·平森(Richard Pynson)在伦敦印刷的《莫顿弥撒》(The Morton Missal)常常被称为"本国第一部艺术[印刷]书籍"②。此书含有大量的装饰、乐谱、红字写印,制作

---

① Henry R. Plomer, *English Printers' Ornaments* (London: Grafton, 1924), p. 20.

② Plomer, *English Printers' Ornaments*, p. 20. 更多有关此书的内容,可参见 Katja Airaksinen, 'The Morton Missal: The Finest Incunable Made in England', *Transactions of the Cambridge Bibliographical Society* 14 (2009): 147–79. [由当时的英格兰大主教约翰·莫顿(John Morton)发起印刷并命名的弥撒经书。——译注]

极为精良。在此基础上,仍有一些版本的起首字母与花边被人工涂上了颜色。① 在之后的几十年里,英国书籍使用装饰画的频率激增,亨利·普洛莫(Henry Plomer)将此归因于宗教改革,因为那时《圣经》与"公祷书"(books of common prayer)的印刷量之大前所未有,而华丽装饰通常被视为宗教文本的标配:美化页面是对内容表达敬意的方式。② 印刷装饰画在逐渐普及的过程中发展出独特的视觉语言,以与各种手抄本彩饰先例区分开来。卡克斯顿的继任者沃恩·德沃德③所使用的装饰式样就是很好的例子。大卫·斯科特·卡斯坦(David Scott Kastan)指出,卡克斯顿印刷的书籍仅有 20 本有一定的装饰或插图,而德沃德印刷的则有 500 本之多。④ 后者对装饰画的偏好在他用来树立品牌形象的印刷商纹章中体现得淋漓尽致。德沃德于 1499 年左右使用的早期纹章由自己的名字和简单藤蔓环绕的卡克斯顿首字母组成。⑤ 在经过了几次基于实用主义的变更后,德沃德的纹章在 1520 年前后采用了壁画式的拱门图案,能从中窥见城市景观和夜空,甚至还有天使与士兵的形象,德沃德的名字则被塞进了拱门的底座里(参见图 9.1)。⑥ 纹章的本质功能(确认出

---

① 例如剑桥大学三一学院(Trinity College)所藏的版本就有此类涂色。参见 Airaksinen, 'The Morton Missal', pp. 163-4.

② Plomer, *English Printers' Ornaments*, pp. 22-3.

③ 沃恩·德沃德(Wynkyn de Worde, ? —约 1534),据说是从德国移居英国的印刷商。——译注

④ David Scott Kastan, 'Print, Literary Culture and the Book Trade', in *The Cambridge History of Early Modern English Literature*, ed. David Loewenstein and Janel Mueller (Cambridge: Cambridge University Press, 1999), pp. 81-116, 88.

⑤ R. B. McKerrow, *Printers' and Publishers' Devices in England and Scotland 1485-1640* (London: Bibliographical Society, 1913), no. 11.

⑥ McKerrow, *Printers' and Publishers' Devices in England and Scotland 1485-1640*, no. 46a.

版商信息)几乎被其装饰画的精美与内涵掩盖。德沃德纹章图案的改变与他在内页中大量使用装饰画相呼应:装饰已然成为其视觉词汇的一部分。

德沃德的某些装饰印版最初是特定文本的插图版,后来才经改造后用在与具体内容无关的其他书籍中。[①] 与其他类型的插图一样(参见本书第 16 章),这种回收利用定制装饰画的做法一直持续至伊丽莎白时代。1593 年,威廉・庞森比为菲利普・西德尼[②]《阿尔卡迪亚》(Arcadia)的书名页设计了边框,其中包含西德尼的纹章和《阿尔卡迪亚》中的人物。该边框后来分别在 1595 年版的马基雅维利作品与 1611 年的斯宾塞作品中重复使用,原本的典故仅仅发挥装饰性的作用。当然,出版商既乐于使用突出于文字的图案,也不会放弃寻找内容与装饰之间的联系。或许正是由于早期印刷商习惯于回收利用装饰画,十七、十八世纪的装饰印版才会描绘各种各样的事物(图 9.2 及 9.3)。某些传统形象出现频率极高(天使、狮子、鸟、水果),但十八世纪早期的印刷商约翰・沃茨(John Watts)的页首装饰则更加丰富:描画古典遗迹的艺术家、向港口行进的舰队、使用望远镜进行观测的天文学家、对着羊群吹笛子的牧羊人,还有维纳斯的诞生。精致特别的装饰图案将读者的目光从文字上吸引过来,领入图像的异样幻想世界,一个由版画师、排字员而不是作者构建的世界。在手工印刷时代,这些生产装饰印版的工匠大多是匿名的。装饰印版通常不包含在印刷活字样本中,这表明它们的制作者可能是独立的工匠,而非铸版厂的雇员。大众化设计的精细印版一般不止

[①] Joseph A. Dane, *What Is a Book? The Study of Early Printed Books* (Notre Dame, IN: University of Notre Dame Press, 2012), p. 128.

[②] 菲利普・西德尼(Philip Sidney, 1554—1586),英国作家、政治家、军事家。——译注

图 9.1 沃恩·德沃德的纹章,出自《英格兰编年史》(*The Cronycles of Englonde*, 1528),现藏于卡迪夫大学(Cardiff University)

图 9.2　页首花饰示例，出自《博蒙特与弗莱彻作品集》(*The Works of Beaumont and Fletcher*)(伦敦：J. 汤森、R. 汤森与 S. 德雷珀，1750)。作者个人藏书

一人经手，同时也会被多家印刷商使用。有时，艺术家会将自己名字的首字母放进装饰图案中，起到识别的作用。约翰·沃茨使用的图案就刻有版画师伊莉莎·基尔卡尔(Elisha Kirkall)的首字母。富有的沃茨可以负担得起知名艺术家创作的大型装饰画，基尔卡尔售卖给他的显然就是根据不同页面尺寸定制的统一风格图案。而财力没有那么雄厚或刚刚起步的印刷商往往会自行雕刻装饰画。十八世纪二十年代，年轻的本杰明·富兰克林就自学了刻字与雕版装饰画的技术，因为当时的费城缺乏此类资源，活字几乎全部要从欧洲进口。① 对于木版画而言，黄杨木、梨木、苹果木等结实耐用的材料都是首选。图案也可以雕刻在金属表面上。相比厚实的金属块，用金属片钉在木块上使之与活字块高度一致更为便利。

印刷花饰则是由铸字商用金属铅块制作，与相同大小的字母活字一起出售给印刷商。铸字厂可能会提供设计好的花饰样品板，或者直接交给排版人员设计。与装饰版画不同，花饰可以放置在文字

---

① Benjamin Franklin, *Autobiography and Other Writings*, ed. Ormond Seavey (Oxford: Oxford University Press, 2008), p. 55. 更多有关富兰克林制作饰物的内容，可参见 C. William Miller, *Benjamin Franklin's Philadelphia Printing 1728 - 1766* (Philadelphia, PA: American Philosophical Society, 1974).

中间，早期的印刷商会用来填充段落最后一行的空白，模仿手抄本中用花饰调整短行的做法。① 花饰可以单独使用，也可以设计成复杂的页面首尾、边框和首字母装饰，能够多达几十种特殊字体。鉴于不对称设计大为流行，将它们组合在一起时便需要格外细致的创造力。花饰最开始的外观样式借鉴了已有媒介中的图案，比如绘画、雕塑、建筑、织物和书籍装帧。伊斯兰风格的几何图案在十五世纪晚期欧洲供誊写员、刺绣工参考的样板中十分常见。② 哥特式、古

图 9.3 章尾花饰示例，出自《博蒙特与弗莱彻作品集》(*The Works of Beaumont and Fletcher*)(伦敦：J. 汤森、R. 汤森与 S. 德雷珀，1750)。作者个人藏书

---

① 可参见德沃德约 1507 年版的尼古拉斯·拉夫(Nicholas Love)翻译的圣文德所著《基督冥想》(*Meditationes Vitæ Christi*)（ESTC S109702)。[圣文德(St Bonaventure,1221—1274)，意大利神学家。——译注]

② 十五世纪的图书彩饰手册可参见以下摹本：*The Göttingen Model Book*, ed. Hellmut Lehmann-Haupt (Columbia, MO: University of Missouri Press, 1972). 英国印刷品中的案例可参见 Thomas Geminus, *Morysse and Damashin Renewed and Encreased* (London, 1548).

罗马式、古典式建筑花纹也可以在装饰华丽的手抄本中看到，之后又在印刷书的装帧上出现。图书装订员用黄铜图章雕刻出阿拉伯花饰、鸟类等动物图案，在加热后按照精心编排的位置印在湿润的皮质封面上，再进行烫金或保持原样。十五世纪的威尼斯人阿杜思·马努提乌斯为自己的图书设计了一幅藤叶图案，至今仍被称为"阿杜思叶"（Aldine leaf），法国印刷商罗伯特·格兰荣（Robert Granjon）制作的阿拉伯花饰也在英国大受欢迎。尽管抽象的花饰比隐喻式形象更受人青睐，许多印刷商仍在随后的几年中不断尝试新图案的设计。威廉·卡斯隆[①]在十八世纪为挽歌文学设计了骷髅与沙漏图案；格拉斯哥[②]的铸字师亚历山大·威尔逊（Alexander Wilson）创造了黄蜂字体，并在1789年展示了他的字体样本；1799年的马德里更是出现了微型士兵字体。[③]

朱丽叶·弗莱明（Juliet Fleming）研究了花饰在传播文本的"必要环节"之外意味着怎样的思考与技术。[④] 以英国早期的祈祷书为例，这类书籍的每一页都有精美的装饰环绕：

> 这些边框在祈祷书中极为普遍，以至成为标配——拥有这

---

① 威廉·卡斯隆（William Caslon, 1692—1766），英国铸字师。——译注
② 格拉斯哥（Glasgow），苏格兰城市。——译注
③ William Caslon, *A Specimen of Printing Types* (London: Dryden Leach, 1764); Alexander Wilson, *A Specimen of Printing Types* (Glasgow, 1789); *Muestras de los punzones y matrices de la letra que se funde en el obrador de la Imprenta Real* (Madrid, 1799).
④ 装饰图案偶尔也有实际效用：章尾花饰可以在印刷过程中支撑纸面的大片空白处，（并且弗莱明指出，）边框也可以"在小型图书的边缘磨损时保护文字"。*Cultural Graphology: Writing after Derrida* (Chicago, IL: University of Chicago Press, 2016), p. 75.

样一本书已然是祈祷的一部分。我们可以认为装饰花纹标志着一种祈祷的意图,甚或就是祈祷本身(两者可能本来就是一致的)。①

约翰·康威(John Conway)的《沉思与祈祷》(Meditations and Praiers,1569)里的花饰"太过喧宾夺主,以至引发了一个难以回答的问题,即它们到底是作品的一部分,还是与之无关"②。在沉浸式阅读中,出版流程所包含的技术成分常常被人遗忘。类似于上文讨论过的特殊印版,这些花饰将读者的注意力重新集中在页面布局富有创意的白纸黑墨上。十六及十七世纪早期的印刷商热衷于使用花饰,但到了十七世纪八十年代,约瑟夫·莫克森③在他的印刷手册中写道,花饰"已经过时,很少有人使用"④。如果花饰确实是从十七世纪开始式微的,那么这有可能与英国铸字行业的变化有关:1637年的《星室法令》(Star Chamber Decree)和1643年的《授权令》(Licensing Order)规定英国的铸字厂商只能有四家,因此伦敦大多数印刷厂使用的字体是从荷兰进口,或是以荷兰的模板铸造。但1694年《授权令》的失效为英国铸字业注入了新的活力,比如以欧洲大陆字体风格为蓝本的卡斯隆新式花饰逐渐在英国流行起来。卡斯隆十八世纪二十年代早期的字体样本只有几行花饰,但到了1764年,则

---

① Fleming, *Cultural Graphology*, p. 75.
② Fleming, *Cultural Graphology*, p. 75.
③ 约瑟夫·莫克森(Joseph Moxon,1627—1691),英国印刷商。——译注
④ Joseph Moxon, *Mechanick Exercises on the Whole Art of Printing* (1683-84), ed. Herbert Davis and Harry Carter (Oxford: Oxford University Press, 1958), p. 24.

Let. 58.   Clariſſa Harlowe.   363

When I parted with my Charmer (which I did, with infinite reluctance, half an hour ago) it was upon her promiſe, that ſhe would not ſit up to write or read. For ſo engaging was the converſation to me (and indeed my behaviour throughout the whole of it was confeſſedly agreeable to her) that I inſiſted, if ſhe did not directly retire to reſt, that ſhe ſhould add another happy hour to the former.

To have ſat up writing or reading half the night, as ſhe ſometimes does, would have fruſtrated my view, as thou wilt obſerve, when my little plot unravels.

* * * *

WHAT—What—What now!—Bounding villain! wouldſt thou choak me!—

I was ſpeaking to my heart, Jack!—It was then at my throat.—And what is all this for?—Theſe ſhy women, how, when a man thinks himſelf near the mark, do they *tempeſt* him!

* * * *

Is all ready, Dorcas? Has my Beloved kept her word with me?—Whether are theſe billowy heavings owing more to Love or to Fear? I cannot tell for the ſoul of me, of which I have moſt. If I can but take her before her apprehenſion, before her eloquence, is awake—

Limbs, why thus convulſed?—Knees, till now ſo firmly knit, why thus relaxed? Why beat ye thus together? Will not theſe trembling fingers, which twice have refuſed to direct the pen, fail me in the arduous moment?

Once again, Why and for what all theſe convulſions? This project is not to end in *Matrimony*, ſurely!

But the conſequences muſt be greater than I had thought of till this moment—My Beloved's deſtiny or my own may depend upon the iſſue of the two next hours!

R 2   I will

有四页之多的装饰字体。十八世纪中叶,塞缪尔·理查逊①在《克拉丽莎》(*Clarissa*,1748)(图 9.4)里就使用了卡斯隆的花饰以标记叙事中的时间与空间。② 他不仅利用花饰标识叙事中的间隙,还为不同的角色分配了不同的花饰,让这些装饰物拥有了自己的个性,比如在洛夫莱斯控制了克拉丽莎时,他的花饰就插入了后者所写的信件,为读者营造了不适的氛围。③ 既是印刷商又是作者本人的理查逊具有得天独厚的条件,能够挖掘花饰的创意使用方法。而在大部分印刷书籍中,装饰画并不是作者的授意,尽管也有例外:亚历山大·蒲柏就向自己的印刷商提出了装饰排版的具体要求。④

珍妮·巴查斯(Janine Barchas)指出,理查逊花饰的叙事功能本质是在书信体小说外发挥作用(我们不应设想它们出自写信者本人):"印刷商装饰图案仍然是印刷商的工具,是将大众小说与私人信件区分开来的图书制作的常规特征。"⑤这些装饰不再是手抄本彩饰的印刷工业替代品,而是成为"印刷商的工具",能够赋予文本"大众"属性。仿佛是为了印证这一点,数家十八世纪印刷商都惯用装

---

① 塞缪尔·理查逊(Samuel Richardson,1689—1761),英国小说家。——译注

② 更多理查逊富有创意的花饰用法参见 Anne C. Henry, 'The Re-mark-able Rise of "..."': Reading Ellipsis Marks in Literary Texts', in *Ma(r)king the Text: The Presentation of Meaning on the Literary Page*, ed. Joe Bray, Miriam Handley, and Anne C. Henry (Aldershot: Ashgate, 2000), pp. 120 - 43, 131; Janine Barchas, *Graphic Design, Print Culture, and the Eighteenth-Century Novel* (Cambridge: Cambridge University Press, 2003), p. 257; Anne Toner, *Ellipsis in English Literature: Signs of Omission* (Cambridge: Cambridge University Press, 2015), pp. 67 - 76.

③ Toner, *Ellipsis in English Literature*, p. 76.

④ 参见 James McLaverty, *Pope, Print, and Meaning* (Oxford: Oxford University Press, 2001), p. 61.

⑤ Barchas, *Graphic Design*, p. 133.

饰画表现印刷艺术。塞缪尔·帕尔默①最常用的章尾装饰画之一描绘了印刷厂的内部,威廉·鲍耶②为了铭记1712年烧毁厂房的大火设计了章尾装饰,还有许多印刷商会使用纪念古登堡与卡克斯顿的装饰画。十七、十八世纪最普遍的装饰画形象是印刷书籍本身,要么是合起来的状态,露出漂亮的装帧,要么是展开的样子,内页有微型的装饰画。十五世纪至十八世纪中期最明显的变化是,早期的图书装饰是对手抄本的模仿,而两个世纪后,则彻底被视为印刷书籍视觉属性的一部分。

花饰与装饰画作为创作与工艺的代表有利于文献学家确认相关印刷材料的出处。在印刷厂里,花饰并不与字母活字一起保存在排版人员的铅字箱里,而是通常放置在拼版台下方的抽屉里,拼版台就是上墨前组装页面印版的地方。因为设计复杂的花饰需要花费大量的时间拼装,所以排版师有时会将某种组合保持不变,只拆散页面其他部分以待下次排版。因此同一种花饰组合可能会重复出现在不同的书籍中,尤其是在多部作品同时印刷的时候(常常如此)。如果我们在两本书中看到某种可识别的花饰组合,且其中一本的印刷商是已知的(根据书名页或其他文字证据),我们便可以确定另一本书的印刷商是同一家。③

花饰组合的使用寿命很短,装饰画印版却十分耐用,可以在印刷商手上保存数十年之久。所以独特的手工雕刻装饰版画或遭到磨损毁坏的模板也可以帮助我们确定书籍的印刷商身份。但印刷

---

① 塞缪尔·帕尔默(Samuel Palmer,1805—1881),英国画家。——译注

② 威廉·鲍耶(William Bowyer,1663—1737),英国印刷商。其儿子(1699—1777)与之同名,也是一位印刷商,但此处指的是父亲。——译注

③ Hazel Wilkinson, 'Printers' Flowers as Evidence in the Identification of Unknown Printers: Two Examples from 1715', *The Library* 7, no. 14 (2013): 70-9.

商会互相借用印版,未署名的图书中偶然出现一次有出处的装饰画并不是完全可靠的证据,不过如果同时发现多个例证便有一定的说服力。① 损毁及裂口是更具辨识度的痕迹,也是更有力的证据。反复使用的木质及金属材料都会发生磨损,木材更是容易翘曲开裂。在印版的金属凸起表面磨损后,用来固定在木质底板上的钉子就会留下清晰的印痕。据此便能判断出印版是金属材质,钉子的印记也有助于区分拷贝与母本印版。(穴居甲虫造成的)蛀孔印记是木质印版会留下的特征。不断出现的新蛀孔可以用来确定未标明时间的材料是按什么顺序印刷的。在文献学与生物学的巧妙结合下,蛀孔甚至能够用以辨别图书是在北欧还是南欧印刷的,因为南北部的甲虫大小不同。②

印刷商菲利普·卢克姆贝(Philip Luckombe)在 1770 年宣称,近年来的各种创意设计使得装饰字体的发展达到顶峰,印刷商们可以"制作出椭圆形、环形、棱角形的花朵,而不再仅限于方形或圆形花朵"③。但卢克姆贝也"担心页首花饰、大型花体字和章尾花饰不会长久存在……因为设计制作太耗费时间与精力"④。这是颇有先见之明的警言:1774 年版权法的修订结束了伦敦书商对英国名著重印本的长期垄断,推动了伦敦内外印刷活动的大幅扩张。在新兴的竞争市场上,读者可以购买到便宜的书籍,而紧张的生产计划加上为

---

① 有关此种鉴定方法可参见基斯·马斯伦(Keith Maslen)的研究,尤其是《伦敦印刷商塞缪尔·理查逊》(*Samuel Richardson of London, Printer*, Otago: University of Otago Press, 2001)。

② S. Blair Hedges, 'Wormholes Record Species History in Space and Time', *Biology Letters* 9 (2013).

③ Philip Luckombe, *History of the Origin and Progress of Printing* (London, 1770), p. 289.

④ Luckombe, *History of the Origin and Progress of Printing*, p. 289.

了利润最大化使用小型字体和较窄页边空白的做法，使得印刷商几乎没有时间与空间再在书籍中添加装饰画。除此之外，尽管针对高端市场的插图本仍然在行业内保有一席之地，但在名家托马斯·比维克①的带领下，版画艺术的进步导致传统装饰画相形见绌。

十九世纪的人们开始以机械印刷的方式生产图书，装饰画不再像手工印刷时期那样流行。越来越多的书籍甚至几乎完全没有任何装饰，虽然我们仍能在摄政时代和维多利亚时代的出版物里见到许多花体首字母和边框，但生产成本的降低意味着委托定制插图具有了可行性，无须为了追求成本效益而像文艺复兴时代那样将装饰画回收利用。② 以 1835 年阿兰-勒内·勒萨日③在巴黎出版的《吉尔·布拉斯》(*Gil Blas*)为例，插画师让·吉古(Jean Gigoux)根据文字内容设计了 850 幅花饰插图，并由一批低薪工人雕版。这些花饰插图的印刷位置就是以前安插装饰图案的地方。实物效果"图文结合"，令人惊艳。④ 一些无图案的首字母与头尾装饰仍会被采用，但相较于传统的装饰画，人们明显比以往更加注重图文之间的关系。花饰的铸造及使用则从未间断，尽管它们在主流图书中的出现频率

---

① 托马斯·比维克(Thomas Bewick, 1753—1828)英国版画家，被称为创作木刻版画的始祖。原文误作约翰·比维克(John Bewick)，这是其父亲也是其弟弟的名字，后者也是一位版画家。——译注

② 维多利亚时代书籍的边框与首字母案例可参见 Carol Belanger Grafton (ed.), *Pictorial Archive of Printer's Ornaments from the Renaissance to the 20th Century* (New York: Dover, 1980). 更多该时期的装饰案例还可参见 Zeese and Company, *Specimens of Electrotypes* (1885)及 H. H. Green, *Specimens of Printing Types* (1852).

③ 阿兰-勒内·勒萨日(Alain-René Lesage, 1668—1747)，法国作家。——译注

④ John Buchanan-Brown, *Early Victorian Illustrated Books* (London: British Library; New Castle, DE: Oak Knoll, 2005), p. 17.

不如前一个世纪那么高。字模制作的新技术也进一步丰富了花饰的细节。[1] 精致的形象设计是十九世纪的花饰与之前抽象花饰的不同之处。新颖的设计一方面通过描绘船只、火车反映技术的变革，另一方面又通过描绘鱼类、鸟类等动物展现人类对大自然的深入探索。[2]

自十九世纪至今，装饰印版及字体依然为小型或私人手工印刷厂所用。在1880至1898年间每年出版一次的《国际印刷样本交流》(Printers' International Specimen Exchange)会收录活版印刷商提供的字体排版样本。这些样本使得传统花饰与装饰画再次流行起来，并在费城蒙纳字体公司(Monotype Corporation Philadelphia)于1887年成立后得到进一步推广。该公司1897年在伦敦开设分部，1899年在萨里[3]开办工厂。蒙纳字体公司开创了以热金属铸排机制作精美书籍的方法，并委托设计了一系列影响了二十世纪印刷业的新型字体。二十世纪二十年代，研究传统凸版印刷的期刊《花饰》(Fleuron)的编辑斯坦利·莫里森受雇担任公司的字体顾问。在莫里森的协助下，蒙纳字体公司重铸了一批近代早期的字体。[4] 花饰字体的另一拥趸是二十世纪初的科文出版社(Curwen Press)。科文出版社在1863年于伦敦东部的普莱斯托(Plaistow)初创之时是一家乐谱印刷商，到了二十世纪二十年代已经涉猎广泛，并且积极支持新式而非传统花饰与装饰画的使用。他们聘请了洛瓦特·弗雷

---

[1] Mark Arman, *Fleurons: Their Place in History and in Print* (Thaxted: Workshop, 1988), p. 23.

[2] John Ryder, *Flowers and Flourishes* (London: Bodley Head, 1976), p. 10.

[3] 萨里(Surrey)，英国南部郡名。——译注

[4] Frederic Warde, *A Book of Monotype Ornaments* (London: Lanston Monotype Corporation, 1928).

泽(Lovat Fraser)、阿尔伯特·鲁瑟斯顿(Albert Rutherston)、佩尔西·史密斯(Percy Smith)和伦道夫·施瓦贝(Randolph Schwabe)等艺术家雕刻装饰派(art deco)与新艺术(art nouveau)风格的版画,以供出版社独家使用。科文独特的三色花饰边框不仅出现在限量版书籍中,而且出现在公共场所:比如他们曾与英国铁路公司签订合约,为英国各地的火车站餐厅制作精美的菜单。除了科文之外,字体设计师大卫·贝瑟尔(David Bethel)在 1957 年为他的格林特(Glint)字体设计了第一款战后花饰(彩色插图 5)。这款字体极受欢迎,安特卫普甚至成立了格林特俱乐部(Glint Club),成员会进行名为"格林特游戏"的比赛,寻找字体花饰的新颖组合方式。蒙纳字体公司的雇员,同时也是字体历史学家比阿特丽斯·沃德(Beatrice Ward)就是格林特字体的狂热粉丝,她至少利用贝瑟尔花饰设计了75 种单色排版组合。① 沃德认为格林特花饰会"在你的眼前结合为更大型、更壮观的装饰画",而针对其排列艺术,她更是使用了"装饰的语法"这一说法。② 格林特花饰如今仍在被使用,对当代装饰图案感兴趣的读者可以参考 2016 年由全球 154 家小型印刷厂为波德林图书馆制作的莎士比亚十四行诗合集,其中许多诗篇配有精美的传统或现代风格装饰。③

图书装饰艺术还有很多内容等待我们探索。阅读社会史和文本物质性的新角度令越来越多的学者开始思考装饰画到底"是作品的一部分,还是与之无关",包括朱丽叶·弗莱明在内。亨利·伍德海

---

① 参见 David Bethel, 'Creating Printers' Flowers', in *Type and Typography: Highlights from Matrix* (West New York, NJ: Mark Batty, 2003), pp. 256-67, 216.

② 转引自 David Bethel, 'Creating Printers' Flowers', p. 261.

③ 波德林图书馆,书架编码 Rec. a.36。

森(Henry Woudhuysen)与凯瑟琳·邓肯-琼斯(Katherine Duncan-Jones)在他们编辑的莎士比诗集中罕见地讨论了母本中的花饰,更近几年的克里斯托弗·里克斯和吉姆·麦库埃也在一首T. S. 艾略特的应景诗中重现了装饰画的图案。[1] 许多经典古籍在早期载体中被精心装点,而如果当代的评论版能够有意识地体现这一事实,我们也许会发现装饰艺术也有新的自我表达方式,可以引领我们更好地理解文本及其原始生态。

---

[1] *Shakespeare's Poems*, ed. Katherine Duncan-Jones and H. R. Woudhuysen (London: Arden, 2007), p. 502; *The Poems of T. S. Eliot*, ed. Christopher Ricks and Jim McCue (London: Faber, 2015), p. 313.

第 10 章

人物表

塔玛拉·阿特金 本章作者

自吉利·库珀[①]于 1985 年出版其首部言情小说《骑师》(Riders)以来，她的每一部鲁特郡故事开头都列有人物表。随着新作的推出，这一部分越来越长，也越来越复杂，以至最新的一部——《上马！》(Mount!)的人物表多达满满 11 页，不仅包含主要角色，而且列出了他们的爱宠。其中，我们会认识以下新人物："帕里斯·阿尔瓦斯顿，朵拉·贝尔弗顿的男友。这位冷傲的阿多尼斯[②]在剑桥大学学习古典文学的同时，演艺事业也非常成功"，"马琪塔，来自捷克的彭斯科姆马场少女，美丽健谈，反复无常，性感妖艳，喜欢马驹与异性"，以及"王（子新）先生，臭名昭著的性掠夺者"。套用一位评论家发自肺腑的评价，如此庞杂的角色名单"只有这位作家写得出来"[③]。不过对于一部 650 多页的小说而言，它的确有实际作用。这是通向库珀构建的性幻想世界的入口，帮助读者记忆那些马背上的花花公子，以及其他仿佛无穷无尽的出场人物。与此同时，人物表还有另一个微妙功能，即展现库珀《鲁特郡编年史》系列的共性标志。类似于书名（带着感叹号的单一单词）、书名页设计（具有象征意义的金、红、黑、白为主的色调）与插图（都是紧身马裤和马鞭，或

[①]　吉利·库珀(Jilly Cooper, 1937—　)，英国作家，代表作为言情小说系列《鲁特郡编年史》(Rutshire Chronicles)。——译注

[②]　阿多尼斯，希腊神话中的美少年。下文的彭斯科姆应为作者虚构的地名。——译注

[③]　Jenny Colgan, 'Mount! by Jilly Cooper review—daft, boozy joy', *Guardian*, 15 September 2016: https://www.theguardian.com/books/2016/sep/15/mount-by-jilly-cooper-review.

许是最能体现"马术性感之处"的元素),《上马!》中的人物表有意识地呼应库珀前作的基调。对于英国出版方西蒙与舒斯特来说,这些特征都是推销书籍的切入点,可以向忠实的读者群宣传这本新小说与作者其他作品并无二致:充满了在床笫之间、马场内外厮混的男女,夹杂着令人手脚蜷缩的双关语,《上马!》在各种意义上都是为了会被库珀作品中一贯的古早风味所吸引的读者创作的。

人物表并不是小说固有的组成部分,即便在今天,其最主要的出处仍然是其发源地:剧本。本章旨在探索人物表作为印刷技术下的创新之处是如何在十六世纪初的英国方言戏剧中萌芽的,并进一步追溯其在近代早期及之后的其他类型文本中的使用情况。目前至少有三篇文章专门从定量综述的角度梳理了近代早期戏剧人物表的历史与发展。① 在这些学者看来,人物表的形式变化体现了剧本从演员手册到以供私人研究的有价值产品的转变,文章中的相关讨论也佐证了十六世纪晚期或十七世纪早期英国戏剧所获得的文学地位。本章则不会涉及类似的内容,而是主要聚焦于早期印刷品中的戏剧人物表。这是出于两个方面的考虑。首先,人物表归根结底是印刷技术革新的产物。尽管手抄本中也会有一些非典型的案例,但人物表在早期英国印刷剧本中的使用频率说明了这属于出版商为戏剧增添文本属性的创新操作。通过比较印刷时代以前与印

---

① 参见 Gary Taylor, 'The Order of Persons', in *Thomas Middleton and Early Modern Textual Culture: A Companion to the Collected Works*, ed. Gary Taylor and John Lavagnino (Oxford: Oxford University Press, 2007), pp. 31 – 79; Tamara Atkin and Emma Smith, 'The Form and Function of Character Lists in Plays Printed before the Closing of the Theatres', *Review of English Studies* 65 (2014): 647 – 72; 以及 Matteo Pangallo, '"I will keep and character that name": Dramatis Personae Lists in Early Modern Manuscript Plays', *Early Theatre* 18 (2015): 87 – 118.

刷时代早期的例子，我将对早期人物表辅助表演的功能提出疑问，并提出其主要作用是促进戏剧形式转变为印刷商品的新观点。这样一来，我们便可以认为虽然人物表最终会朝着有益于作者的方向演变——比如库珀的作品——但在早期历史上，它们在设计与功能方面都与编辑出版更为相关。众所周知，未署名的辅文材料极难确定出处，而如果有证据显示作者参与其中——例如约翰·贝尔[①]1547/1548年的三版剧作集——往往意味着剧本的成功出版经历了各种时间、金钱上的投入。[②] 因此，早期出版物中的人物表应当被视为将戏剧推广为休闲读物的惯用工具。其次，虽然最初的人物表是剧本中的辅文，但它们很快融入了其他类型文本的印刷品：一开始是对话录，最后是小说及其他虚构作品。所以，本章将从早期人物表的手抄本、印刷品起源出发，继而研究其对各类文本呈现方式产生的后续影响。

印刷时代以前的戏剧人物表

英国方言戏剧最早以印刷品形式出现是在十六世纪一〇年代，到了十六世纪中期，开头列明人物表逐渐成为常规。随着十六世纪七十年代伦敦商业剧场的创办，人物表一度被省略，直到1630年才恢复为标配。[③] 在最初的几十年里，人物表通常被安排在剧本的书

---

① 约翰·贝尔（John Bale，1495—1563），英国教士、历史学家、剧作家。——译注
② 有关贝尔参与出版其剧作的内容，参见我所著的《在英国都铎王朝阅读戏剧》[*Reading Drama in Tudor England*（London：Routledge，2018，pp.101‑44）]第三章。
③ 有关剧本人物表的省略与伦敦固定剧场及商业演艺公司的崛起之间的联系，可进一步参见Taylor，'The Order of Persons'，pp.58‑60。

名页上。因为那时的印刷书籍一般都没有进行切页处理（这导致大多数四开本小型图书无法在书店直接翻阅），这样做便于展示，也说明这部分信息能够反映剧本的市场价值。然而书名页上的人物表后来又被其他辅文——有关演艺公司及关联剧场的信息——取代，转移到了别的位置，通常是书名页的反面。所以兰德尔·麦克劳德（Randall McLeod）对现代编者——尤其是莎士比亚剧本的编者——提出的将"剧中人物表［放在］书名页和第一幕第一场的开头之间"的要求，早已是大部分印刷于 1576 年后的近代早期剧本的首选做法。① 简而言之，如果你在 1550 年购买一部剧本，那么书名页上一般都会列有人物表，而如果剧本是 1630 年后出版的，那么它可能会出现在前几页中。

无论如何，人物表很快成了剧本常用的前辅文，但在更早期的方言或古典戏剧传统手抄本中，这一元素则是特殊的存在。只有两部中世纪英国戏剧手抄本包含人物表，即考克斯·马克罗版本的《智慧》[(*Wisdom*)誊写于十五世纪晚期]与《坚固的城堡》[(*The Castle of Perseverance*)誊写于十五世纪中期]，并且表现形式也与印刷剧本大有不同。② 比如道德剧《坚固的城堡》孤本里的"三十六

---

① Random Cloud, '"The very names of the Persons": Editing and the Invention of Dramatick Character', in *Staging the Renaissance: Reinterpretations of Elizabethan and Jacobean Drama*, ed. David Scott Kastan and Peter Stallybrass (New York: Routledge, 1991), pp. 88–96, 95.

② *Wisdom* (Washington, DC, Folger, MS V.a.354, ff. 98r–121v), f. 121r; *The Castle of Perseverance* (Washington, DC, Folger MS V.a.354, ff. 154r–191v), f. 191r. 牛津大学波德林图书馆收藏的另一版本《智慧》的残本则没有人物表(Oxford, Bodleian Library, MS Digby 133, ff. 158r–169v)。这一统计将后中世纪手抄本中流传下来的中世纪剧本排除在外。[考克斯·马克罗（Cox Macro, 1683—1767），英国牧师，也是古董家与鉴赏家。——译注]

名出演者"列表出现在全剧正文之后,所有角色也都是连续列出而不是分行列出。如今的编者们倾向于忽略这一区别,将人物表按照早期方言剧印刷剧本的习惯方式安排:在大卫·克劳斯纳(David Klausner)2010年的版本中,人物表就被移至最开头,并一一分成了单独的条目。相比之下,《坚固的城堡》原始手抄本版本的人物表更接近于同时期舞台指示的排版惯例(图10.1)。

以祈使语气列出的拉丁文名单("以下是出演者名单/首先,两个旗手。'俗世',以及'快乐''愚蠢''仆从'等")与印刷书籍中的人物表大相径庭。① 正如帕梅拉·金(Pamela King)指出的,这些角色

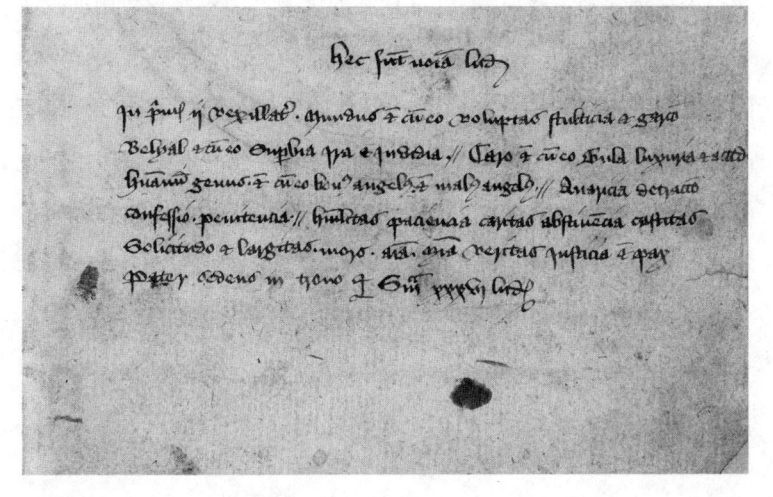

图10.1 《坚固的城堡》最后右页上的人物表。现藏于华盛顿福尔杰莎士比亚图书馆

---

① 十六世纪三十年代早期的印刷商约翰·拉斯特尔(John Rastell)曾在两部剧本中尝试过将人物表放在最后,但剧场时代(1576—1642)期间及前后几乎所有近代早期剧本里的人物表都被放置在开头。拉丁语也很少被使用,通常只用于古典戏剧的译本。唯一值得一提的例外是约翰·贝尔的《三大法则》(The Three Laws [1548?], STC 1287)书名页背面的人物表。因此这些手抄本中的做法鲜少被印刷版沿用。

的排列顺序"不纯粹依据重要性,同时考虑了集体感",显然是为了配合左页上的设定图,"帮助读者深入理解其基本构思的意义,其中的位置关系……被赋予了清晰的道德价值"。[1]《坚固的城堡》手抄本既不是以往表演的记录,也并非未来表演的辅助,而是展现了所有戏剧在重生为纸墨构成的实体书籍时所需要经历的各种改变。它的人物表尽管与后来的印刷版有所不同,但仍然是戏剧文本化表达方式的一次早期试验,值得人们关注。

与中世纪的方言戏剧手抄本一样,人物表在古典戏剧的手抄本和摇篮本中似乎也不常见。而后来古典剧作印刷本中收录的人物表也多半是受到了塞涅卡[2]作品译本的影响。1589年伦敦版的拉丁语塞涅卡剧作集里的人物表就明显是参照了更早期塞涅卡译本里的形式与排版,包括十六世纪六十年代的单行本及之后1581年出版的合集版。某些早期古典戏剧手抄本中倒是会出现假面形象组成的神龛式画框(aediculae)。比如泰伦斯[3]作品最早的三部彩饰手抄本都在开头包含此类画框,并按照出场顺序描绘了具体人物。[4] 这一手抄本传统甚至可能影响了早期英国方言剧作的印刷版本,部分书名页上的木版画形象就起到与之类似的作用。在常被认为是尼古拉斯·尤德尔[5]作品的中世纪匿名幕间短剧《杂耍者杰克》(*Jack*

---

[1] Pamela M. King, 'Morality Plays', in *The Cambridge Companion to Medieval English Theatre*, ed. Richard Beadle (Cambridge: Cambridge University Press, 1994), pp. 240-64, 247.

[2] 塞涅卡(Seneca,约前4—65),古罗马政治家、悲剧作家。——译注

[3] 泰伦斯(Terence,前190?—前159),古罗马喜剧作家。——译注

[4] J. R. Green, *Theatre in Ancient Greek Society* (London: Routledge, 1994), p. 163.

[5] 尼古拉·尤德尔(Nicholas Udall,1505?—1556),英国剧作家、翻译家、教育家。——译注

Juggler)中，"演员名单"表下方附有三个角色的木版画形象，并分别在头顶的飘带上注明了具体的名字："Iak iugler""M. boūgrace"及"Dame coye"(图 10.2)。这三个木版画形象都是通用模板画像，首次出现远远早于《杂耍者杰克》的书名页。例如第二个人物可以在安托万·维拉尔①1503 年出版的《泰伦斯法语版作品集》(*Therence en français*)中看到，并同时被用作《安德罗斯妇人》(*Andria*)中的庞菲勒、《宦官》(*Eunuchus*)中切利亚的形象。② 因此，这一画像在都铎王朝中期幕间剧剧本的书名页上再次出现，仿佛该剧借鉴古典戏剧的具象佐证，并且《杂耍者杰克》本身就是根据普劳图斯③的《安菲特律翁》(*Amphitryon*)改编的。

戏剧人物表与其印刷形式

我在本章开头已提及，印刷书籍中的人物表通常被视为戏剧大众化的标志，也是戏剧在十七世纪之初进入文学领域的证明。就最早期的剧本而言，与书名页人物表同时存在的角色分工指南（"四名男性可以轻松演出这部幕间剧"）可能说明了都铎王朝中期的剧本很少是为了供读者消遣而制作的。④ 马迪奥·庞加罗（Matteo Pangallo）认为，"每位购买者都是潜在的业余演员，而潜在的业余演员

---

① 安托万·维拉尔（Antoine Vérard，1450—1514），法国出版商。——译注
② 这幅木版画像在各种英语书籍中的使用情况可参见以下专著中的粗泛讨论（不一定详尽）：Martha Driver, *The Image in Print: Book Illustration in Late Medieval England and Its Sources* (London: British Library, 2004), pp. 55 – 67.
③ 普劳图斯（Plautus，前 254？—前 184），古罗马喜剧作家。——译注
④ 引文出自《不耐的贫穷》(*Impatient Poverty*, 1560, STC 14112.5)书名页。

图 10.2 《杂耍者杰克》(1562?)的书名页。现藏于费城罗森巴赫博物馆与图书馆(Rosenbach Museum and Library)

往往就是早期伦敦剧作出版商的主要销售对象"①。他进一步指出，专业剧场的兴起使得人物表转而成为吸引不同类型读者的工具，比如会在脑海中排演虚拟剧目或回忆已经上演的作品的普通读者。

  从旨在排演剧目的文字到旨在想象虚构故事或过往表演的文字，人物表的历史发展就是戏剧读本受众自身的发展历史，从潜在的业余制作人转型为纯粹的消费者。②

那么早期印刷版人物表对于曾作为主要使用者的演员来说究竟有多大用处？尽管部分人物表的确提供了基础制作信息——例如两版《三大法则》（[1548?]；1562，STC 1288）及《雅各与以扫》（*Jacob and Esau*，1568，STC 14327）的书名页上都注明了服装建议——但通常情况下都是泛泛而谈，不大可能为准演员群体带来任何实际帮助。以《壮汉尤文图斯》（*Lusty Juventus*，[约 1565]，STC 25149；[约 1565]，STC 25159.5）为例，其中写道"四个人就可以演出，各人选择自己最合适的角色，并扮演那些不同时出场的角色"。不止一位评论家将这段救场说明视为业余演员是剧本目标受众的证据，因为作者不需要向职业演员解释兼演机制。③ 但由于缺乏具体的分工指南，这段在后续两个版本（[约 1565]，STC 25149；[约 1565]，STC 25149.5）的书名页中重复出现的说明以相当模糊的方式设定了演出

---

 ① Pangallo, 'Dramatis Personae', p.95.

 ② Pangallo, 'Dramatis Personae', p.98.

 ③ Jane Griffiths, 'Lusty Juventus', in *The Oxford Handbook of Tudor Drama*, ed. Thomas Betteridge and Greg Walker (Oxford: Oxford University Press, 2012), pp. 262-75, 270; Pangallo, 'Dramatis Personae', p.95.

条件:九个角色,四名演员,但谁在什么时间出演谁呢?① 当涉及《财富与健康》(Wealth and Health, [1565?], STC 14110)、《通用条件》(Common Conditions, 1576, STC 5592)这样的剧本时,这一问题会变得更具针对性,因为其中提出的兼演机制完全不切实际。两部剧作所需要的演员数量都多于列出的人物数量。在戏剧最初涉足印刷行业时——我们有必要提醒自己,剧本只占极小一部分比例,而整个英国的出版业相比欧洲标准而言规模也不大——印刷商尝试了各种呈现方法,使其与相关类型的文本保持一致,但又有所区别。事实上,剧本与其他文本的相似性常常能发挥积极作用。将在1518至1534年期间印刷了四次的《普通人》(Everyman)宣传为"道德剧形式的……专题论文"大概就是扩大市场,吸引论文及剧本两类读者的策略,同时也表明前者的阅读方式也可以适用于后者。但有关兼演机制的注解则意味着相反的趋势:与其他类型文本的阅读方式无关,同时出现的人物表与兼演指示说明印刷商已经开始挖掘剧作印刷形式的独特性。或许人物表在英国早期印刷剧本书名页上的普及度正是基于这一点,而不是其辅助表演的预期用途。

在剧本中使用人物表以提升可读性的惯例就此逐渐确定下来,人物表不仅是戏剧的标志,而且可以用来区分不同的剧种。第二版《燃烧的杵之骑士》(The Knight of the Burning Pestle, 1635)的附录就是绝佳的例证。由于第一版中没有人物表,盖里·泰勒(Gary Taylor)推测这应该是印刷商尼古拉斯·奥克斯(Nicholas Okes)或出版商约翰·斯宾塞(John Spencer)的主意。这一结论十分合理,因

---

① 其他大致出自同时代的人物表会提供更详细的角色分工指南。可参见我的文章'"The Personages that Speake": Playing with Parts in Early Printed Drama', Medieval English Theatre 36 (2014): 48-69, esp. 51-4.

为剧本的作者弗朗西斯·博蒙特(Francis Beaumont)和约翰·弗莱彻(John Fletcher)在第二版出版时已去世多年。① 这份列表有着严肃的标题"发言者名单",1642年间印刷的戏剧人物表至少有58份采用了类似的标题,其中大部分都属于《英国戏剧年鉴》(*The Annals of English Drama*)中定义的一系列相关戏剧类型:私人译本(closet translation)、律师学院(Inns of Court)②剧场、庆典剧(occasional)和大学剧场(university)。换言之,这些剧本都没有在公共舞台演出的计划。不过《燃烧的杵之骑士》的书名页写道,这部剧"由女王陛下的仆从出演/地点是德鲁里巷的私人住宅",并不属于以上四种之一。通过使用令人联想至私人剧本的标题,出版商显然有意将人物表融入博蒙特与弗莱彻作品那具有代表性的谐谑风格中。因此,"发言者"这一标题的不恰当反而是这份人物表适合于该剧本的原因。

《燃烧的杵之骑士》的人物表还有其他特别之处。具体角色按照出场顺序列出:

> 序幕
> 然后是市民
> 市民的妻子及
> 学徒拉夫,坐在
> 观众之中

---

① Taylor, 'The Order of Persons', p.61.
② 伦敦有四大律师学院,与大学一样常是莎士比亚作品等戏剧排演的场所。——译注

连词"然后"确定了这份名单是按照时间顺序排列的,市民在名单中出现与其在舞台上出场保持了文本上的一致性。名单也将人物关系空间化。拉夫不是独立成行,而是作为"学徒"紧随在市民妻子的后面。拉夫在名单中和戏剧开场时的位置都是市民妻子的下方,双双表现了拉夫居于其下的社会地位。从这方面来说,这份人物表与我们之前提到的《坚固的城堡》中的极为相似,后者同样将角色安排空间化,比如"Pater sedens in trono"("坐在宝座中的上帝")。而与其标题一样,《燃烧的杵之骑士》的人物表这样设计可能也是出版商有意为之。尽管并不直接,但该剧的老式风格无疑与讽刺骑士文学的意图有关。

戏剧以外的人物表

所有人物表的功能都不仅限于列举角色。通过赋予某些角色文学上的优先权,人物表始终体现了文字的阶级化。① 举例来说,《燃烧的杵之骑士》的人物表按出场顺序列明角色,这种结构设计可能是由于出版商的原稿中没有可参照的人物表,因此每出现一个新角色便自然地增加一个条目。人物表也会依据其他原则排序——角色的大小和重要性、社会地位、性别,或按照家庭和情节需要分组——并借此塑造文本的可释性。② 这一点尤为关键,突出了人物表在戏剧可读性方面所起到的作用。为了使戏剧易于阅读和理解,人物表缩短了读者与曾经甚至未曾发生的表演之间的距离,将之重

---

① 参见 Taylor, 'The Order of Persons', p.66.
② 分别按照以上排序原则列出的人物表可参见 Atkin and Smith, 'Form and Function', pp. 658–66.

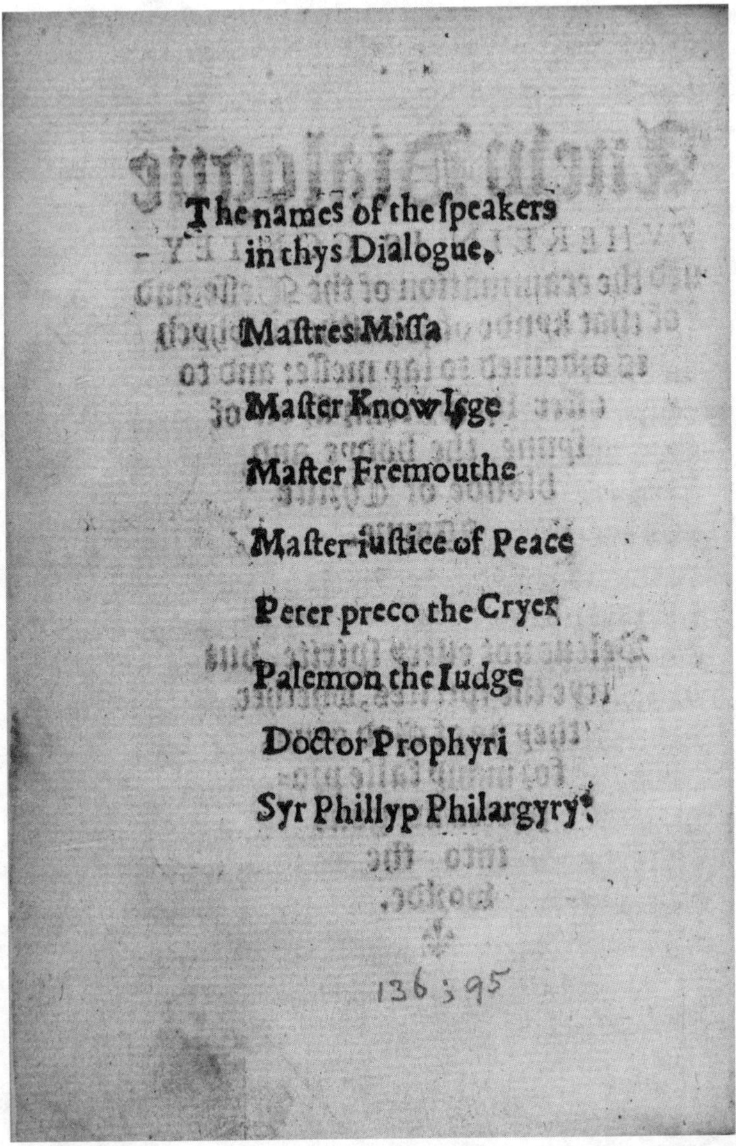

The names of the speakers
in thys Dialogue.

Mastres Missa

Master Knowlege

Master Fremouthe

Master iustice of Peace

Peter preco the Cryer

Palemon the Iudge

Doctor Prophyri

Syr Phillyp Philargyry.

136;95

图 10.3　威廉·特纳所著对话录《弥撒的检验》书名页反面的人物表。现藏于剑桥大学图书馆

NAMES of the Principal PERSONS.

MEN.

George Selby, *Esq*;
John Greville, *Esq*;
Richard Fenwick, *Esq*;
Robert Orme, *Esq*;
Archibald Reeves, *Esq*;
Sir Rowland Meredith, *Knt.*
James Fowler, *Esq*;
Sir Hargrave Pollexfen, *Bart.*
The Earl of L. *a Scotish Nobleman.*
Thomas Deane, *Esq*;
Sir CHARLES GRANDISON, *Bart.*
James Bagenhall, *Esq*;
Solomon Merceda, *Esq*;
John Jordan, *Esq*;
Sir Harry Beauchamp, *Bart.*
Edward Beauchamp, *Esq*; *his Son.*
Everard Grandison, *Esq*;
The Rev. Dr. Bartlett.
Lord W. *Uncle to Sir* Charles Grandison.
Lord G. *Son of the Earl of* G.

WOMEN.

Miss HARRIET BYRON.
Mrs. Shirley, *her Grandmother by the Mother's Side.*
Mrs. Selby, *Sister to Miss Byron's Father, and Wife of Mr.* Selby.
Miss Lucy, ⎫ Selby, *Nieces to*
Miss Nancy, ⎬ Mr. Selby.
Miss Orme, *Sister of Mr.* Orme.
Mrs. Reeves, *Wife of Mr.* Reeves, *Cousin of Miss* Byron.
Lady Betty Williams.
The Countess of L. *Wife of Lord* L. *elder Sister of Sir* Charles Grandison.
Miss Grandison, *younger Sister of Sir* Charles.
Mrs. Eleanor Grandison, *Aunt to Sir* Charles.
Miss Emily Jervois, *his Ward.*
Lady Mansfield.
Lady Beauchamp.
The Countess Dowager *of* D.
Mrs. Hortensia Beaumont.

ITALIANS.

Marchese della Porretta, *the Father.*
Marchese della Porretta, *his eldest Son.*
The *Bishop of* Nocera, *his second Son.*
Signor Jeronymo *della* Porretta, *third Son.*
Conte della Porretta, *their Uncle.*
Count of Belvedere.
Father Marescotti.

Marchesa della Porretta.
Signora Clementina, *her Daughter.*
Signora Juliana Sforza, *Sister to the Marchese della* Porretta.
Signora Laurana, *her Daughter.*
Signora Olivia.
Camilla, *Lady* Clementina's *Governess.*
Laura, *her Maid.*

THE

建为纸质文字。此外,这种双重可读性原则——既可识别又可解释——也是人物表出现在非戏剧语境中的原因。

继剧本出版物之后,对话录也很快纳入了人物表这一元素。剧本与对话录一直以来都被认为是近亲,早期对话录中包含的人物表就体现了这两种类型的文本在印刷排版上的相似性。在威廉·特纳的对话录《弥撒的检验》(*The Examination of the Mass*,[1548?])中,我们可以同时看到其人物表对戏剧作品的借鉴及与其不同之处(图10.3)。这份人物表没有兼演说明,也没有任何其他与表演或舞台指示相关的文字,标题是"本篇对话录中发言者"的"姓名"。但该人物表的存在实际上强化了对话录的准戏剧本质,这也是印刷商利用辅文表现不同类型作品之间联系的一种手段。

直到十八世纪,人物表才在其他虚构作品中出现。塞缪尔·理查逊的《查尔斯·格兰迪森爵士》(*Sir Charles Grandison*,1753)是最早使用人物表的小说之一,几乎与小说这一体裁的诞生时间一致(图10.4)。这份人物表以《主要人员名单》为主标题,并按照《男性》《女性》《意大利人》等副标题细分,显然也遵循了当时戏剧人物表的安排方式。理查逊自己的工厂就会印刷剧本。这样看来,该人物表不仅反映了理查逊对于剧本呈现传统的熟悉程度,还说明他有意识地借此展现"书信体小说的戏剧性特点"[①]。通过将舞台特征嫁接至小说中,理查逊试图修正读者对书信体裁的期待,要求我们把阅读过程想象成观看剧场表演,而不是窥探他人的私信。尽管小说种类不同,但库珀《上马!》的人物表也有类似引导读者的作用。由于角色是按照字母顺序排列,部分配角的介绍会包含他们与还未列出的

---

① Janine Barchas, *Graphic Design, Print Culture, and the Eighteenth-Century Novel* (Cambridge: Cambridge University Press, 2003), pp. 188 – 9, 193.

人物之间的关系。比如"艾迪·奥尔德顿"姓氏的首字母是 A，所以他是"鲁伯特·坎贝尔-布莱克的孙子，十九岁，来自美国"这一点对于不知道鲁伯特·坎贝尔-布莱克是谁的读者来说毫无意义，因为"鲁伯特·坎贝尔-布莱克"的条目要在后两页才会出现。① 因此，这样的人物表预设读者已经熟悉库珀笔下那些更受欢迎的主要角色，将受众——无论你是否了解她的全部作品——视为作者的忠实拥趸。

热奈特在其有关辅文的开创性专著中省略了人物表，认为这一部分"与布告板无异"②。但事实上，人物表远比布告板更有意义，与书名页、献词、致读者书等辅文无异，都是使得"文本成为图书"的工具，提升了作品的可读性。③ 它与其他列表——目录、勘误表、索引一样，通过确定优先级与逻辑关系有序地组织内容，也通过将文字升华为书籍来确定受众的视野。

---

① 剧本中类似的例子可参见 Atkin and Smith, 'Form and Function', p. 663.
② Gérard Genette, *Paratexts: Thresholds of Interpretation*, trans. Jane E. Lewin (Cambridge: Cambridge University Press, 1997), p. 399.
③ Genette, *Paratexts*, p. 2.

第 11 章

丹尼尔·索耶

一部十五世纪早期的手抄本以朱红色墨水写道,"你学习的这篇选文的上半部分在第 25 页纸上",显然书帖"在每一页纸右侧空白处的顶端……有标记"。① 纸张确实如其所描述的那样进行了编号,这句话所在的页面右上角就有抄写正文的誊写员手写的"xxvi folium"(第 26 张)字样。这里的"选文"指的是《圣经》选文,这句话的出处是一本为全年礼拜所准备的圣句集(lectionary)。看到 600 年前的读本可以借助数字检索或许不足为奇,因为今天的我们仍在阅读过程中使用数字查找内容。但这个例子还是有其特别之处:数字编码的是纸张而非页面,现在的人们也不会特别强调页码所在的确切位置,最后这所谓的编号甚至不适用于整本书,因为"第 26 张"实际上是整部手抄本的第 282 张纸。突然出现的张数编号是专门为圣句集精心设计的导读工具,而圣句集只占整个手抄本的一部分。这段说明预设其目标读者不熟悉张数的概念,因此尽量补充了详细的解释。由此可以得知,过去存在各种标识图书不同部分的方法,而如今我们习以为常的页码并不是纸质书的固有特征。事实上,讨论以下几种书籍构件的最佳角度就是思考对于纸质书而言,哪些是必不可少的成分。

将书页对折叠成书帖是制作纸质书的步骤之一。② 与羊皮纸卷

---

① Oxford, Bodleian Library, MS Laud Misc. 388, f. 282 ra. 引文的拼写、标点、单词划分已做现代化处理,感谢科西玛·吉尔哈默(Cosima Gillhammer)建议我研究这个例子。

② 用来表示折叠成装订单位的书页的英文术语在手稿学和文献学的不同分支中也有所不同。粗略而言,手抄本会用"quire"一词,印刷书则会用"gathering"或"signature"。我在本文中统一使用"gathering",无论书帖出自哪种形式的纸质书。而"signature"一词包含的多重歧义会在后文简要讨论。

轴不同,彼此独立的纸张使得快速精准地查找文字成为可能。这对读者和生产者而言都是福音,前者可以前后参照,自由阅读,后者可以重新排列或替换图书的各个部分。不过,纸质书帖仅仅是可以进行查阅,但并不便于查阅。因此,生产者与读者都希望引入能够明确记录纸质书物理结构的机制。区分纸张和书帖有利于生产,区分具体的页面则有利于阅读。用以标记纸质书组成部分的相应手段随之诞生:页首词、书帖折标、张数编码(foliation)和页码。这些属性都是图书史考证的依据,但很难进入文学批评的视野。鲜有学者能通过论证以上元素的相关内容来吸引某个受众群体或达到某种特定效果。除此之外,页首词、折标、页码并不显眼,无论是誊写员手写还是印刷商的金属字块都只能提供十分有限的素材,难以进行详细研究(图11.1)。然而,这些部分确定了书籍最为基础的结构,值得人们关注。我们可以通过辨别其目的和对象来理解它们。因为书帖、纸张、页面是不同的系统,其追踪机制也有不同的作用和受众。从不同的角度来看待图书,也是彻底了解纸质书如何运作的方式。总而言之,这些构件的历史展现了书籍逐渐提升其实用性和统一性的跌宕过程。并不是所有的变革都能留存至今,某些机制早已被淘汰:这既是衰落与消失的历史,也是发展与进步的历史。

折标

折标和页首词对于今天的人们来说可能是几个概念中最为陌生的。英文中的"signature"一词有多种含义,此处专指指示书帖中纸张位置,以及书籍中书帖位置的手写或印刷标记。折标一般由字母或数字组成,偶尔包括标点符号,最常出现在右页底部空白处。手抄本里的纸张折标通常标记每叠书帖前半部分的每一张,

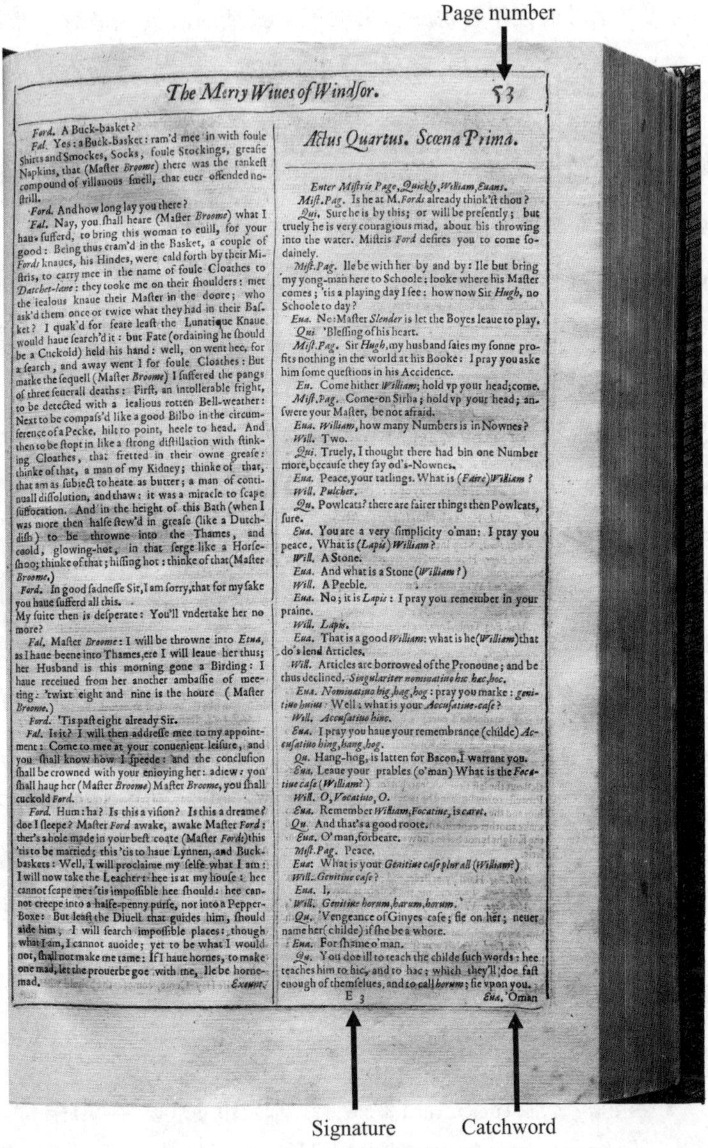

图 11.1 《威廉·莎士比亚先生的喜剧、史剧和悲剧》，即《第一对开本》（伦敦，1623），现藏于华盛顿福尔杰莎士比亚图书馆

比如八页纸书帖的前四页会以罗马数字标记为"i—iv"。而书帖折标通常以字母或数字在每一叠书帖第一张纸的右页或最后一张的左页进行标记,也就是最外层的对开页的外部两侧,方便查找。折标令生产者得以有序排列纸张和书帖,早在中世纪以前就已经出现在纸质书的历史中。① 现存的中世纪早期案例数量有限,但在时间和地域上的跨度极广:比如书帖折标就可以在誊写于十五世纪意大利的提图斯·李维②史书40至45卷孤本,以及誊写于十世纪英国的古英语布道诗集《维切利之书》(Vercelli Book)中看到。③ 不过,虽然中世纪早期的欧洲书籍中已有折标的痕迹,但这并不是生产过程中的标准操作。折标在十三世纪开始流行,十五世纪成为常规。中世纪晚期的图书制作者通常会将纸张折标和书帖折标合二为一,再次以八页对开书帖组成的手抄本为例,即第一叠书帖的前四页会被标记为"A.i""A.ii""A.iii"和"A.iv",第二叠的前四页则标记为"B.i""B.ii""B.iii""B.iv",以此类推。这种优化组合之后很快被摇篮本吸收。④ 在印刷时代初期,折标的普及程度使其衍生为书帖的代名词。

折标可被视作既定装订顺序或材料遗失的凭据,但其自身并不能始终保持一致性,人们甚至可以借此挖掘出其他生产信息:例如中世纪英语诗歌《农夫皮尔斯》的某一版本由两位誊写员抄写,其中

---

① Eric G. Turner, *The Typology of the Early Codex* (Philadelphia, PA: University of Pennsylvania Press, 1977), pp. 77-8.

② 提图斯·李维(Titus Livius,前59—17),古罗马历史学家。——译注

③ Vienna, Österreichische Nationalbibliothek, MS Lat. 15; Vercelli, Biblioteca e Archivio Capitolare, MS 117.

④ Margaret M. Smith, 'Printed Foliation: Forerunner to Printed Page Numbers?', *Gutenberg-Jahrbuch* 63 (1988): 58 (fig. 1).

的折标体系也有所重叠。① 因此,研究人员应当检查折标是否符合纸张和书帖的实际位置。有时,折标也会直接涉及文学批评领域。② 纵观图书史的全貌,折标只是某个时期的产物——尽管这是一段很长的时期,囊括整个手抄本时代和印刷书籍的大部分历史,这一时期的书页在被生产出来之后通常要过一段时间才会进行装订。折标的消失标志着书籍的标准化,以及装订工作由之前的使用者承担转变为生产者的责任。

页首词

页首词在书籍中也有两种意思。第一种是指通常写在或印在书帖最后左页底部空白处的单词或词组,与下一书帖首页右页第一个单词或词组一致,主要是为了在装订时确定正确的顺序。这种页首词可能是在十一世纪初期前后从阿拉伯语手抄本中引入的,多见于西班牙及法国南部的中世纪早期拉丁语图书。③ 虽然页首词曾是

---

① Oxford, Bodleian Library, MS Bodley 814;比如第 90 页(书帖 IX6 的第二页纸)被一人标记为"b"——仅仅是纸张折标——被另一人标记为"I ij",笔迹稍浅,是书帖折标和纸张折标的结合。

② Rebecca Bullard, 'Signs of the Times? Reading Signatures in Two Late Seventeenth-Century Secret Histories', in *The Perils of Print Culture: Book, Print and Publishing History in Theory and Practice*, ed. Jason McElligott and Eve Patten (Basingstoke: Palgrave, 2014), pp. 118 – 33.

③ Michelle P. Brown, *A Guide to Western Historical Scripts from Antiquity to 1600* (Toronto: University of Toronto Press, 1990), p. 4. Ayman Fu'ād Sayyid, *Al-Kitāb al'Arabī al-makhtūt wa-'ilm al-makhtūtāt*, 2 vols (Cairo: al-Dār al-Miṣrīyah al-Lubnānīyah, 1997), 1, pp. 45 – 6, 其中记载阿拉伯手稿中的页首词最早出现在九世纪初期[转引自 Adam Gacek, *Arabic Manuscripts: A Vademecum for Readers* (Leiden: Brill, 2009), p. 50]。

143 印刷时代早期的工具之一,但随着图书生产的机械化发展,装订工作转由制作者负责,页首词也与折标一样,使用率大大下降,最终从现代印刷业中退场。页首词与折标、页码、张数编码在功能本质上有所不同:它们并不属于自己所指引的书帖。另一个特别之处是,尽管页首词的文字来自书籍的正文内容,但并不具备阅读性质——事实上,参照页首词排序书帖的工人甚至不需要识字。页首词可以被视作简化为形状的文字,同时也可能是书籍中最少被人阅读的信息之一。而在印刷时代初期,另一种意义上的页首词开始出现,即早期印刷书籍中印在任意甚或所有页面底部空白处的单词或词组,与下一页的第一个单词或词组一致。在拼版过程中,独立的页面被安排在大型纸张上的不同位置,以待印刷后折叠为书帖,页首词可以确保正确的顺序。所以页面页首词是在图书尚未成形之时,在图书生产流程中帮助制作者追踪书籍文字之间的联系并确认其实体结构的工具。因此,这类页首词可以让我们了解印刷商的工作过程,尤其是内容出错时。① 同时,这种页首词也便于读者在朗读书籍时从一页过渡到另一页。逐页页首词在十六世纪中期成为西欧印刷业的标配元素,除了巴黎的印刷商仍坚持传统,仅在书帖最后一页标记页首词。② 而自脚注进入印刷书籍后,这一部分内容也有了单独的页面页首词。脚注在正文下方创立了第二处跨页阅读的空间,其页首词进一步明确了这一事实。

通常情况下对于生产方与读者而言,无论哪一种页首词都不是萌生创意的基础。不过手抄本中的页首词偶尔会展现誊写员稀奇

---

① 具体案例可参见 Carl D. Atkins, 'The Application of Bibligraphical Principles to the Editing of Punctuation in Shakespeare's "Sonnets"', *Studies in Philology* 100, no. 4 (Autumn 2003): 500 - 1.

② Philip Gaskell, *A New Introduction to Bibliography* (Oxford: Oxford University Press, 1972), p. 53.

古怪的想法，毕竟他们是会注意到这一部分的。在中世纪晚期的诗集或散文集中，绝大多数页首词都只是简单的涡卷形花体字，与正文使用同色的墨水，但也有少数会配有与内容相关的图画。例如，在托马斯·霍克利夫①的《王子的统治》(Regiment of Princes)手抄本中，某一书帖的页首词是"金银"，被誊写员分别写在两个圆圈里，后来又有人(也许仍是誊写员本人)在"金"的一圈涂上了黄色。② 这是一个极具象征意义的页首词案例。选择不将另一个圆圈涂色以表现"银"说明了当事人有意将棕色羊皮纸表面视为白色：通过仔细

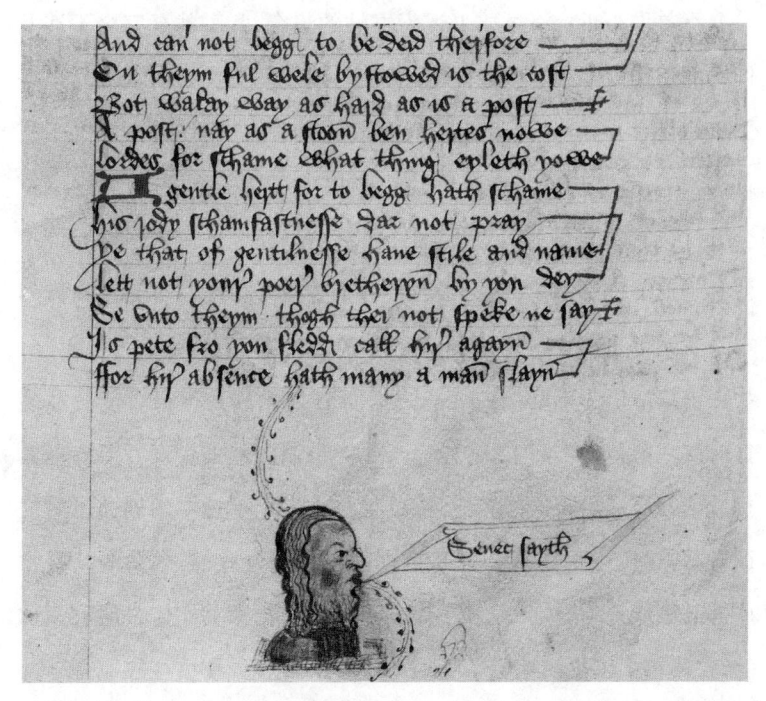

图 11.2 罕见的页首词装饰案例，出自托马斯·霍克利夫所著《王子的统治》。现藏于牛津大学波德林图书馆

---

① 托马斯·霍克利夫(Thomas Hoccleve，1368—1426)，英国诗人。——译注
② Oxford, Bodleian Library, MS Digby 185, f. 87v.

观察这些导读标记,我们或许能够窥见图书制作者的意图。接下来书中还有一页画了一个男子的头像,页首词"Senec sayth"("塞涅卡说")正好从他的嘴巴里说出,前页的先例意味着这很有可能就是塞涅卡的画像,而不是像其他中世纪手抄本页边图画一样往往是随机或通用的形象(图11.2)。① 至少在这位誊写员看来,利用页首词机制强化文字的视觉效果是大有可为的。但他的做法也表明大多数页首词还是更讲求实际效用:正因为其他人都不会将其含义图像化,他才决定打破常规。

页首词与折标将纸质书视为书帖的集合,几乎甚至完全不涉及图书的正文内容。这些标记也是文字,但这部分文字的目标受众是图书制作者,而不是读者。它们规定了图书的物理结构,但由于装订流程并不一定遵循指示,因此这些规定只是一种设想,也许不符合装订员实际操作的设想。② 书籍装订完成后,页首词与折标可以使其更加美观:有时人们会添加一定的装饰,并且有序的连续排列本身就是赏心悦目的。然而有的读者会觉得反感或者熟视无睹。如果书籍的尺寸不明确,页面边框、页首词尤其是折标可能会在装订时被裁剪掉。实际上,最初引入此类机制的图书生产者或许确实预设读者会适时将这些标记清除:某些中世纪手抄本的确被当时的读者剪裁过。③ 所以页首词与折标的存在提醒我们,书籍的某些构成部分可能是临时性的。传统上,我们会认为图书实体是层层累加的,筑成了图书史的地层学结构。一本书的成分缺失往往应是外部

---

① Oxford, Bodleian Library, MS Digby 185, f.135v.

② 参见以下作品中提及的有趣案例:O. S. Pickering, 'Brotherton Collection MS 501: A Middle English Anthology Reconsidered', *Leeds Studies in English* n.s., no. 21 (1990): 144.

③ 例如 Oxford, Bodleian Library, MSS Laud Lat. 8 及 Laud Misc. 488。

干涉的结果,并且通常是消极的:我们或许能对过去裁去页边注释、为了剪贴簿剪下美丽首字母的读者保持客观的准人类学立场,但仍会将其看作意料之外的干涉行为。不过,有时候装订员剪裁中世纪手抄本的折标恰恰是誊写员所希望的:移除已经发挥过作用的结构性注释。生产者的标记被删除后,只留下供读者使用的文字内容。

张数编码与页码

张数编码和页码就是主要供读者使用的标记。它们的工作机制也更加简单直接,易于描述,即每一张纸或每一张纸的每一面(页)都被分配了一个数字。读者可以借此相对精确地识别书页的具体位置,或从一个部分找到另一个部分,并能将这些标记分享给其他读者。张数编码与页码都是自纸质书发展以来便为人所用,最早出现在古希腊晚期的残本中。[①] 但正如本章开篇的例子所示,即便到了十五世纪,西欧手抄本中的张数编码仍被视为特殊的存在,并未得到广泛使用。部分中世纪文本中的张数编码可能是制作过程中添加的,至少在史上第一部英文《圣经》全译本中是如此。[②] 不过,不是所有中世纪的张数编码都是誊写员的手笔:十五世纪的读者也可以为十二世纪的手抄本编码。更加复杂的是,某些中世纪手抄本编码的是和合页(opening)而不是纸张,换言之,书中面对面的左右两页被标记为一个单独的编号,所以如果没有特别说明,有的

[①] Turner, *Early Codex*, 74–6.

[②] Oxford, Bodleian Library, MS Bodley 296; rectos of ff. 1–176. 此书用红色和黑色墨水以罗马数字进行了张数编码。

张数编码可能实际上是和合页编码。① 留存至今的大部分手抄本都是张数编码,因此大部分相关研究也使用张数编码作参考,但它们通常是由近现代读者或图书馆员加上去的。②

为何在早期纸质书制作者已经开始使用张数编码及页码的情况下,这一机制却迟迟没有得到标准化? 难以辨识的罗马数字及其占用的空间可能是原因之一。但阿拉伯数字早在十二世纪就引入了西欧,而那时早期印刷业已在使用罗马数字进行张数与页数的编码,再者,读者甚至会自创无数字的编码机制来标记图书。③ 另一个更重要的原因是不同誊写员间的结构差异性。由于不同誊写员的笔迹字体大小不同,同样文本在不同版本中的分布也有所不同。④ 誊写员很少精确照搬文本的分页方式,因为这样做效率太低。⑤ 鉴

---

① 例如伦敦兰贝斯宫(Lambeth Palace)MS 260 号手抄本的誊写员索引就是和合页编码,另见 Richard H. Rouse and Mary A. Rouse, Preachers, *Florilegia and Sermons: Studies on the 'Manipulus florum' of Thomas of Ireland*, Studies and Texts 47 (Toronto: Pontifical Institute of Mediaeval Studies, 1979), p. 33; 以及 Paul Saenger, 'The Impact of the Early Printed Page on the History of Reading', *Bulletin du bibliophile* (1996): 237 – 301。

② 值得注意的是,手抄本研究中的参考文献常常使用已经存在的张数编码指代页码,比如"f. 60r"就是指第 60 张的右页。

③ 比如用点和字母编码张数,参见 Richard Rouse, 'Cistercian Aids to Study in the Thirteenth Century', in *Studies in Medieval Cistercian History* II, ed. J. R. Sommerfeldt, Cistercian Studies 24 (Kalamazoo, MI: Cistercian Publications, 1976), pp. 123 – 34, 129 – 30。

④ 这种不一致性催生出了中世纪手抄本独特的识别方法,下一页记录(secundo folio record):至少在散文体裁中,不同誊写员版本的下一页开头往往是不同的单词,所以人们便将这些开头的单词记录成目录,作为这一版本的特定标识。参见 James Willoughby, 'The Secundo folio and Its Uses, Medieval and Modern', *The Library* 12, no. 3 (2011)。

⑤ 伦敦大英图书馆所藏的手抄本 MSS Harley 4196 与 Cotton Galba E.ix 是少数例外之一,誊写自同一样本,并且复写了样本的页码与分行格式。

于文本分布方式各不相同,无论是页码还是张数编码都无法在不同版本中提供统一的查阅标记。文本因此衍生出专门的导读工具,与内容而不是结构紧密关联:将文字划分为章节并进行编号,以便引用参考。同时也确实存在一种相对独立于文本的导读体系,即任何书籍中每一章的内容都可以粗略地细分为七份,从 a 到 g。这一体系是十三世纪上半叶为《圣经》开发的,可能出自巴黎的多明我会修士(Dominican friar)。① 它也适用于其他类型的文本,可以调整为六部分或十一部分,部分中世纪手抄本的页边空白处就带有此种字母标记。② 不过与张数编码及页码不同,这种编号仍然与文字内容有关,不涉及纸质书的结构。

而印刷书籍的设计理念可以保证每本书的页面呈现同样的内容,并因此促进了张数与页码编号系统的发展。不过首先被采用的是张数编码而不是页码,两者甚至都晚于折标的使用。更确切地说,人们在摇篮本时期开始尝试张数编码,随后在十六世纪早期进一步推广。③ 例如,十六世纪上半叶由法国多产印刷商弗朗索瓦·勒尼奥(François Regnault)制作的供英国读者使用的祈祷书就含有张数编码。④

---

① R. H. Rouse and M. A. Rouse, 'The Verbal Concordance to the Scriptures', *Archivum fratrum praedicatorum* 44 (1974): 8 - 10.

② Charles F. Briggs, 'Late Medieval Texts and Tabulae: The Case of Giles of Rome, De regimine principum', *Manuscripta* 37 (November 1993): 258.

③ Smith, 'Foliation', pp. 56 - 9, 67 - 9. 另见 Saenger, 'Impact', pp. 263 - 75.

④ 参见 *Hore beatissime virginis Marie ad legitimum Sarisburiensis ecclesie ritum, cum quindecim orationibus beate Brigitte, ac multis alijs orationibus pulcherrimis, et indulgentijs, cum tabula aptissima iam vltimo adiectis*, STC 15945 (Paris: François Regnault, 1526; Oxford, Bodleian Library, Douce BB 185); 或 *Hore beatissime virginis marie ad legitimum Sarisburiensis ecclesie ritum cum quindecim orationibus beate Brigitte, ac multis aliis orationibus pulcherrimis, et indulgentiis, cum tabula, aptissima iam vltimo adiectis. M. D. xxxiiii* , STC 15984 (Paris: François Regnault, 1534; Oxford, Bodleian Library, Gough Missals 177).

勒尼奥的张数编码以"Fo. xv."的形式在页面右上角进行标记,明确指的是张数,不过使用了缩写,不像开篇的例子中完整拼写了 folium 这个单词。祈祷书是祈祷用的工具书,需要交叉参照阅读,但读者可能已经相当熟悉或者很快就能掌握内容的结构。无论如何,其中包含了张数编码,并在书籍最后用这些编码列出了目录。因此,勒尼奥书中的张数编码似乎已是当时书籍的标准构成。在相当长的一段时间里,对于许多读者而言,张数编码最常见的导读体系。然而到了十六世纪初,页码被引入并迅速发展,据称,十六世纪五十年代印刷的图书有一半以上都包含页码。① 十六世纪末,页码取代张数编码成为图书标配。几乎是同一时期,也就是稍前的十四世纪七十年代早期,阿拉伯数字也在印刷业中取代了罗马数字。关于页码的流行,一种可能的解释是其精确度吸引了古典文学印刷商与读者,便于他们研究高难度的希腊语文本。② 自标准化以来,页码几乎没有什么变化,目前也仍是书籍通用惯例,通常出现在"在每一页纸右侧空白处的顶端"。

后纸质书时代? 甚或后图书时代?

今天,"图书"这一概念还包括互联网和电子阅读设备上展现的文字。网页是连续的电子卷轴,没有张数编码或页码,而电子阅读设备虽然是一页页呈现内容,但每一页的容量可以随意按照读者的具体需求变化。所以电子阅读设备上的页面划分也不具有一致性——有点类似于印刷时代之前的情况,不同的誊写员会以不同的

---

① Smith, 'Foliation', p. 69 (fig. 2).
② Saenger, 'Impact', pp. 275 - 8.

方式对手抄本进行编码。① 全球标准化百科全书维基百科使用超链接导入条目下的层级标题，与中世纪晚期书籍中的章节划分编号也有异曲同工之妙。然而主宰了许多人阅读时间的社交媒体网站与电子书和网页内容不同，几乎已经完全不属于图书的范畴。脸书(Facebook)、照片墙(Instagram)或推特(Twitter)上的"页面"是独立帖文按照一定顺序组成，并经过算法筛选的不断变化的信息流。这些服务基本不提供导读工具。尽管我们仍旧可以从中精确地检索到信息，但这需要专门的知识储备：脸书的帖文的确都有单独的网址，不过大多数用户并不知道这一点。除此之外，许多人主要通过手机屏幕浏览这些内容，定制应用的导航工具更加有限。在这种情况下，书籍不再是可以类比的对象，文字更像是电视节目或时间线。

而我们在上文所讨论的四种机制是与纸质书息息相关的。与其他部分不同，这些机制是连接书籍正文内容与其物理结构的铆点。表面上看它们平平无奇，但足以帮助学者确认书籍的特定用途，或是制作情况。与此同时，我们有必要针对这些构件采取进一步的研究。举例而言，各类手抄本所包含的中世纪早期页首词的历史细节可能不仅丰富了图书史的内涵，而且能追溯欧洲内外的文化交流渠道，以及手抄本文化带来的影响。纵观以上标记体系，它们在目的与受众上也各有不同。四种体系都标志着文本内容与书籍实物的交集，但与实体结构的关联程度不一：相较于张数编码尤其是页码，折标和书帖页首词与图书实体的关系更加紧密。随着时间的推移，这一部分的历史体现了印刷流程标准下书籍实物属性的弱

---

① 有关电子书的运作机制可参见 Naomi S. Baron, *Words Onscreen: The Fate of Reading in a Digital World* (Oxford: Oxford University Press, 2015), especially pp. 209–14.

化。不过这些标记也告诉我们,图书史既不是有关"自然"进化的故事,也不是全由技术决定的过程:誊写员会将实用工具根据文字内容转化为奇思妙想,而张数编码的成功也一度被视为书籍设计的未来。尽管低调,这些存在始终是推动纸质书向前发展的齿轮。

第 12 章

章节标题

尼古拉斯·达姆斯

第五章 基本斯里

像本章开头这样的标题比印刷书籍甚至纸质书的历史更悠久。在西方,章节标题最古老的出处之一是一批青铜碎片,古代碑铭研究者通常以其十六世纪的所有者红衣主教彼得罗·本波(Pietro Bembo)命名,称为"本波铜表"(tabula Bembina)。这些碎片双面刻字,可能曾在现属乌尔比诺①地区的古罗马广场上展出,主题是一系列可追溯至公元前二世纪晚期的法律条文。其中一块碎片尤为值得注意,内容是有关索赎罪的法条,法规设立了专门的法院,由与参议院无关的骑手组成陪审团,为参议院在外强行没收的金钱财产确定赔偿。② 作为格拉古③改革的一部分,这块碎片显然能够吸引罗马法历史学家的目光。不过我们在这里讨论的则是其较少有人注意的方面:章节标题。

每一个标题都出现在上一节的末尾,中间有几个字距离的空格。④ 举例如下:

---

① 乌尔比诺(Urbino),意大利城市。——译注
② 有关这些碎片的详细内容和历史背景,参见 Andrew Lintott, *Judicial Reform and Land Reform in the Roman Republic: A New Edition, with Translation and Commentary, of the Laws from Urbino* (Cambridge: Cambridge University Press, 1992)。
③ 指提比略·格拉古(Tiberius Gracchus,约前 168—前 133)和盖约·格拉古(Gaius Gracchus,约前 154—前 121)两兄弟,古罗马政治家。——译注
④ 参见 Shane Butler, 'Cicero's Capita', in *The Roman Paratext: Frame, Texts, Readers*, ed. Laura Jansen(Cambridge: Cambridge University Press, 2014), pp. 73 – 111, p. 83.

> de nomine deferundo iudicibusque legundeis[关于起诉与陪审员的选择]
>
> de reo apsoluendo[关于被告的无罪开释]
>
> de reo condemnando[关于被告的定罪]
>
> de leitibus aestumandis[关于损害的评估]
>
> de praevaricatione[关于共谋][1]

这些标题的出现之早异乎寻常,有来源可证,类似的标题直到约200年后才能再在弗拉维王朝时期的罗马成文法中看到。[2] 尽管极其古老,它们在形式上却与如今的标题惊人相似。这些标题既是下文的总结,又具有分割文本便于阅读与阐释的结构性功能。更值得一提的是其中的句法——由离格词"de"引出名词短语,与两千年来各种语言标题的呈现方式并无二致。

随着纸质书成为西方文化的主流载体,各类体裁都包含这样的标题:史书、自传、科学成果、语言学论文、宗教经书。还有的体裁中,章节标题甚至被用来施展艺术技巧:小说。以一部并不典型的十八世纪中期小说为例,夏洛特·伦诺克斯[3]1752年的《女吉诃德》(*The Female Quixote*)第五部第五章的标题如下:《下文将出现之前犯下的错误所造成的后果,其中之一得到了解决,两个人物对此表示满意,我们希望读者是第三个》(图12.1)。与古罗马标题的简洁明了相比,伦诺克斯版本的长度极为刻意且玩味十足。其中出现的

---

[1] 文字内容出自 *Roman Statutes*, ed. M. H. Crawford, vol. 1 (London: Institute for Classical Studies, 1996), pp. 67–73, 87–93.

[2] Ibid., p. 49。

[3] 夏洛特·伦诺克斯(Charlotte Lennox, 1729/1730—1804),英国作家。——译注

"读者"意味着这段文字在与受众直接对话,提及上文("之前犯下的错误")是为了中断故事的展开。标题对下文所做的归纳也十分模糊,并未包含之后的具体内容,也因此激发了人们的好奇心。

不过,它仍与其古罗马法律中的祖先有着基本形式上的相似性。这个标题同样不是完整的句子,而仅仅是介词短语,尽管有一连串的限定修饰。虽然标题以斜体字与正文相区别,但在视觉上并不突出,其与章节编号以及下文内容的区隔也只是普通字体高度的上下两行空白。在文本来源完全不同的情况下,古罗马标题与此处标题之间在格式上并非天差地别。

如果想要知道什么是章节标题,那就要了解它的作用是什么,以及这种作用如何在技术与审美不断变革的前提下,仍然能够保持一定的语法构成与外观形式。就让我们从标题长期以来一贯不变的语法结构入手。西方章节标题中的介词短语(由"of""on""in which""about""concerning"组成)以及后来的分词短语(如"containing""involving")都暗示了一种方向或动向,即指向或进入某物所在之处。这代表了一种分割,将文本标记为一系列空间上独立的地点,而标签本身也与这些地点保持一定的距离。

这种若即若离是章节标题悠久历史的关键因素。正如伊戈·迪奥内(Ego Dionne)所言,章节划分是最稳定的辅文形式之一,因为它们既不是纯粹的辅文,也不完全属于正文,它们可以出自作者、编辑,甚至是叙述者——古典小说中常见的写作技巧。[1] 因此,这一部分文字与其他导读工具——如页码、页眉——不同,往往不会随着纸质书的发展而受到外界影响。章节标题既与索引类似,允许非线

---

[1] 参见 Ego Dionne, *La Voie aux chapitres: Poétique de la disposition romanesque* (Paris: Seuil, 2008), p. 214.

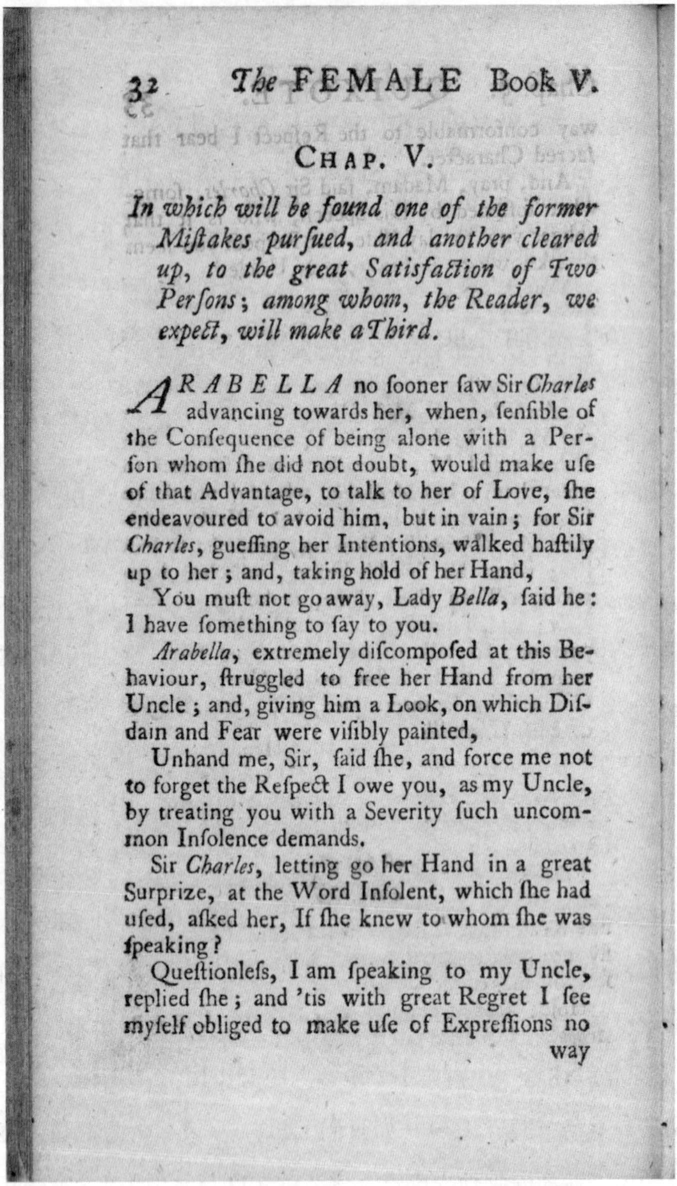

32　　*The* FEMALE　Book V.

CHAP. V.

In which will be found one of the former Mistakes pursued, and another cleared up, to the great Satisfaction of Two Persons; among whom, the Reader, we expect, will make a Third.

ARABELLA no sooner saw Sir *Charles* advancing towards her, when, sensible of the Consequence of being alone with a Person whom she did not doubt, would make use of that Advantage, to talk to her of Love, she endeavoured to avoid him, but in vain; for Sir *Charles*, guessing her Intentions, walked hastily up to her; and, taking hold of her Hand,

You must not go away, Lady *Bella*, said he: I have something to say to you.

Arabella, extremely discomposed at this Behaviour, struggled to free her Hand from her Uncle; and, giving him a Look, on which Disdain and Fear were visibly painted,

Unhand me, Sir, said she, and force me not to forget the Respect I owe you, as my Uncle, by treating you with a Severity such uncommon Insolence demands.

Sir *Charles*, letting go her Hand in a great Surprize, at the Word Insolent, which she had used, asked her, If she knew to whom she was speaking?

Questionless, I am speaking to my Uncle, replied she; and 'tis with great Regret I see myself obliged to make use of Expressions no

way

图 12.1　夏洛特·伦诺克斯,《女吉诃德》第二卷第 32 页 (伦敦, 1752)。现藏于哥伦比亚大学珍本图书与手抄本图书馆

性不连贯的阅读方式,又是正文内容的一部分,既是工具,又是工具构建的实体。章节标题是讲求沉浸式阅读体验的文学体裁中主要发挥信息化、参考式阅读功能的存在,这种类似于索引的功能却很可能被弃置甚至戏仿(比如伦诺克斯的例子)。实际上,这便是章节标题历史的主旨。

最早使用章节标题的体裁是技术文本、选集、道德教育读本、《圣经》等,偏向于信息集合而非文学创作。[1] 另外需要注意的是,章节标题显然先于纸质书出现,尽管在卷轴中标题的检索作用十分有限。联系上文提及的本波铜表,章节标题很有可能是从法律文本及铭文形式引入卷轴中的。[2] 这一宗源被许多权威学者忽视,包括热拉尔·热奈特,他认为章节标题的句法起源于中世纪时期。[3] 无论卷轴中的章节标题是否实用,真正驱使其发展的是百科全书式的知识文化语境,以及——借用语言学家赫尔曼·穆特施曼(Hermann Mutschmann)的说法——相比阅读更偏重于查阅参考的文字。[4]

虽然章节标题大多有着相当一致的初衷、极其稳定的形式,但问题仍然不少,尤其是以下三个方面:它们在既定文本中应当位于

---

[1] 参见 Pierre Petitmengin, '*Capitula* païens et chrétiens', in *Titres et articulation du texte dans les ouvrages antiques*, ed. J.-C. Fredouille, Marie-Odile Goulet-Cazé, Philippe Hoffmann, and Pierre Petitmengin (Paris: Institut d'Études Augustiniennes, 1997), pp. 491-507, p. 500.

[2] 参见 Matthijs Wibier, 'The Topography of the Law Book: Common Structures and Modes of Reading', in *The Roman Paratext: Frame, Texts, Readers*, ed. Laura Jansen (Cambridge:Cambridge University Press, 2014), pp. 56-72.

[3] 参见 Gérard Genette, *Paratexts: Thresholds of Interpretation*, trans. Jane E. Lewin (Cambridge: Cambridge University Press, 1997), p. 300.

[4] 参见 Hermann Mutschmann, 'Inhaltsangabe und Kapitelüberschrift im Antiken Buch', *Hermes* 46, no. 1 (1911):93-107, 95.

哪一部分,它们理应由谁创作,它们的名称究竟是什么——也就是位置、出处、术语的问题。

章节标题在古希腊及古罗马时期一直没有固定的位置可言,即使在近代早期的纸质书中达成了大致的共识,也仍有例外。关键在于标题的检索功能:它应该被放置在正文中、每一部分的开头,还是单独列成表格?它是需要按顺序编号,说明其在序列中的位置,便于查找,还是独立出现?在排版效果上,它的突出程度又当如何?所有问题都围绕章节标题以下两种作用间的平衡展开:查找与分段。

最原始的标题列表出处十分有限,但的确体现了目录与章节标题的互相影响。① 首先是普林尼《自然史》的例子,现存的手抄本中有三种不同的章节标题:收录在单独的第一卷摘要中,独立于图书正文;摘要的章节标题分别分布在每一卷的开头;两者兼有的结合形式。更复杂的是,在文本传播的早期阶段,编者会将每个标题放置在对应部分的开头,有的是摘自摘要,有的是临时构想。② 在这个例子中,各种概念都模糊不清,目录被章节化,进入正文,从而成为分段而非检索的工具。科伦麦拉的《论农学》的目录在全文的末尾,但大部分章节标题也出现在了正文中,且似乎不是后人所添加,但

---

① 两者间的联系可参见 Bianca-Jeanette Schröder, *Titel und Text: zur Entwicklung lateintscher Gedichtü berschriften, mit Untersuchungen zu Lateinischen Buchtiteln, Inhaltsverzeichnissen und anderen Gliederungsmitteln* (Berlin: de Gruyter, 1999), pp. 153 - 4.

② 参见 Aude Doody, *Pliny's Encyclopedia: The Reception of the* Natural History (Cambridge: Cambridge University Press, 2010), pp. 98 - 106. 另见 A. Riggsby, 'Guides to the Wor(l)d', in *Ordering Knowledge in the Roman Empire*, ed. Jason Kong and Tim Whitmarsh (Cambridge: Cambridge University Press, 2007), pp. 88 - 107, 93 - 8.

奥卢斯·革利乌斯的《阿提卡之夜》又并非如此。① 不过到了三世纪和四世纪，目录与正文标题之间的联系变得更加紧密。五世纪的《圣经》全书《亚历山大手抄本》(Codex Alexandrinus)就完美体现了这种共生关系，其中每一卷《福音书》的开头都列有编号标题，每一页顶端空白处也都有章节的名称和标号作为页眉，相较于传统拉丁语文献，以更优化的方式整合了检索与分段功能。而当代纸质书的章节标题通常出现在页面上部，周围有大片空白，明显转向了分段作用：以图像的形式强调章节的分割，并相应弱化了标题的检索性质。

  章节标题的另一个问题在于归属。在纸质书时代初期，标题可能是编辑也可能是作者的手笔。正如约瑟夫·豪利在本书第6章所言，革利乌斯的标题似乎是自己创作的，后来的作者也会自己撰写标题，比如尤西比乌斯与比德②所写的教会史。③ 不过设计章节标题仍然是近代以前编辑工作的重要部分。大师作品的章节标题常常由其学徒整理，例如波菲利④版本的普罗提诺的《九章集》(Enneads)或阿利安编纂的爱比克泰德的《论说集》(我们会在下文详细分析)。章节标题所包含的编辑属性即便在强调创意的体裁中也一直有所

---

 ① Riggsby, 'Guides', pp. 98 - 101. 更多有关革利乌斯作品章节标题的分析参见 Joseph Howley, 'How To Read the *Noctes Atticae*', in *Aulus Gellius and Roman Reading Culture: Text, Presence and Imperial Knowledge in the Noctes Atticae* (Cambridge: Cambridge University Press, 2018).

 ② 尤西比乌斯(Eusebius，约264—约340)，主教、教会史学家；比德(Bede，约672—735)，神学家、历史学家。——译注

 ③ 有关尤西比乌斯的内容，可参见葛斯塔夫·巴德(Gustave Bardy)在《基督教渊源第31卷》(*Sources chrétiennes 31*)[巴黎：塞夫(Cerf)出版社，1952]中为《教会史》(*Ecclesiastical History*)撰写的导读。

 ④ 波菲利(Porphyry，232—303)，新柏拉图哲学家，下文提到的普罗提诺(Plotinus，约205—270，哲学家)的学生。——译注

延续。据称，维多利亚时代的小说家伊丽莎白·盖斯凯尔（Elizabeth Gaskell）总是将章节标题甚至章节划分的位置留给她的出版商决定。①

最后，"章节标题"这个名称已经经过了现代化的处理，过去的说法则多种多样，并且往往无法清楚区分标题本身、标题位置或标题列表。科伦麦拉称之为"argumenta"（论点），尽管这可能指的是书中的完整列表而不是单个标题；革利乌斯写的是"capita rerum"（主题），但同样倾向于表示列表而非具体内容。② 较为准确的术语"titulos"或"tituli"出自哲罗姆、卡西奥多罗斯和普里西安③，但哲罗姆也会使用"argumenta"这个词，并且经常使用"capitulum"指代文本的段落，但不包括段落的标题，而这是最接近现代英语"chapter head"的术语，与希腊语单词"κεφάλαια"同源。④ 奥古斯丁⑤等人所用的"breviculus"一词指的是可能并不具备章节标题功能的摘要，并且也可能指的是摘要整体而非具体条目。⑥ 在波菲利为《九章集》撰写的序言中，他提到自己既写了"κεφάλαια"，又写了"επιχειρήματα"：前者表示简短的标题，后者或许是稍长的提要，在诸如1560年的《日内

---

① 参见 Josie Billington, 'On Not Concluding: Realist Prose as Practical Reason in Gaskell's Wives and Daughters', *Gaskell Journal* 30 (2016): 23–40.

② Riggsby, 'Guides', p. 91.

③ 哲罗姆（Jerome，约340—420），早期基督教拉丁教父；卡西奥多罗斯（Cassiodorus，约490—585），中世纪初期罗马城的政治家与作家；普里西安（Priscian），活跃于六世纪的古罗马拉丁语语法学家。——译注

④ 更多内容参见 Schröder, *Titel und Text*, pp. 323–6；Petitmengin, 'Capitula', pp. 492–5.

⑤ 奥古斯丁（Augustine，354—430），早期基督教神学家、哲学家。——译注

⑥ Cyril Lambot, 'Lettre inedité de S. Augustin relative au "De Civitate Dei"', *Revue Bénédictine* 51 (1939): 109–21.

瓦圣经》(Geneva Bible)等早期《圣经》印刷本中仍可以看到此类提要。① 我们从中可以发现,语义在三种潜在的所指间不断摇摆:无论在什么位置的标题个体,作为整体的标题列表,以及以标题标记的文本段落。这种混乱是本质性的:标题是文本分段(针对连续的阅读)与导读(针对不连续的阅读)功能的中介点,既是检索工具,也是内容本身。

而这种有关位置、所属甚至术语的模棱两可,恰恰是章节标题展现其可能性的机会。无论多么根深蒂固,章节标题仍然灵活可变,足以用来讽刺常规或有目的地解决标题与章节间关系引发的学术问题。我们将通过两个体裁领域、时代背景皆截然不同的案例说明章节标题在检索与分段功能外的作用,亦即所谓的探究模式。

第一个例子是二世纪的爱比克泰德的《论说集》,由其门生阿利安抄录并以标题分段。② 尽管阿利安的标题遵循了后期古典标题的"关于"句法,但其在形式和作用上的灵活性仍然令人瞩目。他的"关于"句型意指概念上的讨论(如"关于坚定""关于友谊"),有的却是问句形式("哲学意味着什么?""生命的法则是什么?")。还有的标题与读者进行对话("给那些一心要在罗马发展的人"),或发表见解("这一逻辑不可或缺")。③ 多变的风格暗示了爱比克泰德在日常

---

① 参见 Anthony Grafton and Megan Williams, *Christianity and the Transformation of the Book: Origen, Eusebius, and the Library of Caesarea* (Cambridge, MA: Harvard University Press, 2008), p. 39.

② 参见罗伯特·多宾(Robert Dobbin)的评注: *Epictetus: Discourses Book 1* (Oxford: Clarendon, 1998), p. 65; 或 Jackson Hershbell, 'The Stoicism of Epictetus: Twentieth Century Perspectives', *Aufstieg und Niedergang der Römischen Welt* II 36, no. 3 (1989): 2148–63.

③ Robin Hard, *Epictetus: Discourses, Fragments, Handbook* (Oxford: Oxford University Press, 2014).

教学中可能也采取了同样丰富的表达方式,而阿利安不愿将这样的互动束缚为简单的词语。这样的标题不局限于检索功能,实际上是在尝试利用标题或最初的认知引导后续部分的理解。

从这种角度分析阿利安的标题有助于我们更加准确地定位常被视为其失误的地方。① 有些标题似乎过分具体地展现了广泛讨论的含义,比如标题1.5("反学者")引出的是有关精神僵化的探讨,而标题中的学者只是例子之一。还有的标题与读者的预设开起了玩笑:2.2("关于心灵的平静")与2.22("关于友谊")写的其实都是与标题相反的内容,而1.17("这一逻辑不可或缺")的标题只与文章开头有关,剩余大部分都是有关自给自足的探讨。②

事实上,预设就是阿利安标题中最值得研究的一点。按照爱比克泰德的说法,"先入之见"（προλήψεις）是定义了我们所感之物普遍意义的观点衍生出来的一系列概念。这些"先入之见"经过归纳后自然而然地诞生于我们的观念,尽管通常体现了真理,但可能只有一部分会被进一步合理化。③ 我们也许会认为先入之见也是一种检索性质的认知:与章节标题一样可以用于组织并标记我们的感知。但正如爱比克泰德所强调的,问题在于不是所有的先入之见都能完全契合其标记的实际情况。1.22"关于先入之见"的开篇这样写道:

---

① 参见 Dobbin, *Epictetus*, p. 128.

② 参见 Dobbin, *Epictetus*, p. 161.不过"关于自给自足"是这一部分的大标题。

③ 更多有关爱比克泰德的"先入之见"的研究可参见 Henry Dyson, *Prolepsis and Ennoia in the Early Stoa* (Berlin: de Gruyter, 2009); A. A. Long, *Stoic Studies* (Cambridge: Cambridge University Press, 1996); F. H. Sandbach, 'Ennoia and Prolepsis in the Stoic Theory of Knowledge', *Problems in Stoicism*, ed. A. A. Long (London: Athlone, 1971).

人人都会先入为主,先入之见也不会互相矛盾。我们之中有谁不认为善是有益且可取的,以及我们应当在任何情况下都追求善?我们之中又有谁不认为正义是可敬且光荣的?那么矛盾究竟在哪里?当我们将先入之见应用于具体的实践时,矛盾自然浮现。①

问题不在于先入之见本身有什么错误,而是它们会被错用在不适合的场景,并因此无法进行参照。针对于此,爱比克泰德提出了一种双重验证的恒定流程,以确保先入之见的通行判断适应具体的实际情况,这样一来先入之见也会从"自然产生"进化为"系统检验"。②

一般与特殊之间的关系既是爱比克泰德认识论的架构也是阿利安标题的基点。爱比克泰德认为"我们只有系统性地检验先入之见,才能将其适用于相应的现实场景,确定什么样的情况应当归入何种认知之下"。添加标题自然也属于此类行为——"确定什么样的情况应当归入何种认知之下",什么样的标签适合何种内容。爱比克泰德也提醒我们,检验的结果并不一定符合初始的预期。阿利安看似不合适的标题也许正是鼓励人们反复查证:我是否能够信任这部分内容的标签?

因此,阿利安的标题是对自身指示力的反思,也反映了人们试图将特殊匹配至一般的思维习惯。章节标题的这一哲学属性格外具有生命力,我们可以在十二世纪早期圣维克多的于格③的《教育研究》(*Didascalicon*)中看到类似的解释:

---

① Hard, *Epictetus: Discourses*, p. 48.
② Ibid., pp. 49, 94 - 5.
③ 圣维克多的于格(Hugh of St. Victor, 1096—1141),法国神学家。——译注

161　　　　　古人将这类提要称为"后记",即通过标题对前文做简短的重述。鉴于每一段阐述都是基于事实真相与思想力量构成的原则,那么一切也都可以回溯至这一原则。①

"先入之见"在这里变成了"原则",但为具体的情境寻找可适用的一般性原则之于于格,就像是为标题寻找意义之于阿利安。

其他历史时期不同体裁中的章节标题则又会产生另外的问题。在欧洲小说史上,虽然标题一度丧失其检索功能,但始终存在,并在发展过程中衍生出了新的作用:提示读者可以在连续的阅读中休息片刻;戏谑地透露情节或留下悬念;呼应上文的内容以巩固故事的结构。而检索功能的丧失在最初以及之后很长的一段时间里都是以戏仿为标志。从《女吉诃德》等作品中有意识的反归纳,到狄更斯早期过度自我否认的风格——比如《匹克威克外传》(The Pickwick Papers, 1836—1837)第16章的标题"充满了各种冒险以至无法简要描述"——小说的章节标题通过模仿信息标签的句法来体现此类标签与小说所追求的沉浸式阅读体验之间的矛盾。它们的毫无意义就是喜剧效果所在。事实上,自十八世纪晚期起,章节标题逐渐少见于欧洲小说,知名如奥斯汀及托尔斯泰,都没有使用过章节标题。② 到了十九世纪中期,一种源于简洁效果的新用法开始出现。

十九世纪三十至四十年代期间舍弃了传统介词句法的部分标题就明确了这一转型:

---

① *The Didascalicon of Hugh of St Victor: A Medieval Guide to the Arts*, trans. Jerome Taylor (New York: Columbia University Press, 1991), p. 93.

② 不过托尔斯泰将《安娜·卡列尼娜》(*Anna Karenina*, 1873—1877)的一章命名为《死亡》,其中写到了尼古拉·列文的死亡——以最深刻的临界点达到临界的效果。

《这一个将要扼杀那一个》(维克多·雨果,《巴黎圣母院》,第 5 卷第 2 章)

《愁闷》(司汤达,《红与黑》,第 6 章)

《调解》[哈里特·马蒂诺①,《迪尔布鲁克》(Deerbrook),第 11 章]

《悬殊》(狄更斯,《董贝父子》,第 33 章)

《进展》[安妮·勃朗特,《女房客》(The Tenant of Wildfell Hall),第 6 章]

这些有意模糊的标签几乎无法发挥检索功能,其严肃感也更像出自论文随笔而非虚构故事。不过它们与阿利安的标题一样,都试图确定标题一般性与章节个体性之间的关系,其本身更是一种叙事的手段。它们既在情节之外,又在情节之内,引发了有关人称的疑问(谁在讲述这一章的标题?),这也是有关本体论的疑问(标题来自何时何处?)。

在第一人称的叙述中,章节标题是对已述事件的回顾性评价,第三人称的叙述中,标题同样会带来奇特的缝合效应,将角色的表达与旁白的表达牢牢捆绑在超剧情的空间里。这常常通过**引用**实现:比如雨果的标题就是出自巴黎圣母院副主教克罗德·弗罗洛的绝望剖白。更多见的是**暗示**手法,比如司汤达所谓的"愁闷"指的就是身为人母的市长妻子德·瑞纳尔夫人的心情,她只能借由标题向读者表达不敢宣之于口的寂寞。有时,章节标题能在两者之间呈现极为丰富的效果。在安东尼·特罗洛普②的《弗莱姆利教区》

---

① 哈里特·马蒂诺(Harriet Martineau,1802—1876),英国作家。——译注
② 安东尼·特罗洛普(Anthony Trollope,1815—1882),英国小说家。——译注

(*Framley Parsonage*,1860—1861)里,章节标题《难道她不是无足轻重吗?》甚至可以视为人物的台词(图12.2)。傲慢固执的拉夫顿夫人面对平民露西·罗巴茨即将成为自己儿媳的事实,迫不及待地想要告诉儿子:"她一点也不重要。"①这句带着犹疑与挑衅的宣判便是这一章的主题:

> 她是个好姑娘,各种意义上的"好",拉夫顿夫人一直清楚这一点……她承认自己很可能会喜欢露西·罗巴茨,但谁会在她面前卑躬屈膝,把她当女王一样侍奉呢?她是如此微不足道,这实在可惜。②

作者对女主人公"无足轻重"的断言在三种语域中变换色彩:直接引语("她一点也不重要"),自由间接引语("她是如此微不足道"),以及章节标题中的反问句("难道她不是无足轻重吗?")——源于但并不真的出自拉夫顿夫人口中。特罗洛普的章节标题是人物语言的延展,超出了小说行为的范畴,仿佛是在否认正文与辅文的区别,虚构世界与现实世界间的界限。在他的标题里,我们的语言拒绝属于我们自己。③

小说的本体论戏码与阿利安的认识论测验之间的关联可能比我们想象的更加密切。两者在适应各自体裁的不同需求的同时,都

---

① Anthony Trollope, *Framley Parsonage*, ed. P. D. Edwards (Oxford: Oxford University Press, 1980), p. 517.

② Ibid., p. 520。

③ 有关特罗洛普标题的更详细内容可参见我撰写的以下文章:'Trollope's Chapters', *Literature Compass* 7, no. 9 (2010): 855-60.

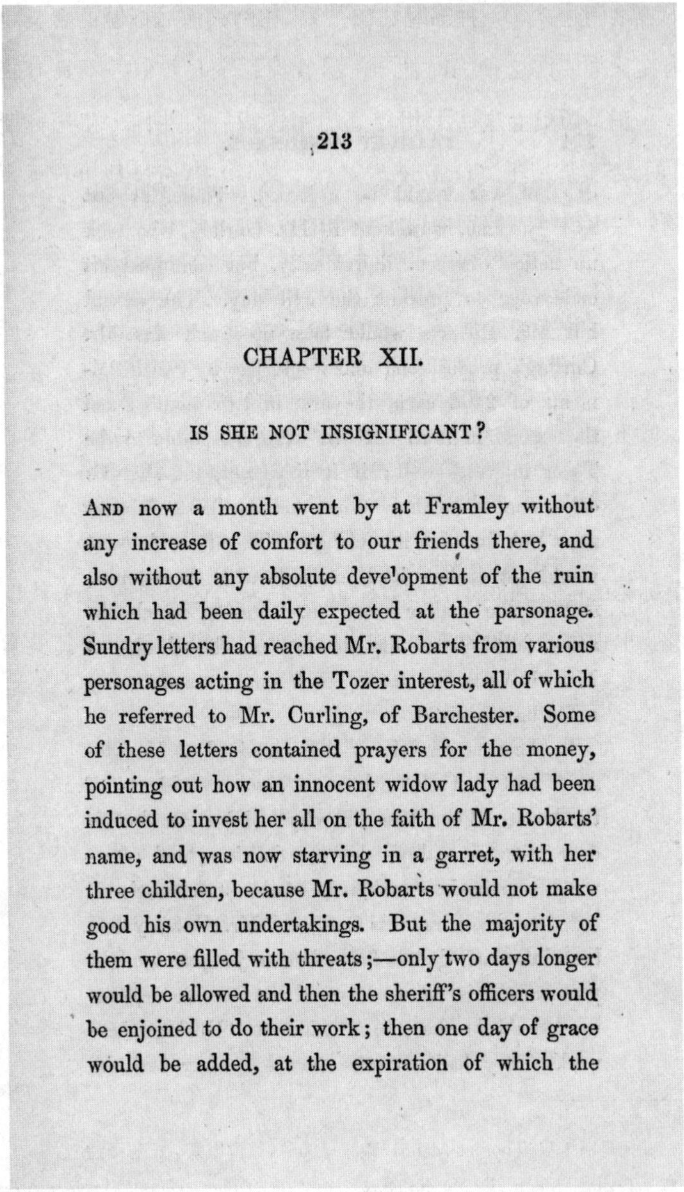

213

CHAPTER XII.

IS SHE NOT INSIGNIFICANT?

AND now a month went by at Framley without any increase of comfort to our friends there, and also without any absolute development of the ruin which had been daily expected at the parsonage. Sundry letters had reached Mr. Robarts from various personages acting in the Tozer interest, all of which he referred to Mr. Curling, of Barchester. Some of these letters contained prayers for the money, pointing out how an innocent widow lady had been induced to invest her all on the faith of Mr. Robarts' name, and was now starving in a garret, with her three children, because Mr. Robarts would not make good his own undertakings. But the majority of them were filled with threats;—only two days longer would be allowed and then the sheriff's officers would be enjoined to do their work; then one day of grace would be added, at the expiration of which the

图 12.2 特罗洛普,《弗莱姆利教区》第二卷(伦敦:史密斯,埃尔德)。现藏于哥伦比亚大学珍本图书与手抄本图书馆

164 将检索性转化为参考性。与其说是标记部分文字，不如说是在标题与内容之间建立了一种临时性的关系，在阅读前后标题的含义也会有所变化。或许这种临时性——尽管标题本身看似并不具有临时性——正是历史上这些大相径庭的用法背后的共性。在托马斯·曼①的《浮士德博士》(*Doktor Faustus*，1947)中，奇怪地执着于章节标题的故事讲述者特别探讨了标题的意义：

> 与前面的章节一样，这一部分最好也不要另外编号，但我需要声明它属于上一章节，是上文的延续。正确的做法是继续写下去，不过多停顿，因为这仍是题为《世界》的一章，内容与我的已故友人与世界的联系，或者说隔阂有关。②

章节标题的停顿到底是否"过多"了呢？提出这个自古以来就以各种形式出现过的问题的我们，其实已经明白章节标题距离其检索性起源有多遥远。

---

① 托马斯·曼(Thomas Mann，1875—1955)，德国作家。——译注

② Thomas Mann, *Doctor Faustus: The Life of the German Composer Adrian Leverkuhn as Told by a Friend*, trans. John Woods (New York: Vintage, 1999), p. 417.

第 13 章

题词

蕾切尔·萨格纳·布尔玛

> 题词与书籍本身没有任何关系。
>
> ——弗朗·罗斯①,《奥利奥》(*Oreo*)

题词的最早出处是建筑物而非书籍。或者说,英语中的"epigraph"一词最初指的是建筑物、纪念碑、桥墩、金属匾额上的铭文,而不是出现在图书开篇的引言。十八世纪中期,塞缪尔·约翰逊在他的《英语大词典》(*A Dictionary of the English Language*)里将"epigraph"简单定义为"an inscription"(一种铭文),直到十九世纪,该词语才开始指代印刷在文学文本开头,用来引导读者理解、供读者参考的引文,可能是正面角度,也可能是反面角度。② 因此,各种媒介中使用的"epigraph"一词都带有一种优先级,并且根据其希腊语词根,有着写在其上、写在其先的意思。

现代文学的题词起源并不明确,纹章上的格言可能是其前身之一。在近代早期文本中,题词或格言通常出现在书籍的书名页上或诗集中某首诗标题的下方,并且往往与作者有关,而非作品本身。起源于盾形纹章的格言转移至书籍中,成为"诗人的加密签名,印刷在匿名诗歌的末尾,向外行人掩饰自己的身份,或仅仅是故弄玄虚"③。例如,

---

① 弗朗·罗斯(Fran Ross,1935—1985),美国作家。——译注

② 约翰逊的第一版《词典》将"epigraphe"定义为"雕像上的铭文",后来的版本中才简化为"铭文"。[该《词典》本身的题词出自贺拉斯的《书信集》(*Epistles*)。]

③ Ann Ferry, *The Title to the Poem* (Stanford, CA: Stanford University Press, 1996), p. 232. 热拉尔·热奈特也认为,作者的盾形纹章,或更准确地说,其上的引言可以被视为题词的前身。参见 Gérard Genette, *Paratexts*, trans. Jane E. Lewin(Cambridge: Cambridge University Press, 1997), p. 144.

弥尔顿的《诗集》(*Poems*, 1645)书名页就包含引用自维吉尔《牧歌》(*Eclogue*)第七首的题词,内容是赞颂阿卡狄亚①的牧羊人,正如路易斯·马尔茨(Louis Martz)所指出的,这是在"用大师的藤叶庇荫新近的诗人",既照亮了作者的前程,又"为本书中的维吉尔式人物与场景做了铺垫"。② 到了十七世纪中期,题词与文本的关系更加紧密,而与作者间的联系也一直持续至十九世纪。

我们很难确定题词是从什么时候开始在欧洲文学中流行起来的。按照热拉尔·热奈特的说法,十七世纪以前的法国文学都没有题词的痕迹,而在 1700 年以前印刷的英国书籍里,类似题词的文字主要出现在阐释《圣经》的布道文中。可以肯定的是,十八世纪是题词普及至各类文本的时期。期刊、剧本、游记、论文、传记、宗教作品等各式各样的题材都惯于引用过去的文字,尤其是名家经典著作,尽管那一时期莎士比亚与其他同时代知名度较低的作者已逐渐取得了一定的地位。英语小说是这一变化中极具戏剧性的典型。十八世纪早期的小说作品鲜少出现题词,偶尔为之时也总是引经据典。后期的小说则频繁加入题词,并且更多借鉴近代的作品。③

题词的作用

现代题词最常见的内容是对作品的评论,让读者思考题词的

---

① 阿卡狄亚(Arcadia),希腊南部地区,在文学中常用来指代世外桃源。——译注

② Louis Lohr Martz, *Poet of Exile: A Study of Milton's Poetry* (New Haven, CT: Yale University Press, 1980), p. 36.

③ 更多细节可参见早期小说数据库(Early Novels Databse)项目:https://github.com/earlynovels/end-dataset,有关题词的数据可查看 18c-epigraphs.tsv。

意义，以及如何将其应用于文本。题词的存在引发了有关传统、权威、意图的问题，我们甚至可以说题词创建了一种结构性的文学情境。题词对作品的评价可能相对明了，也可能模糊不清甚或完全隐晦。热奈特认为"某些作者笔下的某些题词或许纯粹是误打误撞，他们相信所有的结合都有意义，即便没有意义也是一种意义"①。弗朗·罗斯在其1974年的小说《奥利奥》中态度鲜明，在自己所写的四则题词后半开玩笑地声称"题词与书籍本身没有任何关系"②。部分题词似乎试图通过简化自身的功能以避免形式上的戏谑与文学上的不可控，比如解释书名典故的题词（表面上）就是变相的脚注（有关脚注的讨论可参见本书第18章）。③ 热奈特将题词的主要作用分为四类，两类是直接对文本或作者进行评论，另外两类则"较为间接"。④ 第一种是将文本与另一位作者或文学流派、创作体裁关联起来，这样的题词在功能上便与献词或序言类似。⑤ 第二种则是"题词效应"，即仅仅展现题词这一存在所包含的"文化"或"知识"属性。⑥

诚然，现实中大多数具有文学意趣的题词并不能如此简单归

---

① Genette, *Paratexts*, pp. 157‑8. 热奈特有关题词功能分类的讨论参见 pp. 156‑60。

② Fran Ross, *Oreo* (New York: New Directions, 2015 [1974]), p. vi. 她的第一句题词是"奥利奥的定义是外表黑色内心白色的人"，后三句是真实人物的虚构发言：作者本人（"奥利奥，这不是我"）、福楼拜（"这都是编的吧"），及维特根斯坦（"嗝！"）。

③ 热奈特认为解释书名性质的题词主要存在于二十世纪，但其他学者发现了更早的案例，参见 Ferry, *The Title to the Poem*。

④ Genette, *Paratexts*, p. 158.

⑤ 热奈特特别强调这种联系是针对相对"有威望"的作者、文学流派或体裁，并且目的是提高文本的地位，不过也有很多例外。

⑥ Genette, *Paratexts*, p. 158.

类。W. E. B. 杜波依斯①的名作《黑人的灵魂》(The Souls of Black Folk, 1903)每章开头的双题词就是绝佳的例子。每一部分题词都分别涉及相应章节内容的某一方面,而每一组题词之间的对比又呼应了全书双重意识的主旨,有助于巩固整体的双重结构。杜波依斯的配对题词一段摘自诗歌(主要引自欧美白人作家的作品),一段则是灵歌(被杜波依斯称为"悲伤之歌")乐谱(不包括歌词)的节选,出自费斯克大学②合唱团等组织演唱的灵歌合集。③ 这些题词组合暗示了章节的主旨,如《关于布克·T. 华盛顿先生等人》这一章讨论了非裔美国人未来的社会与经济地位,其诗句题词选自拜伦的《恰尔德·哈洛尔德的朝圣》(Childe Harold's Pilgrimage, 1812)的第二篇章,借此向读者呼吁:"世世代代的奴隶们!难道你们不知道/想要自由便必须出击的道理吗?"而灵歌《应许之地的盛大集会》("A Great Camp Meeting in the Promised Land")部分的原歌词则在鼓励听众:"啊,孩子们一起走/不要感到厌倦。"④不过值得注意的是,书页上只出现了灵歌的曲调,并没有具体歌词。正如布伦特·爱德华兹(Brent Edwards)所言,杜波依斯"选择省略灵歌的歌词"可能是为

---

① W. E. B. 杜波依斯(W. E. B. Dubois,1868—1963),美国黑人解放运动领袖,也是知名学者。——译注

② 费斯克大学(Fisk University),一所传统黑人大学,其合唱团在引介、传播及保护灵歌文化方面做出了巨大贡献。——译注

③ 有关这些题词的意义与出处可参见 Brent Edwards, 'Introduction' to W. E. B. Dubois, *The Souls of Black Folk*, ed. Brent Hayes Edwards (Oxford: Oxford University Press, 2007), p. xxii. 文中提及的灵歌片段的具体出处,另见 Ronald M. Radano, 'Soul Texts and the Blackness of Folk', *Modernism/Modernity* 2, no. 1 (January 1995): 85-7 与 Eric J. Sundquist, *To Wake the Nations: Race in the Making of American Literature* (Cambridge, MA: Harvard University Press, 1993), pp. 490-525。

④ W. E. B. Dubois, *The Souls of Black Folk*, p. 33.

了"以某种形式在[白人]读者面前再设置一道门槛——再次体现'面纱之下'不为人知的世界,这是白人文化残缺且有限的角度难以触及甚至无法接近的'斗争'内涵"①。更进一步来说,爱德华兹认为这些题词是"《黑人的灵魂》正题与反题、'先见之明'与'事后反思'交织的标志性模式"②的一部分。该作品在指向章节主题的同时又对某些读者有所保留,通过将自身与特定的诗歌与音乐传统相联结,从对比中传达意义,体现了题词复杂的文学可能性。③

除了文学性,题词所包含的信息量也不容小觑。目录或索引(参见本书第 6 章及第 20 章)可以将读者引导至涉及某一术语或某个话题的具体页面,题词则告诉读者接下来的文字有着怎样的主题。尤其是随着印刷造纸技术、版权意识、运输方式的发展,图书世界的受众群体越来越庞大,作为辅文的题词开始在信息管理方面发挥作用。题词同时是一种对广泛读者群可见的参考文献,相较于正文中无标记的参考文献更加引人注目。这种功能的崛起与十八、十九世纪新兴中产阶级阅读人群的扩张下题词的普及是同步的。新读者是大众教育与扫盲运动的受益者,能够阅读英语却不一定了解古典或现代的文学传统,不具备意会文中隐藏的典故的能力。而题词的意义十分清晰,它们所占据的开篇位置,通常都会包含的作者署名,无一不在向读者表明其特殊之处。例如,十八世纪晚期英国

---

① Edwards, 'Introduction', p. XXi.
② Edwards, 'Introduction', p. XXii.
③ 解读这些题词含义的论著颇多,可参见 Ross Posnock, *Culture and Color: Black Writers and the Making of the Modern Intellectual* (Cambridge, MA: Harvard University Press, 1998), pp. 263 - 4. 更详细的内容,比如某些诗歌与废奴运动历史之间的关系,可参见 Daniel Hack, *Reaping Something New: African American Transformations of Victorian Literature* (Princeton, NJ: Princeton University Press, 2016), pp. 176 - 206.

哥特式小说中的题词简直可以组成一本填满了莎士比亚、詹姆斯·汤姆逊①、詹姆斯·比蒂②与威廉姆·柯林斯③名言的摘录簿。十八世纪早期流行的出自古籍的希腊语、拉丁语题词也出于扩大受众的考虑，逐渐被翻译成英语。

小说中的题词（与人物）

　　小说在十八世纪的这一波题词浪潮中属于后来者，不过从上文提及的哥特式小说题词可见，这一体裁最终在题词领域有如鱼得水之势。热奈特认为使用题词是十八世纪的普遍做法，在珍妮·巴查斯看来，这一说法过于保守，实际上那一百年里的印刷制品已经完全被题词淹没——从"印刷在期刊顶部的全套题词"到重要诗歌、散文作品的相应题词，甚至连参考书（比如约翰逊的《英语大词典》）都会加上题词。巴查斯认为小说在这方面所表现出的节制尤为值得我们研究，例外只发生在十八世纪五十年代，当时诸如亨利·菲尔丁④、托比亚斯·斯摩莱特⑤等作家会尝试在书名页引用希腊语及拉丁语的古文，通过将作品与讽刺史诗的古典传统相联系以表现"小说的庄严底蕴"⑥。到了十八世纪的最后三十年，题词已随处可见。莉亚·普赖斯（Leah Price）指出，在世纪之交，章节题词的普及程度

---

① 詹姆斯·汤姆逊（James Thomson，1700—1748），英国诗人。——译注
② 詹姆斯·比蒂（James Beattie，1735—1803），苏格兰哲学家及诗人。——译注
③ 威廉姆·柯林斯（William Collins，1721—1759），英国诗人。——译注
④ 亨利·菲尔丁（Henry Fielding，1707—1754），英国小说家、戏剧家。——译注
⑤ 托比亚斯·斯摩莱特（Tobias Smollett，1721—1771），英国小说家。——译注
⑥ Janine Barchas, *Graphic Design, Print Culture, and the Eighteenth-Century Novel* (Cambridge: Cambridge University Press, 2003), p. 88.

已足以令未包含题词的小说(如奥斯汀的作品)引起争议。① 像安·拉德克利夫②这样的哥特式小说家尤以爱用题词闻名,她的题词会出现在全书开篇,甚至包括每一章的开头。莎士比亚、维吉尔、贺拉斯、蒲柏、德莱顿的作品最受人青睐,但十八世纪小说题词的来源之广、内涵之深仍然叫人意想不到。有的作者甚至会引用稍早作家的散文小说——伊丽莎白·博伊德(Elizabeth Boyd)的《幸福的不幸或女性的记载:一部小说》(The Happy-Unfortunate, or, the Female-Page: A Novel)的题词就摘自德拉里维尔·曼利③的《新亚特兰提斯》(The New Atlantis),而赫伯特·克罗夫特(Herbert Croft)的《爱与疯狂》(Love and Madness)是以阿芙拉·贝恩④的《奥鲁诺克》(Oronooko)中的一段文字作为开头的。

小说中的题词在常见的作用之外还具有虚构化的新特点。自题词进入小说后,这一辅文很快发挥出小说的标志性功能——呈现他人的想象。尽管奥斯汀的小说没有题词,但我们仍能从中看出端倪。读者可能会发现,奥斯汀笔下的中产阶级女主人公如凯瑟琳·莫兰或范妮·普赖斯所阅读的诗歌不仅常常收录在各种诗集中,而且频繁出现在哥特小说的题词页上。⑤ 在《诺桑觉寺》这部充满自我反思、哥特式讽刺的小说开头,我们可以看到凯瑟琳会阅读蒲柏、汤

---

① Leah Price, *The Anthology and the Rise of the Novel from Richardson to George Eliot* (Cambridge, MA: Harvard University Press, 2000), p. 91.
② 安·拉德克利夫(Ann Radcliffe, 1764—1823),英国女作家。——译注
③ 德拉里维尔·曼利(Delarivier Manley, 1663—1724),英国作家。——译注
④ 阿芙拉·贝恩(Aphra Behn, 1640—1689),英国小说家、诗人、剧作家。——译注
⑤ Price, *The Anthology and the Rise of the Novel*, p. 91. 普赖斯指出,正是"引文的存在——而并非叙事的语境——最先体现了《诺桑觉寺》(*Northanger Abbey*)中的哥特式互文性", p. 92.

姆逊、托马斯·格雷①、莎士比亚的作品,并且按照叙述者的说法,这是"培养"她成为小说女主人公的过程。《诺桑觉寺》写于1803年(虽然直到1817年才出版),其中囊括了各种同时代哥特式(或其他)小说的诗句题词,为凯瑟琳前往巴斯②并第一次接触哥特式小说做铺垫,包括安·拉德克利夫的《奥多芙的神秘》(*The Mysteries of Udolpho*)与《意大利人》(*The Italian*)等影响了其故事中程经历的小说。因此,《诺桑觉寺》所塑造的凯瑟琳是对安·拉德克利夫小说中的题词如数家珍的哥特式女主人公。《奥多芙的神秘》在传统的亲笔题词之后,以詹姆斯·汤姆逊的《四季》("The Seasons")中的《秋日》("Autumn")篇的诗句作为第一章的开场白:"家是爱、快乐、心满意足的归属/珍贵的友人互相扶持/亲密的关系汇聚成幸福。"③而凯瑟琳·莫兰早在阅读《奥多芙的神秘》之前就读到过汤姆逊《四季》的《春日》("Spring")篇,"引导年轻的思想迸发/是多么愉悦"。

奥斯汀通过将这些引语设定为小说主人公内心世界的一部分,印证了题词在拉德克利夫小说中的地位。这提醒我们在拉德克利夫的小说中,题词不仅仅是作者对主题元素的传达或文学体裁的标记,还可能借以表达女主人公的思想。④ 在小说主人公凯瑟琳·莫

---

① 托马斯·格雷(Thomas Gray,1716—1771),英国新古典主义诗人。——译注
② 巴斯(Bath),英国城市。——译注
③ 亲笔题词(autographic epigraph)是热奈特的术语,用来指代"由作者本人亲自撰写的题词"(p. 145)。
④ 凯特·兰博尔德(Kate Rumbold)在提及哥特式题词的虚构化时,提出拉德克利夫题词中的莎士比亚引文"可能代表了叙述者的超然权威领域,但也常常展现人物看待世界及自身的方式"。*Shakespeare and the Eighteenth-Century Novel: Cultures of Quotation from Samuel Richardson to Jane Austen* (Cambridge: Cambridge University Press, 2016), p. 134.

兰的大脑里灌满拉德克利夫的题词,意味着在奥斯汀看来,《奥多芙的神秘》与《意大利人》的题词就代表了其中人物的内在。奥斯汀的这一做法进一步强调了《诺桑觉寺》所传递的愿景:小说中的女主人公应当团结一致。① 如此一来,奥斯汀在避免使用题词的同时回溯了题词的虚构化属性。

这部小说开启了题词在功能上的转型,从作者、编辑或出版商用来评论书籍、确定作品文学威望的文字转变为表现人物内心的语句。而在十八世纪晚期小说大肆加入题词的过程中,自由间接引语(通常以第三人称从某个具体人物的角度叙述并保留相应的时态及人称)的使用频率也同步增加。这两种形式上的创新共同增大了题词融入人物思想的可能性,令题词以类似序言、导读等其他辅文元素的方式成为想象的一部分,而不是独立存在于本体论领域。乔治·艾略特②《米德尔马契》(*Middlemarch*,1871)的题词引发了大量讨论,这句出自博蒙特与弗莱彻早期现代戏剧《少女的悲剧》(*The Maid's Tragedy*)的题词这样写道:"身为女性我无法向善,/只能始终尽力而为。"题词位于第一章的开头,也可能意在统领第一卷或整部小说。并且,这样的位置安排——紧接在序言对女性"走上歧路"、在世间留下寥寥影响的讽刺之后——将题词中的第一人称情绪与多萝西娅本人甚或(鉴于艾略特当时的境遇)"乔治·艾略特"联系在一起。此外,在某些诡异的"时刻,《米德尔马契》里的人物会

---

① 在《辅文》中,热奈特认为"题词者"(或者说题词选择者)有时可以被视为一个角色,并以卢梭的《朱莉》(*Julie*)为例,质疑题词到底是由作者选择,还是"现存手稿"即小说固有的一部分(p. 154)。
② 乔治·艾略特(George Eliot,1819—1880),英国小说家。——译注

引用章节的题词,这种令人深思的设定"①也同样可以证明书中的一部分题词属于角色而不是叙述者或作者。

《米德尔马契》的首则题词完美体现了随着时间的推移题词的功能会具有怎样的多样性,从作者格言到作品评论,再到与文学或其他传统的联结。书中的题词也似乎涵盖了所有可能的来源:古籍及现代文本,作者所写的"片段"、诗歌、戏剧、小说等。不过在其写作生涯早期,艾略特也曾使用过旨在限制意义阐释的题词。《掀起的面纱》(The Lifted Veil)最初于1859年7月在《布莱克伍德杂志》(Blackwood's Magazine)上匿名发表,是一部篇幅较长的第一人称短篇小说。主人公是细腻敏感的拉蒂默,他既能预见未来又能洞察人心,在得知自己即将死去之时为我们讲述了他的故事。在杂志上发表时该作品没有题词,收录进中型版(cabinet edition)的合集后增加了诗句形式的题词:"伟大的主,请勿赐我光明,但务必赐我/人间情谊的力量;/唯有绵延的传统/才能完善阳刚之气。"回顾自己创作之路的艾略特将匿名作品选入自己的全集,并配以无法归属于无诗意的正文第一人称叙述者的题词,诗歌的诉求是友谊的启示,与拉蒂默不能令人共情的上帝视角恰恰相反。写下这样一首乞求"力量"、"完善阳刚之气"的第一人称诗歌的艾略特也将作者笔下的题词空间视为其比肩男性的创作能力的象征。如果说十九世纪早期的奥斯汀借用安·拉德克利夫的题词塑造人物的内心,那么十九世纪晚期的艾略特便是在这样根深蒂固的预设下特别设计了拉开叙述者与作者间距离的题词。

---

① John Plotz, *Semi-Detached: The Aesthetics of Virtual Experience since Dickens* (Princeton, NJ: Princeton University Press, 2017), p. 410.

数字时代的题词未来

那么数字时代的题词又当如何呢？低质量的大规模数字化对题词极为不利，其他辅文也不例外。前言、索引、脚注等都是为了印刷书籍、纸质页面设计的，不为平台电子书的滚动屏幕所适用。这些原本出自纸质图书的辅文在电子阅读器屏幕上经过数字化后往往效果不佳。它们独立于正文主体的特殊排版与位置会混淆光学字符识别软件，是纸质书页面转化为机器可读文本的难点所在。此外，包含字母及数字以外元素的题词甚至会完全消失。《黑人的灵魂》中的灵歌在最常用的古登堡计划[1]版本中就被省略了，因为它们本身是由乐谱图案组成的。这一缺失抹杀了题词的核心内涵，让人误以为这部有关非裔美国人文化生活的开创性著作仅仅以英美白人作者的作品为题词。

并且，即便题词能够保留在数字版本中，仍比以往更有可能被人忽略。部分读者会理所当然地跳过题词部分。正如彼得·史泰伯拉斯(Peter Stallybrass)指出的，非连续性阅读的历史十分悠久，安·布莱尔与莉亚·普赖斯也认为略读的习惯可能比逐页阅读更早出现。[2] 题词本身也与摘抄原文相关，令读者可以只细读最精华的部分，这样看来，题词易被读者略过似乎也是公平的。不过，虽然

---

[1] 古登堡计划(Project Gutenberg)，以免费电子化形式提供公版书籍内容的公益性网络图书馆。但原文提到的《黑人的灵魂》古登堡计划版本实际上包含了题词的乐谱部分，可能是后续添加的。——译注

[2] Peter Stallybrass, 'Book and Scrolls: Navigating the Bible', in *Books and Readers in Early Modern England*, ed. Jennifer Andersen and Elizabeth Sauer (Philadelphia, PA: University of Pennsylvania Press, 2002), pp. 42–79, p. 42.

有的读者确实**可能**会选择不读题词,但某些电子书阅读设备已然设置了跳过辅文,直接阅读正文第一页的功能。艾伦·麦克拉肯(Ellen McCracken)在 2016 年写道:

> 在便携式设备上打开亚马逊的电子书,读者会直接看到正文的第一页,因为设备的程序就是跳过封面、版权页及其他被作者视为重要内容的前辅文,比如目录、献词与题词。①

仿佛新的数字化程序与文本服务平台意识到自己有必要击败早期辅文中的某些竞争对手:光学字符识别技术破坏了索引和脚注,目的是以可搜索文本取而代之;题词不再可读,但智能推荐、亚马逊书评、好读网站(GoodReads)同样可以提供互文教育资源。

不过题词仍然存在于许多以数字方式生成的文本中,标准更新,编码不同,以便在机器中也能保持可读性。文本编码倡议(Text Encoding Initiative)与维基图书(Wikibooks)都有自己的题词编码方式;APA 格式②也规定了出版物中的题词格式,LaTeX 数字排版软件包含多种不同风格题词的设计包。③ 新形式将题词的功能再现于

---

① Ellen McCracken, *Paratexts and Performance in the Novels of Junot Díaz and Sandra Cisneros* (Basingstoke: Palgrave Macmillan, 2016), p. 40.值得注意的是,许多电子书阅读器会提供返回这些辅文的按钮,尽管这部分内容可能因数字化而变形。

② 由美国心理学会(American Psychological Association)规定的研究论文写作格式。——译注

③ LaTeX 设计包,https://ctan.org/pkg/epigraph? lang=en;APA Style blog, http://blog.apastyle.org/apastyle/2013/10/how-to-format-an-epigraph.html;维基图书,http://en.wikibooks.org/wiki/Template:Epigraph;文本编码倡议题词标记标准,http://www.tei-c.org/release/doc/tei-p5-doc/en/html/ref-epigraph.html。

数字媒体与平台之上。网站——尤其是早期的博客网站——通常会展示题词；电子邮件的签名引文也重现了作家格言转化为文本题词的历史，引文出自他人，却是邮件作者自己的标记。虽然印刷文本的数字化呈现破坏了题词本来的意义，但题词也意外顺利地适应了数字新形式。考虑到互联网的重点在于互文性、碎片化和文本的再循环，也许这并不是意料之外的结果。

第 14 章

（舞台指示　蒂凡尼·斯特恩）

本章梳理了"舞台指示"这一元素的历史：印刷剧本中会在开头、结尾和正文穿插出现的有关表演或面向读者的简短说明，通常是斜体，作者不明。这一章分为三个部分，首先开始于十八世纪初，亚历山大·蒲柏与刘易斯·西奥博尔德①共同创造了这一术语，以定义莎士比亚作品中不出自作者之手的指示文字；然后是中世纪和近代早期的剧本，我们将探究"舞台指示"的前身，历史上的页面位置、语言风格、撰写人士、阅读受众，及其被命名之前所涉的内涵究竟是什么；最后则是"舞台指示"这一概念确立之后，剧场里"舞台导演"的崛起如何影响了书页及舞台上的"舞台指示"。总而言之，本文将探讨两部分有所关联的内容：一是"舞台指示"这一名词，二是"舞台指示"本身。

"舞台指示"的诞生

"舞台指示"这个说法是在诗人亚历山大·蒲柏与剧作家刘易斯·西奥博尔德就莎士比亚《亨利五世》(Henry V)中的某一句台词争辩的过程中诞生的。1623年对开本版本的剧本中，奎克莉夫人在提到垂死的福斯塔夫时说道，"他的鼻子像笔一样尖利，仿佛绿地上的桌子"[("his nose was a sharpe as a Pen, and a Table of greene

---

① 刘易斯·西奥博尔德(Lewis Theobald, 1688—1744)，英国诗人、翻译家、编辑。——译注

fields")TLN 838 - 9]①。由于这段话显然不知所云,所以蒲柏在其1725年的莎士比亚全集中进行了修改。他认为这句台词的后半段是"从页边空白误入正文的指示文字",并且当时肯定有一位道具管理员名叫"格林菲尔德"(Greenfield),因此原本的舞台指示应为"一张格林菲尔德的桌子"。②

而令西奥博尔德不满的不仅仅是蒲柏的处理方式——他个人版本的莎士比亚作品集将此句修改为目前普遍为人所接受的"还说着什么绿地的胡话"(and a'babbled of green fields)③——还有他对舞台表演的无知程度。西奥博尔德在蒲柏"指示"的基础上加上了"舞台"二字以强调文字的表演属性,并解释道,"舞台指示"绝不会插入正文之中,而是"在演员、道具进场前统一用一页左右的篇幅……标示"。④ 这便是"舞台指示"这一术语的起源:最初指的是对道具师的事前说明,并有可能被错误收录进莎士比亚剧本的正文中。

不过,西奥博尔德本人便就此开始使用"舞台指示"来表示非作者所著的文字。在其1733年版的莎士比亚作品集中,西奥博尔德为《哈姆雷特》里的戏中戏默剧《宫札勾的谋杀》(*The Murder of Gonzago*)的开场"国王王后登场"做了犀利的注释,指出下文的主角并不是国王和王后,而应是公爵与公爵夫人,并批评这是"粗心大意

---

① 《第一对开本》的引文均出自诺顿(Norton)出版社的版本,编码也使用的是该版本的台词编号(through-line number, TLN), Charlton Hinman, *Mr William Shakespeares Comedies, Histories, & Tragedies* [The Norton Facsimile] (New York: Norton, 1968).

② William Shakespeare, *The Works*, ed. Alexander Pope, 6 vols (1725), 1, p. xviii.

③ William Shakespeare, *The Works*, ed. Lewis Theobald, 7 vols (1733), 4, p. 30.

④ Lewis Theobald, *Shakespeare Restored* (1726), p. 138.

的编辑留下的错误舞台指示"。① 西奥博尔德还认为这一错误的责任人应是约翰·海明斯和亨利·康德尔,莎士比亚手下的演员兼剧本"编辑",是他们负责了《第一对开本》的出版:"皇家冠冕本是由诗人[莎士比亚]为公爵与公爵夫人订制的,后来的演员误将其当作国王与王后的道具。"因此在这个例子中,"舞台指示"不再是对道具人员的提示,而是演员为读者所写的内容。② 所以最初的"舞台指示"指的是由某一群体为另一群体所写的文字,共同之处是并非出自作者之手,且会干扰剧本阅读的进程。

"舞台指示"这个术语及其争议性最终在十八世纪晚期被编者全盘接受。针对"重新投入战斗,麦克白被宰了"这一句,乔治·斯蒂文斯(George Steevens)在 1773 年写道:"这行舞台指示……说明素养不高的演员甚至常常会用词不当。"他的矛头也再次指向了海明斯和康德尔两人,这一句指示和紧接着的下一处指示让逻辑更加混乱:"麦克白被杀死在舞台上,下一刻麦克达夫从别处登场,用长矛顶着他的首级。"③斯蒂文斯坚称,这些莫名其妙的指示是"非莎士比亚式"的。他的同仁埃德蒙·马龙(Edmond Malone)也认同这一点,并在 1790 年写道,莎士比亚作品中的"许多舞台指示似乎都是演员加上去的,并且往往不太合适"④。

---

① Shakespeare, *Works*, ed. Theobald, 7, p. 295.
② 事实上,默剧与有对白的戏剧有着不同的传统,并且会反映在各种方面。参见 Tiffany Stern, 'Inventing Stage Directions; Demoting Dumb Shows', *Stage Directions and Shakespearean Theatre*, ed. Sarah Dustagheer and Gillian Woods for Arden Shakespeare (London: Methuen, 2018), pp. 19 – 43.
③ William Shakespeare, *The Plays*, ed. Samuel Johnson and George Steevens, 10 vols (1773), 4, p. 530.
④ William Shakespeare, *The Plays and Poems*, ed. Edmond Malone, 10 vols in 11 parts (1790), 4, p. 435.

有趣的是，十八世纪的欧洲大陆也开始启用新的术语指代"舞台指示"。有几个相互借鉴的单词都源自古罗马人所谓的"didascaliae"一词，最早可追溯至公元前一世纪："didascalie"（法语）、"didascalia"（意大利语）、"didascalia"（西班牙语）。而这个（源于希腊语的）拉丁语词汇其实有自己的起源。起初它指的是古罗马剧作首演时有关制作方面的说明，如提词员、作曲家、演员的姓名，当年的罗马执政官是谁，等等，字面上并不是"舞台指示"的意思，因为古罗马剧本中没有这部分内容。因此欧洲大陆所使用的"didascaliae"其实指的是剧本中所有不属于对白的文字，包括剧中人物、剧名、场幕划分，以及"舞台指示"。采用"didascaliae"这个术语的欧洲评论家了解剧本辅文的多样性，因此通常不会关注辅文的作者。但英语国家所使用的"stage direction"一词则仅限于辅文的某一子集，并将其统一为仿若拥有固定含义和作者的概念——尽管事实上最早期的"舞台指示"有多重内涵且作者不定。

术语之前的"舞台指示"

近代早期剧本中的"舞台指示"指的是某一类在页面排版及语言风格上相似，但作者身份及读者受众不同的文字。事实上，正是各种"舞台指示"的共通之处让人难以辨析印刷剧本的来源，它可能是原作者的版本或演出版本，也可能是供读者使用的版本，还有可能是三者的结合。所以我们需要探究的便是不同的剧本辅文是如何在形式和语言上趋于近似的。

神秘剧[①]和道德剧的发展解释了近代早期"舞台指示"的存在及

---

① 神秘剧（mystery play），欧洲中世纪宣传宗教的戏剧。——译注

其语言风格。这些由牧师为了一年一度的表演所做的手写剧本不用于出版，其中的"舞台指示"通常是后来的工作人员加上去的，可能是在准备表演的过程中，也可能是为了给后世留下演出建议。由于"舞台指示"不是与剧本同时写下的，所以字迹往往也与剧本主要内容不同，位于对白的周围。它们甚至会被特别圈出，以红字标示，或以斜杠、括号、破折号区分，以免在演出时与真正的"剧情"混淆。这种将台词与表演建议相区别的排版方式——尽管如菲利普·巴特沃斯(Philip Butterworth)指出的，"页面上舞台指示的位置总是五花八门"①——十分有助于演出的制作，誊写员在抄写剧本时，会先抄写对白，再在空白处以不同的笔迹抄写舞台指示。在表现形式上，舞台指示显然是次级的存在：页面排版说明了它们不如对白重要。

近代早期剧本的排版采用的是中世纪手抄本的模式，通常会将台词放在页面中间以前缀符号标出，动作描述则放在台词外部，不过具体哪里是所谓的外部还有待商榷。② 首部以英文印刷的无宗教性质世俗剧(secular play)是亨利·梅德瓦尔(Henry Medwall)的《福尔根斯与卢克雷塞》(Fulgens and Lucrece，1512—1516)，其页边空白处就有舞台指示，并像每句台词的开头一样附有段落标记(图 14.1a)；乌尔巴尼·福尔维尔(Ulpian Fulwell)的《物以类聚》(Like Will to Like，1568)的舞台指示有的是居中缩进的形式，有的则是靠右框出或加上括号(图 14.1b)；罗伯特·威尔逊(Robert Wilson)的《伦敦的三位夫人》(Three Ladies of London，1584)里的舞台指示或居中

---

① Philip Butterworth, *Staging Conventions in Medieval English Theatre* (Cambridge: Cambridge University Press, 2014), p. 4.

② 更多内容可参见 Linda McJannet, *The Voice of Elizabethan Stage Directions* (Newark, DE: University of Delaware Press, 1999).

或右对齐,采用罗马字体以区别于对白的哥特字体(图 14.1c);乔治·皮尔(George Peele)的《爱德华一世》(*Edward* I,1593)的舞台指示是斜体,剧本正文是罗马体(图 14.1d)。从以上例子还可以看出,舞台指示的语法格式仍在摸索阶段:过去时、现在时、将来时均有["And gaue him a good blow on the buttocke"(狠狠给了他屁股一击);"he kysseth Diccons breeche"(他亲吻着迪肯斯的臀部);"Here they shall syng"(此处他们将歌唱)]①,祈使语气、分词形式也都常见["Here let Lucar open the boxe and dip her finger in it"(此处让卢卡打开盒子并用手指在里面拨弄);"smite him in the neck with a swoord"(用剑猛刺他的脖子);"pointing to one standing by"(指向站在旁边的一人)]。② 最终广泛采用简单的现在时的原因可能是为了节省空间,但相比回忆过去或预测未来,现在时也的确可以带来实时表演的生动效果。

  这些例子同样说明了舞台指示的形式与位置也是经过了一段时间才得以确定。页边空白的斜体舞台指示在十六世纪九十年代逐渐普及。这种方案并不是单独某一家印刷商率先选择的,而是印刷厂的共性需求。舞台指示里的常见单词会大量使用某几个字母活字,比如"Enter"(登场)和"Exit"(退场)中的大写字母 E:使用斜体字符便可以避免罗马字体的剧本对白出现某个字母不够用的情况。如此一来,舞台指示的形式就往往是斜体、现在时,并且位于页边空白处,尽管也不乏例外。

  我们最终看到的排版形式——即对白像诗歌一样排列,舞台指

---

 ① William Stevenson, *Gammer gurtons nedle* (1575), C4r, B2r; John Bale, *Kynge Johan* (1538) ed. J. Payne Collier(1838), p. 41.

 ② Robert Wilson, *Three Ladies of London* (1584), E1v; Thomas Preston, *Cambises* (1570), c2v; Ulpian Fulwell, *Like Will to Like* (1587), A3r.

示类似于相关注释——具有阐释性的意义。舞台指示看上去像是剧本的“评论”，而不是其中的一部分，通常没有对白那么受人重视。并且，由于舞台指示位于次要空间——一处以空白为特征的空间——添加舞台指示似乎是很简单的事情。近代早期剧本的第二版或第三本常常会修改舞台指示，台词则保持不变。比如莎士比亚 183
的《理查三世》（*Richard Ⅲ*）1603 年的第三版四开本就印有额外增加的“解释性”或之前缺失的舞台指示，而福尔杰莎士比亚图书馆收藏的印刷版《两个快乐的挤奶女工》（*The Two Merry Milkmaids*，1620）也有两种不同笔迹所写的近代早期手抄本版的舞台指示。①

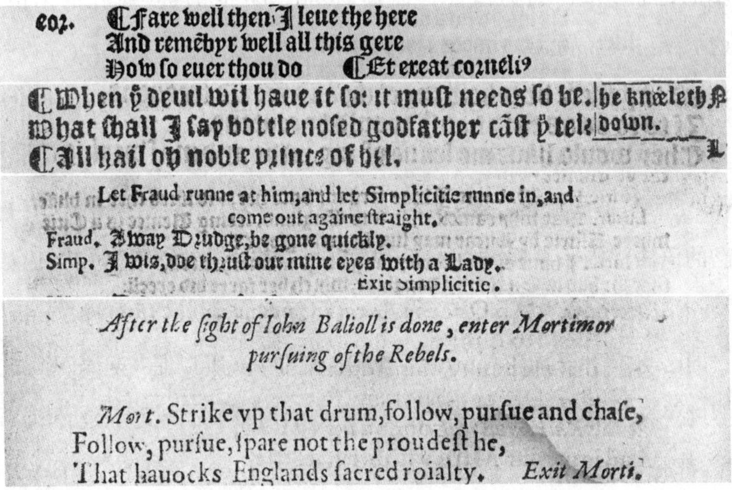
cor. ¶Fare well then I leue the here
And remẽbyr well all this gere
How ſo euer thou do ¶Et exeat corneli9

¶When ỹ deuil wil haue it ſo: it muſt needs ſo be. he knæleth
What ſhall I ſay bottle noſed godfather cāſt ỹ tel down.
¶All hail oh noble prince of hel.

Let Fraud runne at him, and let Simplicitie runne in, and
come out againe ſtraight.
Fraud. Away Drudge, be gone quickly.
Simp. I wis, doe thruſt out mine eyes with a Lady.
Exit Simplicitie.

*After the ſight of Iohn Balioll is done, enter Mortimor
purſuing of the Rebels.*

Mort. Strike vp that drum, follow, purſue and chaſe,
Follow, purſue, ſpare not the proudeſt he,
That hauocks Englands ſacred roialty. *Exit Morti.*

图 14.1 (a) 亨利·梅德瓦尔，《福尔根斯与卢克雷塞》（复制品）[纽约：G.D. 史密斯，1920（伦敦：约翰·拉斯泰尔，1512?）]；(b) 乌尔巴尼·福尔维尔，《物以类聚》（伦敦：约翰·阿尔德，1568?）；(c) 罗伯特·威尔逊，《伦敦的三位夫人》（伦敦：约翰·丹特，1592）；(d) 乔治·皮尔，《爱德华一世》（伦敦：阿贝尔·杰夫斯，1593）。现均藏于福尔杰莎士比亚图书馆

① Leslie Thomson, ‘A Quarto “Marked for Performance”: Evidence of What?’, *Medieval and Renaissance Drama in England* 8 (1996): 176－210.

舞台指示的边缘性不仅仅是允许以多作者、集体作者形式进行创作，甚至可以被视为其一部分初衷。

近代早期边边角角的拉丁语舞台指示也可能是由他人后来添加的——因为剧本中的"舞台指示"往往与剧作作者的风格不同。"舞台指示语言"的确在传统上就有着"多作者"属性，可以追溯至中世纪的手抄本（而不是我们所想的印刷版古典剧本，因为早期的古典剧并没有舞台指示）。以拉丁语创作的中世纪剧作在为观众翻译成方言剧的过程中保留了为专业人员所写的源语言舞台指示。① 英文没有完全取代拉丁文，因此英语/拉丁语混杂是诸多近代早期剧本的特征——比如约翰·马斯顿（John Marston）的《疯狂的伯爵》（*Insatiate Countesse*）里的"*Exit the Watch. Manet Captain*"（守夜人退场。上尉留在台上）；菲利普·马辛格（Philip Massinger）的《城市夫人》（*City-Madam*）里的"*Exeunt omnes, præter Consta. and Gage*"（除了康斯塔和盖奇之外，所有人员退场）。② "舞台指示语言"有自己的语法规则。某些动词是合成词，所以依然是"拉丁语式"，比如"exit"/"exeunt"和"manet"/"manent"（留在台上）③，还有如"enter"一词已与拉丁语词汇"intrat"/"intrant"脱离，所以是"英语"形式。不过登场与退场的语序仍然是拉丁语的习惯，无论文字是什么语言，都是动词在前专有名词在后（如"*exit Bosola*"而不是"*Bosola goes out*"）。这种形式确保了舞台指示的一致性，并与正文区分，强调了这部分不稳定的内容可以由任意人员书写、修改，不一定与作

---

① 更多内容可参见 T. H. Howard-Hill, 'The Evolution of the Form of Plays in English during the Renaissance', *Renaissance Quarterly* 43 (1990): 112 – 45.

② John Marston, *The Insatiate Countesse* (1613), E1v. Thomas Heywood, *If you knovv not me, you know no bodie* (1605), D1r.

③ 完整形式分别为"exire to go out"和"manere to remain"。——译注

者有关。

近代早期只有（部分）特殊作用的"舞台指示"能够看出是为谁所写，也因此能够推断出由谁所写。例如有一类与舞台无关的"舞台指示"，是为了提示剧场的誊写员，所以严格意义上讲它们应当被称作"誊写指示"。① 托马斯·基德（Thomas Kyd）的《西班牙悲剧》（*Spanish Tragedy*）中就有这样的誊写指示，在提到一封开头为"由于没有墨水，请收下这份血腥的文书"的信件时，注释写道"红色墨水"。② 这条注释是写给舞台用信件的撰写者的，用红色墨水写信可以让这份文件看上去真的"血腥"。这类指示通常会写在"舞台书信"[（stage scroll）舞台上阅读的文本]上，事实上，这些书信的标题——"信件""谜语""公告"——可能本身就是告知誊写员如何制作道具的说明。③

其他指示则一般是供"舞台助理"与/或"提词员"参考的。例子有 L.S.的《高贵的陌生人》（*Noble Stranger*）："警察带着盒子登场，里面是卷起的小纸片：摆一张桌子。"④此处或许是提示舞台助理制作一个类似的盒子，也同时告知舞台工作人员比如提词员需要确保演员拿到了盒子，并且舞台已经摆好了桌子。西奥博尔德认为这种指示与有关道具或待场人员的提示相似。莎士比亚与弗莱彻合编的《两个高贵的亲戚》（*Two Noble Kinsmen*）的印刷四开本便有这样的"预先"指示，要求"为帕拉蒙和阿赛特准备两辆灵车；三位王后及

---

① 更多相关内容可参见 Tiffany Stern, *Documents of Performance* (Cambridge: Cambridge University Press, 2009), pp. 154, 181-4.

② Thomas Kyd, *Spanish Tragedy* (1592), E1v.

③ 参见 Stern, 'Scrolls', in *Documents of Performance*, pp. 174-200.

④ L. S., *Noble Stranger* (1640), G3r.

国王忒休斯待场"。① 这类指示告诉后台人员应当安排哪些演员和道具从正确的入口准备进场。

以上所有指示都不是为演员所写。可能演员的确不是近代早期舞台指示的说明对象,因为他们是通过单独的"台词本"(parts)②熟悉剧目,而不是完整的剧本。演员的台词本有时会含有从整部剧本中摘选出来的舞台指示——这里或许也涉及"誊写指示"——但也不乏演员导向型的指示。由于只有一位英国专业演员的台词本从那一时期流传了下来,也就是罗伯特·格林(Robert Greene)的《疯狂的奥兰多》(Orlando Furioso)里"奥兰多"的台词本,所以我们无法参考更多信息。这份台词本的舞台指示是简单的拉丁文,而完整剧本里的解释性指示是英文。比如"奥兰多"的台本有着一个拉丁文单词的舞台指示"Inchaunt"(念咒)③,而印刷剧本《奥兰多》(虽然是原剧的另一个版本)则写的是"他喝了酒,她用魔杖对他施法,[他]倒下睡着了"④。值得一提的是,剧本的登场及退场指示对提词员来说是最能起到直接作用的,因为他们需要指挥舞台的人员流动,还有"低语""死去"这类动作指示,因为提词员需要知道什么时候必须保持舞台的安静,停止提词。印刷剧本的内容与演员手中的文本是不同的,但通常近似于甚至直接复制自提词员的版本。⑤ 更

---

① John Fletcher and William Shakespeare, *The Two Noble Kinsmen* (1634), C3v.
② 一般只会写有某位演员的台词,而不是所有演员的台词。——译注
③ The 'Part' of Orlando, Dulwich MSS 1: http://www.henslowe-alleyn.org.uk/images/MSS-1/Article-138/08r.html.
④ Robert Greene, *Orlando Furioso* (1594), G1r.
⑤ Warren Smith, 'New Light on Stage Directions in Shakespeare', *Studies in Philology* 47 (1950): 173-81, p. 178.

有可能的是,其中的许多舞台指示是为了提词员所做,或者就是由提词员所做。

还有一些舞台指示永远不会在表演中起作用,例如琼森、莎士比亚与托马斯·米德尔顿①所著的一些近代早期剧作中的"集体登场"——即所有有台词的演员都在开场时"登场",这被考证为誊写员拉尔夫·克莱恩(Ralph Crane)的习惯,因为他总是试图营造剧作的古典氛围。这些剧本中的某些舞台指示还受到了十八世纪剧作集编者的谴责,比如《麦克白》里的"八位国王出现,班柯在最后,手举玻璃杯"(TLN 1657—1658)。接下来的对话显示,第一位国王长相似班柯,最后一位手里拿的是镜子,确实上下矛盾,以至西奥博尔德斥责道,"这些编辑"(还是海明斯和康德尔二人)"连舞台指示都能搞错"。② 这类舞台指示似乎是为了帮助读者想象舞台画面(尽管有误)。而由于它们与表演无关,所以更应被称作"读者指示"。

我们无法明确这些各式各样的剧本辅文究竟是谁写的。"读者指示"可能是处理文本的"编辑"加上的,但事实上作者可以是剧作家本人,也可以是出版社的排字工人。誊写指示及某些更具"舞台"属性的指示则可能是剧作家、提词员或其他舞台工作人员所写。现存的手抄本表明剧作家所做的舞台指示往往十分随意,需要其他专业人员进行补充。③

只有一种特殊指示肯定出自作者:嵌入台词中的"暗示性"舞台

---

① 托马斯·米德尔顿(Thomas Middleton, 1580—1627),英国剧作家、诗人。——译注

② Shakespeare, *Works*, ed. Theobald, 5, p. 443.

③ W. B. Long, '"A bed / for Woodstock": A Warning for the Unwary', *Medieval and Renaissance Drama in England* 2 (1985): 91-118.

指示(如"别哭,温柔的男孩"),但形式上与其他舞台指示完全不同。① 另一类具有剧作者属性的舞台指示则充满了不确定性。例如"女巫消失"(《麦克白》,TLN 179)这样的"虚构性"指示——这里的"消失"指的就是"退场"——常被认为是剧作家所写,因为这类舞台指示属于剧情叙事的一部分。但这些虚构性指示也可能是"读者指示",或专为剧场表演所做。相比舞台指示的作者,我们更易确定舞台指示的读者。

看过了"誊写指示""舞台助理指示""提词指示""读者指示"和"暗示性指示",我们会发现并没有一种单独的种类叫作"舞台指示"——事实上,以上指示甚至不是每一类都与舞台有关。也许这就是为什么在那一时期没有对这类辅文的统称。只有"登场和退场"是一组常被提及的舞台概念——在莎士比亚的《皆大欢喜》(*As You Like It*)中还有相关名句,世界舞台上的男男女女"各有各的登场与退场"(TLN 1120)——也只有登场和退场信息有时会被摘选至"后台安排"(backstage plots)这样特殊的文件里。② 这种对"舞台指示"缺乏统一称呼的现象说明了要求与回溯,想象与事实,为誊写员、提词员、读者所写的文字都不是同一回事,尽管排版和语言风格类似。更具讽刺意味的是,将它们加以归类的这个词组实际上掩盖了其实际的广泛内涵。

---

① Francis Beaumont, *Phylaster*(1620), C4r.

② 更多有关"后台安排"的内容参见 Tiffany Stern, 'Backstage-Plots', in *Documents of Performance*, pp. 201 - 31;更多有关"登场"的内容参见 Mariko Ichikawa, *Shakespearean Entrances* (Basingstoke: Palgrave, 2002), passim.

术语之后的"舞台指示"

十九世纪晚期的剧场变革也彻底改变了舞台指示这一存在。原本推进演出进程的提词员被冷落,演员管理员也就是后来所说的"导演"一职诞生。导演的职责是对他或她所监制的剧目进行独特、创意、个性的诠释——因此常常会与剧作家自己的艺术舞台视觉相矛盾,甚至加以否定。剧作家与导演之间就剧作创意所有权的争夺也随之而来,就发生在舞台指示之间。

十九世纪的剧作家通常拒绝参与排演,通过舞台指示来决定演出的内容,以图领导、妨碍"舞台导演",甚至与之作对。导演则往往选择无视这些干扰。现代主义剧场从业者及理论家爱德华·戈登·克雷格(Edward Gordon Craig)早在 1905 年便以"戏剧性"的对白形式表达过自己的观点,认为作者的舞台指示是"对剧场之人的冒犯":

> 舞台导演:如果打断或删减诗人的诗句是一种冒犯,那么破坏舞台导演的艺术便也是一种冒犯。
>
> 剧场观众:那这世界上所有的舞台指示都没有意义吗?
>
> 舞台导演:对读者而言是有意义的,但对舞台导演和演员来说——完全没有。①

大约一百年后的 2003 年,导演琼·希夫曼(Jean Schiffman)提起她

---

① Gordon Craig, *The Art of the Theatre* (Edinburgh: T. N. Foulis, 1905), pp. 29 - 30.

是如何被教导"在第一次阅读剧本时就划掉舞台指示",表演兼教学导演艾米·格雷泽(Amy Glazer)也有相似的经历,被告知"想做一名好演员,就一眼舞台指示也不要看"①。对此,数位强势的剧作家进行了回击。塞缪尔·贝克特著有两部仅由舞台指示组成的剧本,《无声表演(一)》(*Act without Words* Ⅰ)与《无声表演(二)》(*Act without Words* Ⅱ),他详细设计了所有作品的表演指示,甚至在《终局》(*Endgame*)中一句一句地指导汉姆的演员应当如何做:

我的……狗?

(停顿。)

啊,我愿意相信它们所受的苦难是生物所能承受的极限。但这能意味着它们与我一样痛苦吗?毫无疑问。

(停顿。)

不,绝——

(他打了个哈欠。)

——对不是这样,

(自信说道。)

年纪越大人越充实。

(停顿。语气沮丧。)

越空虚。

(他吸了吸鼻子。)

根据合同要求,获得贝克特剧作授权的表演人员必须按照他的舞台

---

① Jean Schiffman, 'Taking Directions', *Backstage*, 5 March 2003: https://www.backstage.com/news/takingdirections/.

指示进行演出。但即便是贝克特也无法阻止美国话剧团(American Repertory Theatre)在1983年上演了导演版《终局》,他只能在法律允许的范围内于演出说明中加上这样一行愤怒的注释:"[这部]制作无视我的舞台指示,完全是我所构思的剧作的拙劣仿制品。"

而随着导演地位的提升,舞台指示在制作过程中变得越来越不重要,在印刷页面上的影响力倒是越来越大。新施行的一系列版权法——欧洲1887年的国际公约、1891年美国的法案——在一定程度上促进了舞台指示的发展。在立法之前,剧作家只能依赖演出带来的收入,并且通常拒绝出版剧本,因为剧场公司可以合法地任意排演已出版的剧本。但新法保护了印刷形式的剧作,禁止未经批准的演出。如今的剧作家拥有两种戏剧生命,一种在舞台上,一种在书页上。这便催生出了许多专为印刷剧本所写的舞台指示:"文学性"的舞台指示——或者更应称为"文学性指示",因为它们几乎与舞台没有联系。萧伯纳的戏剧就是以"文学性指示"著称的。他的《凡人与超人》(*Man and Superman*,1905)里的舞台指示有时长达四页,一般也无法表演出来:

> 赫克托·马龙来自美国东部,但他从不羞于提起自己的出身。这让英国上流人士对他评价很高,因为敢于承认自身明显劣势,不屑掩饰、隐瞒的年轻人相当有男子气概。①

这种狄更斯式笔触的背景信息赋予了马龙这一角色丰富的故事感,让纸面上的剧本足以与小说媲美,甚至可以直接被视为小说。

剧作家对舞台指示的重新关注使得这个术语的含义再次发生

---

① Bernard Shaw, *Man and Superman* (New York: Brentano's, 1905), p. 61.

了改变。"舞台指示"被认为是剧作者写给演员的文字(而它们实际上是为读者所写这一点却没有成为传统上的定义)。1929年的一部词典这样描述舞台指示,"印在或写在剧本中的指示,内容与表演方式有关"①,此后的定义都大体如此。甚至《牛津英语词典》也仅仅溯源至十八世纪九十年代,将该词定义为"手写或印刷剧本中插入的指示,以说明必要的表演动作等"。②

事实上,舞台指示还是与以前一样在作者身份和写作目的方面模糊不清,主要取决于文本的版本。比如塞缪尔·弗伦奇③出版社出版的"演出版"剧本通常涉及特定的演出,所以也会使用包含剧场"舞台指示"的演出制作用剧本。"文学性"版本则往往会保留作者所写的舞台指示,但如果是演出之后出版的,也可能会包括表演相关的注释。

另外没有改变的是舞台指示的形式与位置:它们仍然基本上与中世纪及近代早期的舞台指示风格一致,位于页边空白,斜体,在使用"登场"与"退场"这样的字眼时保持拉丁语序。如此一来,舞台指示也始终体现着自身的次级文本属性,便于修改,也常被修改。我们可以在现代剧本编辑中看到,历史剧的编者对对白总是毕恭毕敬,但经常增加或修订舞台指示,甚至会将之排除在行序编号之外。这类做法会让这部分文本的作者身份存疑,并且难以引用。

舞台指示在方方面面都与周围的对白不同:页面位置、表现形式、用语措辞、作者身份(以及创作时间和目标受众)、是否重要、如

---

① Funk and Wagnall's *New Standard Dictionary of the English Language* (1929), 4, p. 2361.

② 'Stage, n.', *OED Online*, Oxford University Press, June 2016.

③ 塞缪尔·弗伦奇(Samuel French,1821—1898),美国企业家,剧本出版业先驱。——译注

何看待等等。这个术语赋予并强化了定义之下的作者属性与创作目的。只有当我们认识到舞台指示并不总是与舞台相关,并不一定是一种指示,也并不像其表面形式一样永远保持一致时,我们才能更好地理解这一——或者说这些——舞台与书页上留下的迷人多变的纪念品。

第15章 页眉标题 克莱尔·M. L. 伯恩

书籍中包含各式各样的开头——从中世纪誊写员用来标记文字开端的符号(¶)，到将长篇作品分割为较短部分的章节名称。此外还有页眉——位于每页顶部，通常由页码、空格，以及书名、章节名或作者名组成的文字。页眉标题作为书籍设计不可或缺的构成部分已有两千年以上的历史。一直以来，它们都在各类图书页面顶端的显著位置为读者提供导读服务。那么为什么我们——这里的"我们"既指普通读者也指阅读史学者——很少留意到这一元素？尽管它就在我们眼前。

原因之一可能是页眉标题的普遍性。它们广泛存在于几乎所有图书，使得人们熟视无睹，其内容本身也难以引人注目。就目前的页眉标题研究而言，主要关注点是印刷错误，以及这些错误所暴露出的早期图书生产过程中的问题与意外情况(实际更多的是人为破坏)。① 这类研究的目的是剔除作者控制范围之外的文本特征，以确定作者(一般是莎士比亚)真实的创作内容。② 但如果刻板地认为页眉标题只是出版物中的不确定因素，或将我们的讨论仅仅局限在其与图书制作的关系上，便无法真正窥见页眉标题不断变化的形式与作用——尽管它们的确杂乱无章。更值得一提的是，页眉标题满足了读者的定制化需求：汇集文字的同时又加以区分。换言之，页眉标题组成了图书，又解构了图书。

---

① 参见 Fredson Bowers, 'Notes on Running-Titles as Bibliographical Evidence', *The Library*, 4th series, 19, no. 3 (1938): 315–38.

② Charlton Hinman, *The Printing and Proofreading of the First Folio of Shakespeare* (Oxford: Clarendon Press, 1963), esp. pp. 171–5.

本文使用"running title"这一术语指代该页面设计元素,在英语中,也有"headline""running head""running headline"或"page head"等不同说法。① (严格来讲,"headline"指的是页面顶部的整行文字,包括页码。)某些情况下,具体区别在于"running title"是书名,"section title"是章节名称,而"page title"是归纳某一页的内容。② 事实上,准确**定义**这一部分的难度也进一步加深了研究其**功能**、**目的**的难度。

直到十七世纪,人们仍未确定页眉标题应当为读者提供什么样的信息。约瑟夫·莫克森 1683 年所著的印刷手册内容翔实,但并未涉及页面顶部的文字内容或形式。③ 不过盖伊·米耶热④在《英语语法》(*The English Grammar*, 1688)中写道:"每一页顶部以一小段文字表示的标题被称为页眉标题。并且,如果书籍包含不同主题,那么标题也会相应变化。"⑤米耶热认为,一本书的"页眉标题"通常比较简短,在不同程度上反映了页面(或和合页)的内容。在

---

① R. B. McKerrow, *An Introduction to Bibliography for Literary Students* (Oxford: Clarendon, 1928), p. 26; 以及 *John Carter's ABC for Book Collectors*, 9th edn, rev. Nicolas Barker and Simran Thadani (New Castle DE: Oak Knoll, 2016), p. 141.

② Seán Jennett, *The Making of Books*, 4th edn (New York: Frederick A. Praeger, 1967), pp. 293–6.

③ Joseph Moxon, *Mechanick Exercises: Or the Doctrine of Handy-works. Applied to the Art of Printing*, vol. 2 (London: Joseph Moxon, 1683).

④ 盖伊·米耶热(Guy Miège,1644—1718),瑞士裔英国语言学家。——译注

⑤ Guy Miège, *The English grammar, or, The grounds and genius of the English tongue* (London: Guy Miège, 1688), sig. K1v.

印刷时代早期,何谓标题会根据一本书中的"不同主题""相应变化"有待商榷,什么样的"一小段文字"能描述图书的"主题"(且由谁来描述)也尚不明确。这些问题关系到读者认识作品、解读书籍的限域。图书中的页眉标题在空间("每一页顶部")和时间(辅助记忆)上延展,让读者可以选择跟随制作者的设计理念,也可以拒绝受其约束——服从或抵制。总而言之,页眉标题赋予读者更多的阅读自由。

十七世纪末,各种形式的页眉标题已发展了一千多年。与纸质书兴起息息相关的页眉标题常常出现在早期拉丁语手抄本的顶端空白处。[①] 而中世纪初期的使用率则有所下降,这或许是因为页眉标题的设计不符合经文诵读这种强调慢速、线性、思考的修道院式阅读方法。[②] 十二世纪起,随着学术阅读的普及,页眉标题开始再次出现在手抄本的顶部,并迅速重拾了重要性:十二世纪是"思考是一门技艺"的时代,推崇"对观点的细致审视",读者也因此需要一系列文本工具,以便在庞杂的文本与细分的卷宗中找寻清晰的路线。[③]

页眉标题以零星的形式重回视野,到了十三世纪初,作品的逻辑结构已通常体现在包含页眉标题在内的文本组织体系中。配有

[①] E. A. Lowe, 'Some Facts about Our Oldest Latin Manuscripts', in *Paleographical Papers*, 1907 – 1965, ed. Ludwig Bieler (Oxford: Clarendon, 1972), I, pp. 199 – 201.

[②] Malcolm Parkes, 'The Influence of the Concepts of *Ordinatio* and *Compilatio* on the Development of the Book', in *Scribes Scripts and Readers. Studies in the Communication, Presentation and Dissemination of Medieval Texts* (London: Hambledon, 1991), pp. 35 – 70, pp. 53 – 4.

[③] Parkes, '*Ordinatio*', p. 37.

颜色和装饰花纹的页眉标题也因此越来越吸引眼球。[1] 在内容方面,页眉标题能够提醒读者他们正在阅读哪一部分(如分卷、章节、篇目的编号),还能以定性方式简要描述文本。它们在收录单个作者不同作品的汇编集中更凸显出必要性。这些书籍中的页眉标题不仅有助于读者分辨某个文本中分散的复杂论述,而且有助于区别合集中的不同作品。在现代以前的"知识体系"里,页眉标题是当时的学者吸收文献并进行批判的重要"辅助设备"。[2]

早期的欧洲印刷商也在印刷书籍中保留了页眉标题这一元素,以便读者接受这类新兴的出版物。对于图书设计而言,印刷技术的出现并不具有"革命性",因为其本身就以守旧著称,如今也不例外。[3] 印刷商将读者熟悉的手抄本排版方式挪用至印刷书籍,包括每个页面顶端的文字。尽管存在这种继承性,但近代早期纸质书中的页眉标题在排版设计上并不统一,所提供的信息类型也不一致。即便如此,当时的制作者与读者仍然十分关注页眉标题的功能与内涵。有时它们会引导读者从特定的角度理解文本,或协助读者记录自己的阅读进度,有时会通过重复或概括书名页上的文字强调文本

---

[1] Mary A. Rouse and Richard H. Rouse, *Authentic Witnesses: Approaches to Medieval Texts and Manuscripts* (Notre Dame, IN: University of Notre Dame Press, 1991), pp. 198 and 200; 以及 Parkes, 'Ordinatio', p. 53.

[2] Parkes, 'Ordinatio', p. 64.

[3] Goran Proot, 'Converging Design Paradigms: Long-Term Evolutions in the Layout of Title Pages of Latin and Vernacular Editions Published in the Southern Netherlands, 1541–1660', *Papers of the Bibliographical Society of America* 108, no. 3 (2014): 269–305, 302.

的某一方面,还有的时候仅仅是一遍又一遍地展示书名。在极少数的情况下,页眉标题还可以模糊页面上有争议的内容,以转移批评者的注意力。① "有经验"的读者通常能够分辨页眉标题的作用,甚至发现并纠正其中的错误。新手读者则被认为需要页眉标题提供认知上的帮助。

近代早期的图书很少对页面排版要件的具体功能做明确的说明,但页眉标题在实用性及辩论性作品中的广泛使用使得作者与书商有必要仔细考虑这一方面的设计。例如天主教神学家托马斯·斯泰普顿(Thomas Stapleton)的反新教论著《反驳霍恩先生的驳斥》(*A Counterblast of M. Hornes Vayne Blast*, 1567)——以超长篇幅应答试图消解对英国王室至高无上之地位的疑虑的温彻斯特主教罗伯特·霍恩——就指出了书中页眉标题的意义所在:因为斯泰普顿必须与其回应的作品保持"顺序与进度上的一致性",所以读者可以通过"留意每一页顶部两边的公元纪年和主要议题"获得阅读上的指引(参见图 15.1)。在内侧页边空白印刷年份,外侧空白描述和合页上的"主要议题",这样的做法让读者能够"在翻开页面的第一眼"就"知道自己所在的位置,以及书中讲述的内容"。斯泰普顿认为,页眉标题为意图在书籍中找到具体信息或方向的读者提供了"清晰的情报"。

对于盘根错节的宗教论战作者来说,页眉标题的重要性一直延续至十七世纪。1604 年,温彻斯特主教托马斯·比尔森(Thomas Bilson)应当时已故的伊丽莎白女王一世的要求发表了一篇长文,回

---

① 参见 Matthew Day, '"Intended to Offenders": The Running Titles of Early Modern Books', in *Renaissance Paratexts*, ed. Helen Smith and Louise Wilson (Cambridge: Cambridge University Press, 2011), pp. 32–48, p. 47.

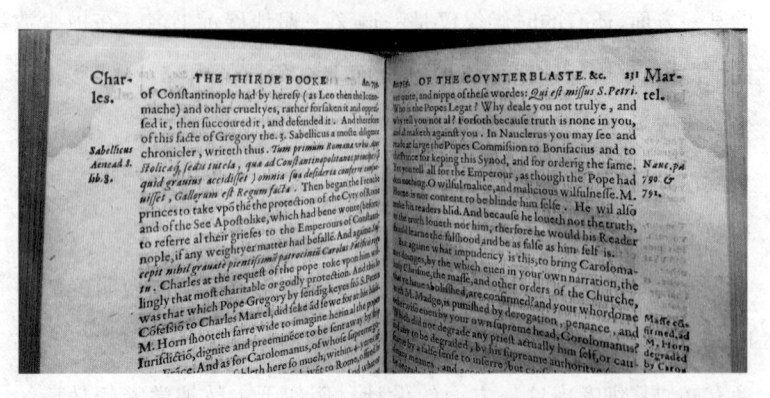

图 15.1　托马斯·斯泰普顿,《反驳霍恩先生的驳斥》(1567),现藏于福尔杰莎士比亚图书馆

击那些质疑其公开努力的人:他笃信基督曾亲自下到地狱(英国国教已两次正式认同这一点)。① 而读者无须从头至尾地阅读长达 600 对页的巨著,便可领会比尔森论述的框架与内涵。因为正如书名页所写的,读者可以直接浏览"页面中的标题",每一则标题都精准概括了对应页面的内容(参见图 15.2)。如果著作本身是所谓的"太长不看",那么页眉标题就是官方提供的简易版本。

参考斯泰普顿与比尔森的例子,页眉标题在"回应"已出版作品的著作中尤其能够发挥作用。这一元素也继续在其他类型的书籍中扮演确定逻辑——复杂文本的顺序安排——的角色。乔治·里德帕斯(George Ridpath)的反戏剧论著《舞台谴责》(*The Stage Condemn'd*, 1698)的开头有一篇特别的《告读者书》("Advertisement to the Reader"),旨在澄清其论述内容在逻辑顺序上可能造成的混乱之处:

---

① Thomas Bilson, *The suruey of Christs sufferings for mans redemption* (London: John Bill, [1604]).

本书中的标题没有对应书名页上列出的顺序,因为作者的讨论是按照原有相关作品的顺序展开的;但所有内容都可以通过页眉标题查找。①

在里德帕斯看来,页眉标题比书名页上的目录更能准确反映论述的递进安排。

考虑到页眉标题在复杂论述作品中的导读功能,其准确度对于部分作家而言尤为重要。有的作者发现并容忍了其中的错误。教士约翰·汤贝斯(John Tombes)在其八开本论著《基督对诽谤者的天谴威吓》(*Christs Commination against Scandalizers*,1641)中写道,"页眉标题中暗藏各种各样的错误",同时也表示相信"有学识的"读者会"直接修正",如果他们没有发现问题,那么页眉标题也"不会妨碍或误导对其他内容的理解"。② 乔治·斯文诺克③曾在他的《天堂与地狱缩影》(*Heaven and Hell Epitomized*,1659)中抱怨"某些页面标题不合适",并指责印刷商没有"根据正文标题"(如每个小节的标题)安排页眉标题。斯文诺克推荐读者参考目录,保证这一部分会"完美弥补"页眉标题的"疏漏"。④ 类似地,理查德·布隆姆⑤也批评印刷商在制作其有关英国美洲领地的图绘说明册时

---

① George Ridpath, *The stage condemn'd* (London: John Salusbury, 1698), sig. A4r.

② John Tombes, *Christs commination against scandalizers* (London: Edward Forest, 1641), sig. *6r.

③ 乔治·斯文诺克(George Swinnock,1627—1673),英国清教徒。——译注

④ George Swinnock, *HEAVEN and HELL EPITOMIZED* (London: Thomas Parkhurst, 1659), sig. C8r.

⑤ 理查德·布隆姆(Richard Blome,1635—1705),英国绘图师。——译注

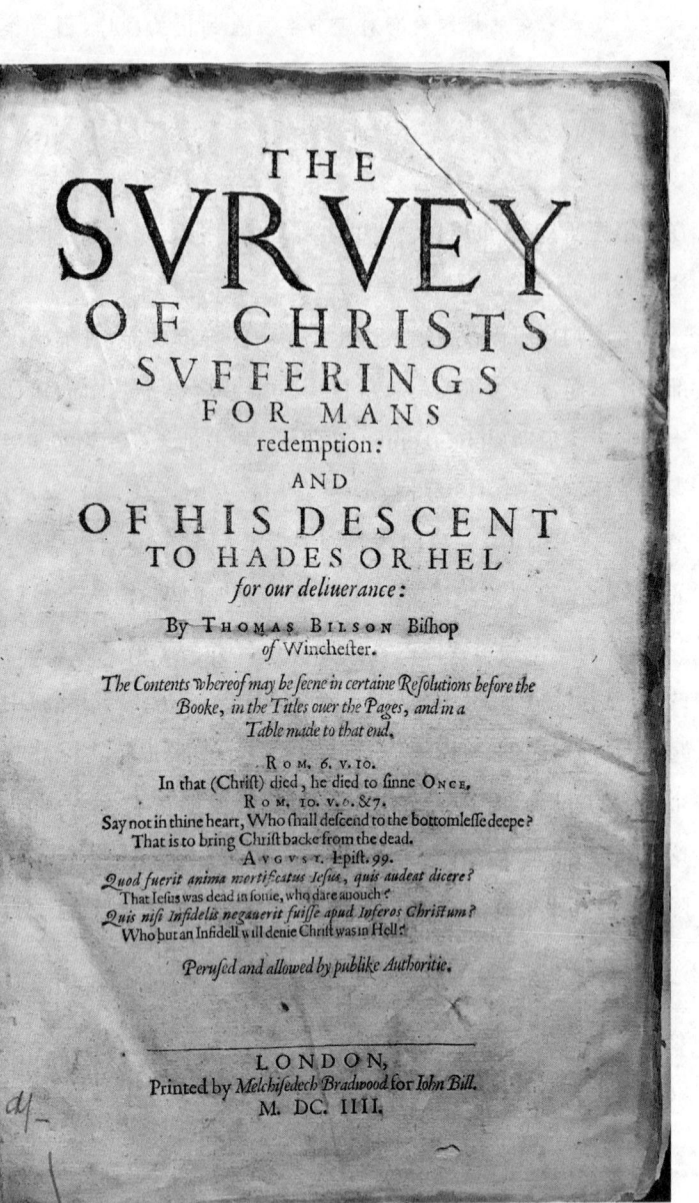

图 15.2 托马斯·比尔森，《对基督为救赎人类所受苦难的研究》（The suruey of Christs sufferings for mans redemption，1604）书名页，现藏于福尔杰莎士比亚图书馆

"忘记修改每一页的页眉标题"①。如果有误的页眉标题不能指向布隆姆所讨论的地理位置(亦即书中的相应位置),读者还可以参照对页上的表格信息。

有的作家却没那么友好。威廉·艾伦②发表于1683年的天主教论著的勘误表只指出"本书页眉标题有误",没有进一步的细节说明。③ 无独有偶,塞缪尔·克拉克(Samuel Clark)也指责印刷商在其1698年的佳作评述中插入了"不恰当"的页眉标题,但并未说明具体的不适合之处。④ 让·克劳德(Jean Claude)的《改革的辩护》(*Defence of the Reformation*,1683)的译者同样表达过不满,"页眉标题中的'Historical'一词"是未经"同意""加上去的"——贯穿全书的完整书名为"An Historical DEFENCE | of the REFORMATION"。⑤ 这里隐含的意思是要求读者忽略这个形容词,但这是不可能的,毕竟它几乎出现在每一页上。约翰·卡梅隆(John Cameron)在其为改革教会的辩护中借致读者书为使用"Preiudice"⑥一词致歉,该词在"许多文章中"都以法语形式出现在页眉标题旁边。读者被告知不应将这一单词解读为"我们通常理解的贬义的先入之见",

---

① Richard Blome, *The present state of His Majesties isles and territories in America* (London: Dorman Newman, 1687), sig. A3v.

② 威廉·艾伦(William Allen,1532—1594),出生于英国的罗马天主教红衣主教,也是一位学者。——译注

③ William Allen, *Catholicism, or, Several enquiries* (London: Walter Kettilby, 1683), sig. c8v.

④ Samuel Clark, *Scripture-justification* (London: Thomas Parkhurst, 1698), sig. [A] 4v.

⑤ Jean Claude, *An historical defence of the Reformation* (London: John Hancock, 1683), sig. C2v.

⑥ 并非拼写错误,确指现代英语的 prejudice 一词,意为成见、偏见。——译注

而应当成"对事物成见背后的可能的理由,无论正面或反面"。① 因此,在提供清晰的指引之外,页眉标题也可能会误导读者。

有时候,读者会获得额外的信息以便正确理解页眉标题,纠正已知的谬误,比如印刷商没有更换新一节内容所对应的顶部文字,或是单纯的印刷失误、拼写错误。总而言之,这些"错误""不当"的页眉标题体现了图书生产流程与作家对文本质量的要求之间难以平衡的矛盾关系。而意在解决这类问题的尝试也表明读者对页眉标题的关注及其所含信息的有益性——有时与其他查找工具结合使用,有时则完全替代其他方式。

当然,有的页眉标题是公认精准无误的,尽管或许不是书籍制作者预想的形式。例如英国诗人卢克·米尔本(Luke Milbourne)就从页眉标题的角度批判了约翰·德莱顿1697年的维吉尔译本,他声称"如果维吉尔的名字没有……用大号字体……写在页眉标题中",那没有人会知道这是谁的作品(参见图 15.3)。② 此书的页眉标题——"VIRGIL's │ PASTORALS""VIRGIL's │ ECLOGUES"等——在每次翻页时都提醒着读者正在阅读的是维吉尔的作品,无论德莱顿的译文有多么糟糕。米尔本还认为,如果换作亚伯拉罕·考利③来翻译,那么"不需要通过页眉标题广而告之"读者也能一眼认出这是维吉尔的诗作。虽然出版商雅各布·汤森的目的是利用

---

① John Cameron, *An examination of those plausible appearances which seeme most to commend the Romish Church, and to preiudice the reformed* (Oxford: Edward Forest, 1626). STC 4531.

② Luke Milbourne, *Notes on Dryden's Virgil* (London: R. Clavill, 1698), sig. A2v.

③ 亚伯拉罕·考利(Abraham Cowley, 1618—1667),英国作家、诗人。——译注

页眉标题的设计将此书塑造为权威译本，但米尔本建议读者将其理解为德莱顿"荒诞"译文的矫正器。无论如何解读，页眉标题都代表着作者与书商引导读者与书籍互动的努力。

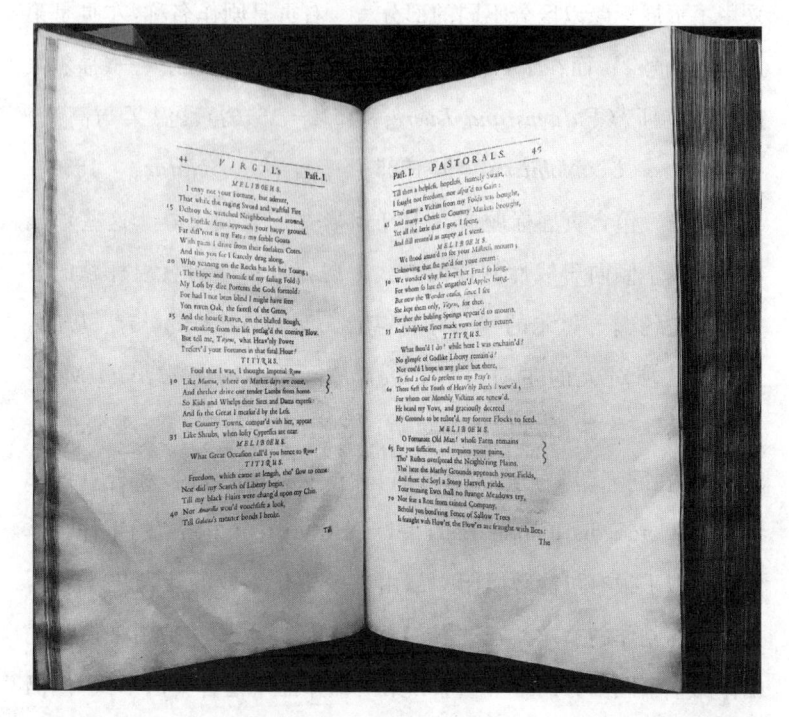

图15.3　约翰·德莱顿，《维吉尔作品集：〈牧歌〉〈农事诗〉〈埃涅阿斯纪〉等》(*The works of Virgil containing his Pastorals, Georgics and Aeneis*, 1697)，现藏于福尔杰莎士比亚图书馆

印刷时代开启后的一百年间，页眉标题这一设计逐渐成为读者参与定义书籍及其可能性的工具之一。更确切地说，页眉标题使得读者能够将单行本书籍收录进定制的文集——就像如今的页眉标题通过文本复制的新技术拆分内容一样。与那些人们习以为常但

实际上毫无用处的遗留设计元素不同,图书中极致简短的页眉标题考虑到了书籍可能的使用方式。我将以早期印刷剧本为例。

十五世纪九十年代,理查德·平森在出版泰伦斯的喜剧作品时采用了页眉标题以区分不同的部分——右页是剧作名称,左页是第几幕的编号。① 而在十六世纪早期,没有上下部方言剧——《福尔根斯与吕克斯》(Fulgens and Lucres, 1512—1516?)、《温柔与高贵》(Gentleness & Nobility, 约 1525)、《自然》(Nature, 1530—1534?)——包含页眉标题或其他任何形式的查阅工具。这些篇幅较短的剧本倾向于线性阅读的方式。现存最早印有页眉标题的方言剧本是约翰·贝尔的《基督的诱惑》(The Temptation of Christ, 1547?)、《神对人的主应许》(Chief Promises of God unto Man, 1547?)及《三大法则》,均由德里克·范德施特拉滕(Derek van der Straten)在欧洲印刷。第一部目前只有一份副本,每一和合页顶部都印有"Comoedia Ioannis Balei | De Christi tentatione"的字样。这份副本似乎很有可能曾属于一部由三个剧作组成的戏剧集。②(而另外两部剧作的文本均已失传。)其页眉标题也显然是用来衔接汇编作品中不同部分的。第二部和第三部作品不是合集的形式,但仍然配有页眉标题,将全剧分割为一幕幕更小的单位。值得一提的是,贝尔的《三大法则》八开本与上文提及的宗教论著极为相似。页眉标题概括了剧作的内容:依次是自然法(第 2 幕)、摩西律法(第 3 幕)、基督教法(第 4 幕)的腐败,最后是三大法则在第 5 幕复原,"Restauratio legum diuinarum. | Actus quintus"③(参见图 15.4)。

---

① Terence, *Comoediæ sex* (London: Richard Pynson, 1497).

② Aaron T. Pratt, 'The Status of Printed Playbooks in Early Modern England', PhD diss. (2016), chapter 2, n7.

③ 意即"神法的恢复|第五幕"。——译注

继范德施特拉滕出版的贝尔剧作之后，越来越多丛书性质的单剧目剧本中开始出现页眉标题——比如 1559 至 1566 年间出版的七部英文版塞涅卡单剧目剧本。七部剧本的作者都是塞涅卡，都是八开本形式，书名都包含编号以标明各自在塞涅卡戏剧全集中的顺序。因为这批书籍外观类似，读者可以尝试将其按序整理为汇编集，即便不真正进行装订，这也被塔拉·L. 莱昂斯(Tara L. Lyons)称为“观念化的完整有序的合集”①。而此类图书中的页眉标题也符合这一设计策略。仅仅说明剧目名称(甚或是塞涅卡的名字)无法 202
在每部八开本作品中起到导读作用(参见图 15.5)，但如果读者选择收集部分或全部版本，那么这些页眉标题便有助于查找阅读。事实

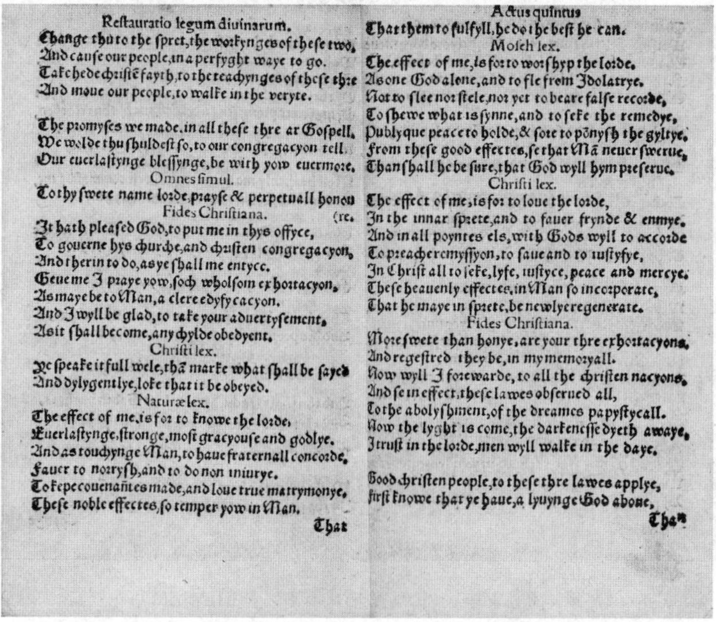

Restauratio legum diuinarum.
Change thu to the sprete, the workynges of these two,
And cause our people, in a perfyght waye to go.
Take hede christe fayth, to the teachynges of these thre
And moue our people, to walke in the veryte.

The promyses we made, in all these thre ar Gospell,
We wolde thu shuldest so, to our congregacyon tell.
Our euerlastynge blessynge, be with yow euermore.
Omnes simul.
To thy swete name lorde, prayse & perpetuall honou
Fides Christiana. &c.
It hath pleased God, to put me in thys offyce,
To gouerne hys churche, and christen congregacyon,
And therin to do, as ye shall me entyce.
Geue me I praye yow, soch wholsom exhortacyon,
As maye be to Man, a clere edyfycacyon.
And I wyll be glad, to take your aduertysement,
As it shall become, any chylde obedyent.
Christi lex.
Ye speake it full wele, tha marke what shall be sayed
And dylygentlye, loke that it be obeyed.
Naturæ lex.
The effect of me, is for to knowe the lorde,
Euerlastynge, stronge, most gracyouse and godlye.
And as touchynge Man, to haue fraternall concorde,
Fauer to norysh, and to do non iniurye.
To kepe couenantes made, and loue true matrymonye,
These noble effectes, so temper yow in Man.
That

Actus quintus
That them to fulfyll, he do the best he can.
Moseh lex.
The effect of me, is for to worshyp the lorde.
As one God alone, and to fle from Idolatrye.
Not to slee nor stele, nor yet to beare false recorde,
To shewe what is synne, and to seke the remedye,
Publyque peace to holde, & sore to ponysh the gyltye.
From these good effectes, se that Man neuer swerue,
Than shall he be sure, that God wyll hym preserue.
Christi lex.
The effect of me, is for to loue the lorde,
In the innar sprete, and to fauer frynde & enmye.
And in all poyntes els, with Gods wyll to accorde
To preache remyssyon, to saue and to iustyfye,
In Christ all to seke, lyfe, iustyce, peace and mercye.
These heauenly effectes, in Man so incorporate,
That he maye in sprete, be newlye regenerate.
Fides Christiana.
More swete than honye, are your thre exhortacyons.
And regestred they be, in my memoryall.
Now wyll I forewarde, to all the christen nacyons,
And se in effect, these lawes obserued all,
To the abolyshment, of the dreames papystycall.
Now the lyght is come, the darkenesse dyeth awaye,
I trust in the lorde, men wyll walke in the daye.

Good christen people, to these thre lawes applye,
First knowe that ye haue, a lyuynge God aboue,
Than

图 15.4 约翰·贝尔，《三大法则》，现藏于牛津大学波德林图书馆

① Tara L. Lyons, ‘Genealogies of the Collection: Seneca in Print’ [unpublished], p. 5.

上，有证据表明收录于哈里·兰森中心福兹海默馆藏(Pforzheimer Collection)的其中三部剧作就曾经被装订在一起。①

随着塞涅卡剧作单行本的出版，更多的单剧目剧本开始使用页眉标题，到了十六世纪八十年代，这已成为一种常见的趋势。大多数情况下，页眉标题会重复书名页上的剧作名称，通常由于空间有限会有所删减。还有的剧本页眉标题会提及剧作的种类，有时甚至带有评价性质（"幻想喜剧佳作""最优秀的悲剧""真正的悲剧"等）。正如剧作属性可以让读者在阅读前有所准备（尤其是剧本可能的结局），这些评估了作品质量或预想了受众反馈的修饰语提醒读者剧

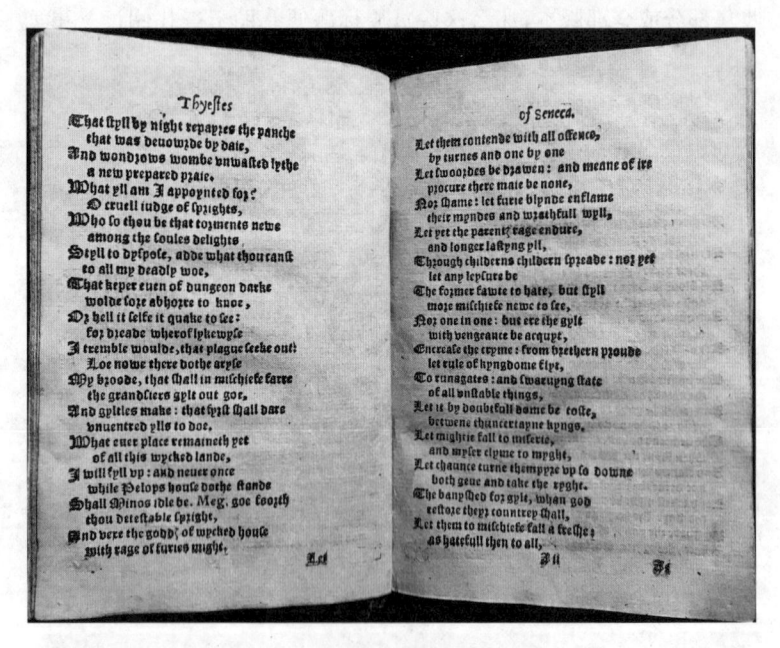

图 15.5 《第二部悲剧……题为〈梯厄斯忒斯〉》（THE SECONDE TRAGEDIE ... entituled Thyestes，1560），现藏于福尔杰莎士比亚图书馆

---

① 《疯狂的赫拉克勒斯》(Hercules Furens)[Pforz 860]，《梯厄斯忒斯》(Thyestes)[Pforz 865 copy 1]，以及《特洛阿》(Troas)[Pforz 866]。

本阅读既可以是批判性的，也可以是情绪化的。例如，"令人哀伤"一词就出现在《洛克林》(Locrine，1595)与《罗密欧与朱丽叶》(1599)的页眉标题中(参见图 15.6)。

因此，单剧目剧本中的页眉标题具有潜在的诠释功能——无论有意还是偶然——尽管它们并没有在阅读过程中发挥其他作用。我们可以认为，页眉标题的实用功能在十六世纪九十年代之前便已丧失，在那之后，专业剧本在伦敦图书贸易中占据主流，并摒弃了零散销售的剧本里的页眉标题，视之为文本导读体系中的过时残余。虽然单剧目四开本与其他单行本一样，通常单独印刷并销售，但其设计初衷是希望读者收集其他四开本剧作并装订为汇编集。[1] 其中的页眉标题也是同样的设定。这样一来，形式上的标准化（大部分剧本都以四开本的形式出版）便不是有助于人们收集松散装订的小册子合订为一体的唯一因素。在定制化的汇编集中，页眉标题与目录一同甚或独立提供查阅服务。

现藏于福尔杰莎士比亚图书馆的早期剧本汇编集残本表明的确有读者注意到了四开本中的页眉标题。（该合集后来被拆散，其中的内容也被重新装订。）根据合集中的第一部剧作《亚历山大的盲乞丐》(The Blind Beggar of Alexandria，1598)中的书目列表，全书还包含另外十二部四开本剧作（参见图 15.7）。[2] 1568 至 1628 年间出版的四开本剧作除了最早期的两部之外都含有页眉标题，大多数是重复书名页上的剧作名称。而在书名页标题与页眉标题不一致的某些情况下，撰写手抄本书目的人员会参考页眉标题的写法。[3]

---

[1] Aaron T. Pratt, 'Stab-Stitching and the Status of Early English Playbooks as Literature', *The Library*, 7th series, 16, no. 3 (2015): 304 – 28.

[2] STC 4965, Folger Shakespeare Library.

[3] 不过在《汉斯啤酒罐》(Hans Beer-pot)中，书目标题只与书名页标题一致。

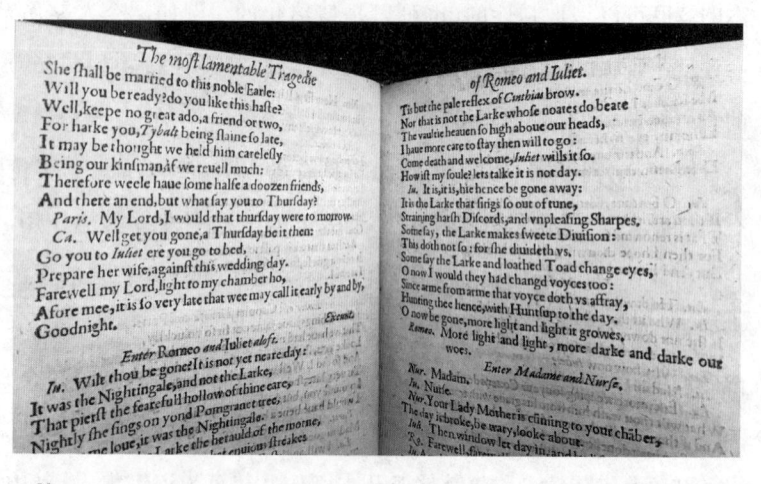

图 15.6 《最令人哀伤的悲剧杰作：罗密欧与朱丽叶》(*THE MOST EXcellent and lamentable Tragedie, of Romeo and Iuliet*, 1599)，现藏于福尔杰莎士比亚图书馆

威廉·沃纳①翻译的普劳图斯的《孪生兄弟》(*Menaechmi*)以《孪生兄弟：精致的幻想喜剧佳作》(*MENAECMI. A pleasant and fine Conceited Comœdie*)为题出版，页眉标题是"喜剧佳作题为|孪生兄弟"("A pleasant Comedie called | Menechmus")，书名页上的拼写也是同样的"Menechmus"。同样，罗伯特·威尔逊(Robert Wilson)的《伦敦的三位贵族与三位夫人》(*Three Lords and Three Ladies of London*)在书目中被记为"3 Lords of London"(没有提及夫人)，参照的是页眉标题["伦敦三位贵族的|严肃道德剧"("The stately Morall of | the three Lords of London")]而非书名页["伦敦三位贵族与三位夫人的|严肃道德剧佳作"("The Pleasant and Stately Morall, of the three Lordes and three Ladies of London")]。手写书目的制作者

---

① 威廉·沃纳(William Warner，约 1558—1609)，英国诗人。——译注

(无论其本人是否选编者)在记录选编集的内容目录时关注的是页眉标题的文字。页眉标题与定制化的书目一同为目录撰写者及其他可能接触这本书的读者提供了一种视觉上的框架体系,人们可以

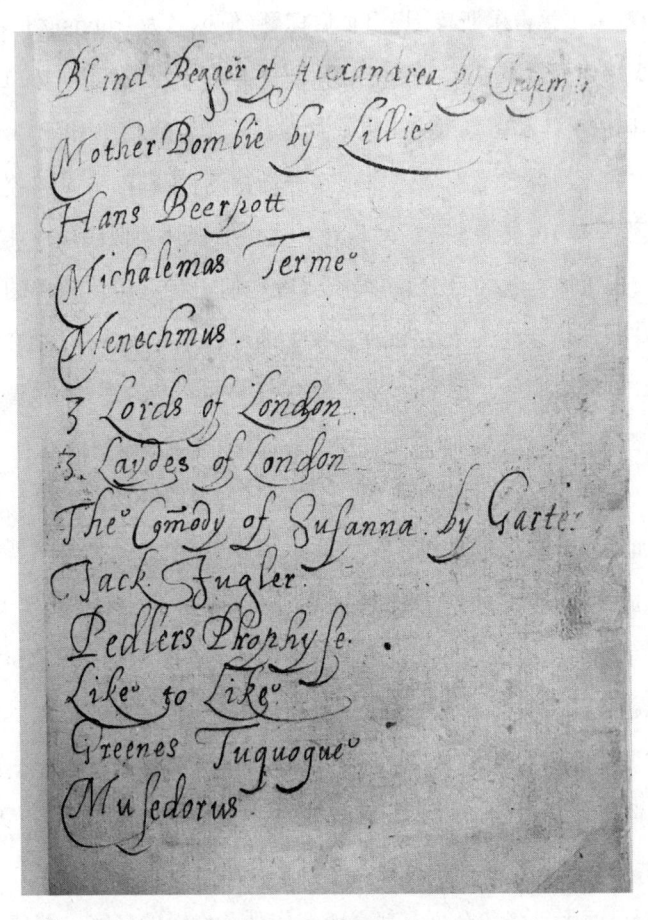

图 15.7 与《亚历山大的盲乞丐》装订在一起的汇编集目录,现藏于福尔杰莎士比亚图书馆

在一扫书目后直接翻至合集中的具体剧作,而无须查询页码。这样的选编集说明了单剧目四开本图书中的页眉标题是为了迎合剧本收藏的实践行为而预先设计的。

在《排版格式精要》(The Elements of Typographic Style)中，罗伯特·布林古尔斯特①提出页眉标题(他称之为"running heads")"如果需要读者来寻找那便毫无用处"。早在六世纪，誊写员就会使用不同的字体和字号来突出页眉标题。在印刷技术中，排版上的区别(比如页眉标题是罗马体而正文是哥特体，或者前者是斜体而后者是罗马体)也显而易见。对于布林古尔斯特及其他当代排印家而言，突出页眉标题的目的是"提醒读者他们正在造访什么样的知识社群"。米尔本也认为，汤森在德莱顿的维吉尔译本中采用的"大号字体"页眉标题就是试图为读者营造维吉尔氛围的手段，尽管译者是德莱顿。不过无论你怎么看这本书，那种氛围都宛如地狱。

鉴于页眉标题的实用性起源，在布林古尔斯特这样的设计师看来，如今的页眉标题大多用于"文集和参考书"中，而"具有强烈个人特色或统一主题"的书籍中的页眉标题则"作用不大"。(事实上，当近代早期的选编集在十九世纪被拆分制作为独立装订的书籍时，页眉标题就已经失去了曾经的意义。)布林古尔斯特还指出，页眉标题能够发挥的剩余功能是"防止影印盗版"。文本复制技术——显然不仅限于布林古尔斯特提及的"影印机"——不止破坏了文字的完整性，还对知识产权产生威胁。不过这种威胁可以通过页眉标题加以防范，因为每张和合页上都会印有作品和作者的名字。即使影印副本"直接提取了……某一章或某一页"，页眉标题仍然能证明这一部分属于哪一本书。(但讽刺的是，布林古尔斯特的这本工具书的

---

① 罗伯特·布林古尔斯特(Robert Bringhurst, 1946—)，加拿大诗人、语言学家、排印家。——译注

页眉只有章节标题，并没有书名或作者名。）

　　现代印刷书籍中的页眉标题考虑的是完整作品的切割，与十六、十七世纪四开本单行本的页眉标题对收纳、编纂、集合的意向恰恰相反。然而，即使是通过影印或扫描拍照等其他数字成像方式制作的图书也仍在以新的形式按照读者的需求复制定制化的内容（比如收录在纸质文件夹或电脑的文件夹里）。因此，页眉标题始终是页面的起点与关键信息所在。甚至在亚马逊的 Kindle 阅读器上，如果读者需要，页眉书名（不是章节标题也不是作者名）也可以出现在电子书顶端。并且这项功能在具备各种查找工具的设备上并不是多余的存在。可以说，这类手持设备存储了成百上千部书籍，仿佛二十一世纪版本的中世纪汇编本。电子格式下的页眉标题仍然起到提示读者当前文字——可能没有页码，但可上下滑动，可以调整字号或明暗度，通常没有任何多余元素——具体属于哪部作品的作用。与过去一样，页眉标题在不同的时间与空间中确定书籍的身份、起源、背景、本质，邀请读者根据自己的需求浏览、改造、拆解作品。

第 16 章

木版画

亚历山德拉·富兰克林

1603年，英国负责管理图书印刷与销售贸易的机构书商法庭(Court of the Stationers' Company)审理了两家印刷商针对日历上的硬币木版画所属权的纠纷。[1] 无论是从本质上还是从隐喻[2]上看，这场争议都与"印钞权"有关。百年来，木版画会出现在文学作品（比如《寻爱绮梦》[3]）或科学（安德烈·维萨里[4]）的解剖学著作中，十六世纪三十年代的马丁·路德也曾急于确保为德文《圣经》创作的新版画能够反映新教思想[5]，同时代的汉斯·荷尔拜因[6]设计的《死亡之舞》("Dance of Death")系列版画在各种语言的克罗泽[7]译本中被使用。在英国，木版画是都铎王朝的象征。[8] 到了1603年，书商法庭案件所涉及的司空见惯的便携式日历本更是说明了木版画的

---

[1] William Jackson (ed.), *Records of the Court of the Stationers' Company 1602–1640* (London: Bibliographical Society, 1957), p. 4.

[2] 隐喻方面可能指的是高销量的日历本为出版社带来丰厚利润，仿佛印钞机。——译注

[3] 《寻爱绮梦》(*Hypenerotomachia Poliphili*)，一部作者不明的奇书，由拉丁文、意大利文、阿拉伯文、希伯来文及各种自创词写成，其版画风格深深影响了十九世纪的插画家。——译注

[4] 安德烈·维萨里(Andreas Vesalius, 1514—1564)，比利时医生、解剖学家。——译注

[5] Bridget Heal, *A Magnificent Faith: Art and Identity in Lutheran Germany* (Oxford: Oxford University Press, 2017), pp. 25–6.

[6] 汉斯·荷尔拜因(Hans Holbein, 约1497—1543)，擅长油画与版画的德国画家。——译注

[7] 吉尔·克罗泽(Gilles Corrozet, 1510—1568)，法国诗人、作家。——译注

[8] James Knapp, *Illustrating the Past in Early Modern England: The Representation of History in Printed Books* (Aldershot: Ashgate, 2003), pp. 154–5.

普及度与地位。①

在手工印刷时期,图书中的木版画通常与文字印在同一页上。十五世纪的木版画并没有立刻取代书籍的手工装饰图案,而是由其衍生并反过来推动手工装饰图案的发展。② 除了书内的插图与装饰外,木版画还会被用来制作图书的封面,而当书名页开始进入印刷书籍后,这一部分有时全为木刻(包括文字),有时可能包含木版画、金属活字装饰花纹或木刻边框,书名所需的铅字块都已在其中排好。③ 将木刻与铅字两种凸版技术相结合是在印刷书籍中添加插图或装饰的最有效方式。这一点以及木刻版的耐用性从实用角度解释了木版画在书籍构件中的重要性。不过,历史上的木版画所扮演的角色不局限于此。

图案会雕刻在木板上(梨木、苹果木或其他果树的硬质木材),凸起的部分就是需要印刷的内容。凸起的线条会被涂上一层油墨,覆盖其上的纸面经过压印后便有了相应的痕迹,木刻板和金属字块也可以组合在一起同时印刷。印痕是木板图案的镜像画面。木雕

---

① Antony Griffiths, *The Print before Photography: An Introduction to European Printmaking, 1550 – 1820* (London: British Museum, 2016), p. 486; Adam Smyth, 'Almanacs and Ideas of Popularity', in *The Elizabethan Top Ten: Defining Print Popularity in Early Modern England*, ed. Andy Kesson and Emma Smith (Farnham: Ashgate, 2013), pp. 125 – 33; Peter Stallybrass, 'Hamlet's Tables and the Technologies of Writing in Renaissance England', *Shakespeare Quarterly* 5, no. 4 (Winter, 2004): 396. (都铎王朝于1603年结束。——译注)

② Lilian Armstrong, 'The Impact of Printing on Miniaturists in Venice after 1469', in *Printing the Written Word: The Social History of Books, circa 1450 – 1520*, ed. Sandra Hindman (London: Cornell University Press, 1991), pp. 174 – 202, pp. 192 – 6.

③ Margaret M. Smith, *The Title Page: Its Early Development* (London: British Library, 2000), p. 76.

(wood engraving)是另一种凸版印刷技术(同样是在凸起部分刷上油墨),与木刻不同的是木雕使用的木材更细密(通常是黄杨木),且是在端面木纹而非板材(表面木纹①)上雕刻,因此也需要更锋利的工具。凸版印刷模板还可以通过在金属等其他材料上切割或冲压来生产。② 下文即将提到的木版画的大部分特征都可以在能够和字块同时印刷的所有凸版技术产品中看到。

在欧洲,用木刻版印刷图片早于活字的发明。③ 木块会被用来在纸面或布面上压印各种图像,部分早期木刻图案也会被读者粘、钉、缝在图书中。④ 无论图案有多小,设计有多简单,都代表了读者对书籍的理解。在十六世纪下萨克森州⑤的一本祈祷书手抄本的空白处贴有三幅印刷图画,一位女士与两头狮子。每张薄薄的剪贴画都几乎只有指甲盖那么大,但在此处的语境下,它们通过将灵魂比作"上帝的新娘",将基督比作复活后战胜死亡的狮子,具象化了虔诚的信仰。

在最早使用木版画与活字印刷术的欧洲图书之中,能够确定具

---

① 端面木纹(end grain)即原木横截面的纹路,表面木纹(face grain)即将原木纵向切割露出的纹路。——译注

② Antony Griffiths, *Prints and Printmaking: An Introduction to the History and Techniques*, 2nd edn (London: British Museum, 1996), pp. 29 - 30; 60.

③ Peter Parshall and Rainer Schoch et al., *Origins of European Printmaking: Fifteenth-Century Woodcuts and Their Public* (New Haven, CT: Yale University Press, 2006), pp. 21 - 3.

④ Nigel F. Palmer, with binding descriptions by Andrew Honey, 'Blockbooks, Woodcut and Metalcut Single Sheets', in *A Catalogue of Books Printed in the Fifteenth Century Now in the Bodleian Library*, Oxford, ed. Alan Coates et al. (Oxford: Oxford University Press, 2005), pp. 1 - 50.

⑤ 下萨克森州(Low Saxony),以及下文的班堡城(Bamberg)、奥格斯堡(Augsburg)皆为德国地名。——译注

体年代的是阿尔布雷希特·普菲斯特①在班堡城出版的《宝石》(*Der Edelstein*, 1461), 其中的木版画被单独印在页面空白处, 可能暗示了制作木版画和文字的作坊不是同一家。② 在此之后, 普菲斯特与奥格斯堡的冈瑟·蔡纳③都开始发行木刻与铅字同时印刷的图书。英国第一本印刷插图书于 1481 年出自威廉·卡克斯顿之手, 即《世界之镜》(*Mirrour of the World*)。这个例子里仍有技术与安排上的不足, 比如宇宙图示的标签文字是手写的。还有的时候, 木版画与文字的关系会更加紧密: 技巧高超的木刻师可以将字母刻进木块, 或在木块中凿出缺口放置金属活字。近代早期木刻版上留供对话气泡插入文字的空间说明同一块木刻版可用于不同的出版物。④

比较讲究的方式是将文字与图像手工刻在同一块木板上。⑤ 现存最早的欧洲木刻书可以追溯至十五世纪六十至七十年代, 与活字印刷书籍属于同一时期。⑥ 木刻技术不一定是活字印刷的前身, 但可以被视为铅版印刷的早期形式, 一般被用来印刷教科书或祈祷文等内容几乎不变的书籍。这种方式不需要使用昂贵的金属活字甚至印刷机,

---

① 阿尔布雷希特·普菲斯特 (Albrecht Pfister, 1416—1465), 德国印刷商。——译注

② 另见 Claire Bolton, *The Fifteenth-Century Printing Practices of Johann Zainer, Ulm, 1473-1478* (Oxford: Oxford Bibliographical Society, 2016), pp. 51-2.

③ 冈瑟·蔡纳 (Gunther Zainer, ? —1478), 德国奥格斯堡的第一位印刷商。——译注

④ Seth Lerer, 'The Wiles of a Woodcut: Wynkyn de Worde and the Early Tudor Reader', *Huntington Library Quarterly* 59, no. 4 (1996): 381-403, 386-7.

⑤ 中国早在公元九世纪前就已经使用木刻印版印刷文字。已知最早利用木刻技术印刷的纸质书完本制作于 868 年, 现存于大英博物馆。

⑥ Bettina Wagner (ed.), *Blockbücher Des 15. Jahrhunderts: eine Experimentierphase im frühen Buchdruck: Beiträge der Fachtagung in der Bayerischen Staatsbibliothek München am 16. und 17. Februar 2012* (Wiesbaden: Harrassowitz, 2013).

只要用纸张在着墨的印版表面压印即可。完全以木刻版制作的图书也能够包含复杂的文字与图像组合。木刻书《穷人圣经》(Biblia Pauperum)的每一页都是一篇具有代表性的选读,镶嵌在建筑风格边框中,同时配有《新约》与《旧约》中的场景画面,周围还有写有《圣经》引文的飘带式装饰物。① 相比之下,1462年活字印刷版本中的木版画与铅字,亦即图像与文字的组合,则更加严格地划分在不同的矩形区域内。

阿杜思于1498年出版的杰作《寻爱绮梦》展现了木版画在活字印刷书籍中的魅力。该书在整体设计上保持了文字与画面的平衡,活字排版本身也极具视觉效果。木刻插图被嵌入文字之中,文字也会出现在插图里。例如,附有铭文的墓碑及纪念碑图案就由包含木刻和/或铅字的木板印成。

在古登堡发明印刷术后的最初几十年里,收购宗教文本或中世纪、古典作家作品的木刻版成了图书印刷商、出版商的主要业务,这些木刻版都是委托专业的工匠进行刻写的。② 卡克斯顿1484年版的《伊索寓言》使用的就是1480年里昂版的木刻版,也是约翰内斯·蔡纳③1476年在乌尔姆④使用的版本。⑤ 对于下文将提到的科学著

---

① Tobin Nellhaus, 'Mementos of Things to Come: Orality, Literacy, and Typology in the *Bibila Pauperum*', in *Printing the Written Word: The Social History of Books, c. 1450 - 1520*, ed. Sandra Hindman (London: Cornell University Press, 1991), pp. 292 - 321.

② Karen L. Bowen and Dirk Imhof, 'Reputation and Wage: The Case of Engravers Who Worked for the Plantin-Moretus Press', *Simiolus: Netherlands Quarterly for the History of Art* 30, no. 3/4 (2003): 161 - 95.

③ 约翰内斯·蔡纳(Johannes Zainer,? —约1523),德国印刷商。——译注

④ 乌尔姆(Ulm),德国地名。——译注

⑤ Daniel De Simone (ed.), *A Heavenly Craft: The Woodcut in Early Printed Books: Illustrated Books Purchased by Lessing J. Rosenwald at the Sale of the Library of C. W. Dyson Perrins* (New York: G. Braziller, in association with the Library of Congress, Washington, DC: 2004), pp. 50 - 1.

作而言,作者可能会更直接地参与插图木版画的制作,但大多情况下,出版商——或印刷商——才是印刷时代早期插画内容的决策者。① 收录十五及十六世纪欧洲书籍木版画的各类图册体现了印刷商复制、回收利用木刻版的频繁程度。② 印刷商希望从一块模板中获得成千上万份图像,不仅限于某本书的印量。③ 木刻版的耐久性导致了一种矛盾,即尽管印刷表面的图案始终保持不变,但同一块木刻版制作的图像可能会在不同的作品中与其他图像混杂。

　　印刷商很早就开始研究重复利用木刻版的方法。在印刷泰伦斯的《喜剧集》(*Comedies*,1496)时,印刷商约翰内斯·莱因哈迪(Johannes Reinhardi)巧妙地将两套木刻版组合在一起,一套描绘各个人物,一套刻画背景,以此印刷每个场景的人物群像。《纽伦堡编年史》(*The Nuremberg Chronicle*,1493)的插图极为丰富,其中包含多幅横跨两页的宗谱图,另有单独的木版画表现家谱的"分支"。不过印刷商通过重复部分城市景观画与肖像画,仅仅使用了650块木刻版。十六世纪六十年代两部重要的英国插图书籍与此类似:拉斐尔·霍林希德④的《编年史》(*Chronicle*)用212块木刻版

---

① Lerer,'Wiles of a Woodcut', p. 389.

② 参见 Edward Hodnett, *English Woodcuts, 1480-1535* (Oxford: Oxford University Press, 1973); Ruth Samson Luborsky and Elizabeth Morley Ingram, *A Guide to English Illustrated Books, 1536-1603* (Tempe, AZ: Medieval and Renaissance Texts and Studies, 1998); *Harvard College Library, Department of Printing and GraphicArts: Catalogue of Books and Manuscripts*, compiled by Ruth Mortimer, under the supervision of Philip Hofer and William A. Jackson (Cambridge, MA: Belknap Press of Harvard University Press, 1964-); Ina Kok, *Woodcuts in Incunabula Printed in the Low Countries* (Houten: HES and De Graaf, 2013).

③ Griffiths, *The Print before Photography*, pp. 60-1.

④ 拉斐尔·霍林希德(Raphael Holinshed,约1529—约1580),英国编年史学家。——译注

制作了 1026 幅图片；约翰·福克斯①的《使徒行传》(Actes and Monuments)中反复出现了烈焰中的殉道者形象。同一本书中重复出现的木版画揭示了过去图书生产流程的关键一点：同一幅图像能够出现在书中的不同位置，说明在印刷时序上，铅字块、木刻版等各种构件组合在印刷完一份书帖后会被拆分开来，待印刷下一书帖时再重新整合。

当木版画旁出现完全不同的文字时，我们倾向于认为这种设计是印刷商有意为之，而不是粗心过失，图像也不是无意义的。② 在不同的语境中使用同样的图案意味着什么？排版与内容都能够说明问题。出自 1610 年一部占卜书的方形木刻图案(图 16.1)在 1652 年的一份大型传单上再次出现。③ 传单印刷商将木刻版重新组合成矩形的边框，其中印刷了题为"醉酒之镜"('Mirror of Drunkenness')的文本。这种新组合构成了一面道德之镜，以比喻帮助基督徒审视自己灵魂的文字。④

而在受众广泛的宗教或世俗图像学语境下，图案往往具有象征意义。1816 年一部法语字母书包装纸的正面与背面印有两只木版

---

① 约翰·福克斯(John Fox, 1516—1587)，英国清教传教士。——译注

② Ruth S. Luborsky, 'Connections and Disconnections between Images and Texts: The Case of Secular Tudor Book Illustration', *Word and Image* 3 (1987): 74-83; Knapp, *Illustrating the Past*, pp. 162-206.

③ Alexandra Franklin, 'Making Sense of Broadside Ballad Illustrations in the Seventeenth and Eighteenth Centuries', in *Studies in Ephemera: Text and Image in Eighteenth-Century Print*, ed. Kevin D. Murphy and Sally O'Driscoll (Lewisburg, PA: Bucknell University Press, 2013), pp. 172-5.

④ Matthew Brown, *The Pilgrim and the Bee: Reading Rituals and Book Culture in Early New England* (Philadelphia, PA: University of Pennsylvania Press, 2007), pp. 71-2.

画小鸟。① 这是挪亚方舟上的渡鸦和鸽子，将这本教科书包裹在希望的氛围中。被重复利用的图像即使所处语境不同，也不会毫无关联：一系列男性头像木版画出现在1556年和1613年两版观相术指南中（图16.2），而在这两个时间点之间，它们还被用在一首庆祝巴宾顿阴谋（Babington plot）②中的犯人被处决的歌谣上（图16.3）。③我们是否能从这些被处决的叛国者"面相"中看出他们的残忍、恶意与奸诈？

观相书的例子提醒我们，木版画在科学著作中尤为重要。④ 使用凸版（无论是木质还是金属）印刷图表确实有一定的优势，这样一来，早期的印刷商可以将图像安排在解释性文本附近，比如艾哈德·拉多尔特⑤十五世纪九十年代在威尼斯出版的欧几里得作品。莱昂哈特·福克斯⑥赞扬了负责为他的《芳草植物志》（*Herbal*，1542）刻画插图的木刻师，同时指出，他的作品与其他作者的不同之

---

① *Alphabet du premier age, où les prières, les sept Pseaumes, et les Litanies des Saintes sont au-long* (Narbonne:Caillardfils, 1816) (Morgan Library, New York, PML 86152).

② 英格兰天主教势力企图暗杀伊丽莎白一世和营救前苏格兰女王玛利的阴谋，因主谋为安东尼·巴宾顿（Anthony Babington,1561—1586），故名。——译注

③ Ruth S. Luborsky, 'Woodcuts in Tudor Books: Clarifying Their Documentation', *Papers of the Bibliographical Society of America* 86, no. 1 (1992): 67 - 81, 80.

④ Sachiko Kusukawa, *Picturing the Book of Nature: Image, Text, and Argument in Sixteenth-Century Human Anatomy and Medical Botany* (Chicago, IL: University of Chicago Press, 2011), pp. 64 - 9.

⑤ 艾哈德·拉多尔特（Erhard Ratdolt,1447—1528），德国印刷商，首位出版欧几里得作品的人。——译注

⑥ 莱昂哈特·福克斯（Leonhart Fuchs,1501—1566），德国植物学家。——译注

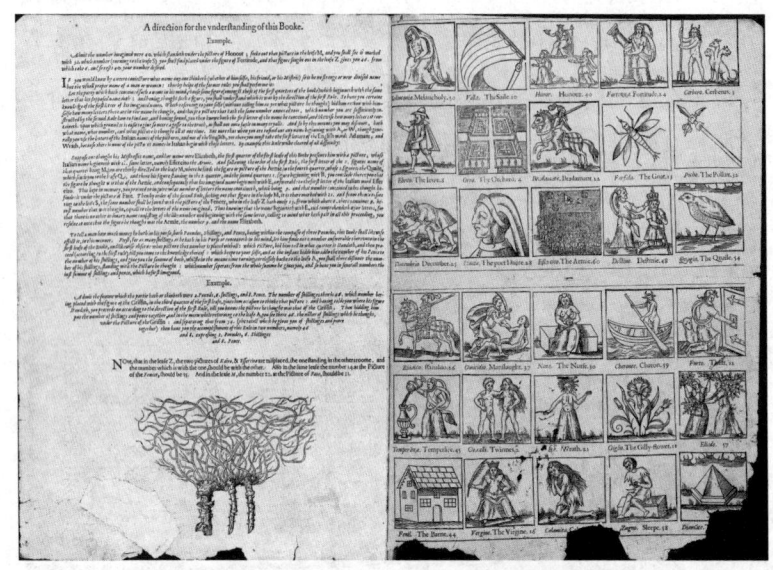

图 16.1 出自安德烈·吉西(Andrea Ghisi)所著《智慧迷宫,或称益智游戏:英译增补本》(Wits laberynth, or, The exercise of idlenesse. Englishedand augmented,伦敦:1610)的和合页。由托马斯·珀福特(Thomas Purfoot)印刷,约翰·巴奇(John Budge)销售。前言的结尾是木刻尾花装饰画,形状是上下颠倒的植物根系,为页面增添了雅致感。右页的方块木版画是为预言游戏服务的。其中一部分在 1652 年题为"醉酒之镜"的大型传单的边框中再次出现。现藏于牛津大学波德林图书馆

处在于每种植物都有单独的木刻印版。① 高质量的木刻版画也是十六世纪解剖学巨著——维萨里的《人体构造》(De Humani Corporis Fabrica)的重要组成部分。② 不过尽管如此,伦敦制作的盗版副本

---

① Sachiko Kusukawa, 'Leonhart Fuchs on the Importance of Pictures', Journal of the History of Ideas 58, no. 3(July 1997): 403 - 27, 406.

② J. B. de C. M. Saunders, and Charles D. O'Malley, The Illustrations from the Works of Andreas Vesalius of Brussels (New York: Dover, 1950, repr. 1973), pp. 47 - 8. 参见肖恩·罗伯茨在第 17 章的讨论。

使用的是雕版印刷技术,说明当时凹版印刷的普及度正在日益提升。① 除了雕版印刷能够呈现的精密细节之外,那时候可能还存在一种安东尼·格里菲斯所说的对木版画的心理厌恶:材料的廉价与不同作品间素材的重复性导致了信用问题与劣质的认知。②

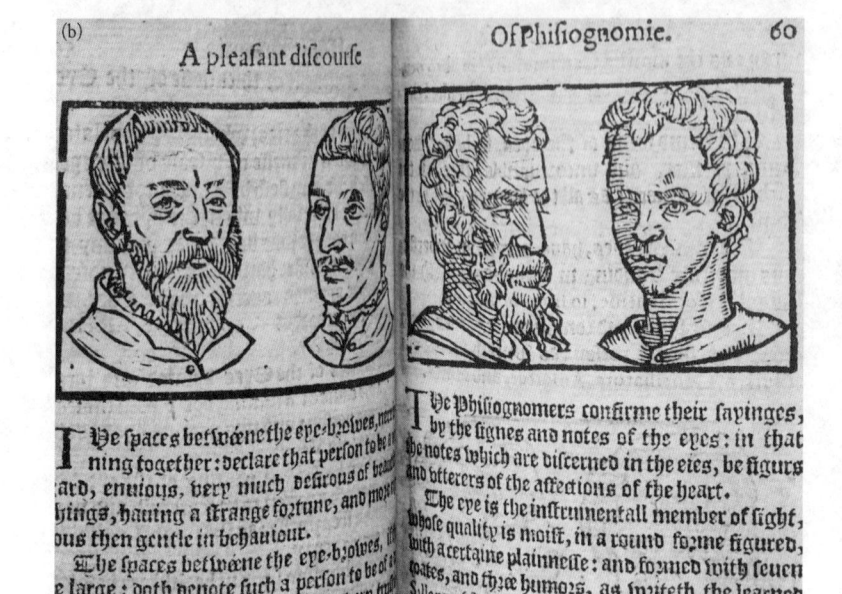

图16.2 头像画的出处为巴托洛梅奥·德拉·罗卡·科克斯(Bartolommeo della Rocca Cocles)所著《观相艺术的简明概要》(*A brief and most pleasau[n]t epitomye of the whole art of phisiognomie*)[伦敦:伊恩·韦兰德(IohnWaylande), 1556]。之后又出现在托马斯·希尔(Thomas Hill)所著《揭秘观相艺术的历史》(*A pleasant history: declaring the whole art of physiognomy*)[伦敦:W. 贾格德(W. Jaggard),1556]中,即图所示,现藏于牛津大学波德林图书馆

---

① Thomas Geminus, *Compendiosa totius anatomie delineatio* (London, 1545).
② Griffiths, *The Print before Photography*, pp. 21, 181, 486.

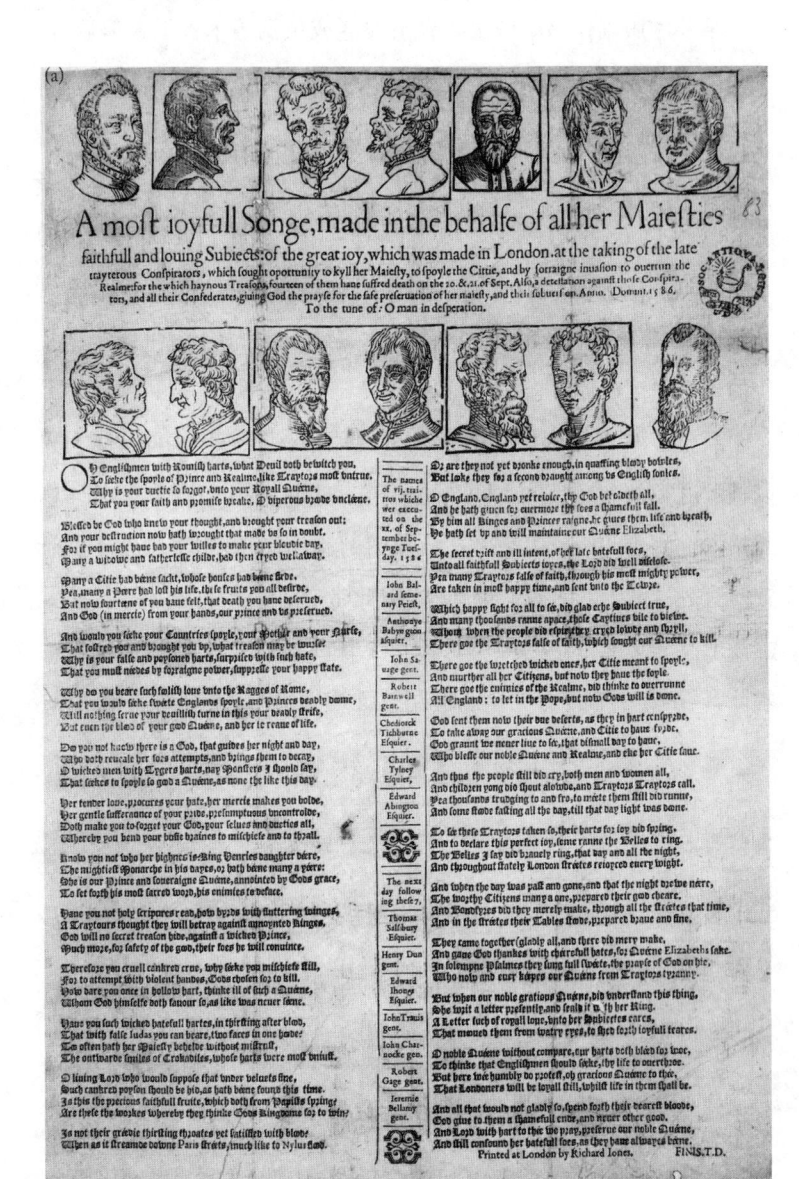

图 16.3 作于 1586 年的歌谣。现藏于伦敦文物学会（Society of Antiquaries）

某些木版画作品中确实能看出裂缝或虫洞等木板损毁痕迹,这说明印版已经使用了数十年之久。人们也会尝试延长木刻印版的使用期限:移除一部分并以新材料填充。剔除某个设计元素可能是为了符合新的主题,也可能是出于宗教或意识形态需要而对原图做出修改。① 1568年的首版英文《主教圣经》(Bishops' Bible)所使用的木刻印版是从科隆②进口的,其中上帝的形象被四字神名③代替。④ 1572年的第二版对开本制作了新的木刻印版,并为十七世纪二十年代的单页民谣所用。⑤

通过了解木版画图书的视觉表现风格、受众阅读习惯,我们得以理解这类作品在具体语境中的用途。自十六世纪中期,凹版印刷开始取代木刻印版成为高价书籍插图的制作途径,木版画则多用于较便宜的插图书和更古老的文本,因此带有了一种与童年记忆相关的怀旧感。十七世纪中叶单页民谣上的木版画是英国通俗文学的象征,以至其中一部分在十八世纪被继续使用。⑥ 在这两百年间,一

---

① David Davis, '"The vayle of Eternall memorie": Contesting Representations of Queen Elizabeth in English Woodcuts', *Word and Image* 27, no. 1 (2011): 65 - 76. 由于印刷错误而导致木刻印版需要修改的例子可参见 Charles Gérard, 'Un exemplaire exceptionnel du Dante di Brescia de 1487', *La Bibliofilia* 4 (1903): 402. 感谢玛蒂尔达·马拉斯皮纳(Matilde Malaspina)提供文献。

② 科隆(Cologne),德国地名。——译注

③ 四字神名(tetragrammaton),古希伯来人用来表示上帝的四字母词。——译注

④ Colin Clair, 'The Bishops' Bible 1568', *Gutenberg Jahrbuch* (1962): 287 - 90; Margaret Aston, 'The Bishops' Bible Illustrations', *Studies in Church History* 28 (1992): 267 - 85.

⑤ Margaret Aston, 'Bibles to Ballads: Some Pictorial Migrations', in *Christianity and Community in the West: Essays for John Bossy* (Aldershot: Ashgate, 2001), pp. 106 - 36.

⑥ *Specimens of Early Wood Engraving: Impressions of Wood-Cuts from the Collection of Mr Charnley* (Newcastle, 1858).

幅极具辨识度的男性肖像画被复制了八次之多（其中一块木刻印版现存于大英博物馆），这表明在印刷商看来，熟悉的画面能够吸引读者阅读全新的文字。[1]

如果读者看到的木版画印自半世纪前的印版，或是复制自早期模板，便有必要考虑古画带来的艺术效果及其相应的阐释角度。罗杰·夏蒂埃的观点是，通俗阅读文化强调的是"重复多于创造：每个新文本都是已知主题与思想的变体"[2]。这一说法并不仅仅针对学识有限的读者。象征论（typology）是一种既有的阅读理解模式，图像可以代表当下也可以代表过去。[3] 1478 年左右的《科隆圣经》（Cologne Bible）中的《以斯拉记一》（1 Esdras）里有一幅木版画插图，用永远在建的科隆大教堂影射《旧约》时代。相反，如果古老《圣经》中的所罗门王木版画被用在廉价的民谣单页上，十七世纪早期的读者可能会将其认作国王詹姆斯，尤其是在后者极为乐见这种联想的情况下。[4] 除此之外，重复性有时也反映了现实：国家机器的施政旨在展现其稳固的权力，因此描绘绞刑的木版画背景总是一成不变，尸体部分则可以移动替换，即便毫无美感，但这真实再现了伦敦直

---

[1] Giles Bergel et al., 'Content-Based Image-Recognition on Printed Broadside Ballads: The Bodleian Libraries'ImageMatch Tool', *IFLA Library* e-print, http://library.ifla.org/id/eprint/209 (2013): 5 - 6.

[2] Roger Chartier, 'Reading Matter and "Popular" Reading: From the Renaissance to the 17th Century', in *A History of Reading in the West*, ed. Guglielmo Cavallo and Roger Chartier; trans. Lydia G. Cochrane (Oxford: Polity, 1999), p. 278. ［罗杰·夏蒂埃（Roger Chartier,1945— ），法国历史学家。——译注］

[3] Tessa Watt, *Cheap Print and Popular Piety, 1550 - 1640* (Cambridge: Cambridge University Press, 1991); Paul Korshin, *Typologies in England, 1640 - 1820* (Princeton, NJ: Princeton University Press, 1982), p. 31.

[4] Aston, 'Bibles to Ballads', note 28.

到十九世纪的公开处刑场面。①

十八世纪的木版画主要在教科书等低端市场被用作插图。② 我们可以从劳伦斯·斯特恩的《项狄传》这一特殊的例子中探究木版画在十八世纪文学作品中的地位。第一卷中著名的黑色块页面——左页是"啊,可怜的约里克!"——以及第六卷那疯狂曲折的"故事线"都是凸版印刷而成。斯特恩声称,无修饰的黑色块隐藏了"许多观点、交流与真相",而曲线则再现了之前所有叙事的弧度。这两幅抽象画代表了沉默的话语或者说是文字的精华。威廉·荷加斯③为第二版设计的卷首页绘画使用的则是金属雕版印刷技术。

1788 至 1800 年间,两位接受过雕版技术训练的英国艺术家几乎是朝相反的方向推动了凸版印刷的发展,都对后世产生了重要的影响。威廉·布莱克的"凸版蚀刻"灵感来自他的兄弟罗伯特,后者希望"以铅版印刷的风格呈现全部内容,包括诗句与图像"④。少量精细印刷的金属模板就像十五世纪的木刻书一样同时包含文字与图画。另一位艺术家托马斯·比维克则是为一系列自然史作品及《伊索寓言》发明了优美的木质雕版插图。其中许多印版还被浇铸成铅版,用于其他小册子、海报和民谣歌谱。⑤

---

① Griffiths, *The Print before Photography*, p. 405.

② Martyn Ould, 'The Workplace: Places, Procedures, and Personnel 1668 - 1780', in *The History of Oxford University Press: Volume I. Beginnings to 1780*, ed. Ian Gadd (Oxford: Oxford University Press, 2013), p. 231.

③ 威廉·荷加斯(William Hogarth, 1697—1764),英国画家、艺术理论家。——译注

④ Allan Cunningham, *Great English Painters*, *Selected Biographies from 'Lives of Eminent British Painters'*, ed. W. Sharp (London, 1886), p. 285.

⑤ Peter C. G. Isaac, *William Davison's New Specimen of Cast-Metal Ornaments and Wood Types: Introduced with an Account of His Activities as Pharmacist and Printer in Alnwick, 1780 - 1858* (London: Printing Historical Society, 1990).

比维克的成功提升了木质雕版的声誉,使之成为二十世纪前小说、杂志、报纸所用插图的重要创作工具。与雕刻技术的机械化同步,木质雕版也终于越来越易于复制。[1] 然而与早期大师诸如阿尔布雷希特·丢勒[2]的作品相比,这种图像的大规模制作似乎过于机械化。重拾摇篮本时期木版画光辉的信念激励威廉·莫里斯[3]于十九世纪九十年代在印刷书籍中使用木版画插图与装饰图案,并像布莱克一样关注整幅页面的效果,也就是和合页的效果。不过他所谓的凯尔姆斯科特出版物中的装饰画与插画"独一无二"[4]的说法掩饰了部分作品是用电铸版印刷的这一事实。[5]

如果解剖一本书,木刻印版可能构成全部主体(比如木刻书),也可能只是其中的视觉部分。不同出版物中反复出现的同一图像提醒读者,无论彼时还是此刻,书籍都并不只是印刷机上形成的有机整体,也是各个部件的临时组合,每一部分都有其重量与意义。[6]

---

[1] James Mosley, 'Dabbing, *abklatschen*, *clichage* …', *Journal of the Printing Historical Society* 23 (Autumn 2015):73-5. John Jackson and W. A. Chatto, *A Treatise on Wood Engraving, Historical and Practical* (London: Chatto and Windus, 1881), pp. 647-8, 722.

[2] 阿尔布雷希特·丢勒(Albrecht Dürer,1471—1528),德国画家、版画家。——译注

[3] 威廉·莫里斯(William Morris,1834—1859),英国诗人,也是工艺美术运动领导人之一。下文的凯尔姆斯科特(Kelmscott)出版社由他创立。——译注

[4] *A note by William Morris on his aims in founding the Kelmscott press, together with a short description of the press by S. C. Cockerell & An annotated list of the books printed thereat* (London: Hammersmith Kelmscott Press, 1898).

[5] Paul Needham, John Dreyfus, and Joseph R. Dunlap, *William Morris and the Art of the Book* (London:Oxford University Press, 1976), p. 87.

[6] Luborsky, 'Woodcuts in Tudor Books'; Knapp, *Illustrating the Past*, pp. 49-50.

第 17 章

雕版画

肖恩·罗伯茨

由工匠以制造金器、军械的技术工具在铜版上雕刻而成的雕版画在十五世纪的大部分时间里只是零星又突兀地出现在印刷书籍中。工艺上的保密要求、早期图书印刷商与木刻师的紧密合作关系,再加上需要在单独的印刷机上印制的不便与成本,使得雕版画以插图形式进入书籍的过程一开始并不顺利。不过如果说凹版(英文中的 intaglio 一词源自意大利语中表示切割的动词)印刷起步落后,那么接下来的时代证明了这是一种大器晚成的技术。对于读者而言,雕版画所具有的精细度、准确度和图形密度是其近亲木版画难以媲美的。① 世界地图、天文学图表、解剖学图示和动植物图志都离不开雕版师制作出的华丽页面。到了十七世纪,雕版画已经成为书籍插图文化的重要组成部分。图文书借助版画作品表现精益求精的自然主义②,以此记录、推动近代早期不断扩张的殖民活动及探索冒险,并进一步从中获利。

总有人认为印刷书籍,尤其是印刷图片是非常简单的事情。③如果说自古代印章的发明以来,将可复制的线性图案组合从模板转

---

① 有关凹版印刷材料、流程等内容可参见安东尼·格里菲思所著《影印时代之前的印刷技术》(*The Print before Photography*)(伦敦:大英博物馆,2016),尤其是第 38 至 49 页。

② 自然主义(naturalism),文学艺术创作中追求绝对客观性、纯粹描摹自然的倾向。——译注

③ 类似观点可参见 David Landau and Peter Parshall, *The Renaissance Print: 1470‑1550* (New Haven, CT: Yale University Press, 1994), p. 1; and Peter Parshall (ed.), *The Woodcut in Fifteenth-Century Europe* (New Haven, CT: Yale University Press/National Gallery of Art, 2009), pp. 9‑10.

印至素材已是司空见惯的概念，那么其在实践中的技术化发展其实比我们想象的要复杂得多。图片与图案的木刻版印刷技术在十四及十五世纪之交经历了初期的艰难发展后，到十五世纪中期活字印刷兴起之前已相当成熟。相比之下，雕版印刷仍是一种新兴技术。作为图书产业采用的第一种凹版技术，雕版需要借助凿子一样的刻刀在印版（通常是铜制）上刻出凹槽。刻刀会将凹槽的金属全部剔除而不是仅仅推移到一边，所以无毛边的干净纹路就形成了。到了印刷环节，印版上会涂上油墨再擦干表面，剩下的油墨进入凹槽中，施加压力后凹槽里的油墨就可以在湿润的纸张上留下痕迹。之后便是重复这一道工序。①

这样看来步骤的确简单。然而整个过程中每个环节都有可能出错——事实上失误已是常态。油墨可能会过厚又或者不够黏稠，导致线条颜色太浅或是溢在纸面及边缘处。铜是一种软金属，抛光的雕版容易有划痕或裂纹，形成线条，进而影响原本的图像甚至产生灰色调的模糊效果。最重要的一点是，用刻刀雕刻本身就与绘图者或誊写员的流畅动作不同，纠正这一高难度过程中的错误也十分耗时。弗朗切斯科·贝林吉耶里②的《七日地理学》(*Seven Days of Geography*, 1482)是最早收录雕版画的作品之一，也是印刷插图书籍的大师级案例。该版本中的三十一幅地图是基于具有数十年历史的传统模板，但将其转印至全新介质无疑是巨大的挑战。与许多早期雕版画类似，这些地图难以辨认，表面都是灰蒙蒙的污损。残

---

① 有关历史上的凹版印刷技术，可参见以下著作中的精彩介绍：Ad Stijman, *Engraving and Etching, 1400 - 2000* (London: Archetype Publications, 2012), pp. 23-30.

② 弗朗切斯科·贝林吉耶里(Francesco Berlinghieri, 1440—1501)，意大利人文主义学者。——译注

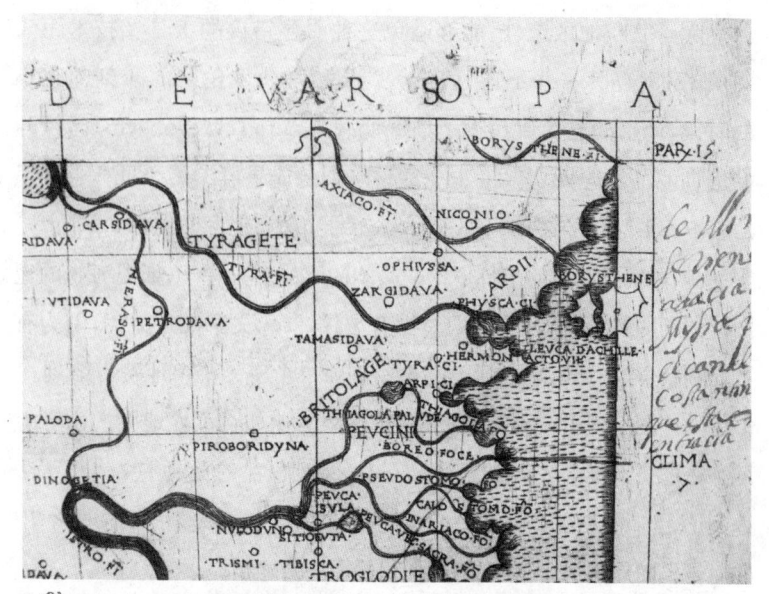

图 17.1 欧洲的第九幅地图(局部)。出自弗朗切斯科·贝林吉耶里所著《七日地理学》的铜版画。现藏于意大利米兰布雷顿斯国立图书馆(Biblioteca Nazionale Braidense)

存的印记也并不规则,这说明十五世纪的原始辊压机(roller press)在近乎对开本尺寸的铜版上不易保持稳定的压力。更值得注意的是,当时的雕版师还没有掌握锤击和抛光等基本技艺——即将铜料塞回凹槽并打磨光滑以修正错误——也还不擅长使用钢字冲头(letter punch)这样的工具,继而导致几千个地理学图标只能徒手雕刻,有误的线条也没有擦除。当我们看到欧洲的第九幅地图(图 17.1)时,很难不同情这位可怜的工匠。倒霉的雕版师误将这张图片标记为"ASIA"(亚洲),在无法移除这几个字母的情况下,"EUROPA"(欧罗巴)被安插在"ASIA"之间,变成失去意义的乱码。①

---

① Sean Roberts, *Printing a Mediterranean World* (Cambridge, MA: Harvard University Press, 2013), pp. 92 - 7.

除了北欧地区之外,能够避免这种明显错误的工具及技术距离阿尔诺①河畔其实并不遥远。也就是说,在佛罗伦萨的雕刻师犯难的时候,德国印刷商康拉德·斯温海姆(Conrad Sweynheym)已经开始培训罗马工匠此类矫正技艺。② 培训的成果可参见令贝林吉耶里的版本相形见绌的杰作——于1478年上市的《地理学》(*Geography*)中的地图(图17.2)。与佛罗伦萨版本的不同之处在于,斯温海姆的地图以清晰的线条著称,没有划痕没有裂纹,图示文字几近完美,因为有了锋利的金属冲头,雕刻师不必再用刻刀一个字一个字地费力雕刻。③ 书中的地图呈现出一种超前的三维立体感,比如在世界地图的山脉上用细密的交叉线构成斜坡的阴影。这一系列作品的自然主义表现手法达到了无与伦比的水平,同一时期在乌尔姆印刷的木刻版《地理学》中的简略平面地图尽管清晰易读,但仍然无法与之相提并论。

尽管罗马的印刷商与雕刻师已经解决了一部分新技术带来的问题,雕版画在进入图书行业的道路上仍有不小的障碍,贝林吉耶里的佛罗伦萨印刷厂的另一个项目可以充分说明这一点。克里斯多福罗·兰迪诺④的但丁《神曲》评论集于1481年出版,该豪华版在同年印刷了犊皮纸版本,献给佛罗伦萨政府。⑤ 一般来说,地图是在

---

① 阿尔诺(Arno),意大利北部河流,河畔城市为佛罗伦萨。——译注

② R. A. Skelton, 'Introduction', *Claudius Ptolemy: Cosmographia, Rome, 1478* (Amsterdam: Theatrum Orbis Terrarum, 1966), p. viii.

③ Tony Campbell, 'Letter Punches: A Little-Known Feature of Early Engraved Maps', *Print Quarterly* 4 (1987): 151-4.

④ 克里斯多福罗·兰迪诺(Cristoforo Landino, 1424—1498),意大利文艺复兴时期的人文主义学家,也是最权威的但丁作品注释者之一。——译注

⑤ 有关这一版本的记载参见 Lorenz Böninger, 'Il contratto per lastampa e gli inizi del commercio del *Comento sopra la comedia*', in *Per Cristoforo Landino, lettore di Dante*, ed. Lorenz Boninger and Paolo Procaccioli (Florence: Le Lettere, 2016), pp. 97-118.

图17.2 世界地图。出自托勒密①所著《地理学》(罗马,1478)的铜版画。现藏于伦敦大英博物馆

① 托勒密(Ptolemy,约90—约168),古希腊数学家、天文学家、地理学家。——译注

独立的纸张上印刷,再与文字页装订在一起。而这本评论集的作者和印刷商试图将每一篇的插图直接放在该部分的第一页。① 这个想法看上去容易,毕竟类似的事情木刻书已经做了几十年,但木刻版是以用于活字印刷的传统压板式印刷机(platen press)印刷的,而雕刻版需要更大的压力,通常使用辊压机印刷。因此,出版商面临的难题即如何将不同介质的文字与图画整合在同一个页面上。

起初印刷商(过于乐观地)尝试了一种分为两个步骤的流程。先用普通的压板式印刷机印刷文本,插图处留白,再与上了墨的铜版对齐以辊压机印刷。理论上来说是可以操作的,但此过程中消耗过多人力,成本不菲,最终效果也无法令人满意。因为每当一张纸需要印刷两次,就会出现"套准"(registration)问题。简而言之,就是一旦疏忽,图片将会出现在它不应该出现的地方。现藏于波德林图书馆的一份副本的第三章第一页就出现了意外导致的滑稽效果。② 铜版上下颠倒角度倾斜,插图仿佛是随意掉在了纸面上(图 17.3)。可想而知,为了避免这样的灾难,印刷商采取了新的措施。雕版画用辊压机单独印刷成页,再剪下来粘贴到印好的活字印刷文本上。即便如此仍然挑战巨大,只有少数几本书能够包含完整的插图。

错误的开始与草率的方案让我们得以窥见插图书籍的发展历史。首要的一点是,近代早期印刷实践在地域上极具局限性。制作者所依赖的工具与技术在整个欧洲的分布并不均衡。初期的雕版

---

① Peter Keller, 'The Engravings in the 1481 Edition of the Divine Comedy', in *Sandro Botticelli: The Drawings for Dante's Divine Comedy*, ed. H. Altcappenberg (London: Royal Academy of the Arts, 2000), pp. 326 – 33; 以及 Palo Procaccioli, 'Introduction', *Cristoforo Landino: Comento sopra la Comedia* (Rome: Salierno, 2001).

② 馆藏编号为 Auct. 2Q 1.11。

图17.3 克里斯多福罗·兰迪诺所著《〈神曲〉评论集》（佛罗伦萨，1481）第三章第一页。现藏于牛津大学波德林图书馆

印刷是崭新的行业,涉及军械、金器的制造技术,也需要画家、印刷商这些具有木刻版、活字印刷经验的人士参与。地域局限性还有人为方面的因素。诸如佛罗伦萨或罗马的印刷商——以及与之合作的雕版师——身为企业家,会将高效的工具、技术视为商业机密以保护自己的既得利益。① 毫无疑问,这样做也会有一定的风险。尽管罗马版的托勒密作品在视觉效果上十分成功,但在商业上的表现并没有超过它的竞争对手佛罗伦萨版。新技术的尝试费用高昂,因此利润空间不大。在出版《地理学》后不久,斯温海姆及其合作伙伴便破产了,只能依靠教皇的大笔贷款来维持经营。②

斯温海姆的雕版师利用复杂的阴影与精准的线条营造出逼真的三维立体感,地图上的注释也清晰可辨。即便如此,与木版画相比,早期的雕版插图仍有明显的不足之处。如今的我们都能认同白纸黑字的印刷美学,但近代早期的读者习惯了阅读装饰华丽的手抄本,面对单调的印刷图片,仍会期待它们能够染上生动的色彩。这种偏好并没有对艺术作品产生太大的影响,但就传达细微视觉信息的书籍插图而言则是关键所在。地图是此类技术性图片中的重要代表,要求图案与背景的区别准确无误。尽管雕刻线条也有优点,但其密度与对阴影的依赖导致页面无法像早期的印刷品那样为半透明水彩留下足够的空间。因此,1482 年在乌尔姆印刷的《地理学》

---

① Sean Roberts,'Tricks of the Trade: The Secrets of Early Engraving', in *Visual Cultures of Secrecy in Early Modern Europe*, ed. Timothy McCall, Sean Roberts, and Giancarlo Fiorenza (Kirksville, MO: Truman State University Press, 2013), pp. 182 - 208. 另见新近发表的 Christina Neilson,'Demonstrating Ingenuity: The Display and Concealment of Knowledge in Renaissance Artists' Workshops', *I Tatti Studies in the Italian Renaissance* 19 (2016): 63 - 91。

② Skelton, *Cosmographia: Rome*, 1478, p. v.

虽然无法在细节或自然主义深度上与佛罗伦萨和罗马版竞争，但木版画地图的大量留白可通过各种方式进行上色，更不必担心划痕裂纹或错误的图标。后来，精细的手工上色逐渐被采纳为可行的方案，积累了经验的雕版师会注意在作品中留下着色的余地。[①] 与此同时，传统雕版与化学方式的凹版蚀刻——用酸而非刻刀在铜版上刻线——的结合也越来越常见，版画师得以用更为细致而有层次的明暗来代替色彩。[②] 最后，技术终于发展到可以直接印刷彩色雕版画，比如科内利斯·德布鲁因[③]在他 1700 年的《黎凡特之旅》(Voyage to the Levant)中为描绘埃及与中东地区所采用的创新双色印刷技术。[④]

随着人们对新技术的掌握，许多疑难问题迎刃而解，凹版印刷也终于与早先的凸版印刷一样为人所接受。到了十六世纪晚期及十七世纪初，涌现出了更多训练有素的雕版师。这些工匠与绘图师和出版商通力合作，与其说是艺术设计方面的专家，不如说他们擅长的是将视觉创意转化为可复制的形式。不过，我们仍能在书籍中

[①] 更多有关早期印刷品手工上色的内容，可参见 Susan Dackerman, *Painted Prints: The Revelation of Colour* (University Park, PA: Penn State University Press, 2002)。

[②] Madeleine Viljoen, 'Etching and Drawing in Early Modern Europe', in *The Early Modern Painter-Etcher*, ed. Michael Cole (University Park, PA: Penn State University Press, 2006), pp. 37–52.

[③] 科内利斯·德布鲁因(Cornelis de Bruijn, 约 1652—1727)，荷兰艺术家、旅行家。——译注

[④] 印刷商早在最初的时期就开始尝试以机械化的方式为作品增添色彩，参见 Ad Stijnman and Elizabeth Savage (eds), *Printing Color, 1400–1700* (Leiden: Brill, 2015)。有关德布鲁因的内容可参见 Benjamin Schmidt, *Inventing Exoticism: Geography, Globalism, and Europe's Early Modern World* (Philadelphia, PA: University of Pennsylvania Press, 2015), pp. 44–5。

看到阻碍雕版画早期发展的部分因素。凸版与凹版印刷的结合相当复杂,雕版画因此最适用于地图册等书籍,因为图片可以单独印刷再装订为成品。其他诸如解剖学图书、科学器材手册等往往会利用雕版画制作苏珊娜·卡尔·施密特(Suzanne Karr Schmidt)所说的"雕塑式印刷品"(sculptural print)。无论是单页印刷还是结集成书,这些图片都经过了剪裁、粘贴,以组合为类似我们如今常见的"立体书"(pop-up book)的产品。① 正如凯利·伍德(Kelli Wood)所言,尽管这些短时性印刷品大多已经失传,但雕版游戏板的确是当时许多印刷商的重头商品。虽然游戏板可能会配有活字印刷的说明书讲解规则,但其本身独立存在而不是图书的一部分。② 无独有偶,十六、十七世纪的许多大型地图和景观图也没有收录成册,而是单独销售,比如马里奥·卡塔罗③1576年创作的古今罗马对比图就吸引了源源不断的游客来到这座永恒之城。④ 严格意义上讲,我们可以认为大部分近代早期雕版画的设计初衷都不是成为书籍的一部分。

事实上,在十六世纪的大部分时间里,插图书籍与凹版印刷之间的关系都是若即若离的。尽管凹版印刷发展迅速,但许多具有影

---

① Susan Dackerman, 'Prints as Instruments', in *Prints and the Pursuit of Visual Knowledge* (Chicago, IL: University of Chicago Press, 2011), pp. 19-34;以及 Suzanne Karr Schmidt, *Interactive and Sculptural Printmaking in the Renaissance*(Leiden: Brill, 2017)。

② Kelli Wood, 'The Art of Play', PhD dissertation, History of Art, University of Chicago, 2016.

③ 马里奥·卡塔罗(Mario Cartaro,1540—1620),意大利雕版师、画家。——译注

④ 参见 Jessica Maier, *Rome Measured and Imagined* (Chicago, IL: University of Chicago Press, 2016), pp. 143-51.

响力的佳作仍在使用木版画插图。1568年，乔尔吉奥·瓦萨里[①]计划翻印一系列意大利艺术家肖像画以扩编其作品《生命》(Lives)，他就选择了木版画作为媒介，即便这意味着他需要到遥远的威尼斯去寻找能够胜任的工匠。预先画好的图纸被分批送往北方以供富有经验的工匠切割木板，图片校样会提供给作者信任的代理人审核，最终成品再回到佛罗伦萨进行印刷。[②] 采用木版画插图对于《生命》一书而言至关重要，因为这些肖像画必须直接插入每位艺术家传记开头的活字文本中。同样，1543年在巴塞尔[③]印刷的安德烈·维萨里的《人体构造》虽然对技术性细节要求很高，但仍旧使用了木版画插图。维萨里的人体解剖图解无疑是那一时期最权威的解剖学著作，直到亨利·格雷[④]以本人命名的同类教材在十九世纪出版，其地位才有所下降。维萨里对皮肤之下骨骼肌肉结构的展示极度考验木版画的细节表现能力。[⑤] 不过，这些插图在精确度、复杂性方面的不足能被木版画的另一个固有特征弥补：持久的耐用性。铜所承受的高压力和相对而言的柔韧性导致雕版会随着反复印刷而很

[①] 乔尔吉奥·瓦萨里(Giorgio Vasari, 1511—1574)，意大利文艺复兴时期艺术家。——译注

[②] 关于这部分内容的文献繁多，可参见 Sharon Gregory, *Vasari and the Renaissance Print* (Farnham: Ashgate, 2012), pp. 83 - 114；以及 Laura Morretti and Sean Roberts, 'From the *Vite* or the *Ritratti*: Previously Unknown Portraits from Vasari's Libro de' Disegni', *I Tatti Studies in the Italian Renaissance* 21 (2018): 105 - 36.

[③] 巴塞尔(Basel)，瑞士地名。——译注

[④] 亨利·格雷(Henry Gray, 1827—1861)，英国外科医师、解剖学家。——译注

[⑤] 有关解剖图解的发展过程可参见 Domenico Laurenza, *Art and Anatomy in Renaissance Italy: Images from a Scientific Revolution* (New York: Metropolitan Museum of Art, 2012).

快磨损。① 相比之下,木刻版几乎可以无限期地印刷,除非具体的图案被破坏。例如,瓦萨里的肖像画木刻版在一个世纪后仍在被使用,即用于 1647 年在博洛尼亚②制作的新版本。③《生命》和《人体构造》的例子告诉我们,许多印刷书籍——甚至是那些包含技术性或艺术性插图的书籍——需要灵活结合文字与图像,并凭借木刻印版的耐用性长久获利。④

不过对于那些要求复杂的、视觉信息能够独立于文本的作品而言,雕版画便是不可或缺的,乃至权威的标志,这类作品的受众也证明高昂的成本是值得的。专业雕版师与出版商携手,在罗马、安特卫普、阿姆斯特丹以及北欧各市等出版业中心制作了一系列精美书籍。⑤ 在十六世纪的最后几十年里,雕版画已然成为公认的技术奇迹。扬·范德斯特拉特⑥在系列画作《新发现》(Nova Reperta)中将雕版画作坊也列为发明之一,并由扬·克莱特(Jan Collaert)雕版、菲利普斯·加勒(Phillips Galle)出版。在斯泰达努斯看来,雕版画与火药、指南针齐名,共同促进了他所在的近代世界的发展。⑦

---

① Griffiths, *The Print before Photography*, pp. 50 – 61.

② 博洛尼亚(Bologna),意大利地名。——译注

③ Maria H. Loh, *Still Lives: Death, Desire, and the Portrait of the Old Master* (Princeton, NJ: Princeton University Press, 2015), pp. 20 – 1.

④ 参见 Dackerman, *Prints and the Pursuit of Visual Knowledge*.

⑤ 参见 Evelyn Lincoln, *Brilliant Discourse: Pictures and Readers in Early Modern Rome* (New Haven, CT: Yale University Press, 2014).

⑥ 扬·范德斯特拉特(Jan van der Straet,1523—1605),比利时艺术家,艺名为斯泰达努斯(Stradanus)。——译注

⑦ Alessandra Baroni and Manfred Sellink (eds), *Stradanus, 1523 – 1605: Court Artist of the Medici* (Turnhout: Brepols, 2012); Lia Markey, 'Stradano's Allegorical Invention of the Americas in Late Sixteenth-Century Florence', *Renaissance Quarterly* 65 (2012): 385 – 442.

地图册是其中最重要的一部分。荷兰人文主义学者亚伯拉罕·奥特柳斯（Abraham Ortelius）就选择了雕版画作为其出版于1570年的拉丁文地理学巨著《寰宇大观》（*Theatrum Orbis Terrarum*）的素材。[①] 该作品通常被认为是史上第一部真正的世界地图集，由来自安特卫普的一流雕版师参与，为读者呈现了前所未有的细节、清晰度和新颖视角。奥特柳斯的世界地图几乎完美融合了制图学的广度与深度，是传统大发现时代巅峰期人类地理知识的缩影。[②] 观者的视线在对开尺寸的大规模背景和无数细微的城市、山河图案间无缝转换，地图符号与优美风景间的界限变得模糊，堪称北欧自然主义的代表作。除此之外，文艺复兴晚期的艺术活力也在地图上一览无遗，华丽的卷轴装饰物、海妖、丘比特、船只与海怪填充了地球上的空白角落。并且，在精心设计下，地理特征周围留下了充足的空间以供统一手工上色，以呼应画面中明显的幻觉主义[③]倾向（参见彩插图 6）。

《寰宇大观》很快被认可为近代早期最成功的印刷书籍之一，不仅在安特卫普，更是在整个欧洲大陆被争相模仿，推动了制作技术的进步。深受影响的例子之一是由格奥尔格·布劳恩与弗朗茨·霍根伯格[④]合作的《寰宇城市》（*Civitates orbis terrarium*，1572），该图志在奥特柳斯的基础上提供了更细致的主要城市天际线、海岸线

---

① 参见 Marcel van den Broecke et al. (eds), *Abraham Ortelius and the First Atlas* (Utrecht: HES, 1998).

② Tine Luk Meganck, *Erudite Eyes: Friendship, Art, and Erudition in the Network of Abraham Ortelius* (Leiden: Brill, 2017).

③ 幻觉主义（illusionism），自然主义的一个特殊分支，指令观者分不清绘画与真实的艺术手法。——译注

④ 格奥尔格·布劳恩（Georg Braun, 1541—1622），德国地形学家；弗朗茨·霍根伯格（Franz Hogenberg, 1535—1590），德国雕版画家。——译注

和城墙界限。① 更关键的是,《寰宇大观》的模板性质令其雕版地图——无疑是全书成本最高的组成部分——能够在非拉丁语版本中继续使用。荷兰文、德文、法文版在不久之后陆续推出,都因极高的性价比获得了丰厚的利润。这种意义下的雕版画充分发挥了身为"图书构件"的优势,但始终独立于整体。

即便是奥特柳斯这样的开创者也想象不到此后一个世纪的商业性质豪华雕版画将会发展到极致。在经过几次小规模的成功尝试后,约翰内斯·布劳②的《大地图集》(Atlas Major)第一卷于1662年问世。与珠玉在前的《寰宇大观》一样,该图册在当时的欧洲出版/绘画中心之一阿姆斯特丹印刷,最终多达十一卷。③ 但布劳的野心远不止于此,他甚至脱离实际地打算将天空与海洋的图表也纳入其中,制作名副其实的宇宙百科全书。在很大程度上,《大地图集》的独特性在于雕版地图壮观的图绘品质与规模,而不是其中的地理学信息。到了十七世纪中期,在艺术家亨德里克·高尔兹尤斯(Hendrik Goltzius)与克劳德·梅兰(Claude Mellan)等人的推动下,

---

① Johannes Keuning, 'The "Civitates" of Braun and Hogenberg', *Imago Mundi* 17 (1963): 41 - 4; 以及 Hillary Ballon and David Friedman, 'Portraying the City in Early Modern Europe: Measurement, Representation, and Planning', in *The History of Cartography*, 3, part 1, ed. David Woodward (Chicago, IL: University of Chicago Press, 2007), pp. 680 - 704.

② 约翰内斯·布劳(Johannes Blaeu, 1596—1673),荷兰地图绘制师。——译注

③ C. Koeman, Günter Schilder, Peter van der Krogt, and Marco van Egmond, 'Commercial Cartography and Map Production in the Low Countries, 1500 - ca. 1672', in David Woodward, ed., *The History of Cartography*, Vol. 3(Chicago, IL: University of Chicago Press, 2007); Krogt, 'The Atlas Maior of Joan Blaeu', in *Atlas Maior of 1665*(Köln: Taschen, 2005).

雕版画已完全成为以令人惊叹的视觉效果著称的艺术形式。[1] 在《大地图集》中，这种高水平的技术展现了诸如双半球世界地图这样的杰作（彩插图7）。图上结合了最先进的地图绘制手法与天空背景下强有力的巴洛克式古希腊神灵形象、地理学家肖像。更值得一提的是，布劳的这本《大地图集》是十七世纪最昂贵的图书。其中价值最高的版本每张地图都由人工上色，奢华至极，成本可能接近高级工匠一年的收入。当然，此书涉及的不光是艺术方面的声誉。对于它的印刷商而言，《大地图集》代表着这场白热化的商业拉锯战中对竞争对手亨里克斯·洪迪厄斯[2]的强力一击。与两百年前无异，雕版画插图书籍在本质上仍然是充满冒险性、实验性、挑战性的技术事业。

雕版画具有的精细度、准确度和图形密度，如果再加上蚀刻与手工着色的层次效果，便是过去华丽书籍插图无可厚非的黄金标准。对于上文提及的高端地图集等作品类型来说，雕版画也的确占据了至高的地位，直到后来才被平版胶印与广泛运用的商业化全彩印刷替代。不过些许讽刺的是，《大地图集》这样的鉴赏级艺术水平的雕版画最终并不是由新科技取代，而是在十九世纪被再次兴起的木刻版画超越，例如古斯塔夫·多雷[3]1882年为《神曲》所做的栩栩如生、无可比拟的绝美插图。

---

[1] Huigen Leeflang and Ger Luijten (eds), *Hendrick Goltzius 1558 – 1617* (Amsterdam: Waanders, 2003).

[2] 亨里克斯·洪迪厄斯（Henricus Hondius，1597—1651），荷兰雕版画师、地图绘制师。——译注

[3] 古斯塔夫·多雷（Gustave Doré，1832—1883），法国插画家、版画家。——译注

第 18 章

脚注[1]

---
[1] 珍妮·戴维森

脚注属于各式各样注释的一种，某些注释比印刷书籍甚至纸质图书的历史更久远，比如《塔木德》①、教父对《圣经》文本的注解，以及大量古籍中的手写释义。尽管本章的标题是《脚注》，但关注点将不仅限于此，还在于对所有文本注释的根本共性的讨论。而脚注这种出现在印刷页面底部的注释——与页边注释或尾注相区别——可以追溯至十七世纪末的北欧。马库斯·沃尔什认为法国牧师兼《圣经》学者理夏·西蒙(Richard Simon, 1638—1712)是学术文献学史上的一位关键人物。② 西蒙在1680年出版了他对《旧约》的评论集，并在序言中表示，为了避免读者被冗长的引文干扰，这些部分会尽量简洁，边缘的极简注释可在末尾的参考文献列表找到更完整的版本。其1689年评论《新约》的下一部作品又采用了完全不同的文献格式，因为有人抱怨来回查找相关段落太过麻烦，所以西蒙决定将之安排在页面最下方，"où chacun pourra les lire dans toute leur ëtendüe, & dans la langue des Auteurs"(每个人都可以直接看到完整的原语言版本)③。出版《圣经》文本的评论集本身就是对旧有宗教信仰的一种挑战，在伊芙琳·B. 特里布尔(Evelyn B. Tribble)

---

① 《塔木德》(Talmud)，以《密西拿》(Mishnah)律法书为主体做讨论的犹太教典籍。——译注

② Marcus Walsh, 'Scholarly Documentation in the Enlightenment: Validation and Interpretation', in *Ancients and Moderns in Europe: Comparative Perspectives*, ed. Paddy Bullard and Alexis Tadié (Oxford: Voltaire Foundation, 2016), pp. 97 - 112.

③ Richard Simon, *Histoire critique du texte du Nouveau Testament* (Rotterdam: Reinier Leers, 1689)，转引自 Walsh, 'Scholarly Documentation', p. 99.

看来,当"历史范式受到压力"时,其页面的形式往往"更加引人注目":"近代早期的注释形式从页边注过渡至脚注的同时","注释领域也成为权威与传统、过去与现在等矛盾概念的战场"。①

早期的脚注并不畏缩遮掩,甫一出现便占据了印刷页面一定的空间,某些极其奢华的装饰性脚注也成熟于这一时期。充满华丽注释的页面以隐秘又大胆的方式吸引着人们的目光,以此向当时的宗教正统发起冲击,比如比埃尔·培尔②出版于1697年的《历史批评辞典》(Dictionnaire Historique et Critique),后来在1709年首次被翻译为英文,并进行了多次扩编修订。翻阅1741年的第六版,我们可以在这四卷大型对开本中清楚地看到每一页都有类似"涂鸦社"风格的评注,以及多种不同的注释编号系统(图18.1)。③培尔的注释方法及相应的归纳系统被劳伦斯·利普金(Lawrence Lipking)称为"永久评论"模式,"在这种模式下,思想的顺序基于所有已知的信息来源",这也成为十八世纪大部分文论作品的组织准则,包括塞缪尔·约翰逊的《诗人的生活》(Lives of the Poets),即使其中的页面不再布满注释。④

十六世纪的人文主义学者开发了全新的典籍编辑方式,十七世纪的《圣经》学者加以采纳后基于或保守或极端怀疑的立场进行改

---

① Evelyn B. Tribble, '"Like a Looking-Glas in the Frame": From the Marginal Note to the Footnote', in *The Margins of the Text*, ed. D. C. Greetham (Ann Arbor, MI: University of Michigan Press, 1997), pp. 229–44, 229.

② 比埃尔·培尔(Pierre Bayle,1647—1706),法国资产阶级启蒙思想家的先驱,怀疑论者。——译注

③ Pierre Bayle, *Dictionnaire Historique et Critique*, 6th edn, 4 vols (Basel: Jean Louis Brandmuller, 1741).

④ Lawrence Lipking, 'The Marginal Gloss', *Critical Inquiry* 3, no. 4 (1977): 609–55, 625.

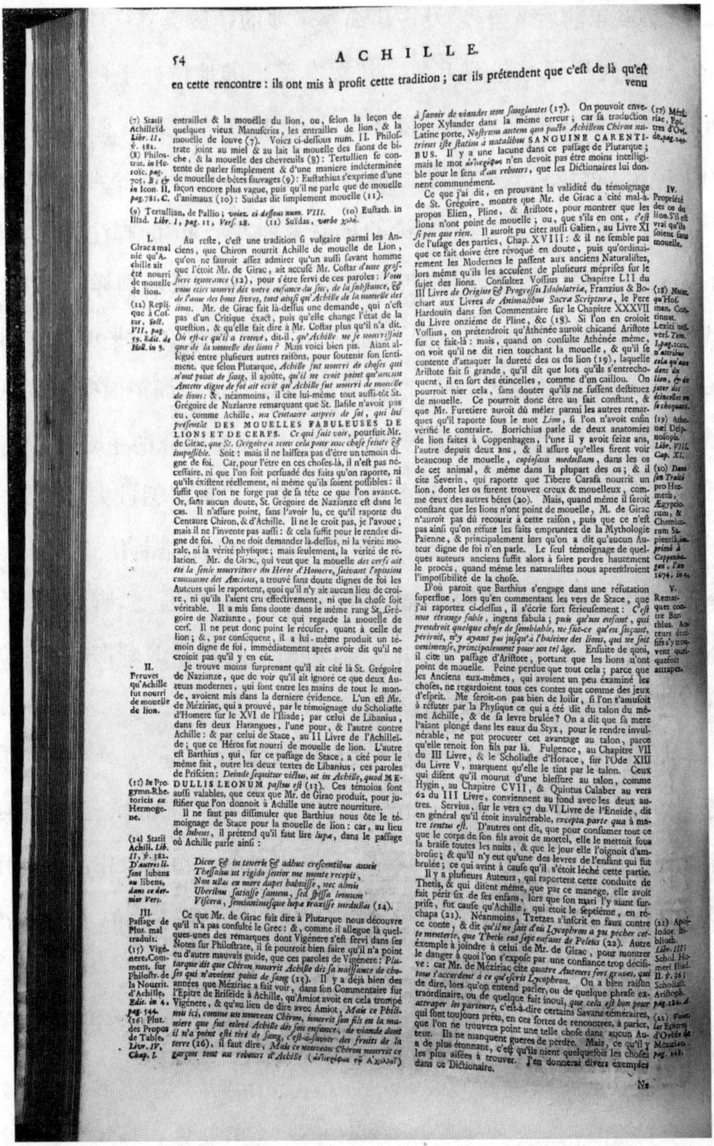

54 ACHILLE.

en cette rencontre : ils ont mis à profit cette tradition ; car ils prétendent que c'est de là qu'est venu

entrailles & la mouëlle du lion, ou, selon la leçon de quelques vieux Manuscrits, les entrailles de lion, & la mouëlle de louve (7). Voiez ci-dessous num. II. Philostrate joint au miel & au lait la mouelle des faons de biche, & la mouelle des chévreuils (8) : Tertullien se contente de parler simplement & d'une maniere indéterminée de mouelle de bêtes sauvages (9) : Eustathius s'exprime d'une façon encore plus vague, puis qu'il ne parle que de mouelle d'animaux (10) : Suidas dit simplement mouelle (11).

(7) Statii Achilleïd. *Libr. II*, ℣. 181.
(8) Philostrat. *in* Heroïc. *pag.* 705, *B* ; & *in* Icon. II, *pag.* 781, *C.*
(9) Tertullian. de Pallio ; *voiez ci-dessous num. VIII.* (10) Eustath. in Iliad. *Libr. I, pag. 11, Vers. 28.* (11) Suïdas, *verbo* χιλὰ.

I. Girac a mal nié qu'Achille ait été nourri de mouelle de lion.

Au reste, c'est une tradition si vulgaire parmi les Anciens, que Chiron nourrit Achille de mouelle de Lion, qu'on ne sauroit assez admirer qu'un aussi savant homme que l'étoit Mr. de Girac, ait accusé Mr. Costar *d'une grossiere ignorance* (12), pour s'être servi de ces paroles : *Vous vous etiés nourri dés votre enfance du suc, de la substance, & de l'ame des bons livres, tout ainsi qu'Achille de la mouelle des lions.* Mr. de Girac fait là-dessus une demande, qui n'est pas d'un Critique éxact, puis qu'elle change l'état de la question, & qu'elle fait dire à Mr. Costar plus qu'il n'a dit. *Où est-ce qu'il a trouvé*, dit-il, *qu'Achille ne se nourrissoit que de la mouelle des lions ?* Mais voici bien pis. Aiant allégué entre plusieurs autres raisons, pour soutenir son sentiment, que selon Plutarque, *Achille fut nourri de choses qui n'ont point de sang*, il ajoûte, *qu'il ne croit point qu'aucun Auteur digne de foi ait ecrit qu'Achille fut nourri de mouelle de lions* : &, néanmoins, il cite lui-même tout aussi-tôt St. Grégoire de Nazianze remarquant que St. Basile n'avoit pas eu, comme Achille, *un Centaure auprés de soi, qui lui présentât* DES MOUELLES FABULEUSES DE LIONS ET DE CERFS. *Ce qui fait voir*, poursuit Mr. de Girac, *que St. Grégoire a tenu cela pour une chose feinte & impossible.* Soit : mais il ne laissera pas d'être un témoin digne de foi. Car, pour l'être en ces choses-là, il n'est pas nécessaire, ni que l'on soit persuadé des faits qu'on raporte, ni qu'ils éxistent réellement, ni même qu'ils soient possibles : il suffit que l'on ne forge pas de sa tête ce que l'on avance. Or, sans aucun doute, St. Grégoire de Nazianze est dans le cas. Il n'assure point, sans l'avoir lu, ce qu'il raporte du Centaure Chiron, & d'Achille. Il ne le croit pas, je l'avoue ; mais il ne l'invente pas aussi : & cela suffit pour le rendre digne de foi. On ne doit demander là-dessus, ni la vérité morale, ni la vérité physique ; mais seulement, la vérité de rélation. Mr. de Girac, qui veut que la mouelle *des cerfs ait été la seule nourriture du Héros d'Homere, suivant l'opinion commune des Anciens*, a trouvé sans doute dignes de foi les Auteurs qui le raportent, quoi qu'il n'y ait aucun lieu de croire, ni qu'ils l'aient cru effectivement, ni que la chose soit véritable. Il a mis sans doute dans le même rang St. Grégoire de Nazianze, pour ce qui regarde la mouelle de cerf. Il ne peut donc point le récuser, quant à celle de lion ; &, par conséquent, il a lui-même produit un témoin digne de foi, immédiatement aprés avoir dit qu'il ne croioit pas qu'il y en eût.

(12) Replique à Costar, *Sect. VII, pag.* 59. *Edit. de Holl. in* 8.

II. Preuves qu'Achille fut nourri de mouelle de lion.

Je trouve moins surprenant qu'il ait cité là St. Grégoire de Nazianze, que de voir qu'il ait ignoré ce que deux Auteurs modernes, qui sont entre les mains de tout le monde, avoient mis dans la derniere évidence. L'un est Mr. de Méziriac, qui a prouvé, par le témoignage du Scholiaste d'Homere sur le XVI de l'Iliade ; par celui de Libanius, dans ses deux Harangues, l'une pour, & l'autre contre Achille : & par celui de Stace, au II Livre de l'Achilleïde ; que ce Héros fut nourri de mouelle de lion. L'autre est Barthius, qui, sur ce passage de Stace, a cité pour le même fait, outre les deux textes de Libanius, ces paroles de Priscien : *Deinde sequitur victus, ut in Achille, quod* MEDULLIS LEONUM *pastus est* (13). Ces témoins sont aussi valables, que ceux que Mr. de Girac produit, pour justifier que l'on donnoit à Achille une autre nourriture.

(13) *In* Progymn. Rhetoricis *ex* Hermogene.

Il ne faut pas dissimuler que Barthius nous ôte le témoignage de Stace pour la mouelle de lion : car, au lieu de *lubens*, il prétend qu'il faut lire *lupa*, dans le passage où Achille parle ainsi :

Dicor & in teneris & adhuc crescentibus annis
Thessalus ut rigido senior me monte recepit,
Non ullas ex more dapes habuisse, nec almis
Uberibus satiasse famem, sed spissa leonum
Viscera, semianimesque lupa traxisse medullas (14).

(14) Statii Achill. *Lib. II*, ℣. 382. *D'autres lisent* lubens *ou* libens, *dans ce dernier Vers.*

III. Passage de Plut. mal traduit.

Ce que Mr. de Girac fait dire à Plutarque nous découvre qu'il n'a pas consulté le Grec : &, comme il allegue là quelques-unes des remarques dont Vigénere s'est servi dans ses Notes sur Philostrate, il se pourroit bien faire qu'il n'a point eu d'autre mauvais guide, que ces paroles de Vigénere : *Plutarque dit que Chiron nourrit Achille dès sa naissance de choses qui n'avoient point de sang* (15). Il y a déja bien des années que Méziriac a fait voir, dans son Commentaire sur l'Epitre de Briseïde à Achille, qu'Amiot avoit en cela trompé Vigénere, & qu'au lieu de dire avec Amiot, *Mais ce Philinus ici, comme un nouveau Chiron, nourrit son fils en la maniere que fut eslevé Achille dès son enfance, de viande dont il n'a point esté tiré de sang, c'est-à-savoir des fruits de la terre* (16), il faut dire, *Mais ce nouveau Chiron nourrit ce garçon tout au rebours d'Achille* (ἀνϑιστρόφως τῷ Ἀχιλλεῖ) *à savoir de viandes non sanglantes* (17). On pouvoit envelopper Xylander dans la même erreur ; car sa traduction Latine porte, *Nostrum autem quo pacto Achillem Chiron nutriens iste statim à natalibus* SANGUINE CARENTIBUS. Il y a une lacune dans ce passage de Plutarque ; mais le mot ἀνϑιστρόφως n'en devoit pas être moins intelligible pour le sens *d'au rebours*, que les Dictionaires lui donnent communément.

(15) Vigénere, Comment. sur Philostr. de la Nourrit. d'Achille, *Edit. in* 4, *pag.* 544.
(16) Plut. des Propos de Table, *Livr. IV, Chap. I.*
(17) Méziriac, Epitres d'Ovide, *pag.* 149.

IV. Propriété des os du lion. S'il est vrai qu'ils soient sans mouelle.

Ce que j'ai dit, en prouvant la validité du témoignage de St. Grégoire, montre que Mr. de Girac a cité mal-à-propos Elien, Pline, & Aristote, pour montrer que les lions n'ont point de mouelle ; ou, que s'ils en ont, *c'est si peu que rien.* Il auroit pu citer aussi Galien, au Livre XI de l'usage des parties, Chap. XVIII : & il ne semble pas que ce fait doive être révoqué en doute, puis qu'ordinairement les Modernes le passent aux anciens Naturalistes, lors même qu'ils les accusent de plusieurs méprises sur le sujet des lions. Consultez Vossius au Chapitre LII du III Livre *de Origine & Progressu Idololatriæ*, Franzius & Bochart aux Livres *de Animalibus Sacræ Scripturæ*, le Pere Hardouïn dans son Commentaire sur le Chapitre XXXVII du Livre onziéme de Pline, &c (18). Si l'on en croioit Vossius, on prétendroit qu'Athénée auroit chicané Aristote sur ce fait-là : mais, quand on consulte Athénée même, on voit qu'il ne dit rien touchant la mouelle, & qu'il se contente d'attaquer la dureté des os du lion (19), laquelle Aristote fait si grande, qu'il dit que lors qu'ils s'entrechoquent, il en sort des étincelles, comme d'un caillou. On pourroit nier cela, sans douter qu'ils ne fussent destituez de mouelle. Ce pourroit donc être un fait constant, & que Mr. Furetiere auroit dû mêler parmi les autres remarques qu'il raporte sous le mot *Lion*, si l'on n'avoit enfin vérifié le contraire. Borrichius parle de deux anatomies de lion faites à Coppenhagen, l'une il y avoit seize ans, l'autre depuis deux ans, & il assure qu'elles firent voir beaucoup de mouelle, *copiosam medullam*, dans les os de cet animal, & même dans la plupart des os ; & il cite Severin, qui raporte que Tibere Carafa nourrit un lion, dont les os furent trouvez creux & mouelleux, comme ceux des autres bêtes (20). Mais, quand même il seroit constant que les lions n'ont point de mouelle, M. de Girac n'auroit pas dû recourir à cette raison, puis que ce n'est pas ainsi qu'on réfute les faits empruntez de la Mythologie Païenne, & principalement lors qu'on a dit qu'aucun Auteur digne de foi n'en parle. Le seul témoignage de quelques auteurs anciens suffit alors à faire perdre hautement le procès, quand même les naturalistes nous aprendroient l'impossibilité de la chose.

(18) *Notez qu'*Hofman. Continuat. Lexici universl. *Tom. I, pag.* 1001, *n'attribue cela qu'aux dents du lion, & de jetter des étincelles en se choquant.*
(19) Athenæi Deipnosoph. *Libr. VIII, Cap. XI.*
(20) *Dans son Traité* pro Hermetis, Ægyptiorum, & Chemicorum Sapientiâ, *imprimé à Coppenhagen, l'an* 1674, *in* 4.

V. Remarques contre Barthius. Auteurs decisifs s'y trouvent quelquefois attrapez.

D'où paroit que Barthius s'engage dans une réfutation superflue, lors qu'en commentant les vers de Stace, que j'ai raportez ci-dessus, il s'écrie fort sérieusement : *C'est une etrange fable*, ingens fabula ; *puis qu'un enfant, qui prendroit quelque chose de semblable, ne fût-ce qu'en suçant, periroit, n'y ayant pas jusqu'à l'haleine des lions, qui ne soit venimeuse, principalement pour un tel âge.* Ensuite de quoi, il cite un passage d'Aristote, portant que les lions n'ont point de mouelle. Peine perdue que tout cela ; parce que les Anciens eux-mêmes, qui avoient un peu éxaminé les choses, ne regardoient tous ces contes que comme des jeux d'esprit. Me seroit-on pas bien de loisir, si l'on s'amusoit à réfuter par la Physique ce qui a été dit du talon du même Achille, & de sa levre brulée ? On a dit que sa mere l'aiant plongé dans les eaux du Styx, pour le rendre invulnérable, ne put procurer cet avantage au talon, parce qu'elle tenoit son fils par là. Fulgence, au Chapitre VII du III Livre, & le Scholiaste d'Horace, sur l'Ode XIII du Livre V, marquent qu'elle le tint par le talon. Ceux qui disent qu'il mourut d'une blessure au talon, comme Hygin, au Chapitre CVII, & Quintus Calaber au vers 62 du III Livre, conviennent au fond avec les deux autres. Servius, sur le vers 57 du VI Livre de l'Eneïde, dit en général qu'il étoit invulnérable, *excepta parte qua à matre tentus est.* D'autres ont dit, que pour consumer tout ce que le corps de son fils avoit de mortel, elle le mettoit sous la braise toutes les nuits, & que le jour elle l'oignoit d'ambrosie ; & qu'il n'y eut qu'une des levres de l'enfant qui fut brulée ; ce qui avint à cause qu'il s'étoit léché cette partie.

Il y a plusieurs Auteurs, qui raportent cette conduite de Thetis, & qui disent même, que par ce manege, elle avoit fait périr six de ses enfans, lors que son mari l'y aiant surprise, fut cause qu'Achille, qui étoit le septiéme, en réchapa (21). Néanmoins, Tzetzes s'inscrit en faux contre ce conte, & dit *qu'il ne sait d'où Lycophron a pu pécher cette menterie, que Thetis eut sept enfans de Peleus* (22). Autre exemple à joindre à celui de Mr. de Girac, pour montrer le danger à quoi l'on s'expose par une confiance trop décisive : car Mr. de Méziriac cite *quatre Auteurs fort graves, qui tous s'accordent à ce qu'escrit Lycophron.* On a bien raison de dire, lors qu'on entend parler, ou de quelque phrase extraordinaire, ou de quelque fait inouï, *que cela est bon pour attraper les parieurs*, c'est-à-dire certains Savans téméraires, qui sont toujours prêts, en ces sortes de rencontres, à parier, que l'on ne trouvera point une telle chose dans aucun Auteur. Ils ne manquent gueres de perdre. Mais, ce qu'il y a de plus étonnant, c'est qu'ils nient quelquefois les choses les plus aisées à trouver. J'en donnerai divers exemples dans ce Dictionaire.

(21) Apollodor. Biblioth. *Libr. III* ; Schol. Homeri Iliad. II. ℣. 36 ; Scholiast. Aristoph. *pag.* 184. *A.*
(22) *Voiez les* Epitres d'Ovide *de* Méziriac, *pag.* 148.

N 2

图18.1 比埃尔·培尔《历史批评辞典》第六版四卷本[巴塞尔：让·路易·布兰德穆勒(Jean Louis Brandmuller),1741],"Achille"条目。现藏于牛津大学哈里斯曼彻斯特学院图书馆(Harris Manchester College Library)。照片拍摄：乔治娜·威尔逊(Georgina Wilson)

编。1700年前后,《圣经》及古籍编纂牵涉的领域极其广泛:政治、文化、知识,可以说是包罗万象。其文本编辑的地位处于西欧智识文化的中心,具体的实践者追随的是英国古典学家理查德·本特利(Richard Bentley)式的新派思想,对立的一方则崇尚古典。但随着"尚古派"与"崇今派"之间争论的日益激烈,"严肃"的脚注也以戏仿的形式有了新的阐释,比如斯威夫特、蒲柏等人采用别样的注释方式批判"崇今派"的释义做法。将笛卡尔、洛克放在天平的一端,斯威夫特、蒲柏等放在另一端,摆在我们眼前的是一场正面交锋:一边是论争的现代立场,即人类思想自身已经成为探究的主要对象,古代科学与文学传统的智慧基本被取代,另一边是回溯过去的贵族式(有时仅仅是"绅士式")自觉立场,强调延续性而非断代感,但仍会不断被自身意在抨击的语言思维模式所吸引。换言之,脚注作为学术文献的"严肃"表现形式的引入与发展,同时也是讽刺揭露所谓的现代学术的迂腐与自我涉入[①]的过程。[②]

我们可以通过斯威夫特的《木桶的故事》(*Tale of a Tub*)窥见历史初期的脚注。印刷于1710年的第五版《木桶的故事》用大量脚注补充了之前版本的页边注释。[③] 沃尔什指出,"在学术作品中使用脚注这种做法"并不是斯威夫特的主观意图,而是他的书商本杰

[①] 自我涉入(self-involvement),指分享知识或观点是一种获取关注、展示鉴赏能力的方式。——译注

[②] 这并非新鲜事,可参见 Peter W. Cosgrove, 'Undermining the Text: Edward Gibbon, Alexander Pope, and the Anti-Authenticating Footnote', in *Annotation and Its Texts*, ed. Stephen A. Barney (New York: Oxford University Press, 1991), pp. 130–51, 134.

[③] Jonathan Swift, *A Tale of a Tub and Other Works*, ed. Marcus Walsh (Cambridge: Cambridge University Press, 2010), vol. 1 of *The Cambridge Edition of the Works of Jonathan Swift*, p. xxxiv.

明·图克(Benjamin Tooke)相比尾注更倾向于脚注：斯威夫特是反对所有新方式的，而书中旁注与脚注的混乱状态可被视作"旧人文主义对新派思想的焦虑回应"。①

某些明确是宗教性质的（尤其是新教相关的）评注无疑是斯威夫特所说的瘟疫式、病毒式的注释。特里布尔注意到，早期的英文《圣经》出版物常常印有各种各样的旁注，"在这种将书页视作思想领地的语境下，人文主义在书页上达成共识或获得认同感的愿景被彻底颠覆"②。

《木桶的故事》是当时所谓的"饥饿"型小说——吸收了其他印刷语言体系的所有主题与属性——而讽刺诗歌与散文同样可以模仿与涵盖其他写作形式，许多我们如今仍在阅读的这一时期的文学作品使用了脚注作为构建、框定、瓦解正文的工具。例如蒲柏将《愚人志》扩编为集注版(variorum)——详细收录各方评论的版本③，其中文字编辑马迪努斯·斯克里布勒鲁斯(Martinus Scriblerus)是由蒲柏、斯威夫特等人在几年前共同虚构的角色。《愚人志集注版》全面展现了"涂鸦社"④的风格，注释吞噬了正文，几乎将其埋葬。

---

① Swift, *Tale of a Tub*, pp. 105 - 6；图克的完整信件内容在附录中，见第213—214页。对过去几个世纪的学术文献史更完整的梳理可参见 Robert J. Connors, 'The Rhetoric of Citation Systems, Part Ⅰ: The Development of Annotation Structures from the Renaissance to 1900', *Rhetoric Review* 17, no. 1 (1998): 6 - 48。

② Evelyn B. Tribble, *Margins and Marginality: The Printed Page in Early Modern England* (Charlottesville, VA: University Press of Virginia, 1993), p. 9.

③ *The Dunciad Variorum. With the Prolegomena of Scriblerus* (London: A. Dod, 1729, rpt. Leeds: Scolar Press, 1966)。在我个人看来，第一卷至第二卷的过渡（第22—23页）可能是十八世纪英国文学史上最辉煌的一页。

④ 涂鸦社的英文即 Scriblerus Club，详见本书第1章《序言》的相关脚注。——译注

蒲柏的反击对象之一是刘易斯·西奥博尔德,后者在他的《重塑莎士比亚》(*Shakespeare Restored*, 1726)中指出蒲柏版莎士比亚作品的编辑素养严重不足,对于(被针对性的攻击冒犯到的)蒲柏来说,西奥博尔德是当时过度考据派的代表人物。随着时间的推移,脚注的确成为莎士比亚作品编者的有力表达媒介。除了(博学多才的)西奥博尔德与(强势好战的)沃伯顿之外,塞缪尔·约翰逊的莎士比亚评注可以说是最具协作性的,充分发挥了集注版的优势,令不处于同一时空的读者得以在其中互相交流,纸面上的互动激活了各种声音、思想之间的联系,生机勃勃。约翰逊还以极其敏锐的眼光考虑到了注释者可能面临的平衡问题:"某些篇章含有注释解析,作品的整体效果却被削弱,思维会因为干扰而变得僵硬,不断偏离原本的主题。读者筋疲力尽,甚至不会去想背后的原因,最后扔掉手中这本已被看透的书。"[1]约翰逊与同时代的许多学者一样,都对注释尤其是脚注的形式持犹疑态度,因为与尾注不同,脚注会强行夺走读者的注意力。

脚注的存在感使得评论家纷纷开始留意各类作品中看似并未创造意义的这一部分:除了斯威夫特的《木桶的故事》与蒲柏的《愚人志》之外,塞缪尔·理查逊在《克拉丽莎》的后续修订版本中大量使用脚注以进行交叉引用及道德说教,托马斯·格雷、詹姆斯·格兰杰(James Grainger)等十八世纪中期的诗人也会自行注释文本,还有爱德华·吉本的《罗马帝国衰亡史》里登峰造极的脚注运用。许多十八世纪中期的小说巨著以趣味十足的方式在页面底部留有注

---

[1] 'Preface', *Johnson on Shakespeare*, ed. Arthur Sherbo, intro. Bertrand H. Bronson, vol. 1 of 2 (New Haven, CT: Yale University Press, 1968), vol. 7 of *The Yale Edition of the Works of Samuel Johnson*, p. 111.

释,比如以借用学术文献写法著称的《项狄传》。不过,都采用了页面注释的《克拉丽莎》和《汤姆·琼斯》背后动机有时相似,有时各异。亨利·菲尔丁会倾向于利用注释渲染虚构世界与相对应的真实生活的平行感(玩味地着眼于其小说的"元小说"属性),例如通过各种广告将小说与现实中的报纸联系在一起:当正文提到"我们身手矫健力大无穷的主人公""或许能与一流的拳击手相较量,甚至轻松击败布劳顿先生学校的所有毕业生"时,叙述者附加了一条脚注——"为了避免后人对这样的表述感到困惑,我认为有必要用刊登于1747年2月1日的一则广告加以解释"——并引用了位于秣市广场①的布劳顿拳击学校的广告全文。② 理查逊的脚注大致与之类似,尽管其打破框架的效果不如直白的广告那样明显:克拉丽莎的姐姐告诉她"你的画作和杂物都被拿走了,包括之前客厅里你那幅凡戴克风格的全身像",注释写道,"全身像是由海默尔先生创作的等身肖像画,并归他本人保管"。③ 不过在《克拉丽莎》中更引人注目的是"上帝视角"的脚注:对于知道小说结局的读者而言,这些脚注应是贝尔福德所写,即本书文学上的执行人,但在许多情况下他的叙述难以与理查逊本人的声音区分开来,尤其是后者同时是该书的印刷商,这意味着作者对图书形式,包括但不限于每个页面的表现形式都有着不同于其他作品的控制力。安格斯·罗斯(Angus

---

① 秣市广场(Haymarket),伦敦地名。——译注
② Henry Fielding, *The History of Tom Jones, a Foundling*, ed. Thomas Keymer and Alice Wakely (London: Penguin, 2005), XIII.V, p. 617.
③ Samuel Richardson, *Clarissa, or The History of a Young Lady (1747-48)*, ed. Angus Ross (London: Penguin, 1985), p. 509. [凡戴克指的是安东尼·凡戴克(Anthony Vandyke,1599—1641),英国画家;海默尔指的是真实存在的画家约瑟夫·海默尔(Joseph Highmore,1692—1780),英国肖像画家、历史画家。——译注]

Ross)认为,那二十二条出自"编辑"的"无所不知"的脚注是由理查逊在第二版中添加的,并在第三版中保留了下来,强化了第一版中就已经存在但尚不清晰的意图:"许多注释突兀地指涉后文的叙事,与书信体微妙的故事展开过程相悖,"他进一步补充道,"这都应当被视为理查逊试图从读者手中夺回书信体小说及故事本身的解释权的手段。"①我们还可以在后来几代小说家不同目的的脚注编排中看到注释功能的多面性。克莱尔·康诺利(Claire Connolly)就详细介绍了浪漫主义时期的爱尔兰小说是如何从同期的史学著作中借鉴文献考据及注释系统的:这类小说中的脚注不仅仅起到异化的作用,还"建立了一种恰当的亲密关系,将读者带入由一系列信息来源在印刷品中构建的可知可感的知识社群"。②

注释的另一个作用是为现代诗歌营造古典范式的权威性与庄严感,比如托马斯·格雷部分诗作里的注释。格雷在1768年的诗集中重新收录了其著名的《乡村墓园挽歌》("Elegy Written in a Country Churchyard"),添附的脚注既不是事实性或文字相关的注释,也不是典故背景,完全不同于他同期创作的《吟游诗人》("The Bard")、《诗歌的进步》("The Progress of Poesy")的注释。这些脚注是呼应正文的引文,正文中隐晦的暗喻在脚注中直接揭示:在向读者致意并提供阅读提示的同时,也是一种彰显诗歌格调的方式。③

---

① Richardson, *Clarissa*, p. 17.

② Claire Connolly, 'A Bookish History of Irish Romanticism', in *Rethinking British Romantic History, 1770 – 1845*, ed. Porscha Fermanis and John Regan (Oxford: Oxford University Press, 2014), pp. 271 – 96, 273.

③ 这段分析大量借鉴了罗杰·朗斯代尔(Roger Lonsdale)在《托马斯·格雷、威廉·柯林斯、奥利弗·哥德史密斯的诗歌》(*The Poems of Thomas Gray, William Collins, Oliver Goldsmith*, London: Longmans, Green and Co., 1969)中的精彩批注。

格雷的注解会让人不自觉地联想到艾略特《荒原》的注释,两位诗人都对作者自注这种做法抱着含混矛盾的态度,相较于有助于理解,他们的注释更多的是模糊语义,将读者引向歧途。

《吟游诗人》是格雷密友霍勒斯·沃波尔在草莓山庄①的新印刷厂出版的两首品达②体颂歌之一,后来在1757年由罗伯特·多兹利③大规模发行。品达体颂歌本身就具有晦涩难懂的实验性风格,常常以不易理解的方式过分卖弄学识,因此格雷这首颂歌的形式与主题都可能会给当时及现在的读者带来理解上的困难。1757年的版本没有任何注释,朗斯代尔认为,鉴于《挽歌》的成功,格雷有意延续这种隐晦。沃波尔在同年写给另一位友人的信中说道:"它们是希腊式的,品达式的,高不可攀——所以尽管我担心人们可能会无法理解……也没有执意让他加上更多注释。他说无论什么东西需要解释,都不值得解释。"格雷则在几个月前就致信于沃波尔:"我不喜欢注释……它们代表着缺陷与费解。如果没有注释就不能理解,那不如不要去理解。"④不过,1768年的时候,格雷授权出版了两版号称全集的作品集[一部在伦敦由多兹利印刷,另一部在格拉斯哥由詹姆斯·贝蒂(James Beattie)编辑、罗伯特与安德鲁·弗里斯(Robert and Andrew Foulis)印刷],其中这两首品达体颂歌都添加了大量脚注,开头还有如下声明:"当作者首次出版下文两首颂歌时,许多友人都曾建议他附加注释,但出于对读者个人理解的尊重,

---

① 草莓山庄(Strawberry Hill),沃波尔家族的哥特式城堡。——译注
② 品达(Pindaros,约前518—约前438),古希腊抒情诗人。——译注
③ 罗伯特·多兹利(Robert Dodsley,1703—1764),英国书商、作家。——译注
④ 转引自 Lonsdale, *Poems of Thomas Gray*, p. 158;省略号也与原引文一致。

作者并未那样做。"①当格雷在写给苏格兰出版商的信件中提及这一问题时，语气颇为受伤：

> 至于注释，我是不得已而为之，因为大家无法理解这两首颂歌……尽管第一首并不深奥，第二首只包含了一些儿童问答题式的常识，随便一本六便士的英国历史书中都能找到。那些碰巧给了我灵感的文字，我也出于对作者的尊重尽可能地回忆了一下，添加了对比段落。②

《吟游诗人》的开篇是标题所指的诗人本人的独白，每一行开头都用倒置的逗号标记为直接引语，是威慑的预言，也是实际的诅咒。更值得注意的是，新版本中横跨两页的前十行诗句不仅有着关于引用的注释（"肆意招摇旗帜遮蔽天空。出自莎士比亚的《约翰王》"），还有至少在今天看来令人哭笑不得的物质文化科普内容："锁子甲是一种钢制小环编织成的铠甲，紧贴身体并能够适应各种动作的施展。"③某种意义上来说，1768年的注释版《吟游诗人》有些过犹不及，并且深受沃波尔的审美影响，这从草莓山庄的设计风格就可见一斑。诗歌被作者"仿古化"，在表象上营造出不同的客观历史感，也改变了人们与之互动的可能方式。

---

① *Poems by Mr Gray* (London: J. Dodsley, 1768). 而格拉斯哥版本的不同之处在于：贝蒂似乎认为，虽然页面底部可以出现一部分注释，但更多的文本说明应当印刷在全书最末。参见'Notes by the Author, Now first published at the desire of Readers, who thought the Progress of Poesy, and the Welch Bards needed illustration', *Poems by Mr Gray* (Glasgow: Robert and Andrew Foulis, 1768), p. 59.

② Lonsdale, *Poems of Thomas Gray*, p. 180.

③ *Poems by Mr Gray*, pp. 53-4.

莪相①的诗作必然是格雷这种做法的催化剂之一。② 进行大量事实性/文字性注释的倾向在托马斯·查特顿③的《据信由托马斯·罗利等人于十五世纪在布里斯托创作的诗歌集》(*Poems, Supposed to have been written at Bristol, by Thomas Rowley, and Others, in the Fifteenth Century*，1777)中更加明显。过度注释的页面具有装饰意味与强烈的表演性质,与所谓解释生词术语的目的独立共存。克里斯蒂娜·卢普顿(Christina Lupton)精准描述了这种新式注释的部分内涵,她写道,格雷与其同时代的亨利·麦肯齐④"意图将他们的纸面文字塑造为意外获得或经人遗弃之物,比如设定文本所处的背景与脆弱的身份,营造偶然被读者发现的错觉"⑤。但格雷在与各方信件中透露出的摇摆不定,以及不同版本中各异的页面形式,都说明了以下几点：对于什么样程度的注释是"合适"的及如何在页面上呈现并无共识；决定添加自注的人往往是印刷商而不是作者；最后,我们很难从表面看出作者本人在这方面的偏好与意愿。

安东尼·格拉夫顿⑥在其有关脚注的历史研究中提出了如下卓见：

---

① 莪相(Ossian),传说中三世纪苏格兰高地的英雄诗人。——译注
② Robert Crawford, *The Modern Poet: Poetry, Academia, and Knowledge since the 1750s* (Oxford: Oxford University Press, 2008), pp. 49, 51-2.
③ 托马斯·查特顿(Thomas Chatterto,1752—1770),英国诗人,生于布里斯托。——译注
④ 亨利·麦肯齐(Henry Mackenzie,1745—1831),苏格兰作家。——译注
⑤ Christina Lupton, *Knowing Books: The Consciousness of Mediation in Eighteenth-Century Britain* (Philadelphia, PA: University of Pennsylvania Press, 2012), p. 128.
⑥ 安东尼·格拉夫顿(Anthony Grafton,1950—   ),美国历史学家,研究方向为近代早期欧洲史、图书史。——译注

在文献之上构建文学之屋的历史学家并不像宗教、文学、科学作品的作者那样试图为后人清晰地修正文本的信息。前者解释的是生产文本的方法与过程,后者分析的是消化文本的方法与过程。①

不过这两种模式之间并没有硬性的区分,并且脚注的意义之一正是在于它的多功能性——讲究一举多得。爱德华·吉本的《罗马帝国衰亡史》里的注释就不仅在引经据典的同时分析材料是否具有足够的权威性,而且会评价早期学术文献的质量,指出历史与现实的惊人相似之处,在行文进入下一个历史纪元时为某一段史料郑重画下句点——而这些只是这部史书庞杂注释的部分作用。《罗马帝国衰亡史》以丰富的脚注闻名,但其第一卷的第一版采用的是尾注,是大卫·休谟[2]写信给他与吉本共同的出版商威廉·斯特拉罕(William Strahan),建议在后续的版本中改为脚注:

> 他的注释也有问题,按照现在的印刷方式:当提示有注释时,你需要翻到全书的最后,然后满眼都是史料文献,这些都应该印在页边空白处或底部。③

然而吉本声称自己很后悔接受这一提议,他在某一稿回忆录中提及自己偏爱的巴塞尔版时写过如下注释:"十四卷八开本的最后两卷是注释的全文。读者曾要求我把卷尾的注释移至每页底部,我一直

---

① Anthony Grafton, *The Footnote: A Curious History* (Cambridge, MA: Harvard University Press, 1999), pp. 32–3.
② 大卫·休谟(David Hume,1711—1776),苏格兰哲学家。——译注
③ 转引自 Grafton, *The Footnote*, pp. 102–3.

很后悔当时妥协了。"①吉本的矛盾心理可以在《印刷商语法》(The Printer's Grammar)中得到解释,这是一部在一定程度上反对过度注释的著作:"所以以前的印刷商总是喜欢在页面上排满注释与引文,故意放大它们的存在感以包裹文本,以至它们仿佛框架中的一面镜子。"②格雷或许比吉本更甘于面对沦为迂腐的风险,因为他会考虑到自己相对较低的社会出身,执着于自己的学者身份,以避免成为庸俗的大众作者,而吉本则更希望被视为一位绅士,而不是专业作家,所以他犹豫的不是文献史实的编排方式,而是在印刷书籍中它们理应如何呈现。③

吉本的正文用语铿锵有力,张弛有度。但稍显讽刺的是,人们会因为按部就班的行文感到困惑,而以不同方式(包括且不限于提及权威出处)插入的注释却节奏多变。在我个人看来,注释的声音比正文的叙述更加亲切——与正文中的编年史记叙者不同,启蒙时代的历史学家会随时随地地出现在注释中,吉本也的确在页面底部记录了最能引发思考的社会学、人类学内容。除此之外,许多脚注还会暗藏一些不一定出现在正文的事实。比如在写到戈尔迪安④的儿子继任皇位后的事情时,正文如下:

---

① *The Autobiographies of Edward Gibbon*, ed. John Murray (London: John Murray, 1896), Memoir E, 339 n. 64.

② [John Smith], *The Printer's Grammar* (London: printed by L. Wayland and sold by T. Evans, 1787), pp. 124–5.

③ 格雷的童年生活很不幸福,父亲粗暴,兄弟姐妹夭折,自己由母亲辛苦养大;而吉本则出身于富有家庭,父亲是国会议员,处于社会上层。——译注

④ 应指戈尔迪安一世(Gordian Ⅰ,全名为 Marcus Antonius Gordianus,约 159—238),罗马帝国皇帝。——译注

>他的作风没那么端正,但个性与其父亲一样平易近人。已知的二十二位妃嫔和藏书六千两百册的图书馆充分说明了他的个人取向,并且从他留下的作品来看,无论前者还是后者都不是为了铺张炫耀,而是确有其用。①

而看到脚注,我们才真正了解这段话背后戏谑的反讽:"戈尔迪安二世的每个妃嫔都诞下了三到四个子嗣,他的文学作品虽然没有那么多,但绝非一无是处。"

我们很难确定读者究竟喜欢什么样的注释,这不仅是由于阅读生涯的不同阶段会有不同的想法,也取决于人们解读既定文本的方式与理由。如果我在 Kindle 或其他类似电子设备上阅读那些乐于运用脚注的小说——例如特里·普拉切特②的《碟形世界》(Discworld)系列,我可能不会"点击"脚注,因为在每章结束后再统一查看更节省时间。如今无数评论是通过 PDF 扫描文件传播的,脚注也因此重拾了它的实用性:人们可能很容易忘记在扫描某一章节的同时也要扫描尾注页面,而脚注能够将参考文献与正文紧扣,在数字时代再次凸显出了优势。

马库斯·沃尔什重申了十八世纪编辑的如下观点:"学术性评论通常被认为是以个人为中心的自我陶醉,意图并不在于解释文本,而仅仅是寄生于文本,甚至想要取而代之,而解释性评论则旨在

---

① Edward Gibbon, *The History of the Decline and Fall of the Roman Empire*, 3 vols, ed. David Womersley(London: Penguin/Allen Lane, 1994), chap. Ⅶ, n. 19, 1:195.

② 特里·普拉切特(Terry Pratchett, 1948—2015),英国奇幻作家、讽刺作家。——译注

阐述与沟通。"①不过，我们也许应当引用热拉尔·热奈特的看法作为结尾，他在评价纳博科夫的评论式小说《微暗的火》[(Pale Fire)使用了尾注而非脚注]的编辑体系时这样写道："作为文本挪用的绝佳案例，这部作品完美展现了解释性评论一贯的滥用与偏执，文本总是对解释无限臣服，无论后者有多么肆无忌惮。"②换言之，无论评论有多么想要说明问题，最终也可能变得华而不实，这种趋势在当代以作者自注为特点的文学创作中展现得淋漓尽致，比如《夹层》③或大卫·福斯特·华莱士④的作品，此类评论的危险特质也在马克·达尼埃莱夫斯基⑤的《叶之屋》中成为创作主题。

---

① Marcus Walsh, *Shakespeare, Milton, and Eighteenth-Century Literary Editing: The Beginnings of Interpretive Scholarship* (Cambridge: Cambridge University Press, 1997), p. 25.

② Gérard Genette, *Paratexts: Thresholds of Interpretation*, trans. Jane E. Lewin, intro. Richard Macksey(Cambridge: Cambridge University Press, 1997), p. 342;有关注释的完整章节页码如下:pp. 319 - 43。

③ 《夹层》(*The Mezzanine*)，美国作家尼克尔森·贝克(Nicholson Baker, 1957—)的小说，包含大量脚注，有的甚至长达四页。——译注

④ 大卫·福斯特·华莱士(David Foster Wallace,1962—2008)，美国作家，喜欢使用比正文更长的脚注和尾注。——译注

⑤ 马克·达尼埃莱夫斯基(Mark Danielewski,1966—)，美国当代作家，其首部小说《叶之屋》(*House of Leaves*)是一部实验性作品，包含多层叙事框架，排版方式也不同寻常。

第 19 张

勘误表

亚当·史米斯

"张"改为"章"

"亚当·史米斯"改为"亚当·史密斯"

> 这并非印刷错误,而是我未曾想见的形式之美。
>
> ——詹姆斯·乔伊斯,1922 年 9 月①

虽然图书史学家可以列举出无数惊艳的早期印刷技术成果——比如 1568 至 1572 年间由克里斯托弗·普朗坦②在安特卫普印刷的八卷本《多语种圣经》(*Biblia Polyglotta*),以令人惊叹的排版方式同时呈现了希伯来文、希腊文、古叙利亚文、阿拉米文和拉丁语译文与评注——但近代早期的印刷书籍充斥着大量错误也是不可否认的事实。罗伯特·克罗夫特(Robert Croft)在 1663 年写道:"印刷错误总是出现在不该出现错误的书籍中。"③失误的普遍性有技术方面的原因,印刷是很复杂的流程,尤其同时牵涉代理人、出版社、印刷厂等各方角色,还有截止日期与成本控制带来的压力,因此作者、印刷商、出版商、读者都已预设印刷书籍就是会产生错误。勘误表便是一种修正机制,此外还有套印、压印、手写修改、修版、贴纸等方式。正如大卫·麦基特里克(David McKitterick)指出的,手抄本与印刷书籍的不同之处在于"[印刷书籍]的更正发生在页面成形

---

① *Letters of James Joyce*, vol. Ⅰ, ed. Stuart Gilbert (New York: Viking Press, 1957), p. 187.

② 克里斯托弗·普朗坦(Christopher Plantin, 约 1520—1589),法国印刷商。——译注

③ Robert Croft, *The plea, case, and humble proposals of the truly-loyal and suffering officers* (1663), p. 12.

之前,而非之后"。① 但勘误表的出现证明这种先纠错再印刷的逻辑并不唯一。如果说校对与修正的大部分工序都不会体现在最终的成书中,那么勘误表——作为排版、校对、印刷正文后才进行印刷的最后环节——是能够捕捉遗漏错误的存在。所以勘误表可以让读者窥见最终版文本的前身,了解印刷厂工作中难以避免的不足。在图书制作之外,勘误表也在讽刺文学的历史中占有一席之地。

勘误表是从十六世纪初期开始普及的。② 有时候会涉及必要的全书统改("本书正文直至结尾所出现的 Getulia 都应为 Natolia"),③ 不过更常见的是一连串标明页码或行数的替换说明,比如:"……帖……页……面"④,"seede 改为 feede","rake 改为 take","annoynted 改为 accounted","stayres 改为 stories","miage 改为 image","his armes 改为 her armes"⑤。某些类型图书的勘误表尤其冗长,比如数学书籍——无论是供大众参考的算术指南还是学术专

---

① David McKitterick, *Print*, *Manuscript and the Search for Order 1450 - 1830* (Cambridge: Cambridge University Press, 2003), p. 99. 黑体为作者所加。

② 以下文献都是有关勘误表的重要学术研究:McKitterick, *Print*, *Manuscript*, pp. 97 - 165;David McKitterick, *A History of Cambridge University Press* (Cambridge: Cambridge University Press, 1992),3 vols, vol I, pp. 235 - 53;Ann Blair, 'Errata Lists and the Reader as Corrector', in *Agent of Change: Print-Culture Studies after Elizabeth L. Eisenstein*, ed. Sabrina Alcorn Baron, Eric N. Lindquist, and Eleanor F. Shevlin (Amherst, MA: University of Massachusetts Press, 2007), pp. 21 - 40;Seth Lerer, *Error and the Academic Self: The Scholarly Imagination, Medieval to Modern* (New York: Columbia University Press, 2002), pp. 15 - 54;以及 Alexandra da Costa, 'Negligence and Virtue: Errata Notices and their Evangelical Use', in *The Library* 7th series,19, no. 2 (June 2018), 159 - 73.

③ Emanuel Ford, *Parismus*, Part 2 (1599), sig. A4v.

④ Robert Record, *The ground of artes teaching the worke and practise of arithmetike* (1552), 'fautes escaped', sigs.a1v - a3v.

⑤ Robert Chambers, Palestina (1600), 'Faults escaped'.

著——极为重视准确性,同时难以保持准确性,便需要大量勘误("D. ii. a.的例子中,第二行的9应为6"①)。

遗漏错误列表通常还会附有一段简短的匿名说明或介绍,可能由作者、出版商或印刷商所写,主要为了表达歉意或不满,提供解决方案。这类勘误前言往往意在获得读者对下方谬误的宽容理解,公式化的开场白是"读者们,在阅读之前请用笔修正以下错误"②,并进一步声明没有提及的错误可被忽略或由读者自行修改。出版流程的某一方参与者(比如作者或出版商,偶尔是印刷商)也会借这样的前言将错误发生的责任推卸到另一方[比如印刷商,也可能是校对、作者(提供了字迹难辨的手稿)或译者]身上。以约翰·奥伯恩多夫(Johann Oberndorf)的《正规医生与冒牌大夫的解剖法》(*The anatomyes of the true physition, and counterfeit mounte-banke*, 1602)最后一页简洁却典型的文字为例:

> 这些显而易见的错误是印刷商的疏忽。所以我请求各位(友善的读者)在阅读的过程中用笔自行修改,也请原谅本应仔细检查的我因忙于其他事务没能做到完美。③

勘误表一般作为前辅文的最后一项出现在书籍开头的位置,或者是全书末尾:它们被安排在边缘位置,更多的是对中心正文的补充,而不是绝对的组成部分,不过我们也会在下文谈到渗入作品的勘误表。勘误表"更常出现在留有空白页的书籍中",如此一来便不需要

---

① Record, *The ground of artes*, 'fautes escaped'.

② George Mackenzie, *Aretina, or, The Serious Romance* (1660), sig. A8v.

③ Johann Oberndorf, *The anatomyes of the true physition, and counterfeit mounte-banke* (1602), p. 43.

浪费额外的纸张,其详细程度也往往取决于空白页的多少,而不是实际错误的体量。① 当然,勘误表也常压缩在有限的页面空间内,或贴在部分(并非所有)副本中,有时甚至分散在书中不同位置,又或直接作为独立的单页插入:以上方式皆营造出一种事后为之、迟来之物的效果,模糊了该文本的定位。

这方小小的"忏悔室"起初似乎是精准文化的象征,早期图书史学家也是这样理解勘误表的:伊丽莎白·爱森斯坦②认为"添加勘误表这种行为代表着精确查找文本错误,并同时将信息传递给读者个体的出版能力"③。然而勘误表与错误之间的关系是非常矛盾的,并不完全符合印刷历史的辉格式解读④。如果说列出错误表现了图书制作流程的严谨,图书对准确性的追求便是通过展示错误实现的。那么较短的勘误表是否证明了文本的质量很高?较长的勘误表又能说明印刷商是细心还是粗心呢?人们甚至会在勘误表的基础上再附加一份粘贴式的更正单,第二轮的纠错既强调又削弱了书籍对准确度的主张。甚至勘误表本身也会出错——例如弥尔顿的《复乐园》(*Paradise Regain'd*)——导致书中需要粘贴更多的更正单。⑤

与其他印刷纠错机制类似,勘误表的作用与其说是勘误,不如说是标出错误。它们使错误成为印刷品的属性之一。印刷的快速

---

① Blair, 'Errata Lists', p. 26.

② 伊丽莎白·爱森斯坦(Elizabeth Eisenstein, 1923—2016),美国历史学家。——译注

③ Elizabeth L. Eisenstein, *The Printing Revolution in Early Modern Europe* (Cambridge: Cambridge University Press, 1983), p. 51.

④ 即依照今日的观点来解释过去和历史,辉格指的是英国曾经的政党辉格党(Whig)。——译注

⑤ John Milton, *Paradise Regain'd* (1671), sig. P4r.

发展产出了大量从未被人阅读过的书籍①，另一个后果便是同时加速了谬误的传播。在《向演员致歉》(An Apologie for Actors，1612)中，作者托马斯·海伍德②借勘误表痛斥威廉·贾格德(William Jaggard)的"不当工作"，据海伍德所说，后者印刷的他上一部作品错漏百出："我的《不列颠特洛伊》(Britaines Troy)由于印刷商的疏忽错误不断，错误的引用、错误的音节、错误的中线，还有你从未见过的错拼词语。"③

本书探讨各种辅文历史的模式一般是从诞生期(勘误表的诞生期大概在十五世纪二十至九十年代)起，梳理一次次实践中形成的惯例，再来到惯例普及后的成熟期，相应辅文开始发挥讽刺、戏谑性质的文学作用。这种模式可以说是相对准确的框架，但它忽略了一个问题，即我们所谓的印刷错误从来不仅仅局限于文本本身。勘误表是在早期宗教改革的激辩热潮中出现的，赛斯·勒尔(Seth Lerer)也分析道，对文本准确性的质疑实际上属于宗教辩论的一部分。这也是为什么托马斯·莫尔④视新教作品为错误之书，并在校对自己文章的过程中将印刷错误与伦理错误混为一谈，威廉·廷代尔则是鼓励读者利用勘误表培养阅读素养。⑤ 在有的作者看来，差错是技术问题造成的，而在另一些作者眼中，印刷错误甚至象征着整个世界的堕落。如此一来，勘误表便是人性腐败的证据，也是对作者自

---

① 转引自 Blair，'Errata'，p. 41.
② 托马斯·海伍德(Thomas Heywood，约 1574—1641)，英国诗人、剧作家、演员。——译注
③ Thomas Heywood, An Apologie for Actors (1612), sig. G4r.
④ 托马斯·莫尔(Thomas More，1478—1535)，英国作家、政治家，反对宗教改革。——译注
⑤ Blair, 'Errata Lists', passim; Lerer, Error and the Academic Self, pp. 23–9.

尊的检验。在《人类的堕落》(*The Fall of Man*, 1618)里,戈弗雷·古德曼①认为书中大量印刷错误不光是千疮百孔的图书贸易的产物,本质更是世间"众生腐坏"的表现:"我多么有幸选择了这样一个主题,书中所有错误都因此显得理所当然?"②

如果说近代早期作家见证了文本与伦理的交织,那么勘误表后来的功能则更加多样化,往往与模糊正文与辅文间的界限有关。1709年的对开版《闲话报》③的勘误表是与报纸文章语域一致的道歉信形式:作者和印刷商的区分不再明显。艾萨克·比克斯塔夫④以自身的写作怪癖来解释文字的错误:"我总是习惯使用老式的e,它看起来与o无异",所以才有"those改为these,beheld改为behold,Corvix改为Cervix,等等"。⑤

勘误表也常被用作讽刺文学的工具。有时候勘误本身便是一种讽刺["killed改为kissed"("杀死改为亲吻")]⑥,只需要再往前一小步就会富有批判性。诗人兼泰晤士河上的船员约翰·泰勒在他的戏谑式文学冒险中就纳入了这一元素。《格雷戈里·胡说爵士及其无中生有的故事》是一部"充满了智慧、学识、判断、韵律、理智的

---

① 戈弗雷·古德曼(Godfrey Goodman,1583—1656),格罗斯特(Gloucester)新教主教。——译注

② Godfrey Goodman, *The Fall of Man* (1618), sig. [Ff7] v.

③ 《闲话报》(*The Tatler*),约瑟夫·艾迪生等人在1709—1711年间创办的报刊,专门报道社会上的奇闻轶事,讽刺了贵族阶级的生活。——译注

④ 不是同名的爱尔兰剧作家艾萨克·比克斯塔夫(Isaac Bickerstaff),而是《闲话报》创办人使用的笔名,借用自乔纳森·斯威夫特使用过的笔名。——译注

⑤ F. W. Bateson, 'The Errata in *The Tatler* ', in *Review of English Studies* 5, no. 18 (April 1929), pp. 155–66, 156.

⑥ *The Mysteries of Love and Eloquence* (1658), 'Errata', sig A4v.

匮乏"的作品,拥有戏仿式的书名页、"献给无人"的献词,以拉伯雷①风格(Rabelaisian)引用了一系列包括"炸锅与男孩""挑衅大鹅""细高啤酒杯"及"OOOO 的校样"(这本身就是一个文献相关的玩笑)在内的文献。罗伯特·骚塞②在 1831 年称赞其为"一本正经的胡说八道"③,在某种程度上是对辅文意趣的研究。书中同样包含"印刷导致的错误"列表,本质是一连串的讽刺笑话,如:"第 25 页第 44 行,厨师的嘴应为布丁","第 90 页第 27 行,朋友应为难得"。④ 实际上根本没有什么错误——全书甚至总共也没有几页——只是泰勒在调侃勘误这一传统惯例。在这类情况下,辅文的实用性被搁置,或包裹在文本的文学性中,讽刺的力量达到顶峰,比如十六世纪八十及九十年代的马丁·马普利拉特⑤、托马斯·纳什⑥的作品,以及十七世纪五十年代身为贵格会成员的塞缪尔·费舍尔⑦通过《乡下人致学院派》(Rusticus ad Academicos)的勘误表讽刺被视为完美无误的信仰来源的《圣经》。

勘误表的讽刺功能在近代早期之后仍然保持着长久的生命力。

---

① 指法国讽刺作家弗朗索瓦·拉伯雷(François Rabelais,1494—1553)。——译注

② 罗伯特·骚塞(Robert Southey,1774—1843),英国作家。——译注

③ *Lives and Works of the Uneducated Poets* (1831),转引自 Noel Malcolm, *The Origins of English Nonsense*(London: Fontana, 1997), p. 29.

④ John Taylor, *Sir Gregory Nonsence His Newes from no place* (1622), sig. A5v.

⑤ 马丁·马普利拉特(Martin Marprelate)为许多作者共用的笔名,以批判当时的英国主教制。——译注

⑥ 托马斯·纳什(Thomas Nashe,1567—约 1601),英国作家。——译注

⑦ 塞缪尔·费舍尔(Samuel Fisher,1605—1665),英国制帽商,也是贵格会《圣经》学者;贵格会(Quaker),基督教新教的一个派别。——译注

塞缪尔·泰勒·柯尔律治①的早期激进作品《致人民》(Conciones ad Populum, 1795)谴责了英法战争以及主要从穷人中招兵的做法，并在末尾加上了仿勘误表的文字："第 61 页，'谋杀'应为'为国王与国家战斗'。"②到了十八世纪——或许是辅文双重效用发展至极致的时期，勘误表的讽刺效果更为直接且持久。亚历山大·蒲柏的《愚人志》以仿《埃涅阿斯纪》式的长诗讽刺了愚钝女神与她各式各样的尘世代理人，而正如珍妮·戴维森在本书第 18 章指出的，其中的反传统注释是作品的重要特征之一。勘误表也成为蒲柏用来嘲讽同时期文论家的有力工具，在他看来这些人总是虚伪矫饰、自我膨胀，比如刘易斯·西奥博尔德在他的《重塑莎士比亚》中提到"蒲柏先生笔下的许多错误都没有修正"，就令蒲柏勃然大怒。蒲柏以马丁迪努斯·斯克里布勒鲁斯的口吻借勘误表向世人证明学术研究已然沦为浮夸、无意义的过度解读，有些东西其实只是印刷疏漏罢了：

> 本书的勘误工作我们本想交给尊敬的读者，我们相信宽容大量的诸位会自行用笔更正印刷疏漏造成的偶然错误。但鉴于某些审查人士会将这类失误与文字的腐蚀和荒谬的解读联系在一起，指控编辑，认为纠错是在修复文本，甚至将之归功于评论家，我们还是亲自上阵吧。

斯克里布勒鲁斯紧接着列出了各种过分详细的勘误说明，以讽刺诸

---

① 塞缪尔·泰勒·柯尔律治(Samuel Taylor Coleridge, 1772—1834)，英国诗人、文学评论家。——译注

② *The Collected Works of Samuel Taylor Coleridge*, Bollingen Series lxxv, 16 vols (Princeton, NJ: Princeton University Press, 1969 - 2001) 1, p. 70, n. 2. 感谢谢默斯·佩里(Seamus Perry)提供素材。

如西奥博尔德与理查德·本特利等评论家。本特利被包括A. E. 豪斯曼[1]在内的后世学者誉为历史文献学发展史上的关键人物（"英国乃至欧洲土地上最伟大的学者"）[2]，但《愚人志》里的他是个执迷不悟的学究，"不知疲倦的劲头/甚至令贺拉斯麻木"（第四卷，第211—212页），以剑桥大学三一学院院长这个身份离世的他在蒲柏看来一直"睡在避风港"：

> 第一卷第八行："E'er Pallas issu'd from the Thund'rers head。""E'er"是"ever"的缩写，但绝不是用在这里：赶紧更正为"E're"，不要犹豫，这是"or-ere"的缩写，古英语里"之前"的意思。我们对自己的母语竟然如此无知！[3]

二十世纪，越来越多的诗人会在作品中加入勘误表——一种能够产生文学效果的修辞手法。阅读勘误表是同时领略精确与复杂的过程。一个词语或短语被另一个完全替代["battering改为bettering"（"打击改为改进"）[4]]，简单明了，但我们会不由自主地关注、想象、嘲弄两者之间的关系，为之而担忧，推断错误与更正之间的因果。我们知道这种因果关系是虚构的，但为了消除它，我们至少应当将其娱乐化。勘误说明有时候就是诗意的：将毫无关联的事物捆绑在一起，在不同的语域与背景间切换，穿梭于日常与超验之间："laughing改

---

[1] A. E. 豪斯曼（A. E. Housman，1859—1936），英国学者、诗人。——译注

[2] *A. E. Housman: Selected Prose*, ed. John Carter (Cambridge: Cambridge University Press, 1961), p. 12.

[3] *The Poems of Alexander Pope: The Dunciad (1728) and The Dunciad Variorum (1729)*, ed. Valerie Rumbold (London: Pearson Education, 2007), p. 311.

[4] Chambers, Palestina, 'Faults escaped'.

为 languishing"("大笑改为煎熬")①。因此,诗人也发现了这种形式内在的文学潜力。杰弗里·希尔②的《爱情的胜利》(*Triumph of Love*,1999)就实现了勘误表与诗句的共鸣:

  Take out supposition. Insert suppository.(删除"假设"。插入"栓剂"。)

  For definitely the right era read: deaf in the right ear.("绝对正确的时代"应改为"右耳失聪"。)③

伊恩·汉密尔顿·芬利④被刻写在卢顿⑤市斯托克伍德公园(Stockwood Park)石碑上的作品《奥维德⑥的勘误表》("Errata of Ovid")将古典神话塑造为一系列印刷错误,将奥维德式变形记改编为出版疏漏。

  "达芙妮"
  改为"月桂"

---

 ① Richard Bellings, *A Sixth Booke to the Countesse of Pembrokes Arcadia* (Dublin, 1624), sig. A4v.
 ② 杰弗里·希尔(Geoffrey Hill,1932—2016),英国诗人。——译注
 ③ Geoffrey Hill, *Broken Hierarchies: Poems 1952—2012* (Oxford: Oxford University Press, 2015), p. 269.(原文均利用了写法类似的单词意思差距巨大这一点,以达到诗意效果。——译注)
 ④ 伊恩·汉密尔顿·芬利(Ian Hamilton Finlay,1925—2006),苏格兰作家。——译注
 ⑤ 卢顿(Luton),英国地名。——译注
 ⑥ 奥维德(Ovid,前 43—17),古罗马诗人,代表作有《变形记》,讲述各种人物变形为其他事物的神话故事。——译注

"菲洛墨拉"

改为"夜莺"

"库阿涅"

改为"喷泉"

"艾柯"

改为"回声"

"阿提斯"

改为"松树"

"纳西索斯"

改为"水仙"

"阿多尼斯"

改为"银莲花"①

除此之外,保罗·马尔登与查尔斯·西米克也有类似探索勘误表诗意属性的作品。②

---

① Ian Hamilton Finlay, *Selections* (Berkeley, CA：University of California Press, 2012), p. 190.

② Paul Muldoon, 'Errata', in *Hay* (London：Faber and Faber, 1998); Charles Simic, 'errata', in *Selected Early Poems* (New York：George Braziller, 2013).[保罗·马尔登(Paul Muldoon,1951—),北爱尔兰诗人;查尔斯·西米克(Charles Simic,1938—2023),塞尔维亚裔美籍诗人。——译注]

勘误表在诗人眼中有着文学上的可能性,但对于编辑而言则是个充满矛盾的难题。编辑应当如何看待勘误表?它是作品的一部分,还是不属于作品?编辑应当预先修改文本,还是保留错误和勘误以显得更加真实?这一问题可参见杰罗姆·J.麦克甘(Jerome J. McGann)1980年版的拜伦作品《恰尔德·哈洛尔德游记》(*Childe Harold's Pilgrimage*),其中包含了六处希腊文谬误,并补充说明了"以下是被印刷商不慎纠正的拜伦错写的希腊文"。[1]

罗伯特·赫里克[2]的《赫斯帕里德斯》(*Hesperides*,1648)又是另一种情况。赫里克用四行诗句引出了印刷错误表,并归咎于印刷商:

> 读者在此处看到的这些过错,
> 都是印刷商的问题,不是我的;
> 我给了他上好的谷粒,他却错拿成草籽;
> 所以我的书里才遍地都是稗子[3]。

勘误表从"第33页,第10行,'Gods'应为'Rods'"开始,列出了十六条勘误。我们并不确定勘误表是谁所列:不过根据诗文中的指责来看,很可能是赫里克本人。不管作者是谁,这份工作都没有圆满完成。这张勘误表与同时代其他出版物中的勘误表一样,遗漏了很多

---

[1] Lord Byron, *The Complete Poetical Works*, ed. Jerome J. McGann, vol. Ⅱ (Oxford: Clarendon Press, 1980), 'Errata'.
[2] 罗伯特·赫里克(Robert Herrick,1591—1674),英国"骑士派"诗人。——译注
[3] 稗子是有害稻子生长的杂草,典故出自《圣经·马太福音》。——译注

错误——事实上多达六十九个。①

面对这份勘误表,赫里克作品的编者们做法各异。汤姆·凯恩(Tom Cain)与露丝·康诺利(Ruth Connolly)2013年的版本按照1648年版的要求修正了这十六处错误,所以书中虽然收录了这份勘误表,但实际上不再适用。并且,由于该版本的页码与1648年版完全不同,所以勘误表中的原始页码与行数本身也无法参考,仿佛失效的在线链接。F. W. 摩尔曼(F. W. Moorman)1915年的版本也是类似的操作,另外附上了编辑说明:"错误已在重印时修正。页码与行数均为原版所标。"之后的1921年版——"不是为学者,而是为爱诗之人所作"——收录了那四行勘误相关的诗句,但删除了具体的勘误表,并注明"原版中续有勘误表,但本版本已全部修正"。② L. C. 马丁(L. C. Martin)的1965年版省略了四行诗句和勘误表,却在首行索引中包含了那首短诗,令人不解。

赫里克这样的勘误表确实会对编辑造成困扰:作为辅文,它在书籍内外的边界处摇摆不定;作为正文的一部分,如果遵照它的要求,修改错误,那么新的文本产生后勘误表不再是合理的存在;作为明显具有文学性质的勘误表,理应被纳入诗作——但这并不是所有编集者的共识。这类勘误表仿佛文本的压觉点(pressure point),汇集了能够定义编辑工作的各种矛盾脉冲。编辑的任务就是决定文本的范围(什么应该在里面,什么应该在外面?),在保持原始表现形式(保留错误?)与进行现代化的修正(修改错误?)之间找到平衡。

---

① *The Complete Poetry of Robert Herrick*, ed. Tom Cain and Ruth Connolly, 2 vols (Oxford: Oxford University Press, 2013), vol. 1, p. 422.

② F. W. Moorman (ed.), *The Poetical Works of Robert Herrick* (Oxford: Clarendon, 1915), p. 4. F. W. Moorman (ed.), *The Poetical Works of Robert Herrick* (London: Oxford University Press, 1921), p. vi.

线上出版物的勘误表又是什么样的？大多数数字出版物的纠错过程对读者而言都是不可见的，因为首次出版后的所有更新都不会留下物理痕迹。例外情况是特地为了展现编辑力与道德感而突出这一过程：比如《纽约时报》会在文章底部标明修改的时间，强调编辑的工作，避免技术的便捷掩盖失误，一种反对数字欺诈的道德补偿或者说道德过剩。① 我们无法确定未来的人们会对在线作品的错误持何种态度，因为在数字出版的世界里，诸如资质、知识产权、获取方式、编码标准、可持续性等更大的问题都尚未解决，我们甚至不知道"链接失效"这烦人的四个字意味着什么。② 也可能是因为在线出版更重视速度、获取、发布，而不是纠错，鉴于错误在这种新秩序下不会产生什么严重的后果。更正的工作或许会被分配给知识素养、专业水平各有不同的匿名读者，（从积极的角度看）这是一种对克莱·舍基③所说的网络认知盈余（cognitive surplus）的信赖④，（但从消极的角度看）也是一场以公众能力与义务为筹码的忧心赌博。

很显然，无论我们多么执着于准确性，勘误表都不是一种有效消除印刷错误的手段，它们遗漏的错误往往比记录的错误更多，在后续版本中也常常无法发挥作用。尽管詹姆斯·乔伊斯和哈丽

---

① 例如 https://www.nytimes.com/2017/02/25/us/politics/trump-press-conflict.html.

② Paul Fyfe, 'Electronic Errata: Digital Publishing, Open Review, and the Futures of Correction', in *Debatesin the Digital Humanities*, ed. Matthew K. Gold (Minneapolis, MN: University of Minnesota Press, 2012), pp. 259-80, p. 260.

③ 克莱·舍基（Clay Shirky, 1964— ），主要研究互联网技术的社会和经济影响的美国作家。——译注

④ Fyfe, 'Electronic Errata', p. 269.

特·肖·韦弗①都各自在 1917 年为《一位青年艺术家的肖像》(*A Portrait of the Artist as a Young Man*)准备了一份勘误表，1916 年版里的大部分错误都仍能在后来的版本中看到，至少 1961 年以前都是如此。② 而埃德蒙·斯宾塞的《仙后》第一卷至第三卷末尾的 110 处"印刷疏漏造成的错误"，有将近一半仍然遗留在 1596 年的版本中（该版本还指出了另外 183 处印刷错误），之后的 1609 年版、1611—1617 年版、1679 年版更是几乎没有对勘误表表示关注。直到托马斯·伯奇(Thomas Birch)1751 年的版本，才有编者再次留意到 1590 年的那份勘误表（不过需要指出的是，勘误表本身也有错误）。③ 从这种意义上来说，勘误表更像是为了展现查找错误这一步骤而进行的虚张声势的表演，而非旨在真正提升文本的准确性。那些挖掘勘误表文学性、讽刺性潜质的作者也并不是从（简单的）实用辅文到（复杂的）幽默文学的推动者，他们仅仅是踏入了勘误表深厚的历史长河。

---

① 哈丽特·肖·韦弗(Harriet Shaw Weaver, 1876—1961)，英国编辑、出版人。——译注

② Peter Spielberg, 'James Joyce's Errata for American Editions of *A Portrait of the Artist*', in *Joyce's Portrait: Criticisms and Critiques*, ed. Peter Spielberg and Thomas E. Connolly (New York: Appleton-Century-Crofts, 1963), pp. 318 - 28, p. 319.

③ Toshiyuki Suzuki, 'A Note on the Errata to the 1590 Quarto of the Faerie Queene', *Studies in the Literary Imagination* 38, no. 2 (2005): 1 - 16, 1.

索引

D
Duncan,Dennis,丹尼斯·邓肯 第 20 章

乍看之下,索引和目录有许多共通之处。两者都是带有标签的列表,能够定位至正文中的某一部分。在中世纪晚期,这两种辅文甚至共享同样的名称——register(名单)、table(表格)、rubric(标题)——不仔细辨别难以区分。① 乔叟笔下的骑士拒绝推测其故事中的人物阿赛特死后会发生什么,他说道:"我没有什么特别的看法,我的名单里没有'灵魂'这一条目。"②我们并不知道他所说的名单到底是哪一种。不过,这两种书籍构件是截然不同的,仿佛一左一右支撑正文的书挡,都有自己独特的作用与历史。

无论是否具有定位功能,目录都勾勒了作品的整体框架,梳理文字的顺序,揭示其内在结构。只需扫一眼目录我们就能大致明白全文的论点。某种程度上来说,目录是可以独立于载体的。即使是在卷轴中,目录也能够发挥它的效用,正如约瑟夫·豪利在本书第6章所言,目录的历史可以追溯至古代。而索引这种便于随机查找的工具是纸质书时代的产物。被折叠装订的一沓沓纸张,可以随意从中间或末尾打开的图书才是索引的媒介。与目录不同,没有定位功能的索引就像是没有轮子的自行车一样无用。

这是因为索引的运作机制就在于任意性。它的创新之处即切断

---

① index 一词直到十七世纪才被广泛使用。有关该词复数形式的争议——indexes 还是 indices——亨利·惠特利(Henry Wheatley)在《什么是索引?》(What Is an Index?)中以《特洛伊罗斯与克瑞西达》(Troilus and Cressida)为例,认为如果英语化的复数形式被莎士比亚认可了,那我们也应当认可。Henry Wheatley, What Is an Index? A Few Notes on Indexes and Indexers (London: Index Society, 1878).

② 出自《坎特伯雷故事集》, ll. 1953-4。

了作品结构与目录结构之间的关系,其顺序是读者导向性的,而非基于文本。如果你清楚自己要找什么,那么贯穿全书、按字母顺序排列的独立系统就能帮你找到它。(可以说大部分索引都有着双重任意性,因为最常见的定位符号——页码——与作品本身的主题并无内在联系,只与载体有关。)理查德与玛丽·劳斯(Richard and Mary Rouse)写道:"中世纪不喜欢字母顺序,认为这是理性的对立面。"①上帝创造了有序和谐的宇宙,学者便应当观察、反思其中的结构,不应视而不见。因此,只有极度迫切的需求才能让索引神圣的实用性战胜其邪恶的随意性。

与许多阅读工具一样,索引是于十三世纪早期在两类新机构的推动下诞生的:多明我与方济各(Franciscan)传教会,以及高等学府。相比于过去修道院的沉思默记,传教与教学都要求更具效率、针对性的阅读方式。并且在十三世纪之交的前后几十年里,大量新元素开始出现在手抄本中:"页眉标题、红色章节标题、红蓝交替的首字母、字号不同的首字母、段落标记、参考文献、引用的作者。"②另一个关键的发展节点与阅读习惯的转变有关,英国牧师斯蒂芬·朗顿(Stephen Langton)在 1200 年左右细分了《圣经》的篇章(chapter)。[节(verse)的划分要等到十六世纪中期。]《圣经》的篇章让定位变得可行,索引历史上第一座里程碑《圣经》用语索引(Bible concordance)的地基也随之构建。

---

① Mary A. Rouse and Richard H. Rouse, 'La Naissance des index', in *Histoire de l'édition française*, ed. Henri-Jean Martin and Roger Chartier, 4 vols (Paris: Promodis, 1983), i, pp. 77–85, p. 80. 若需全面了解字母顺序是如何出现的,可参见 Lloyd W. Daly, *Contributions to a History of Alphabetization in Antiquity and the Middle Ages* (Brussels: Latomus, 1967).

② Rouse and Rouse, 'La Naissance des index', p. 78.

始于 1230 至 1235 年,最终于 1247 年完成的第一部《圣经》用语索引是一部蕴含了集体智慧的惊人之作。该作是在圣谢尔的于格[①]的带领下,由巴黎圣雅克(St Jacques)的多明我修道院修士编纂,修道院位于塞纳河左岸如今的先贤祠(Panthéon)附近。这部用语索引列出了 10 000 个左右的关键词,并附有约 129 000 处定位。具体来说,每个单词(除了冠词、介词之外)都被整理了出来,标注了其出现的卷、章,以及章节中的位置(每个篇章都被分为七等分,以字母 a 至 g 先后表示)。再将所有单词按照字母顺序排列,第一个是意为"唉"的感叹词 Aaa——或 A,a,a(出现四次),最后一个是《旧约》中的总督所罗巴伯(Zorobabe)。

另外值得一提的是圣雅克版《圣经》索引的尺寸。该版本将内容分为五栏,《圣经》卷名缩写,使用上等的精制犊皮纸,使得整本书籍只有口袋大小,比如现藏于牛津大学波德林图书馆的副本就仅比手机稍大。不过,虽然便携性是其不可多得的优点,但也带来明显的缺陷。只要看一眼第一页上的某个单词便会明了,例如 abire 一词:

  Abire, Gen. xiiii. d. xviii. e. g. xxi. c. xxii. b. xxiii. a. xxv. b. gxxvii. a. xxx. c. xxxi. b. cxxxv. f. xxxvi. a. xliiii. c. d

这是《创世记》一卷中的十六个出处。完整的列表长达几百处,横跨多栏,而像 deus(上帝)、peccatum(罪恶)这样的词语会长达几页。这

[①] 圣谢尔的于格(Hugh of Saint Cher,法语名为 Hugues de Saint Cher,约 1200—1263),法国红衣主教,《圣经》学者。——译注

种情况并不少见,就查找特定段落而言,圣雅克版的《圣经》索引用处不大,在如此宽泛的章节划分下一页页翻阅是不切实际的。

也正是由于第一部的不足才有了第二版的制作,即我们所说的《英国〈圣经〉用语索引》(Concordantiae Anglicanae)。之所以这样命名,是因为该版本是由几位英国多明我会成员在巴黎圣雅克编纂的,其中包括斯塔万斯比的理查德。① 上一部索引发布数十年后,《英国〈圣经〉用语索引》在十三世纪中叶问世,创新之处是每个出处都加上了上下文。这就是我们现在所谓的上下文关键词(keyword-in-context, KWIC)索引,比如谷歌图书中的"片段显示"(snippet view)功能。以下便是单词 regnum(王国)的条目呈现方式,关键词以左右有两点的大写首字母形式出现:

Regnum

Gen. x.c. fuit autem principium .R. eius Babilon et arach

xx.e. quid peccavimus in te quia induxisti super me et super .R. meum peccatum grande

xxxvi.g. cumque et hic obiisset successit in .R. balaam filius achobor

---

① 根据十八世纪早期首次提出的说法,传统上认为第二部《圣经》索引是由三位英国人——斯塔万斯比的理查德(Richard of Stavensby)、达灵顿的约翰(John of Darlington)、克罗伊登的休(Hugh of Croydon)——编纂的。但后来人们只能找到理查德参与其中的证据。Jacob Quétif and Jacob Echard, *Scriptores ordinis praedicatorum recensiti*, 2 vols (Paris, 1719), i, p. 209; Richard H. Rouse and Mary A. Rouse, 'The Verbal Concordance to the Scriptures', *Archivum Fratrum Praedicatorum* 44 (1974): 5–30, 13–15.[斯塔万斯比的理查德(1224—1238),英国考文垂与利奇菲尔德地区主教。——译注]

xli. e. uno tantum .R. solio te precedam.[①]

除了卷、章、篇章位置外,还可以看到原句。

在制作《英国〈圣经〉用语索引》的过程中,斯塔万斯比及其同僚并没有直接在休的原版基础上添加上下文。新版包含了第一版没有收录的出处,修正了大量错误。但这一版本也存在一个根本问题。原本小巧精致的杰作由于容纳了十几万处上下文,膨胀成了多卷本的巨著。完全不同于其前作的便携性,《英国〈圣经〉用语索引》的重量与体积一定程度上限制了它的实用性。因此,人们仍需要一版既包含上下文又篇幅得当的索引。

如此一来便有了1286年的第三版索引,上下文只保留两到五个单词,由圣雅克的修道院制作。[②] 过去半个世纪,巴黎的多明我会一直致力于改进他们的《圣经》索引,就像试坐椅子的金发女孩[③],终于找到了不大不小正正好的第三版。《第三版〈圣经〉用语索引》(The Third Concordance)至今仍是各种语言《圣经》索引书的模板。

尽管详尽无遗,但《圣经》用语索引只关注单词,不涉及概念。如果我们想要使用《圣经》索引查找浪子回头(the prodigal son)这个有关原谅的著名寓言故事,就会发现它的局限性:这则寓言不包含

[①] Oxford, Bodleian Library MS Lat. misc. b. 18, f. 61.

[②] 大部分史料支持第三部索引的作者是康拉德·哈尔伯斯塔德(Conrad Halberstadt)这一观点。不过也有人认为该版本在1286年以前就已流通,出现在巴黎的书店销售目录中,早于哈尔伯斯塔德的活跃时期(1321年左右)。Rouse and Rouse, 'Verbal Concordance', pp. 18-20.

[③] 指的是童话故事《金发女孩和三只小熊》(Goldilocks and the Three Bears)中闯入小熊家的女孩,但原文中,在试坐了熊爸爸、熊妈妈的椅子之后,女孩把最合适的熊宝宝的椅子坐坏了。——译注

"原谅"或"宽恕"这类单词,甚至没有"prodigal"这个词。所以在 1230 年,圣雅克的修士忙于编纂用语索引的同时,牛津的科学家兼神学家罗伯特·格罗斯泰斯特(Robert Grosseteste)也正在策划他的主题索引——现代主题索引的先驱,其百科全书式的阅读广度将反映在其中。为了整合自身的知识储备,格罗斯泰斯特设计了一种能够将主题归类的注释系统,并结合了关键词以便在不同的文本中交叉参考。与按字母顺序排列的机制不同,格罗斯泰斯特的《列表》(*Tabula*)——现藏于里昂市立图书馆(Bibliothèque municipale de Lyon)——将主题分为九类,每一类别下又有各种子集主题。举例来说,第一类的标题是 de deo,即"有关上帝的"。在此题目下,列有三十六个主题,都与母题相关:"上帝存在""什么是上帝""上帝的统一""上帝的三位一体"等等。《列表》的第一部分包含 440 个这样的主题。格罗斯泰斯特还为每一个主题设计了简单独特的符号标在旁边,在阅读的过程中,如果看到相关的主题,就在页边记下符号方便日后查阅。有的符号与主题有明显的关联,如"上帝的三位一体"由三角形表示,"上帝的统一"则是一个点,不过鉴于该系统的主题体量,大多数符号都更加随意,也更加复杂(图 20.1)。

九大类别及其下具体的主题框架长达五页,每页三栏,下接索引正文。索引中的主题与符号都被再次标出,不过主题下方会有一系列参考文献,首先是《圣经》中的篇章,其次是教堂神父的作品,最后在右栏单独列出异教或阿拉伯作家的作品。因此,以第一类别的第一个主题——上帝存在这一命题为例,其下的参考文献经过还原缩写(比如"*l'*"——格罗斯泰斯特手写的有斜杠的字母 *l*——指的是"*liber*",即书籍)后如下:

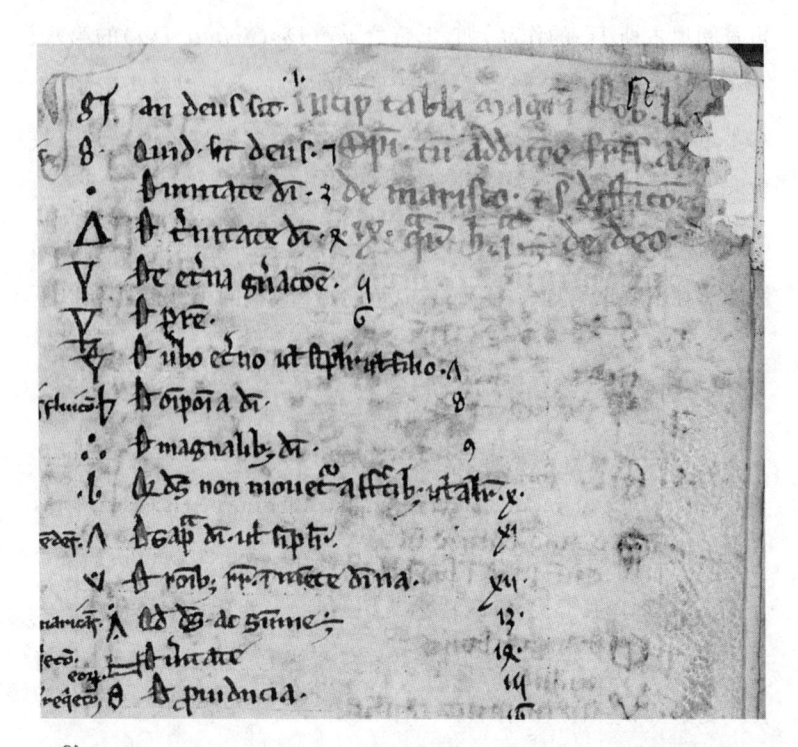

图 20.1 罗伯特·格罗斯泰斯特所著《列表》的页面细节。现藏于里昂市立图书馆

ge· 1· a·
augustinus contra aduersarios legis et prophetarum· l'·1· De trinitate ·12· De libero· arbitrio· l'·1· De uera religione· epistola· 38· De ciuitate· dei l'·8· 10· 11· gregorius dialogi l'·4 ·27· Ieronimus· 13· damascenus· sentenciarum ·l'· 1· c· 3· 41· anselmus prosologion· c· 2· 3· monologion·
[右侧页空白处] aritstoteles methaphisice l'·1·①

以上文字的意思是,如果我们想要了解更多有关上帝存在这一命题的内容,应当从《创世记》的第一章开始("起初神创造天地"),然后

---

① Robert Grosseteste, Tabula, ed. Philipp Rosemann, *Corpus Christianorum: Continuatio Mediaevalis* 130 (1995):233–320, 265.

再查阅奥古斯丁①的作品,如《上帝之城》(De Civitate Dei)的第八、十、十一卷,或是格里高利的《对话录》(Dialogues),以及哲罗姆、大马士革的圣约翰、安瑟伦②的作品。而如果你还做好了偏离基督教思想轨道的准备,则可以尝试亚里士多德的《形而上学》(Metaphysics)第一卷。今天,在牛津大学波德林图书馆中,我们仍然能够在格罗斯泰斯特个人的《上帝之城》藏本的第八卷看到以下文字旁边有着该主题的符号:

> Viderunt ergo istiphilosophi, quos ceteris non inmerito fama atque gloria praelatos uidemus, nullum corpus esse Deum, et ideo cuncta corpora transcenderunt quaerentes Deum.③
> (正如我们所见,这些没有不当地取得高于他人的美誉的哲学家都认为上帝是没有实体的,因此为了寻找上帝,他们超越了所有的物质实体。)

这一段落的页边空白处还有一个类似三角桌的符号,指的是 de videndo deum(看见上帝)这一主题,而如果我们在《列表》中查阅这个条目,也必然会看到"《上帝之城》第八卷"的这条文献。

对于需要撰写布道文的牧师或新成立大学里的教师来说,像《圣经》索引或《列表》这样的作品的价值不言而喻。但严格来讲,这类作品并不是图书的构成部分。前者本身就是一本书,后者更像是

---

① 应指奥勒留·奥古斯丁(Aurelius Augustinus, 354—430),古罗马帝国时期基督教思想家。——译注

② 大马士革的圣约翰(St John Damascene),活跃于七世纪的基督教修士;安瑟伦(Anselm, 1033—1109),罗马天主教经院哲学家、神学家。——译注

③ Oxford, Bodleian Library, MS Bodley 198, f. 31v.

一座图书馆的搜索引擎。不过以此为开端,较小规模的索引开始发展。十三世纪的读者会为图书作注,在开头几页手写索引。比如大英图书馆收藏的一本威廉·德蒙蒂布斯①的《区别》(*Distinctiones*),制作于十三世纪中期,但百年之后有人在前衬页上手写了一份索引。②这份索引中的页码与书籍对应,但正文写就时并没有页码,页码也是由誊写员在编写索引前添加上去的。这意味着尽管《区别》本身已经是按照字母顺序组织的作品,这位誊写员还考虑到如果读者想要阅读某一条目,只需查找索引中的数字,再翻看书页的右下角就能找到目标页面。

我们有必要进一步探讨将页码用作定位工具的做法。并不是每一部作品都像《圣经》或《上帝之城》一样有着广泛认知下的章节、卷部划分,所以编者要做的便是将索引与书籍的物理特征挂钩。不过这样一来,索引就仅仅适用于其所在的那本书——某个特定的副本,因为在十五世纪中期以前,所有图书都是手抄本,页码也因此无法保持一致。但印刷技术出现后,同一版本的图书拥有了相同的页码,威尼斯的读者可以确定自己所读的第15页与布拉格友人看到的第15页一模一样。而在此之前已经存在了几个世纪的索引,也终于在印刷时代迎来了自己的成熟期。

通过观察英国最早期的印刷书籍,我们会发现当时的索引正作为一种新兴事物不断扩大着自身的受众。如今看来稀松平常的图书元素一度需要详细说明具体的用法。比如威廉·卡克斯顿版的《黄金圣徒行传》(*Legenda aurea sanctorum*),一部印刷于1483年、

---

① 威廉·德蒙蒂布斯(William de Montibus,约1140—1213),法国神学家。——译注

② London, British Library, Royal MS 8 G ii, f. 1v.

讲述圣徒生平的著作，就按序附有索引和目录，并在开头加上了如下解释：

> 每一位圣徒的历史故事都可以在下方按顺序排列的目录中很快找到/读者感兴趣的所有内容也能找到具体页数位置/页边空白处标明了每张纸的编号。①

这里有几点值得注意。首先，印刷商特地解释页面包含了页码（或者说是张数编码，更多内容可参见本书第 11 章），这一点在今天看来十分有趣："页边空白处标明了每张纸的编号。"其次是对目录作用的极简描述："可以……很快找到"所有内容——过去与现在一样讲求时间效率。不过其中最应当一提的还是"感兴趣的所有内容"这句话，仿佛涵盖了索引的一切可能性：无论你想找什么，只要查看索引就可以了。此处或许体现了类似于指南类书籍的卖点，汉斯·韦利什（Hans Wellisch）认为，十五世纪的印刷商的确在索引中发现了某种商机："读者越发注意到索引的价值，随之印刷商也意识到……添加索引这样的查找工具有助于书籍的销售。"②然而那一时期的索引并非一概如此万能。卡克斯顿 1482 年出版的拉努尔夫·席格登（Ranulf Higden）的《多元时代》（*Polychronicon*）中的字母顺序索引就只"粗略覆盖了本书大部分内容"③。"大部分内容"显然没有"感

---

① Jacobus de Varagine, *Legenda aurea sanctorum* (Westminster, 1483), sig. [pi] 2r.

② Hans H. Wellisch, 'Incunabula Indexes', *Indexer* 19, no.1(1994): 3–12.

③ Ranulf Higden, *Polychronicon*, trans. John Trevisa (Westminster, 1482), sig. a3v.

兴趣的所有内容"那么自信。而1484年卡克斯顿版的《加图①格言集》里的索引说明则更加直接："目录中包含的许多知名法令/有价值的知识点、问题没有收录在索引中。"②这似乎是在告诉读者，不要误将地图当作实际的地形，索引不是全书的缩影。

到了十六及十七世纪，索引的普及度进一步提升，内容形式越加复杂，索引无法代替作品本身这一点也被反复提出。伊拉斯谟在他的《短评集》(Brevissima scholia, 1532)开头讽刺道，他选择以索引的形式撰写该作是因为"很多人只读这个部分"③。而百年后的伽利略则哀叹："那些想要了解科学的人，不去研究船只、弓弩或大炮，反而埋头书本，浏览索引或目录，试图找出亚里士多德的相关发言。"④以上无一不在告诫我们，索引已经逐渐沦为自身的牺牲品：人们的确在使用索引——书名页上的广告宣传足以证明其重要性——但与此同时，学者们可能只读索引，不读全书。相较于书籍其他部分而言（尽管也有牵连），索引成为质疑阅读本质的众矢之的。

在英国，这个问题也是十八世纪之交"图书之战"的争论焦点之一，甚至有"索引研究"这种词汇被生造出来以讥讽理查德·本特利之类的当代文献学家。我们可以看到亚历山大·蒲柏嘲笑"索引研

---

① 加图(Cato, 前234—前149)，古罗马政治家。——译注
② Cato, *Catonis disticha* (Westminster, 1484), sig. [pi] 5v.
③ Erasmus, *In elenchum Alberti Piibrevissima scholia per Erasmu[s] Rot.* (Basel: Froben, *1532*), sig. m2r.
④ Galileo Galilei, *Dialogue Concerning the Two Chief World Systems—Ptolemaic and Copernican*, trans. Stillman Drake, 2nd edn (London: University of California Press, 1967 [1632]), p. 185.

究从不会让学生脸色发白"①,意指努力与学识之间的关系——在追求知识的过程中殚精竭虑——被节选阅读的便利不当地打破了。乔纳森·斯威夫特也加入战场挖苦道:"那些钻研了索引就假装自己读懂全书的人,就像是只去过茅房却要讲述宫殿有多辉煌的旅者。"②不过"尚古派"反讽"按字母顺序学习"的最佳作品本身也是索引的形式:威廉·金(William King)印在查尔斯·博伊尔(Charles Boyle)的《本特利博士的论文》(Dr Bentley's Dissertations,1698)背面的"索引形式的本特利博士简介"。整本书都是针对本特利的人身攻击,尖酸刻薄,只因他批评了博伊尔编纂的法拉里斯③通信集。本特利无疑是一位杰出的索引学者,其详尽的文本分析参考了大量词汇表以确定词源细节,也使得索引成为攻击他本人的完美武器,比如他的"愚钝至极,p. 74,106,119,135,136,137,241","他对自己从未看过的书的熟悉程度,p. 76,98,115,232",以及可以想见的,"他的迂腐,p. 93 - 99,144,216"。④

金也由此被公认为讽刺式索引的发明人,我们会在之后的几十年里看到更多例子,包括他本人的作品在内。⑤ 不过具有"讽刺"意

---

① *Dunciad* (1743),I.279.

② Jonathan Swift, 'A Discourse Concerning the Mechanical Operation of the Spirit', in *The Tale of a Tub* (London: John Nutt, 1704), pp. 283 - 325, p. 315.

③ 法拉里斯(Phalaris),古希腊时期的暴君。——译注

④ Charles Boyle, *Dr Bentley's Dissertations on the Epistles of Phalaris, and the Fables of Æsop, Examin'd*, 2nd edn (London: Thomas Bennet, 1698), sig. U2r - U3v. 更多有关这份索引的内容,参见 Dennis Duncan, 'Hoggs that Sh-te Soap, p. 66', *Times Literary Supplement*, 15 January 2016, pp. 14 - 15.

⑤ 例如 William Bromley, *Remarks in the Grande Tour of France and Italy*, 2nd edn (London: John Nutt, 1705); John Gay, *Trivia: Or, the Art of Walking the Streets of London* (London: Bernard Lintott, 1716); [William King], *The Transactioneer* (London, 1700).

味的是,在这些后续的戏仿式索引中,讽刺对象不再是索引本身,越来越受欢迎的索引反而被不加批判地采用为创造特殊喜剧效果的工具。与其他书籍组成部分一样,我们认为人们开始挖掘索引的戏谑一面,便标志着其成熟期的到来,也就是说,读者已足够熟悉这一元素,能够识别它被滥用的表现。

如今的戏谑式索引不比斯威夫特所处时代少见。简洁的下级关键词可被用来讥讽政治家,比如"乔纳森·艾特肯①:钦佩敢于冒险的人,59;入狱,60";其排序的任意性也会产生某种超现实的效果,如下:

Holmes
Eamonn: 26n, 98, 152, 166n, 227, 230
Sherlock: 87 - 8;②

还有独特的后置语序总是妙趣横生:"足球,吸引蠢货:167 - 9"③。显然,我们始终精于利用索引这一形式。然而作为与纸质书密切相关的构件,索引的地位在数字革命中的确受到了威胁,专业索引员们也同样面临危机。数字文本——网页或 Kindle 电子书——通常没有页码但具有各种高端搜索功能。不过我们目前的数字搜索工具,无论是谷歌图书搜索栏还是 Word、Acrobat 文档的 Ctrl+f 功能

---

① 应指英国保守主义哲学家乔纳森·艾特肯(Jonathan Aitken)。——译注
② 应指美国演员伊曼·荷姆斯,后者是夏洛克·福尔摩斯。——译注
③ Francis Wheen, *How Mumbo-Jumbo Conquered the World* (London: Harper, 2004); Alan Partridge, *Nomad* (London: Trapeze, 2016); Charlie Brooker, *Dawn of the Dumb* (London: Faber and Faber, 2012). 以上例子均摘自宝拉·克拉克·贝因(Paula Clarke Bain)的索引博客 http://baindex.org。

键都只是有所局限的词汇索引的后继者,而不是主题索引。尽管压缩成本是出版商一直以来的目标,但索引员协会(Society of Indexers)仍在努力证明我们不能失去专业索引编写的技术。虽然这一书籍组成部分的未来尚不明朗,但目前为止,专业索引员这个在印刷时代前一个世纪就已存在的职业仍然在我们的图书产业中扮演着重要角色。

第 21 章

衬页

西德尼·E. 伯杰

第 21 章 衬页

手捧一部古书的激动之情有一部分源自美的享受。这样的美丽通常体现在构成书籍的材料之中。人们在翻开封面,看到衬页(endleaf)之前,都不会知道自己眼前将呈现何种美景。彩色插图 8 是出自十九世纪西班牙的精美环衬页,由细密大理石纹样式的布面制成,纹路各异,五彩缤纷。除了颜色以外,衬页的复杂工艺也足以惊艳四座。当我打开这本书时,从未见过的图案是那么令人惊喜。我们至今仍不确定当时的人们是如何做到的。这与文字内容无关,但的确营造出了美好的阅读氛围。我们将会看到衬页对于大多数书籍来说都是必不可少的构成元素,而随着时间过去,它们与装饰封面一样开始发挥审美上的作用。首先,让我们厘清一些相关术语。

衬页[英文中也会使用"衬纸"(endpaper)或"衬张"(endsheet)这两个词①,可以有也可以没有连字符]是装订员用来覆盖封面硬板内侧,连接封面与书芯的页面。具体分为两部分:一部分粘贴在封面内侧[即环衬贴页(pastedown)],与之连为一体的另一半则是活动的[即活动衬纸(free endpaper)]。装订员会用羊皮纸、皮革、布面、纸张或其他材料包装封面硬板的外侧,将多出来的部分向里折叠,包裹纸板的边缘,粘贴在硬板内侧,折入的这一部分在英文里叫作包边(turn-in)。因此,硬板的外侧通常都以材料包裹,但内侧只有折入

---

① 因为纸张并不是制作衬页的唯一材料,所以笔者倾向于使用"衬页"一词,而不是"衬纸"。部分文献认为活动衬纸有时也被称作"空白页"(flyleaf),但空白页通常是印刷文本的一部分,而衬页则属于装帧设计。

的那一小部分。装订员便加上衬页,一半粘贴在封面内侧,一半不进行固定。正常来说,衬页的尺寸与书籍一致,所以当打开封面时,活动衬纸就与正文页面完美贴合。另一半粘连的页面则遮盖了相对而言不那么美观的封面硬板内侧,以及折入部分的不平整边缘。折入部分一般不会被全部覆盖,我们仍能在硬板内侧看到一小条与封面外侧相同的材料,比如布面精装书籍从顶端、下部、切口处都能够看到布面材料。①

衬页不属于印刷作业,所以往往不会出现在一本书公式化的文献学信息中。如果这一部分很重要,可能会以注释的形式提及:由特种纸或布面制作,或是有装饰图案,包含文字或贴有藏书票。廉价图书可能根本没有衬页,衬页是书籍地位的标志。

在有关图书装帧的文献中,我们会发现"衬页"这个术语的定义非常模糊,严谨的作者可能会使用"空白页"一词。但严格来讲,衬页指的是环衬贴页和活动衬页组成为一体的环衬,而空白页是衬页前后的其他没有内容的页面。大卫·皮尔森(David Pearson)就混淆了这两个概念,称有两种衬页,分别叫作"环衬贴页"和"空白页"。②这种术语上的混乱从某种程度上来说是花样百出的装订员导致的:他们会用废纸包裹衬页;使用印刷过的或空白的残页;不粘贴衬页;用羊皮纸而不是普通纸张制作书页;粘贴衬页却没有活动的部分;用折叠后的残页前一半充当活动衬纸,后一半充当第一张空白页;将衬页缝在封面上而不仅仅是粘贴;等等。不过,最准确的做法还是应将衬页限制为粘连和活动衬纸这两个部分的结合。

---

① 皮面精装的折入部分有时会进行烫金装饰,也就是我们所说的装饰性封面压花(dentelle),源自法语的"花边"一词。

② Pearson, *English Bookbinding Styles 1450–1800: A Handbook* (London: British Library; New Castle, DE: Oak Knoll, 2005), p. 31.

对于用绳带将书芯连接在封面硬板上的线装书来说，衬页可能不是装帧的必要组成部分。换言之，衬页只是覆盖了封面内部暴露出的部分，而没有固定书籍的作用。但马特·罗伯茨（Matt Roberts）与唐·埃瑟林顿(Don Etherington)认为：

> 就手工装帧而言，添加衬页的根本目的是分担打开封面时书籍所承受的拉力，否则头部与尾部的书页就可能受损，尤其是正封与开头几页的位置。[1]

因此，衬页在线装书中也能够发挥结构性功能。

衬页无疑是大多数硬面精装书的必要结构，因为书芯就是靠衬页固定在封面上的。精装封面与书芯分开制作，由硬纸板和封皮组成。书芯则是锁线或胶装，等待封面的包裹。衬页的前一半粘贴在封面内部，另一半连接书芯的第一页或最后一页。这意味着书芯与封面仅由两张纸固定，远没有线装书牢固。不过结果都是一样的：书中的衬页一半贴在封面上，一半活动可翻阅。[2] 然而，也有可能前后衬页都没有粘贴在封面上，封面的折入部分被其他材料覆盖。那么这一页纸便不能称作严格意义上的衬页，而是书籍装饰的一部分。

此外，有的装订员为了节省时间甚至不会粘贴衬页。许多书籍里的衬页是完全活动的，封面内部也没有遮挡。装订员常常会用废纸（印刷剩下的无用纸张）覆盖硬板内侧。而图书馆藏书和布面精

---

[1] Matt Roberts and Don Etherington, *Bookbinding and the Conservation of Books: A Dictionary of Descriptive Terminology* (Washington, DC: Library of Congress, 1981), p. 89.

[2] 书商会将前衬页的活动页面缩写为 FFEP(front free end paper)。

装书往往会用衬页固定书芯与封面。①

纸张是衬页最常见的制作材料，除此之外还有羊皮纸、绸缎或其他布料，全看装订员如何选择。纸质衬页可能是空白的，也可能有各种装饰，下文会详细展开。封面设计应当以意象化的美学方式向读者暗示书中的内容，这是一直以来的共识，衬页却不一定如此。衬页装饰可以与正文无关，甚至与封面图案无关。如果说书籍的目的是带给人们享受，那么装饰性衬页本身便可满足这一点要求。不过我们仍能看到许多图书的衬页是与其文字有所关联的。

纸质衬页通常会比书芯所用纸张更强韧，更重。但仅仅使用对折的纸张作为衬页，"并不适用于需要反复查阅的书籍"，因为只有一层薄薄的胶水固定着书芯和封面。②（而布面衬页可以更好地解决这个问题。）

装订员倾向于使用尺寸足够大的碱性纸张作为衬页，这样一来任何黏合剂都不会导致褶皱，也不会渗透纸张使其褪色。褶皱的纸张会从内侧让封面变形，甚至在整个封面上产生痕迹，而渗入纸张的黏合剂可能会使得活动衬纸贴在封面的这半页上。在精制装帧中，衬页纸张的纹理最好是垂直的，与书脊平行。如果纸张有水印，装订员会希望衬页两部分的水印字样都是能"正读"③的。彩色的衬页则应不易褪色，包括下文讨论的装饰中使用的各种涂料。

---

① 参见 Roberts and Etherington, *Bookbinding and the Conservation of Books*, p. 89.

② Roberts and Etherington, *Bookbinding and the Conservation of Books*; http://cool.conservation-us.org/don/dt/dt1192.html.

③ 正读（right-reading），印刷用语，指图案文字方向正确。——译注

第 21 章 衬页

　　西方的装饰纸张几乎是同时开始在封面和衬页上使用的，首次出现是在十七世纪上半叶的法国。① 那时的书籍装订员对大理石纹路很感兴趣，急于引入这一"新"元素，到了十七世纪末以及之后的整个十八世纪，装订员已经可以自行制作装饰纸张。② 装饰纸张的流行甚至催生出了新的贸易产业，十八世纪初销售装饰纸张的公司会提供各种装饰纸组成的活页夹，最常见的有大理石纹纸、糊染纸（paste paper）及雕版印刷纸。③ 德国、意大利、法国是这类纸张的最大生产国，尽管其他国家也有分布。印刷装饰纸的产业规模在十八世纪末发展到了极致，数量之多种类之繁令人难以想象。

　　这里不得不提到另一个概念，即书封内的装饰衬里（doublure）。这部分通常是豪华装帧的书籍中用来代替衬页粘贴在封面部分的丝绸或皮质材料。有时这一部分会延展至活动衬纸。充满装饰的封内衬里一般都是书籍的所有者为了增添美感后加上去的——很少出自原出版商。而由于这一部分会增加书芯的厚度，所以往往有必要重新制作封面。许多书籍的衬页会包含有助于读者的信息，比如正文里提到的地理位置的地图。"某些衬页的设计属于其包裹的故事的一部分，例如 E.H. 谢泼德（E.H. Shepard）在 A.A. 米尔恩

---

① 参见 Richard J. Wolfe, *Marbled Paper: Its History, Techniques, and Patterns, with Special Reference to the Relationship of Marbling to Bookbinding in Europe and the Western World* (Philadelphia, PA: University of Pennsylvania Press, 1990), pp. 14, 35; Pearson, *English Bookbinding Styles*, p. 39.

② 参见 Wolfe, *Marbled Paper*, p. 14.

③ Wolfe, *Marbled Paper*. 另见 Albert Haemmerle, *Buntpapier: Herkommen, Geschichte, Techniken; Beziehungen zur Kunst* (Munich: Georg D. W. Callwey, 1961). 以及 1977 年的第二版。

1926年版《维尼小熊》衬页上所画的'百亩森林'。①1908年版的《绿野仙踪》的衬页则是"奥兹仙境"的地图(见彩色插图9)。

衬页还可以放置出版商的广告。克诺夫出版社出版的美国版凯伦·布鲁克菲尔德(Karen Brookfield)的《书》(Book)的衬页是复印机和羽毛笔的重复图案,英国版则包含了出版商道林·金德斯利(Dorling Kindersley)"目击者"(Eyewitness)系列的其他作品封面。②衬页和正文还会有其他形式上的联系。弗拉基米尔·纳博科夫的《魔法师》(The Enchanter)的首版英文译本中,"衬页是部分俄文原稿,其上还有纳博科夫手写的订正字迹"③。

读者、书商、图书馆员可能会利用衬页记录书籍的来源、采购日期、销售价格或其他对学者来说十分有用的信息。读者还会在衬页写题词或献词。在马萨诸塞州塞勒姆市(Salem)皮博迪·埃塞克斯博物馆(Peabody Essex Museum)的菲利普斯(Phillips Library)图书馆里,一本十七世纪的藏书的前衬页上签有两位前任所有者的名字,威廉·布拉德福特(William Bradford)(马萨诸塞州第一任州长)与科顿·马瑟[(Cotton Mather)新英格兰地区重要的政治宗教人物,文采卓越,但因支持塞勒姆的女巫审判而臭名昭著],而后衬页上则是另一位所有者的签名,约翰·汉考克(John Hancock),可能是

---

① 2014年1月18日至5月31日期间在耶鲁大学贝内克图书馆(Beinecke Library)举办的展览"封面之下:装饰衬纸的视觉史"("Under the Covers: A Visual History of Decorated Endpapers")的展品目录。http://beinecke.library.yale.edu/exhibitions/under-covers-visual-history-decorated-endpapers.

② 英国版衬页的书籍封面数量一直在变化,因为每当出版商发布了系列新作,就会添加在衬页上。某些版本包含110个封面,有的则是116,甚至137。

③ Vladimir Nabokov, The Enchanter, trans. Dmitri Nabokov (New York: G. P. Putnam'sSons, 1986).

美国《独立宣言》最知名的签署者之一。①

部分图书馆会重新装订馆藏，衬页也需要重新制作。加州大学十个校区中有九个校区的图书馆都拥有自己独特的衬页样式——以识别馆藏出处。而原衬页上极具研究价值的信息也会用机器可读编目（MARC, machine-readable cataloguing）记录下来。如果需要重新装订一部珍本书或特殊馆藏，图书馆员通常会特别留意衬页的信息是否已被安全保存。

在商业化的书籍制作中，衬页一般会覆膜加固，或使用比书芯质量更重的特种纸张。专门生产衬页纸张的公司 LBS 的广告语是这样写的：

> 衬页：图书与封面的重要联结。我们是全球领先的高级衬页纸张供应商。②

因此，衬页的制作成为图书生产的一个重要子产业。LBS 公司通过在网站上介绍材料的质量、严格的标准、精心选择的纸张颜色与重量、纸张可运用的印刷工艺等彰显了自身的专业能力。网站列出了适用于十三种胶装书籍、二十一种锁线书籍、五种线装书籍的纸张，以及数十种织造或非织造的衬页材料，还有二十几种加固素材。③ 虽然起初并不起眼，但衬页制作已发展成独立的产业。

---

① 该藏书是 Richard Rogers, *Seven treatises containing such direction as is gathered out of the Holy Scriptures*, 5th edn (London: Thomas Man for Richard Thrale, 1630).

② LBS: http://www.lbsbind.com/photo-books/endsheets/.

③ 同上。

就纸张的表面而言，最常见的是没有任何装饰的空白衬页。本纳德·米德尔顿（Bernard Middleton）称之为"表面纸"（surface paper）——完全空白或是涂一层颜色，最多进行一下抛光。① 他还提出要与一种"柯布纸"（Cobb Paper）区分开来，后者除了染色之外也没有其他修饰。

空白总是亟待填补的。在这种动力下诞生的图书装饰界主要关注的是书籍的封面和切口——人们首先看到的书籍外部。早期手抄本最外部的空白纸张纯粹是为了保护书籍——以防蹭掉、污损文字或彩饰图案，其上甚至不会出现书名或作者名。但到了十六世纪，印刷时代来临，出版商和私人藏书家开始从里里外外装饰自己的书籍。

当我们提起衬页时，第一个想到的可能就是大理石纹，毕竟这是最常见的装饰样式。除此之外还有糊染纸、荷兰镀金纸和雕版印刷纸。大理石纹是通过将颜料涂抹于一定大小的表面（比如一缸用黄蓍胶或角叉菜作增稠剂的水），并加以处理（或保持不动），再在水面上放置特制的纸张以吸收颜料制作而成。这种方法可能始于十六世纪，但具体的起源已不可考。② 十七世纪以前的书籍里已经出现了大理石纹纸制作的封面或衬页。

理查德·J. 沃尔夫（Richard J. Wolfe）认为，"毫无疑问，法国人是欧洲最早使用大理石纹纸作为衬页的……有时候他们甚至会在

---

① Bernard C. Middleton, *A History of English Craft Bookbinding Techniques* (London: Hafner, 1963), pp. 37–8.

② 为了将水面的颜料转移到纸张上，必须在纸的表面上涂一层媒染剂（mordant）——通常是混合在水中的光滑透明的明矾。

书籍的切口加上大理石纹"。① 沃尔夫没有给出具体的时间,但应该是指十六世纪。米德尔顿则声称"大理石纹纸早在 1598 年以前就在荷兰出现了,但最早包含这种纸张的英国书籍据格雷厄姆·波拉德(Graham Pollard)先生考证,出版于 1655 年"②。虽然这部分文字出自其有关衬页的章节,但他没有说明此处的使用指的是衬页用纸还是封面用纸。

纸张装饰师很早就掌握了将颜料组织为各种图案的技术,但他们也发现了随机掉落的色彩的魅力,因此我们会在装饰衬页上看到斯托蒙特纹[(Stormont)任意飞溅的颜料点滴]、虎眼纹、意大利纹,以及其他不规则的颜料分布图案。别的图案样式也很受欢迎,如法国蜗牛式、之字形、花纹、西班牙波浪等③,制作工艺简单的图案会更加常见。过去几百年来,有无数样式出现在大理石纹衬页之上。

另一种源自德国的装饰衬页叫作糊染纸,发明于十六世纪晚期。制作过程也非常简单:将有色颜料混合成糊状(比如加入小麦或大米淀粉),用刷子或海绵涂抹在湿润的纸张上,构成特定的装饰图案;再将涂有颜料的纸张对折,两部分相接触,展开后就得到了某种"样式"的纹路。④ 如果以不同的方式按压相接触的纸张,颜料会随之移动(比如用手指画圈或螺旋),纸张打开后也能够形成相应的图案(见彩色插图 10)。无论是否进行第二步,糊染纸最终的效果都

---

① Wolfe, *Marbled Paper*, p. 14.

② Middleton, *A History*, p. 34.

③ 许多大理石纹(即便没有图案样式)有自己的名称,还有大量种类——比如创意艺术家的作品——是某个制作者特制的,没有具体命名。参见 Wolfe, *Marbled Paper*.

④ 当然,也可以通过两张纸而不是一张对折的纸来完成这一步骤,这样两张纸的图案就几乎一样。这里的"样式"使用引号,因为实际的图案可能并不规则。

会十分华丽,在衬页中被广泛采用。

不过更多情况下,人们只会在颜料未干的时候直接用手指或工具涂抹。不管如何操作,颜料都会在纸张上留下别样的痕迹。有许多工具可供使用:梳子、木纹刷、瓶盖、橡皮章、切面刻有图案的土豆、软木塞、糕点切刀等。唯一的限制只有想象力的边界。涂料可以选择多种颜色,同时上色或等第一层颜色干掉后再涂上第二层。富有经验的艺术家能够借此创造出各种各样的图案(螺旋、圆圈、几何等),或包含人物、花卉、风景、树木、家具、动物的画面。

糊染纸通常是封面材料,但从十七世纪开始,也会被用来制作衬页。

第三种装饰纸在十九世纪最为普及:雕版印刷纸。这项技术可以追溯至十六世纪末的木版雕刻,并在十七、十八世纪继续发展,通常是几何图案,也有图像画面。十九世纪,意大利的雷蒙蒂尼与里奇(Remondini and Rizzi)公司以及其他法国和德国的制造商开始生产精致的单色、双色、三色雕版印刷品(有时甚至不止三种颜色),以设计出不同样式的纸张供图书封面和衬页使用。① 机械印刷使得印刷品数量激增,欧洲大陆制作了大量图案样式,被用于数以百万计的衬页。仅仅德国巴伐利亚州(Bavaria)阿沙芬堡(Aschaffenburg)一个城市的造纸厂就在十九世纪生产了数千种装饰纸张(彩色插图

---

① 参见 Tanya Schmoller, *Remondini and Rizzi: A Chapter in Italian Decorated Paper History* (New Castle, DE: Oak Knoll, 1990)。英国艺术家沃尔特·克莱恩(Walter Crane)、伊妮德·马克思(Enid Marx)、保罗·纳什(Paul Nash)、莎拉·内卡姆金(Sarah Nechamkin)、戴安娜·威尔布拉姆(Diana Wilbraham)、爱德华·鲍登(Edward Bawden)和埃里克·拉维留斯(Eric Ravilious)创作了许多供衬页使用的印刷装饰纸,后六位都受雇于科文出版社。

11），①以响应当时人们对衬页装饰纸的需求。②

我在本章开头提到了彩色插图 8 中由西班牙艺术家制作的精美绝伦的环衬，阿沙芬堡的纸张样板目录也毫不逊色。这些样板册的每一页都展示了独特的装饰纸张：颜色（纸张、油墨等各种色彩的结合）、质地（光滑、罗纹、织纹、卵纹、浮雕）、饰面（哑光、半光、反光）、材料（金属表面或金属油墨）、印刷技术（雕版、平版、丝网、凸版）、图案（成千上万种多彩样式）都各不相同。纸张甚至可以制作出金属、半透明塑料薄膜、布料、皮革或羊皮纸的质感。具体的图案也多达数千种：几何图形、隐喻形象、花卉动物、宝石矿物、交通工具、日常事物，数之不尽。艺术家们的想象力是无限的。亚麻成品纸看起来就像是真的布料，羊皮纸也仿佛是真的皮，机器制作的纸张更是能达到糊染纸和大理石纹的效果——简直能够以假乱真。以上这些纸张都是十九世纪至二十世纪书籍衬页的原材料。这些装饰纸可以提升书籍的高雅品质，又无须出版商投入过多成本。

还有许多其他种类的装饰纸会被用作衬页，比如荷兰镀金纸（dutch gilt paper）。这种纸张在十七世纪末至十九世纪初的德国和意大利最受欢迎。它的名称可能源自德语中的"德国人"（Deutsch）一词，也可能是因为西欧除了德国以外的地区，大部分供应链都是由荷兰人从德国进口。荷兰镀金纸的表面通常会涂有一层颜料（与糊染纸类似，颜料可以是单色也可以是多色，呈几何图案），再将金色图案压印在上面。箔纸并不是真金，而是其他金色的金属，有时

---

① 阿沙芬堡的公司会发布样板册，许多样板册包含 1500 种以上的纸张样式。
② 道格拉斯·科克雷尔（Douglas Cockerell）认为简单的印刷图案可能是制作衬页的最佳素材，"而过度精美的衬页，尤其是那些有图像的衬页往往效果不好"（pp. 83-4）。参见 Cockerell, *Bookbinding, and the Care of Books: A Text-book for Bookbinders and Librarians*, 4th edn (London: Sir Isaac Pitman & Sons, 1937).

会混入铜,泛出淡淡的红色,有时也使用银箔。图案是用金属或木质板压印的,本质是凸版技术,有的纸张上还能看到明显的凹陷。具体的图案种类也很丰富:几何图形、动物、自然景观、职业场景、字母、树木、花草、传说典故、士兵、名人、神兽等等(彩色插图 12)。这类纸张可以用在很多地方,比如我们所关注的衬页。[①]

笔者意图通过这简短的一章让读者领略到衬页的美学与实用意义,了解专业装订员与造纸师在这一图书构件上所做的工作。

[①] 参见 Sidney E. Berger, 'Dutch Gilt Papers as Substitutes for Leather', *Hand Papermaking* 24, no. 2(Winter 2009): 14-16.

第 22 章

"书封文字"

阿比盖尔·威廉姆斯

1936年，乔治·奥威尔以其特有的口吻宣称"小说已经快要灭亡了。问问任何一个有思想的人他为什么'从不看小说'，答案通常是归咎于书封评论家写的那些恶心废话"①。两年后，《书籍的印刷》(*The Printing of Books*，1938)的作者霍尔布鲁克·杰克逊②表达了完全相反但同样极端的观点："未来的历史学家可能会更多地从护封文字了解我们这个时代，而不是这些华丽设计所要推销的小说本身。"③两位作者都认同小说与书封文字之间存在竞争性的共生关系，相互依存的文本对读者而言有着不一样的意义。书封文字在书籍的历史上占有特殊的地位：它并不是传统上的描述性文献信息，常常因为研究型图书馆会将护封剥离而与作品本身割裂开来（参见本书第 2 章）。④ 针对护封历史的研究大多关注封面的图案设计而不是其上的文字，对护封的数字图像存档一般也只会保留正

---

① George Orwell, 'In Defence of the Novel', *New English Weekly*, 12 and 19 November 1936, reprinted in *The Collected Essays, Journalism and Letters of George Orwell*, ed. Sonia Orwell and Ian Angus (London: Secker and Warburg, 1968).

② 霍尔布鲁克·杰克逊(Holbrook Jackson，1874—1948)，英国记者、作家、出版人。——译注

③ Holbrook Jackson, *The Printing of Books* (London: Cassell, 1938), p. 252.

④ 有关护封文献学意义的讨论可参见 G. Thomas Tanselle, *Book-Jackets: Their History, Forms and Use* (Charlottesville, VA: Bibliographical Society of the University of Virginia, 2011), pp. 24–40.

封,省略封底。① 虽然书封文字的历史、定义及档案记录都有所缺失,但仍是现代书籍必不可少的元素。

书封文字的历史

尽管"书封文字"这个术语本身和印刷外封都是十九世纪晚期、二十世纪早期才出现的,但将外部评论当作某种形式的推广文字的做法则历史悠久。托马斯·莫尔曾请伊拉斯谟为《乌托邦》撰写推荐语,后者以自己的学术声誉为担保大力支持了友人:"我身边所有有识之士无不赞同我的观点,钦佩此人的非凡天赋。"②莎士比亚1598年版的《亨利四世》书名页也有一段特别的推荐语,并不出自现实中的某位专家学者,而是宣传了剧作中一位大受欢迎的喜剧角色:"约翰·福斯塔夫骑士幽默登场。"③以上例子说明,我们可以合理地将书籍中的其他元素视作书封文字的前身:书名页、献词、前言都在这段更广义的历史中扮演了重要角色。不过真正的书封文字,即作品封面上单独印刷的评论推荐或内容简介,只在书籍开始拥有印刷布面封面或护封后才得以登场。十九世纪二十年代后布面封

---

① 波德林图书馆"约翰·约翰逊馆藏"中的书籍护封数字化馆藏通常只包括正封和书脊部分。有关护封研究中图像相较于文字的重要性参见 Thomas S. Hansen, *Classic Book Jackets: The Design Legacy of George Salter* (Princeton, NJ: Princeton Architectural Press, 2005).

② Erasmus to John Froben, 25 August 1517, preface to Thomas More, *Utopia*, in *The Complete Works of St. Thomas More*, ed. Edward Surtz, S. J., and J. H. Hexter (New Haven, CT: Yale University Press, 1965), vol. 4, p. 3.

③ Q1 title page, 1598, reproduced in *King Henry the Fourth Part* Ⅰ, ed. David Scott Kastan (London: Arden, 2002), p. 107.

面的引入标志着图书外部的可能性大大提升。① 正如本书其他作者所指出的,因为活页组成的书籍以往都是由所有者或书商装订,图书封面也基本上与所属有关,与营销无关。我们在第 2 章看到,即便每本书都已被封面包裹,十九世纪的大部分时间里,印刷书籍的封面仍然是空白一片,护封更多是起保护作用,而不是进行广告宣传。② 直到十九世纪九十年代,评论才开始出现在护封上,以推销内里的书籍。③

人们对于书封文字的接受速度惊人,以至不到二十年的时间就催生出了相关讽刺形式。1906 年,美国评论家兼作家吉利特·伯吉斯发表了一部六十页篇幅的作品,题为《你是否庸俗?》,讽刺了传统意义上的思考、创新等陈词滥调(参见图 22.1)。第二年,出版商 B. W. 许布希(B. W. Huebsch)在美国书商协会(American Booksellers' Association)大会上发布了此书,并在护封上印有"是的,这就是书封文字! 其他出版商都干这事儿。我们为什么不?"的字样。④ 尽管离谱的宣言和无耻的推销几乎从书封文字诞生之初就备受嘲讽,但其可信度终究经受住了次次考验,成为现代书籍重要的组成部分,而夸张的修辞也一直是书封世界中的通行法则。我们可以从伯吉斯的例子中看出,喜剧性的自我意识始终伴随着这一形式。去个性化的推荐文字还在查尔斯·迪万(Charles Divine)的诗集《进城之路》

---

① David McKitterick, 'Changes in the Look of the Book', in *The Cambridge History of the Book in Britain*, Vol Ⅵ, 1830–1914, ed. David McKitterick (Cambridge: Cambridge University Press, 2009), pp. 75–116, p. 99.

② 参见 McKitterick, 'Changes to the Look of the Book', pp. 102–4.

③ Tanselle, *Book Jackets*, p. 15.

④ Tanselle, *Book Jackets*, p. 16. 该护封的两份副本都藏于国会图书馆珍本图书部。

(*The Road to Town*)中被嘲弄,该书正封和封底的文字开头都注明了"书封文字都是作者自己写的"①。九十年后,加布里埃·塔伦特(Gabriel Tallent)的小说《我的挚爱》(*My Absolute Darling*)的封面再次戏仿了这一元素,明亮的腰封上写着恐怖小说作家斯蒂芬·金

图 22.1 吉利特·伯吉斯,《你是否庸俗?》(纽约:B. W. 许布希,1906),现藏于国会图书馆珍本图书与特殊馆藏部

---

① Charles Divine, *The Road to Town: A Book of Poems* (New York: T. Seltzer, 1925).

的评价:"'杰作'这个说法因太多书封文字而显得廉价,但《我的挚爱》名副其实。"①虽然赞美是书封文字公认的成规,但也会偶尔看到负面的评价。这种反直觉的广告策略可能暗示了作品的争议性或挑战性:伊恩·班克斯② 1984 年的小说《捕蜂器》(*The Wasp Factory*)在 2008 年再版时附有一连串评论,比如"强大的想象力跃然纸上"(《每日邮报》),"垃圾"(《泰晤士报》),再如"最恶劣的青少年犯罪行为文字版"(《泰晤士报文学副刊》)。③

书封文字的性质取决于相关作品的题材和市场定位。当代小说一般更注重情节的概括。米尔斯与布恩(Mills and Boon)出版社的爱情小说的书封只有故事梗概,而中端市场的小说会在此基础上结合作者的观点:"佩吉有关母亲的记忆寥寥无几,因为她五岁时便被抛弃了",还会附上评论,"这是她的长处……皮科特最善于描写人性"。④ 文学小说则会宣传作者的名声地位。马丁·艾米斯⑤的《伦敦场地》(*London Fields*)精装版封底除了作者照片之外,还附有一段约翰·凯利(John Carey)的评论:"他的风格如弹簧刀一般锐利,怪诞的天赋足以将他人的梦魇渲染成维多利亚时代的水彩画。"⑥而在经典著作的现代版本中,书封文字的作用通常是将作品置于大众化的语境中,使得过去的文字能为当代读者所接受。虽然这类书籍往往会由知名人士作序,但书封文字一般是匿名的。1971

---

① Gabrielle Tallent, *My Absolute Darling* (London: Fourth Estate, 2017).
② 伊恩·班克斯(Iain Banks, 1954—2013),英国作家。——译注
③ Iain Banks, *The Wasp Factory* (London: Macmillan, 1984, repr. Abacus 2008).
④ Jodi Picoult, *Harvesting the Heart* (London, Hodder, 2011).
⑤ 马丁·艾米斯(Martin Amis, 1949—),英国作家。——译注
⑥ Martin Amis, *London Fields* (London: Jonathan Cape, 1989).

年"企鹅经典"出版的乔叟作品《特洛伊罗斯与克瑞西达》有如下文字:"乔叟思考了爱情的本质,尤其是人类的爱情。"[1]柯林斯(Collins)出版社1977年版的弗吉尼亚·伍尔芙的《海浪》(*The Waves*)也写道:"让我们审视自我的存在感。"[2]有时护封会包含多种形式的文字,可以大体分为推荐语和内容介绍,两种形式常常共存。克诺夫出版于1937年的《消失的微型画》(*The Missing Miniature*)的正封文字是"欢快喜剧与刺激悬疑的罕见结合将带来无穷的阅读乐趣"。前勒口又以威廉·里昂·菲尔普斯[3]的评价佐证了这一点:"这无疑是一部迷人的作品。欢快与刺激完美融合。幽默元素精巧自然,优雅细腻!"如果还有读者想知道它到底讲了什么故事,"有关这个欢乐故事的全面介绍请见封底"。[4]

作者与出处

从以上例子可看出,书封文字的特点之一便是不固定的作者。推荐语一般出自著名评论家、作家或出版物,这些名字意味着对作品的权威性认可。伊拉斯谟为莫尔《乌托邦》所作的推荐就是最早的先例之一,印刷在近代早期作品开头的赞美诗也属于这一类型。

---

[1] Geoffrey Chaucer, *Troilus and Criseyde*, ed. Neville Coghill (Harmondsworth: Penguin, 1978).

[2] Virginia Woolf, *The Waves* (London: Collins, 1989).

[3] 威廉·里昂·菲尔普斯(William Lyon Phelps,1865—1943),美国学者、文学批评家。——译注

[4] Erich Kastner, *The Missing Miniature* (New York: Knopf, 1937).

威廉·巴恩斯①为约翰·塔特汉姆②的《幻想剧场》(*The Fancies Theater*, 1640)所写的诗句为作品营造了愉悦的氛围：

> 多么甜蜜的美味：
> 多么赏心悦目，多么简洁质朴；
> 而当幻想触及犯罪，
> 诗句会适时将其掩盖。③

现代推荐语转移到了作品之外、封面之上，不过作用仍然类似。我们可以从中看出评论者的地位高低，而书封文字编选者的工作就是决定放置哪一位名家或哪一家期刊的评价影响力最大。这样一来，评论的出处便成了批评声誉的指标。如哈尼夫·库雷西④的《郊区佛陀》(*The Buddha of Suburbia*)的书封文字就列有一系列来自《每日邮报》、《金融时报》、《标准晚报》(*Evening Standard*)、《周日独立报》(*Independent on Sunday*)的评价，但没有具体作者的名字，最后两条评价的出处却注明了"安吉拉·卡特，《卫报》"和"萨尔曼·鲁西迪"。⑤ 格雷厄姆·斯威夫特⑥的《杯酒留痕》(*Last Orders*)则收录

---

① 威廉·巴恩斯(William Barnes, 1801—1886)，英国诗人。——译注
② 约翰·塔特汉姆(John Tatham)，活跃于1632—1664年间的英国诗人、剧作家。——译注
③ William Barnes, 'To his friend M. Io. Tatham on his Fancies Theater', prefacing John Tatham, *Fancies Theater* (London, 1640), A2v.
④ 哈尼夫·库雷西(Hanif Kureishi, 1954—)，巴基斯坦裔英国作家。——译注
⑤ Hanif Kureishi, *The Buddha of Suburbia* (London: Faber and Faber, 1990). [安吉拉·卡特(Angela Carter, 1940—1992)和萨尔曼·鲁西迪(Salman Rushdie, 1947—)都是英国当代著名作家。——译注]
⑥ 格雷厄姆·斯威夫特(Graham Swift, 1949—)，英国作家。——译注

了出自《泰晤士报文学副刊》《卫报》《星期日泰晤士报》《每日邮报》《观察家报》的评论，最后也同样附有单独署名的萨尔曼·鲁西迪的评价。① 书封文字暴露了文学评论界的阶级性质，并非所有称赞都是平等的。这里是网络理论(network theory)的土壤，暗示了作者与评价者具有共生关系，以及文学小说与商业出版的营销基础就是互夸模式。美国讽刺杂志《间谍》(*Spy*)的讽刺专栏《我们时代的你吹我捧》("Logrolling in Our Time")或英国杂志《第三只眼》(*Private Eye*)的《拍马屁社团》("Order of the Brown Nose")就揭露了作家之间相互评论的常态。评论家与被评论者的角色的确会随时对调。T. S. 艾略特在费伯与格威尔(Faber and Gwyer)出版社——即后来的费伯出版社——做编辑期间，撰写了无数书封文字，并在《T. S. 艾略特全集文学手稿简明目录》(*Hand-List of the Literary Manuscripts in the T. S. Eliot Collection*)中记录了三份费伯出版社书目，表明诗人是这些图书护封文字的作者。② 艾略特所写的宣传材料是他在费伯出版社日常工作的一部分，所以发表时是匿名的。有趣的是，隐形状态下的书封文字作者艾略特却是无数作家梦寐以求的推荐人，这提醒我们书籍、书封文字与知名推荐人之间的动态关系会随着时间的推移发生改变。纵观欧内斯特·海明威数十年间的推荐评论（通常是署名的），我们会意外地发现这位文学巨擘竟曾如此不吝赞

---

① Graham Swift, *Last Orders* (London: Picador, 1996).

② *A Preliminary Hand-List of the Literary Manuscripts in the T. S. Eliot Collection bequeathed to King's College Cambridge* (Cambridge: King's College, 1970).坦赛尔认为书封文字的内容通常也是独一无二的，所以应当属于作者的作品。Tanselle, *Book Jackets*, p. 19.

美那些名不见经传的作者。① 他声称《专业人士》(The Professional)这部小说是"我读过的唯一一本讲述拳击手故事的佳作,就其本身而言,也是一部杰出的处女作"。② 旅行指南《古巴:奇迹之岛》(Cuba: Isla de las Maravillas)也印有海明威的手写体推荐语:"这是一部杰作。文字优美图片精彩。每位古巴游客的必读物。"③这种以手写笔迹证明推荐语真实性的方式十分常见。玛丽·贝洛克·朗蒂丝④的《弱点》(The Chink in the Armour)的护封正面有着海明威及另外两位作家亚历山大·沃尔科特(Alexander Woolcott)、埃德蒙·皮尔森(Edmund Pearson)签名的印刷字体推荐语:

> 很遗憾,《弱点》这部恐怖悬疑杰作在我们国家鲜为人知,无处可寻。我们请求贵社出版此书,以便我们购买阅读,或赠送亲友。⑤

这份"请愿书"说明了这段赞美之词并不是受邀所作,而是三位作家个人的真心推荐。无独有偶,莎莉·霍维(Sallie Hovey)的《夏娃的

---

① *Hemingway and the Mechanism of Fame: Statements, Public Letters, Introductions, Forewords, Prefaces, Blurbs, Reviews, and Endorsements*, ed. Matthew J. Bruccoli with Judith S. Baughman (Columbia, SC: University of South Carolina Press, 2006).

② W. C. Heinz, *The Professional* (New York: Harper, 1958).

③ Ernesto T. Brivio, *Cuba: Isla de las Maravillas* (Havana: Luis David Rodriguez, 1953).

④ 玛丽·贝洛克·朗蒂丝(Marie Belloc Lowndes, 1868—1947),英国作家。——译注

⑤ Marie Belloc Lowndes, *The Chink in the Armour* (New York: Longmans, Green, 1937).

复权》(The Rehabilitation of Eve)的护封包含了1924年6月11日尤金·奥尼尔①针对此书为霍维所写的完整贺信。②

　　利用"私人性质"的文件展现由衷的好评也不是新鲜事。自小说诞生之初,作者就会借隐私效应来表现真实性,这也说明了人们对公开发表的推荐语可能持有的质疑。塞缪尔·理查逊的书信体小说《帕梅拉》(Pamela,1740)在十八世纪很受读者欢迎,但也备受争议。故事讲述了一位年轻的女仆因道德约束拒绝了主人的求爱,结尾却与对方结为夫妻,这既可以解读为对美德的诚挚追求,也可以理解为鼓励年轻女性与雇主恋爱以获得更高的社会地位。为了传达小说本身的道德说教意图,理查逊在开头加上了两封信件以体现此书在强调基督教行为准则方面的作用。③ 再版时,作者甚至添加了更多信件。剧作家兼诗人艾伦·希尔(Aaron Hill)写信称赞了这部小说,并被理查逊收录在了第二版中:"我拿到此书后,什么也没做,立刻诵读给其他人听,接着又听到其他人继续向我诵读它,我发现除此之外我可能不想做任何事。"④虽然附上作者写给赞助人的献词是十八世纪的常规操作,但在虚构作品中加入私人书信没有那么普遍。信件的形式就像是推荐语的双引号,意味着更私人化的认可。这种方式标志着书封文字一直以来陷入其中的陈腐空虚感,它

---

　　① 尤金·奥尼尔(Eugene O'Neill,1888—1953),美国剧作家。——译注

　　② Sallie Hovey, *The Rehabilitation of Eve* (Chicago, IL: Hyman-McGee, 1924).

　　③ Samuel Richardson, *Pamela: Or Virtue Rewarded*, ed. Albert J. Rivero (Cambridge: Cambridge University Press, 2011), pp. 4 - 8. 信件出自让·巴蒂斯特·德弗瓦尔(Jean Baptiste de Freval)与牧师威廉·韦伯斯特(Rev William Webster)。

　　④ Aaron Hill to Samuel Richardson, preface to the second edition of *Pamela*, reproduced in Rivero (ed.), p. 464.

试图跳脱出自身的类型框架,回应其所代表的陈词滥调,但同时又被规范束缚。

从书名页到书封文字

书封文字是一种讲究时效的营销工具:它的风格、内容、角色都是为了迎合历史上特定的读者群体,以目标购买者为对象构建有力的话语体系。与装帧设计一样,书封文字也是书籍最后的制作步骤,却是最先被阅读的部分。作为招揽潜在顾客的手段,书封文字既是邀请函也是介绍信。那么书封文字与图书之间的关系究竟经历了怎样的发展?让我们以丹尼尔·笛福的《摩尔·弗兰德斯》(*Moll Flanders*)为例,了解阅读环境的改变是如何影响促销广告语的,同时梳理描述性书封文字在书籍上的位置变化。《摩尔·弗兰德斯》最初出版于1721年,是一部自传体小说,主人公做过妓女,也做过小偷,最终改过自新。这部作品以吸引眼球的书名页著称,其上概括了摩尔人生故事中各种情色的细节:

> 这部回忆录的主人出生于纽盖特,在六十年的跌宕人生里,除了童年以外,做了十二年的妓女,五次嫁为人妇(其中一次甚至嫁的是自己的哥哥),当了十二年的小偷,作为重罪犯被转移到弗吉尼亚州度过了八年,后来变得富有,本分地生活,在离开人世前终于悔过。①

---

① Daniel Defoe, *The Fortunes and Misfortunes of the Famous Moll Flanders &c*, 2nd edition (London, 1722).

在书籍还没有印刷护封、勒口,出版社还未设立宣传部门的年代,这就相当于书封文字。这段文字既概述了内容,又吊起了人们的胃口,目的全在于推销图书。不过它也与笛福下文提及的应当如何阅读这部小说的理念相悖。在此书前言部分,笛福写道:

> 我想将这部作品推荐给懂得如何阅读它、利用它的人们,这也是故事本身一直想要传达的。所以我希望读者感兴趣的是其中的道德教义,而不是虚构情节,是现实思考而不是两性关系,是作者的写作目的而不是主人公的生活。①

正如我们所见,《摩尔·弗兰德斯》的原始书名页就像现代小说的书封文字一样,以宣传个人隐私、性丑闻、真实犯罪的方式推销图书,期望借此引起读者的兴趣,而这恰恰是作者笛福不愿看到的解读角度。自小说这一形式出现在英国以来,虚构作品的道德感或艺术性与广告语的需求之间就存在着矛盾。

与同时期的许多其他小说一样,《摩尔·弗兰德斯》以删减本、口袋书(chapbook)等形式延续着自己的生命力。② 1721 年 366 页的八开本在一个世纪之内缩减到了 72 页、24 页、16 页甚至只有 8 页。③ 不过值得注意的是,虽然小说变短了,但书名页变得更长了,

---

① Defoe, Preface to *Moll Flanders*, p. iii.

② 帕特·罗杰斯(Pat Rogers)甚至认为《摩尔·弗兰德斯》只能以删减版的形式流传下来。Pat Rogers, 'Classics and Chapbooks', in *Literature and Popular Culture in Eighteenth-Century England* (Brighton: Harvester, 1985), pp. 162 – 82, p. 178.

③ Pat Rogers, 'Moll in the Chapbooks', in *Literature and Popular Culture in Eighteenth-Century England*, pp. 183 – 97, p. 184.

并且在正文内容未变的情况下不断在再版时被修改。十九世纪早期的七十二页十二开本删减版题为《摩尔·弗兰德斯的历史与秘密》(*The History and Intrigues of the Famous Moll Flanders*),书名页增加了额外的细节:

  十八岁时被一个兄弟诱奸,后来又嫁了个另一个兄弟;十二年间在各种人的身下做着妓女的勾当;此后又四次嫁作人妇,与最后一位丈夫一同度过了八年时间,并一同被运送至弗吉尼亚州,在那里她积攒了财富;最终回到爱尔兰,本分地生活,真心悔过的她于七十五岁去世。①

重新修订扩展的书名页使得故事情节看上去更加令人震惊了。她与两个哥哥都发生了乱伦关系,而不是一个;她十二年的妓女生涯是在"各种人"的身下度过的;此外还介绍了她其中一位丈夫。这种额外的细节并不是这个版本独有的。1760至1780年间出版的更简短的二十四页口袋书《摩尔·弗兰德斯的幸与不幸》(*The Fortunes and Misfortunes of Moll Flanders*)中有更加详细的地理信息。②摩尔

---

  ① *The History and Intrigues of the Famous Moll Flanders* (London, printed and sold by J. Hollis, Shoemaker Row). 72p. Long duodecimo. Bodleian Library, Oxford, Harding A 57 (11).

  ② *The Fortunes and Misfortunes of Moll Flanders* (London, printed and sold at no. 4 Aldermary Church Yard).24p. Long duodecimo. Bodleian Library, Oxford, Harding A 63 (18).根据罗杰斯对该书口袋书版本的研究,这个版本确定了其他口袋书版本的故事主线——不过所有版本的书名页都常常被修订。

出生于纽盖特,在六十年的跌宕人生里,十七次沦为妓女,五次嫁作人妇,其中一次甚至嫁给了自己的哥哥,又做了十二年的小偷,被抓进教养所十一次、新监狱九次、伍德街监狱十一次、警卫室十四次,其中二十五次发生在纽盖特,十五次被处以鞭刑并游街示众,四次被烧伤手,一次被判终身监禁,被转移到弗吉尼亚州度过八年。后来变得富有,本分地生活,在离开人世前终于悔过。

这段概述中甚至有相当一部分不是事实:原著中并没有烧伤或鞭刑的情节,更没有出现过"游街示众"这样的字眼。它的目的在于补充小说中提到的监禁惩罚的具体细节。① 在后续的版本《摩尔·弗兰德斯的历史》(*The History of the Famous Moll Flanders*)中,这段文字还附有一节四行诗,既是书封文字也是题词:

读者们,请看命运的多舛,
她的财富也早有预兆;
从你们眼前的生命的各个阶段,
可见人类的命运由上帝公正判定。②

---

① 这段文字在其他版本中也出现过:*The Fortunes and Misfortunes of Moll Flanders* (London, printed for and sold by J. Pitts, no. 14, Great St Andrew Street, Seven Dials), 24p. Long duodecimo, Bodleian Library, Oxford, Douce adds. 275 (11); *The History of the Famous Miss Moll Flanders* (Edinburgh, printed by A. Robertson, opposite the foot of the Assembly Close, 1791). Bodleian Library, Oxford, Harding A 73 (1), 24p., Long duodecimo. ESTC T300469.

② *The History of the Famous Miss Moll Flanders* (Edinburgh, 1791). ESTC T300469.

说教式的诗句并不完全匹配作品的叙事风格。摩尔故事的主题是坦白、惩罚、忏悔、救赎,更多的是人为的行动,而不是依赖于这里所说的命运的齿轮。

通过观察《摩尔·弗兰德斯》的不同版本,我们会发现书封文字的位置在逐渐变化。1722 年的时候是在书名页上,而在二十四页的口袋书版本中会重复出现或直接转移至全书末尾。内容措辞如下:298

> 做了十二年的妓女,
> 曾嫁给自己的哥哥;
> 像这样的窃贼,
> 几乎不可能有第二个;
> 不知疲倦的旅人,
> 你将去往哪里?
> 看!在这遥远的地方
> 找一处坟墓?
> 希望你最终,
> 是被送往了天堂,
> 度过邪恶的一生,
> 却在死前悔过。①

以上诗句以书名页的梗概为基础,升华至小说的结尾之上,摩尔的人生之后,想象了女主人公未来(或许)被送往天堂的画面。这种道

---

① *The History of the Famous Moll Flanders* (Falkirk, printed and sold by T. Johnston, c. 1798 - 1810), ESTC T300506. p. 24. Long duodecimo. Bodleian Library, Oxford, Douce PP 165 (6).

德说教并不是十八世纪的版本独有的。1991年的大字印刷版本使用了第一版书名页的内容,并在背面印有如下文字:

> 然而,她很快意识到想要生存,必须嫁个好丈夫,便继续开始寻找庇护者……她在绞刑架下感人的悔过使她获得了缓刑,也令她决定在真诚的忏悔中度过余生。①

针对这一类潜在的读者群,原著情节梗概中的一些难堪细节还会进行一定的润色以符合道德标准。原作的书名页内容在其他现代版本中也作为书封文字被保留了下来。牛津大学出版社由G. A.斯塔尔.(G. A. Starr)编辑、收录在"牛津英文经典"(Oxford World's Classic)中的1981年版封底就复制了原版文字,并补充道:"充满辛辣讽刺的现实主义社会学细节,同时也是一部爱情小说,迷人的女主人公摩尔始终追求着家庭的幸福。"②这段书封文字的意义是宣传小说的历史元素和故事细节,而不在于道德教义。1960年科尔基(Corgi)出版社的版本则增加了副书名:《摩尔·弗兰德斯:一个荡妇的故事》。该版本的封底文字也是二十世纪中期版本的初版书名页,专为二十世纪六十年代的人们设计:

> 随着岁月的流逝,摩尔·弗兰德斯开始展现出成熟的风韵,足以让人预见她的未来……她沦落于贫民窟与肮脏的房间,不可避免地出卖着自己的身心。这部经典小说讲述了摩

---

① Daniel Defoe, *Moll Flanders* (Isis Clear Type Classic; Oxford:,Clio, 1991).
② Daniel Defoe, *Moll Flanders*, ed. and intro G.A. Starr (Oxford: Oxford University Press, 1981).

尔·弗兰德斯极其现实的悲惨故事,作者精彩的叙事节奏与极具生命力的笔触令其在两百年间的文学历史上举世闻名。①

科尔基版的书封文字能够同时吸引对伤感情节、情色内容感兴趣的受众,也不会吓跑正经保守的读者,这告诉我们推广文字背后常常有多种动因在相互竞争:销售的需要、文学权威的体现、内容的介绍,以及如何将独特的小说作品与人类的价值观联系在一起。

而正如本章所言,书封文字这段说长不长,说短也不短的历史在某种程度上为我们展现了讲述故事与销售书籍之间的矛盾关系。或换言之:"在探究印刷书籍推荐语如何演变的过程中,本文审视了文学文本的自我权断性质,以及文学与市场价值之间的深刻联结。"

---

[1] Daniel Defoe, *Moll Flanders: The Story of a Wanton* (London: Corgi/Transworld, 1960).

精选文献

图书辅文构件

Gérard Genette, *Paratexts: Thresholds of Interpretation*, trans. Jane E. Lewin(Cambridge: Cambridge University Press, 1997)

Jonn Herschend and Will Rogan (eds), *The Thing the Book: A Monument to the Book as Object* (San Francisco, CA: Chronicle, 2016)

Kevin Jackson, *Invisible Forms: A Guide to Literary Curiosities* (New York: Picador, 1999)

Marie Maclean, 'Pretexts and Paratexts: The Art of the Peripheral', *New Literary History* 22, no. 2 (1991): 273-9

Helen Smith and Louise Wilson (eds), *Renaissance Paratexts* (Cambridge: Cambridge University Press, 2011)

护封

Mark Godburn, *Nineteenth-Century Dust Jackets* (New Castle, DE: Oak Knoll, 2016)

Charles Rosner, *The Growth of the Book Jacket* (London: Sylvan, 1954)

Martin Salisbury, *The Illustrated History of the Dust Jacket: 1920 - 1970* (London: Thames and Hudson, 2017)

G. Thomas Tanselle, *Book-Jackets: Their History, Forms and Use* (Charlottesville, VA: Bibliographical Society of the University of Virginia, 2011)

卷首页

Margery Corbett and Ronald Lightbown, *The Comely Frontispiece: The Emblematic Title-Page in England 1550 - 1660* (London: Routledge and Kegan Paul, 1979)

Alastair Fowler, *The Mind of the Book: Pictorial Title Pages* (Oxford: Oxford University Press, 2017)

David Piper, *The Image of the Poet: British Poets and Their Portraits* (Oxford: Clarendon, 1982)

W. Pollard, 'A Rough List of the Contents of the Bagford Collection', *Transactions of the Bibliographical Society* 1st series, 7 (1902 - 4): 143 - 59

Volker R. Remmert, '"Docet parva picture, quod multae scripturae non dicunt": Frontispieces, Their Functions, and Their Audiences in Seventeenth-Century Mathematical Sciences', *Transmitting Knowledge: Words, Images, and Instruments in Early Modern Europe*, ed. Sachiko Kusukawa and Ian Maclean (Oxford: Oxford University Press, 2006), pp. 239 - 70

书名页

Margery Corbett, *The Comely Frontispiece* (Chicago, IL: University of

Chicago Press, 1979)

Alastair Fowler, *The Mind of the Book: Pictorial Title Pages* (Oxford: Oxford University Press, 2017)

Ronald McKerrow, *Title-Page Borders Used in England and Scotland 1485 – 1640* (Oxford: Oxford University Press, 1932)

A. W. Pollard, *Last Words on the History of the Title-Page* (London: Nimmo, 1891)

Margaret Smith, *The Title-Page: Its Early Development 1460 – 1510* (London: British Library, 2000)

出版信息、出版许可与版权页

Peter W. M. Blayney, *The Stationers' Company and the Printers of London, 1501 – 1557*, 2 vols (Cambridge: Cambridge University Press, 2013)

John Carter and Nicolas Barker, *ABC for Book Collectors*, 8th edn (London: British Library; New Castle, DE: Oak Knoll, 2006)

Primary Sources on Copyright (1450 – 1900): http://www.copyrighthistory.org

Michael F. Suarez, S. J., and H. R. Woudhuysen (eds), *The Oxford Companion to the Book*, 2 vols (Oxford: Oxford University Press, 2010)

目录

A. Doody, *Pliny's Encyclopedia: The Reception of the Natural History* (Cambridge: Cambridge University Press, 2010)

R. Gibson, 'Starting with the Index in Pliny', in L. Jansen (ed.), *The Roman Paratext (Cambridge: Cambridge University Press, 2014), pp. 33 - 55

Georges Mathieu (ed.)*La Table des Matières. Son histoire, ses règles, ses fonctions, son esthétique* (Paris: Classiques Garnier, 2017)

A. Riggsby,'Guides to the Wor(l)d', in J. König and T. Whitmarsh (eds), *Ordering Knowledge in the Roman Empire* (Cambridge: Cambridge University Press, 2007),pp. 88 - 107

Bianca-Jeanette Schröder, *Titel und Text: zur Entwicklung lateinischer Gedichtüberschriften* (Berlin: De Gruyter, 1999)

致读者书

Randall Anderson,'The Rhetoric of Paratext in Early Printed Books', in *The Cambridge History of the Book in Britain. Vol. IV: 1557 - 1695*, ed. John Barnard and D. F. McKenzie (Cambridge: Cambridge University Press, 2002), pp. 636 - 44

Wayne Booth, *The Rhetoric of Fiction* (Chicago, IL: University of Chicago Press,1961)

Michael Saenger, *The Commodification of Textual Engagements in the English Renaissance* (Aldershot: Ashgate, 2006)

William H. Sherman, 'The Beginning of "The End": Terminal Paratext and the Birth of Print Culture', in *Renaissance Paratexts*, ed. Helen Smith and Louise Wilson (Cambridge: Cambridge University Press, 2011), pp. 65 - 87

Linda Simon, 'Instructions to the Reader: James's Prefaces to the New York Edition', in *The Critical Reception of Henry James* (London: Boydell and Brewer, 2007)

致谢与献词

Terry Caesar, *Conspiring with Forms: Life in Academic Texts* (Athens, GA: University of Georgia Press, 2010)

Dustin Griffin, *Literary Patronage in England, 1650–1800* (Cambridge: Cambridge University Press, 1996)

Richard A. McCabe, *'Ungainefull Arte': Poetry, Patronage, and Print in the Early Modern Era* (Oxford: Oxford University Press, 2016)

Valerie Schutte, *Mary I and the Art of Book Dedications: Royal Women, Power, and Persuasion* (New York: Palgrave Macmillan, 2015)

Franklin B. Williams, *Index of Dedications and Commendatory Verses in English Books before 1641* (London: Bibliographical Society, 1961)

印刷商装饰画与花饰

Mark Arman, *Fleurons: Their Place in History and in Print* (Thaxted: Workshop, 1988)

Christopher Flint, 'In Other Words: Eighteenth-Century Authorship and the Ornaments of Print', *Eighteenth-Century Fiction* 14 (2002): 621–66

K. I. D. Maslen, *The Bowyer Ornament Stock* (Oxford: Oxford Bibliographical Society, 1973)

John Ryder, *Flowers and Flourishes* (London: Bodley Head, 1976)

P. Spedding, 'Thomas Gardner's Ornament Stock: A Checklist', *Script and Print: Bulletin of the Bibliographical Society of Australia and New Zealand* 39 (2015): 69–111

Ad Stijman, *Engraving and Etching, 1400 – 2000* (London: Archetype, 2012)

人物表

Tamara Atkin and Emma Smith, 'The Form and Function of Character Lists in Plays Printed before the Closing of the Theatres', *Review of English Studies* 65(2014): 647 – 72

Matteo Pangallo, '"I will keep and character that name": Dramatis Personae Lists in Early Modern Manuscript Plays', *Early Theatre* 18 (2015): 87 – 118

Gary Taylor, 'The Order of Persons', in *Thomas Middleton and Early Modern Textual Culture: A Companion to the Collected Works*, ed. Gary Taylor and John Lavagnino (Oxford: Oxford University Press, 2007), pp. 31 – 79

页码、折标与页首词

Rebecca Bullard, 'Signs of the Times? Reading Signatures in Two Late Seventeenth-Century Secret Histories', in *The Perils of Print Culture: Book, Print and Publishing History in Theory and Practice*, ed. Jason McElligott and Eve Patten (Basingstoke: Palgrave, 2014), pp. 118 – 33

Richard Rouse, 'Cistercian Aids to Study in the Thirteenth Century', in *Studies in Medieval Cistercian History II*, ed. J. R. Sommerfeldt, Cistercian Studies 24 (Kalamazoo, MI: Cistercian Publications, 1976), pp. 123 – 34

Paul Saenger, 'The Impact of the Early Printed Page on the History of

Reading', in *Bulletin du bibliophile* (1996)：237 - 301

Margaret M. Smith,'Printed Foliation：Forerunner to Printed Page Numbers？', in *Gutenberg-Jahrbuch* 63 (1988)：54 - 70

Eric G. Turner, *The Typology of the Early Codex* (Philadelphia, PA：University of Pennsylvania Press, 1977)

章节标题

Ego Dionne,*La Voie aux chapitres: Poétique de la disposition Romanesque* (Paris：Seuil, 2008)

Aude Doody,*Pliny's Encyclopedia: The Reception of the Natural History* (Cambridge：Cambridge University Press, 2010)

Johanna Drucker,'Graphic Devices：Narration and Navigation,'*Narrative* 16, no. 2(2008)：121 - 39

Laura Jansen (ed.),*The Roman Paratext: Frame, Texts, Readers* (Cambridge：Cambridge University Press, 2014)

Bianca-Jeanette Schröder, *Titel und Text: zur Entwicklung lateintscher Gedichtüberschriften*(Berlin：de Gruyter, 1999)

题词

Janine Barchas, *Graphic Design, Print Culture, and the Eighteenth-Century Novel*(Cambridge：Cambridge University Press, 2003)

Ann Ferry, *The Title to the Poem* (Stanford, CA：Stanford University Press, 1996)

Ellen McCracken,*Paratexts and Performance in the Novels of Junot Díaz and Sandra Cisneros* (Basingstoke：Palgrave Macmillan, 2016)

Kate Rumbold, *Shakespeare and the Eighteenth-Century Novel: Cultures of Quotation from Samuel Richardson to Jane Austen* (Cambridge: Cambridge University Press, 2016)

舞台指示

Philip Butterworth, *Staging Conventions in Medieval English Theatre* (Cambridge:Cambridge University Press, 2014)

Sarah Dastagheer and Gillian Woods (eds), *Stage Directions and Shakespearean Theatre* (London: Bloomsbury, 2018)

Alan C. Dessen, *Elizabethan Stage Directions and Modern Interpreters* (Cambridge:Cambridge University Press, 1985)

T. H. Howard-Hill, 'The Evolution of the Form of Plays in English during the Renaissance', *Renaissance Quarterly* 43 (1990): 112-45

Linda McJannet, *The Voice of Elizabethan Stage Directions* (Newark, DE: Universityof Delaware Press, 1999)

页眉标题

Fredson Bowers, 'Notes on Running-Titles as Bibliographical Evidence', *The Library*,4th series, 19 (1938): 315-38

Matthew Day, '"Intended to offenders": The Running Titles of Early Modern Books', in *Renaissance Paratexts*, ed. Louise Wilson and Helen Smith (Cambridge:Cambridge University Press, 2014), pp. 34-47

Charlton Hinman, *The Printing and Proof-Reading of the First Folio of Shakespeare*, 2 vols (Oxford: Oxford University Press, 1963)

Malcolm B. Parkes, 'The Influence of the Concepts of Ordinatio and Compilatio on the Development of the Book', in *Scribes, Scripts, and Readers: Studies in the Communication, Presentation, and Dissemination of Medieval Texts* (London: Hambledon Press, 1991), pp. 35 – 70

Edwin E. Willoughby, 'A Note on the Typography of the Running Titles of the First Folio', *The Library*, 4th series, 9 (1929): 385 – 7

木版画

Antony Griffiths, *The Print before Photography: An Introduction to European Printmaking, 1550 – 1820* (London: British Museum, 2016)

Edward Hodnett, *Five Centuries of English Book Illustration* (Aldershot: Scolar, 1988)

Sachiko Kusukawa, *Picturing the Book of Nature: Image, Text, and Argument in Sixteenth-Century Human Anatomy and Medical Botany* (Chicago, IL: Universityof Chicago Press, 2011)

Ruth S. Luborsky, 'Woodcuts in Tudor Books: Clarifying Their Documentation', *Papers of the Bibliographical Society of America* 86, no. 1 (1992): 67 – 81

Matilde Malaspina and Yujie Zhong, 'Image-Matching Technology Applied to Fifteenth-Century Printed Book Illustration', *Lettera Matematica International Edition* 5, no. 4 (2017): 287 – 92

Christopher Marsh, 'A Woodcut and Its Wanderings in Seventeenth-Century England', *Huntington Library Quarterly* 79, no. 2 (2016): 245 – 62

雕版画

Susan Dackerman (ed.), *Prints and the Pursuit of Visual Knowledge*

(Chicago, IL: University of Chicago Press, 2011)

Anthony Griffiths, *The Print before Photography: An Introduction to European Printmaking, 1550 – 1820* (London: British Museum Press, 2016)

David Landau and Peter Parshall, *The Renaissance Print: 1470 – 1550* (New Haven, CT: Yale University Press, 1994)

Evelyn Lincoln, *Brilliant Discourse: Pictures and Readers in Early Modern Rome* (New Haven, CT: Yale University Press, 2014)

脚注

Claire Connolly, 'A Bookish History of Irish Romanticism', in *Rethinking British Romantic History, 1770 – 1845*, ed. Porscha Fermanis and John Regan (Oxford: Oxford University Press, 2014), pp. 271 – 96

Anthony Grafton, *The Footnote: A Curious History* (Cambridge, MA: Harvard University Press, 1999)

Evelyn B. Tribble, *Margins and Marginality: The Printed Page in Early Modern England* (Charlottesville, VA: University Press of Virginia, 1993)

Evelyn B. Tribble, '"Like a Looking-Glas in the Frame": From the Marginal Note to the Footnote', in *The Margins of the Text*, ed. D. C. Greetham (Ann Arbor, MI: University of Michigan Press, 1997), pp. 229 – 44

Marcus Walsh, 'Scholarly Documentation in the Enlightenment: Validation and Interpretation', in *Ancients and Moderns in Europe: Comparative Perspectives*, ed. Paddy Bullard and Alexis Tadié (Oxford: Voltaire Foundation, 2016), pp. 97 – 112

勘误表

Ann Blair, 'Errata Lists and the Reader as Corrector', in *Agent of Change: Print Culture Studies after Elizabeth L. Eisenstein*, ed. Sabrina Alcorn Baron, Eric N. Lindquist, and Eleanor F. Shevlin (Amherst, MA: University of Massachusetts Press, 2007), pp. 21–40

Alexandra da Costa, 'Negligence and Virtue: Errata Notices and their Evangelical Use', in *The Library* 7th series, 19, no. 2 (2018): 159–73

Paul Fyfe, 'Electronic Errata: Digital Publishing, Open Review, and the Futures of Correction', in *Debates in the Digital Humanities*, ed. Matthew K. Gold (Minneapolis, MN: University of Minnesota Press, 2012), pp. 259–80

Seth Lerer, *Error and the Academic Self: The Scholarly Imagination, Medieval to Modern* (New York: Columbia University Press, 2002)

David McKitterick, *Print, Manuscript and the Search for Order 1450–1830* (Cambridge: Cambridge University Press, 2003)

索引

Lloyd W. Daly, *Contributions to a History of Alphabetization in Antiquity and the Middle Ages* (Brussels: Latomus, 1967)

Mary A. Rouse and Richard H. Rouse, 'La Naissance des index', in *Histoire de l'édition française*, ed. Henri-Jean Martin and Roger Chartier, 4 vols (Paris: Promodis, 1983), I, pp. 77–85

Richard H. Rouse and Mary A. Rouse, 'The Verbal Concordance to the

Scriptures', *Archivum Fratrum Praedicatorum* 44 (1974): 5-30

Hans H. Wellisch, 'Incunabula Indexes', *The Indexer* 19, no. 1 (1994): 3-12

Henry Wheatley, *What Is an Index? A Few Notes on Indexes and Indexers* (London: Index Society, 1878)

衬页

Sidney E. Berger, 'Dutch Gilt Papers as Substitutes for Leather', *Hand Papermaking* 24, no. 2 (Winter 2009): 14-16

Douglas Cockerell, *Bookbinding, and the Care of Books: A Text-Book for Bookbinders and Librarians* (London: Sir Isaac Pitman and Sons, 1937)

David Pearson, *English Bookbinding Styles 1450-1800: A Handbook* (London: British Library; New Castle, DE: Oak Knoll, 2005)

Tanya Schmoller, *Remondini and Rizzi: A Chapter in Italian Decorated Paper History* (New Castle, DE: Oak Knoll, 1990)

Richard J. Wolfe, *Marbled Paper: Its History, Techniques, and Patterns, with Special Reference to the Relationship of Marbling to Bookbinding in Europe and the Western World* (Philadelphia, PA: University of Pennsylvania Press, 1990)

书封文字

Matthew J. Bruccoli and Judith S. Baughman, *Hemingway and the Mechanism of Fame: Statements, Public Letters, Introductions, Forewords, Prefaces, Blurbs, Reviews, and Endorsements* (Columbia, SC: University of South Carolina Press, 2006)

Mark Davis, 'Theorizing the Blurb: The Strange Case at the End of the Book', *Meanjin* 53, no. 2 (1994): 245-57

David McKitterick, 'Changes in the Look of the Book', in *The Cambridge History of the Book in Britain*, vol. Ⅵ, 1830-1914 (Cambridge: Cambridge University Press, 2009), pp. 75-116

G. Thomas Tanselle, *Book-Jackets: Their History, Forms and Use* (Charlottesville, VA: Bibliographical Society of the University of Virginia, 2011)

索引

注：索引中的页码为原书页码，检索时请查本书边码；**黑体**页码指涉相关图片。

abridgements 删节本 296-298
academic books 学术图书，参见 scholarly publishing 学术出版
Accipies woodcut 木版画《授予》 45
acknowledgements 致谢 97,98-100,102-103,104-105
actors'parts 演员台词本 185
addresses to the reader 致读者书 83-93,**89**,**90**,197-199
　　authorship 作者身份 84-85
　　decline in use 使用率的下降 85-86
　　form 形式 83-84
　　placement in book 书中位置 88
　　and reprints 与重印版 91-93
　　uses 作用 83,86-87,88-91,98
advertisements 广告／公告 15-16,84,281
　　另见 blurbs 书封文字
aediculae 神龛式画框 129
Aesop's Fables（Caxton）《伊索寓言》（卡克斯顿版） 43,215
Aldine leaf 阿杜思叶 115
Aldus Manutius 阿杜思·马努提乌斯 75-76

bindings 装帧　115

Caesar's works 恺撒作品　76,77

dolphin-and-anchor device 弯形鱼与锚纹章　77

Gellius' *Noctes Atticae* 革利乌斯的《阿提卡之夜》　74

Hypnerotomachia Poliphili《寻爱绮梦》　214

Alfred the Great 阿尔弗雷德大帝　8

Allen, William 威廉·艾伦　199

Amazon Kindle 亚马逊 Kindle 阅读器　206-207,248,273

　　另见 e-books and e-readers 电子书与电子阅读器

Amis, Martin; *London Fields* 马丁·艾米斯;《伦敦场地》　292

Amsterdam 阿姆斯特丹　233,234

annotations 注释, 参见 footnotes 脚注; readers, additions made by 读者所做注释

anonymity 匿名　3,91

　　and mottoes 与格言　167

　　in ornament production 装饰图案中的　112

　　of publishers' blurbs 出版商书封文字的　292,294

antiquity, books in 古典时期的书籍

　　chapter heads 章节标题　157-158,159-160

　　dedications 献词　97-98

　　leaf/page numbering 张数/页数编码　145

　　Roman plays 古罗马戏剧　181

　　running titles 页眉标题　194

　　signatures 折标　140

　　tables of contents 目录　68-72,157

　　另见 tabula Bembina "本波铜表"

Antwerp 安特卫普　47,233,253

索引 415

Arabic numerals 阿拉伯数字　146,148

architectural metaphors 建筑学隐喻　8,27,100,167

Argonne, Bonaventure d' 博纳旺蒂尔·达尔贡　4

argumenta 论点　158

Aristotle, works of (Jenson incunable) 亚里士多德作品集（詹森版摇篮本）
　　44,彩色插图 4

Arrian：*Discourses* of Epictetus 阿利安：爱比克泰德的《论说集》　69,
　　159-160

Aschaffenburg, Bavaria 巴伐利亚州阿沙芬堡　284
　　pattern catalogues 样板册　284-285,彩色插图 11

Astell, Mary 玛丽·阿斯泰尔　84

atlases 地图册　232,233-235

Austen, Jane 简·奥斯汀　171-172

author biographies 作者传记　9,17

author portraits 作者肖像画　17,29-31,292
　　doctored 的篡改　20

authorship 作者身份
　　of addresses to the reader 致读者书的　84-85
　　of blurbs 书封文字的　292-294
　　of chapter heads 章节标题的　154
　　of character lists 人物表的　126
　　of errata lists 勘误表的　254
　　of introductions 序言的　3
　　of stage directions 舞台指示的　183-184,186
　　of tables of contents 目录的　71
　　另见 anonymity 匿名

Awdelay, John：*The fraternitye of vacabondes* 约翰·奥德利：《流浪者互
　　助主》　91

B. W. Huebsch B. W.许布希 290

Bacon, Francis: *The Advancement of Learning* 弗朗西斯·培根:《学术的进展》 100-101

Bagford, John 约翰·巴格福德 28-29,37,48

Bain, Paula Clarke 宝拉·克拉克·贝因 273 n.

Bale, John 约翰·贝尔 201

 The Three Laws《三大法则》 201,**202**

Banks, Iain: *The Wasp Factory* 伊恩·班克斯:《捕蜂器》 291-292

Barchas, Janine 珍妮·巴查斯 118,170-171

Barker, Christopher 克里斯托弗·巴克 88

'Battle of the Books' (battle of ancients and moderns) "图书之战"("尚古派"与"崇今派"之争) 9-10,240-242,272-273

Baum, L. Frank: *The Wizard of Oz* L.弗兰克·鲍姆:《绿野仙踪》 280,**彩色插图 9**

Bayle, Pierre: *Dictionnaire Historique et Critique* 比埃尔·培尔:《历史批评辞典》 240,**241**

Beaumont, Francis and Fletcher, John: *The Knight of the Burning Pestle* 弗朗西斯·博蒙特与约翰·弗莱彻:《燃烧的杵之骑士》 132-133

Beckett, Samuel 塞缪尔·贝克特 187-188

 Endgame《终局》 187,188

Bell, Archibald 阿齐博尔德·贝尔 91

Ben-Ari, Eyal 艾尔·本-阿里 104-105

 quoted 引用 97

Bennett, Arnold 阿诺德·本涅特 104

Bentley, Richard 理查德·本特利 240,258,272-273

Berlinghieri, Francesco: *Seven Days of Geography* 弗朗切斯科·贝林吉耶

里:《七日地理学》 226-227,**226**

Berne Convention for the Protection of Literary and Artistic Work (1886)
《伯尔尼保护文学和艺术作品公约》(1886) 58,59

    1928 revision 1928年修订版 59

Berthelet,Thomas 托马斯·贝特莱特 88

Bethel,David 大卫·贝瑟尔 121

Bewick,John 约翰·比维克 120

Bewick,Thomas 托马斯·比维克 221

Bible, the《圣经》 111,147,211,257,266-270

    Biblia Pauperum《穷人圣经》 214

    Biblia Polyglotta《多语种圣经》 253

    Coverdale Bible《科弗代尔圣经》 84

    printed annotations 印刷版注释 242

    Simon's *Histoires critiques* 理查德·西蒙的《〈新约〉评论集》 239

    Tyndale's *Jonah* 威廉·廷代尔的《先知约拿》 7-8

bibliographic information 图书信息

    edition statements 版本声明 62

    ornaments as 装饰图案 118-119

    signature evidence 折标考据 142

    status of blurbs 书封文字的地位 289

    status of endleaves 衬页的地位 277-278

    status of jackets 护封的地位 19,20,21

    title pages 书名页 41,46,47-48

    unbound frontispieces 活动卷首页 28

Bickerstaff,Isaac 艾萨克·比克斯塔夫 256

Billingsley,Nicholas: *A Treasury of Divine Raptures* 尼古拉斯·比林斯雷:《神圣极乐宝库》 98,**99**

Bilson, Thomas：*Survey of Christs Sufferings* 托马斯·比尔森：《对基督为救赎人类所受苦难的研究》 196–197,**198**

binding（process）装订（过程） 72,277–280

    另见 signatures 折标

bindings 装帧 15,16,20,56,115

    另见 cover design and decoration 封面设计与装饰

Blaeu, Johannes（Joan）：*Atlas Maior* 约翰内斯（琼）·布劳：《大地图集》 234–235,彩色插图 **7**

Blair, Ann 安·布莱尔 174

Blake, William 威廉·布莱克 221

    frontispiece for *Aphorisms on Man*（Lavater）《人类格言》（拉瓦特著）卷首插图 34–36,**35**

    Jerusalem《耶路撒冷》 27

    Large Book of Designs《设计大全》 36

    Visions of the Daughters of Albion《阿尔比昂女儿们的幻想》 36–37

Blayney, Peter 彼得·布莱尼 58

block ornaments 木刻装饰画 111,112–114,**113**,119

block-printed papers 雕版印刷纸 284

blockbooks 木刻书 213–214

Blome, Richard 理查德·布隆姆 197–199

Bloomsbury Dictionary of Dedications, The《布鲁姆斯伯里献词词典》 100

blurbs 书封文字 15,289–299

    attribution 作者出处 292,293–294

    evolutionary case study（*Moll Flanders*）发展过程案例研究（《摩尔·弗兰德斯》） 295–299

    genre and market variation 题材与市场变化 292

parody and humour in 戏仿与幽默　290－292

　　　precursors 前身　289－290

　　　'private' documents as "私人" 文件　294－295

Bodleian Library 波德林图书馆　13－14,19－20,22

　　　gift shop 礼品店　23

　　　Shakespeare sonnets collection（2016）莎士比亚十四行诗合集（2016）
　　　121

book collecting 图书收藏　21,48,64

books of hours 祈祷书　147

booksellers 书商　15,27,59

　　　named on imprint 出版信息中的　56

　　　另见 Bagford, John 约翰・巴格福德

Borges, Jorge Luis 豪尔赫・路易斯・博尔赫斯　78

　　　'The Garden of Forking Paths'《小径分岔的花园》　78－79

Bowyer, William 威廉・鲍耶　118

Boyle, Charles: *Dr Bentley's Dissertations* 查尔斯・博伊尔:《本特利博士的论文》　273

Braun, Georg and Hogenberg, Franz: *Civitates orbis terrarium* 格奥尔格・布劳恩与弗朗茨・霍根伯格:《寰宇城市》　234

breviculus 摘要　158

Bringhurst, Robert: *The Elements of Typographic Style* 罗伯特・布林古尔斯特:《排版格式精要》　206

British Library 大英图书馆　19

British Museum 大英博物馆　29,37

broadsides 传单　216

　　　broadside ballads 单页歌谣　220

Brookfield, Karen: *Book* 凯伦・布鲁克菲尔德:《书》　281

Bruijn, Cornelis de: *Voyage to the Levant* 科内利斯·德布鲁因:《黎凡特之旅》 231

Bukowski, Charles: *Post Office* 查尔斯·布可夫斯基:《邮局》 100

Burgess, Gelett: *Are you a Bromide?* 吉利特·伯吉斯:《你是否庸俗?》 16, 290, **291**

Butterworth, Philip 菲利普·巴特沃斯 181

Byron, George Gordon (Lord): *Childe Harold's Pilgrimage* 乔治·戈登·拜伦(爵士):《恰尔德·哈洛尔德的朝圣》 169, 259

© 版权符号 59

Caesar, Julius: works (Aldine edition) 尤利乌斯·恺撒作品集(阿杜思版) 76, 77

Caesar, Terry 特里·恺撒 102

Cambridge University Library 剑桥大学图书馆 20

Cameron, John 约翰·卡梅隆 199

capitula 章节标题 71, 158, 193

Carroll, Lewis: *The Hunting of the Snark* 刘易斯·卡罗尔:《猎鲨记》 15

Carter, John: *ABC for Book Collectors* 约翰·卡特:《图书收藏入门》 62

cased-in binding 硬面精装 278

Caslon, William 威廉·卡斯隆 115, 116

Castle of Perseverance, The 《坚固的城堡》 127-128, **128**, 133

cataloguing 图书编目 62, 63-64, 281

   of dust jackets 护封的 19

   of title pages 书名页的 49

catchwords 页首词 140, **141**, 142-145, **144**

Catholic Church 天主教会 58

Cato, Dionysius: Catonisdisticha (Caxton) 狄奥尼修斯·加图:《加图格言集》

(卡克斯顿版) 272

Cawdry, Robert 罗伯特·考德里 98

Caxton, William 威廉·卡克斯顿

 addresses to the reader 致读者书 83, 88, 92–93

 finding aids 查找工具 271–272

 illustrations 插图 213, 215

 ornaments 装饰画 111

 titles of works 作品题目 43

censorship 审查 48, 58

chapter heads 章节标题 153–164, **155, 163**

 ascription 归属 154, 157–158

 genealogy of form 形式种类 153–154, 156

 placement 位置 156–157

 relation to text 与正文的关系 154–156, 159–164

 tables and 目录与 71, 157

 terminology 术语 158

character lists 人物表 19, 125–136

 and dramatic genre 戏剧种类 132–133

 in manuscripts 手抄本中的 127–129, **128**

 for non-dramatic texts 非戏剧文本中的 125, 133–136, **134, 135**

 paratextual value 辅文价值 136

 and playbook readership 与剧本读者 129–132

 position in book 书籍中的位置 127, 128 n.

Chartier, Roger 罗杰·夏蒂埃 220

Chaucer, Geoffrey 杰弗雷·乔叟

 The Knight's Tale《骑士的故事》 265

 Troilus and Criseyde《特洛伊罗斯与克瑞西达》 292

Chicago Manual of Style《芝加哥格式手册》 55 - 56,**55**,63 - 64

Christie,Agatha：*The Secret of Chimneys*（doctored jacket）阿加莎·克里斯蒂：《名苑猎凶》（篡改封面） 20,**彩色插图 3**

Chronicle of 754《754 年编年史》 67

CIP (Cataloguing in Publication) data 图书在版编目数据 64

Clark,Samuel 塞缪尔·克拉克 199

Clarke,Alex 埃里克斯·克拉克 56 - 57

Claude,Jean：*Defence of the Reformation* 让·克劳德：《改革的辩护》 199

closet drama 私人戏剧 132

Cloud,Random (Randall McLeod) 兰登·克劳德（兰德尔·麦克劳德） 127

Cockerell,Douglas 道格拉斯·科克雷尔 284 n.

Codex Alexandrinus《亚历山大手抄本》 157

codex form 纸质书形式 69,139 - 140,194,265

Coleridge,Samuel Taylor：*Conciones ad Populum* 塞缪尔·泰勒·柯尔律治：《致人民》 257

Cologne Bible (1478 - 9)《科隆圣经》(1478—1479) 220

colophons 出版标记 42,45,53 - 55

Columella：*De re rustica* 科伦麦拉：《论农学》 69,157,158

compilatio 汇编集 195,201,207

concordances 词语索引 266 - 268

Condell,Henry 亨利·康德尔 93,180,185

Connolly,Claire 克莱尔·康诺利 244

Conway,John：Meditations and Praiers 约翰·康威：《沉思与祈祷》 116

Cooper,Jilly 吉利·库珀 125

    Mount!《上马!》 125,136

copyright law 版权法 48,58 - 59,60,119,188

copyright pages 版权页 53,55 - 56,55,59 - 64,**61**

copyright symbol 版权符号　59

copyright to Shakespeare 莎士比亚作品版权　30

cover design and decoration 封面设计与装饰　211, 279, 290

cover papers 封面纸张　282 – 283, 284

　　另见 bindings 装帧；blurbs 书封文字；dust-jackets 护封

Coverdale Bible《科弗代尔圣经》　84

Craig, Edward Gordon 爱德华·戈登·克雷格　187

Creative Commons 知识共享　60 – 61

Croft, Robert 罗伯特·克罗夫特　253

Crowley, Robert 罗伯特·克劳利　89

Cummings, E. E. E. E. 卡明斯

　　Him《他》　19, 彩色插图 2

　　No Thanks《不了谢谢》　103

　　Curwen Press 科文出版社　121

Danielewski, Mark: *House of Leaves* 马克·达尼埃莱夫斯基：《叶之屋》

　　104, 249

Day, John 约翰·戴伊　47

De Grazia, Margreta 玛格丽塔·德·葛拉齐亚　29, 30

De la Mare, Richard 理查德·德拉梅尔　21

decoration 装饰

　　of catchwords 页首词的　143 – 144, 145

　　of covers 封面的　211

　　of endleaves 衬页的　279, 280 – 281, 282 – 285

　　of incunables 摇篮本的　44 – 45

　　of manuscript incipits 手抄本起始页的　42

　　of running titles 页眉标题的　195

另见：engravings 雕版画；illustration 插图；printers' ornaments 印刷商装饰画；woodcuts 木版画

Decretales Gregorii IX《格雷戈里九世法令》 彩色插图 1

dedications 献词

 criticism of 的批评 100-102,105-106

 intimacy and 亲密度与 103-104,105

 layout 排版 100,103

 modern brevity 现代的简化 107

 patronage and 赞助与 97-98,101

Defoe,Daniel：*Moll Flanders* 丹尼尔·笛福：《摩尔·弗兰德斯》 295-299

devices 纹章 参见 printers' devices 印刷商纹章

dialogues 对话录 133

Dibdin,Thomas Frognall 托马斯·弗罗格内尔·迪丁 48

Dickens,Charles：*The Pickwick Papers* 查尔斯·狄更斯：《匹克威克外传》 161

didascaliae 剧本辅文 180-181

digitization 数字化 49,148

 epigraphs and 题词与 174-175

 errata lists and 勘误表与 260-261

 search tools 搜索工具 273-274

 另见 e-books and e-readers 电子书与电子阅读器

Dionne,Ego 伊戈·迪奥内 154

directors (stage) 导演（舞台） 186-188

disclaimers 免责声明 59-60

Disraeli,Benjamin：*Endymion* 本杰明·迪斯雷利：《恩底弥翁》 19

D'Israeli,Isaac 艾萨克·迪斯雷利 4

Divine,Charles：The Road to Town 查尔斯·迪万：《进城之路》 290

doubling, of dramatic roles 戏剧角色的兼演　131

doublures 装饰衬里　280

Doves Press 鸽子出版社　85

Doyle, Arthur Conan：*The Hound of the Baskervilles*（auction price）亚瑟·柯南·道尔：《巴斯克维尔的猎犬》（拍卖价格）　21

drama 戏剧　参见 character lists 人物表；playbooks 剧本；stage directions 舞台指示

Drayton, Michael 迈克尔·德雷顿　106

Dryden, John：translation of Virgil 约翰·德莱顿：维吉尔作品翻译　199 - 200, 200, 206

Du Chatelet, Gabrielle Émilie le Tonnelier de Breteuil, marquise 加布里埃尔·埃米莉·勒通尼尔·德布勒特伊尔，即夏特莱侯爵夫人　32, 33

Dubois, W. E. B.：*The Souls of Black Folk* W. E. B. 杜波依斯：《黑人的灵魂》　169 - 170, 174

Duncan-Jones, Katherine 凯瑟琳·邓肯-琼斯　121

dust-jackets 护封　5, 13 - 23

　　design and illustration 设计与插图　16 - 17, 22 - 23

　　origins 起源　13 - 14, 290

　　paperbacks and 平装本与　17

　　as paratexts 作为辅文　18 - 19

　　publisher information 出版商信息　56

　　status relative to book 图书中的地位　19 - 22, 23, 289

　　terminology 术语　18

　　text on 其上文字　15 - 16（另见 blurbs 书封文字）

dutch gilt papers 荷兰镀金纸　285, **彩色插图 12**

e-books and e-readers 电子书与电子阅读器

copyright pages 版权页　64

　　　epigraph handling 题词处理　174 - 175

　　　footnotes in 脚注　248

　　　indexing and 索引与　273 - 274

　　　loss of pagination 页码的缺失　148，273

　　　running titles in 页眉标题　206 - 207

　　　skipping of prefatory matter 前辅文的省略　4，174 - 175

Edelstein, Der (Boner, pub. Pfister)《宝石》（普菲斯特出版）　213

edition statements 版本声明　48，61 - 62

Edwards, Brent 布伦特·爱德华兹　169 - 170

eighteenth century 十八世纪

　　　chapter heads 章节标题　154

　　　character lists 人物表　136

　　　copyright 版权　58 - 59，119

　　　decorated papers 装饰纸张　284，285

　　　descriptive blurbs 描述性书封文字　295 - 298

　　　epigraphs 题词　168，170 - 172

　　　errata list satire 勘误表讽刺文学　257 - 258

　　　footnotes 脚注　240 - 249

　　　illustration 插图　220 - 221

　　　indexes 索引　272 - 273

　　　ornaments 装饰画　116 - 118，119

　　　prefatory letters 前辅文信件　295

　　　另见 'Battle of the Books' "图书之战"

Eisenstein, Elizabeth 伊丽莎白·爱森斯坦　255

Eliot, George 乔治·艾略特　172 - 174

　　　The Lifted Veil《掀起的面纱》　173

索引　427

　　Middlemarch《米德尔马契》 172-173

Eliot, T. S. T. S.艾略特

　　as Faber editor 费伯出版社编辑 293-294

　　'A dedication to my wife'《献给我的妻子》 103

　　The Waste Land《荒原》 107, 245

encyclopaedias 百科全书 78

endleaves/endpapers 衬页/衬纸 277-285, **彩色插图 8-12**

　　decoration of 装饰 279, 280-281, 282-285

　　materials 材质 279-280, 281-282

　　structural role 结构角色 277-279

endnotes 尾注 247, 248

English Concordance《英国〈圣经〉用语索引》 267-268

engravings 雕版画 217, 225-235, **226, 228, 230**, 彩色插图 6, 彩色插图 7

　　aesthetic qualities 美学价值 225, 227, 231, 233-235

　　colour and 色彩 231, 235

　　frontispieces as 作为卷首插图 28, 37

　　non-book projects 非图书作品 232

　　production practices 制作方法 225-229, 231

　　另见 wood engraving 木雕

Epictetus: *Discourses* 爱比克泰德:《论说集》 69, 159-160

epigraphs 题词 167-175

　　and digitization 数字化 174-175

　　frontispiece mottoes 卷首页格言 33, 34, 35-36, 37

　　functions 功能 168-170

　　in novels 小说中的 170-174, 297

　　origins 起源 167-168

epitexts 外文本 18

Erasmus 伊拉斯谟

 Adages（Aldine edition）《箴言集》（阿杜思版）　76

 Brevissima scholia《短评集》　272

 endorsement of Utopia《乌托邦》推荐语　289

errata lists 勘误表　87,199,253 - 261

 early modern practices 近代早期的做法　253 - 255,256

 in *Paradise Lost* editions《失乐园》各版中的　8,85

 and perception of accuracy 对正确性的认知　255

 placement in book 书中位置　254 - 255

 and poetic form 与诗歌形式　258 - 259

 satire and humour in 其中的讽刺与幽默　256 - 258

 subsequent editions 后续版本　259 - 260,261

errors 错误　87,105,253,256,260 - 261

 in combining engravings with text 雕版画与文字结合的过程中发生的　229,**230**

etching 蚀刻　231

Etherington, Don 唐·埃瑟林顿　278

Europe, continental 欧洲大陆

 catchword adoption 页首词的采用　142

 decorated papers 装饰纸张　280,283 - 285

 and English-language printing 与英语出版物印刷　47,87,116,201

 engraving 雕版画　227,229,231,233 - 234

 late-fifteenth century expansion of printing 十五世纪晚期印刷业的扩张　54

 terms for stage directions 舞台指示的术语　180 - 181

 woodcuts 木版画　111,211,232 - 233

 另见 France 法国

索引　　429

Evelyn, John: Sculptura (frontispiece) 约翰·伊夫林:《雕塑:铜版雕刻的历史与艺术》(卷首页) 33

Everyman (play)《普通人》(戏剧) 131

Faber and Faber 费伯出版社　17, 21, 293-294

Facebook 脸书　148

fiction, works of 虚构作品

 acknowledgements 致谢　104, 105

 另见 novels 小说

Field, Nathan: *A Woman is a Weathercock* 内森·菲尔德:《女人是风向标》 101

Fielding, Henry: *Tom Jones* 亨利·菲尔丁:《汤姆·琼斯》 243-244

fifteenth century 十五世纪

 addresses to the reader 致读者书　83

 colophons 出版标记　54

 engravings 雕版画　225, 226-227

 indexes 索引　271-272

 page numbers 页码　139, 146, 271

 patterns and ornaments 花纹与装饰　115, 118

 woodcuts 木版画　213-215

 另见: Caxton, William 威廉·卡克斯顿; incunables 摇篮本

Finlay, Ian Hamilton: 'Errata of Ovid' 伊恩·汉密尔顿·芬利:《奥维德的勘误表》 258-259

Finsbury Library 芬斯伯里图书馆　22

first editions 首版　62

First of April, The《四月一日》 46-47, **46**

Fisher, Samuel: *Rusticus ad Academicos* 塞缪尔·费舍尔:《乡下人致学院派》 257

Fleming, Juliet 朱丽叶·弗莱明 116, 121

Fletcher, John 约翰·弗莱彻

(with Beaumont) *The Knight of the Burning Pestle*(与博蒙特合编)《燃烧的杵之骑士》 132-133

(with Shakespeare) *Two Noble Kinsmen*(与莎士比亚合编)《两个高贵的亲戚》 184-185

Fleuron, The (journal)《花饰》(期刊) 121

fleurons 花饰 111, 114-119, **114, 115, 117**, 120-121

 Glint 格林特 121, 彩色插图 5

flyleaves 空白页 278

foliation 张数编码 72, 139, 145-146, 147

Fontenelle, Bernard Le Bovier de: *Conversations on the Plurality of Worlds* 贝尔纳·勒波维耶·德·丰特内尔:《关于多重世界的对话》 31

footnotes 脚注 239-249

 catchwords and 页首词与 143

 vs. endnotes 与尾注的比较 243, 247, 248

 introduction of 引入 239-240

 in novels 小说中的 243-244, 248, 249

 in poetry 诗歌中的 244-246

 scholarship and satire 学术研究与讽刺文学 240-243

 types of commentary 评论的种类 247, 248, 249

Forest Stewardship Council 森林管理委员会 63

forewords 前言 85-86

Foxe, John: *Actes and Monuments* (Book of Martyrs) 约翰·福克斯:《使徒行传》 215

Foxon, David 大卫·福克森 56 n.

Fraas, Mitch 米奇·弗拉斯 47

France 法国　17,30,47,143,280,283

Franklin,Benjamin 本杰明·富兰克林　114

free indirect discourse 自由间接引语　171-172

French fold 法式折页　17

French Revolution 法国大革命　47

Friendship's Offering（annual）《友情提供》(年鉴)　13-14

frontispieces 卷首页　27-37,**32**,**34**,**35**

  compositional conventions 传统组成部分　31-36

  narrative 叙事性　30

  portraits 肖像画　29-31

  recontextualization 语境重构　36-37

  terminology 术语　27-28

  unbound 活页　27,28-29,36

Fuchs,Leonhart 莱昂哈特·福克斯　216-217

Fulwell,Ulpian: *Like Will to Like* 乌尔巴尼·福尔维尔:《物以类聚》182,183

Fuseli,Henry 亨利·福塞利　33-34,35-36

Galileo Galilei 伽利略·伽利雷　272

Galle,Phillips 菲利普斯·加勒　233

game boards 游戏板　232

Gascoigne,George: *A Hundreth Sundrie Flowres* 乔治·加斯科因:《百花争艳》91

Gaskell,Elizabeth 伊丽莎白·盖斯凯尔　158

Gatch,Milton McC. 米尔顿·McC.盖奇　48

gathering signatures 书帖折标　140,142

gatherings 书帖　55,139 n.,**140**

Gellius, Aulus: *Noctes Atticae*（*Attic Nights*）奥卢斯·革利乌斯:《阿提卡之夜》 69,72,74,157,158

Genette, Gérard: *Seuils*（*Paratexts*）热拉尔·热奈特:《门槛》(《辅文》) 5-6,18,107,136,156,168-169,172 n.,249

Gibbon, Edward: The Decline and Fall of the Roman Empire 爱德华·吉本:《罗马帝国衰亡史》 243,247-248

Gibson, William Hamilton: *Highways and Byways* 威廉·哈密顿·吉布森:《公路与小径》 15

Gigoux, Jean 让·吉古 120

Gilcher, Edwin 埃德温·吉尔彻 21

Glazer, Amy 艾米·格雷泽 187

Glint fleurons 格林特花饰 121,**彩色插图 5**

Godburn, Mark 马克·戈德伯恩 14

Godwin, Francis: *Nuncius inanimatus* 弗朗西斯·戈德温:《无声明的信使》 47

Goncourt, Edmond and Jules de 埃德蒙·龚古尔与茹尔·德·龚古尔兄弟 27

Goodman, Godfrey: *The Fall of Man* 戈弗雷·古德曼:《人类的堕落》 256

Gordon, Jan B. 简·B. 戈登 102

Gordon, Thomas: *A Dedication to a Great Man* 托马斯·戈登:《有关献词的献词,致一位伟人》 101,106

Gower, John: *De confessione amantis* 约翰·高尔:《忏悔者阿曼蒂斯》 88

Grafton, Anthony 安东尼·格拉夫顿 246-247

Granjon, Robert 罗伯特·格兰荣 115

Gray, Alasdair: *The Book of Prefaces* 阿拉斯岱尔·格雷:《前言之书》 8

Gray, Thomas 托马斯·格雷 244-246,247

Greene, Robert: Orlando Furioso 罗伯特・格林:《疯狂的奥兰多》 185

Griffiths, Antony 安东尼・格里菲思 27,217

Grosseteste, Robert: *Tabula* 罗伯特・格罗斯泰斯特:《列表》 268-270,**269**

Grub Street Journal《格拉布街日报》 9,10

guilds 同业公会 57

Halberstadt, Conrad 康拉德・哈尔伯斯塔德 268 n.

Halliwell, Kenneth 肯尼斯・哈利维尔 参见 Orton, Joe 乔・奥顿

Harper Brothers 哈珀兄弟出版社 15,16

headings 标题 参见 chapter heads 章节标题

headlines 页眉文字 193-194

headpieces 页首花饰 111,**114**

Heminges, John 约翰・海明斯 93,180,185

Hemingway, Ernest 欧内斯特・海明威 17,294

Herrick, Robert: *Hesperides* 罗伯特・赫里克:《赫斯帕里德斯》 259-260

Heywood, Thomas: *An Apologie for Actors* 托马斯・海伍德:《向演员致歉》 255

Higden, Ranulf: *Polychronicon* 拉努尔夫・席格登:《多元时代》 271-272

Hill, Aaron 艾伦・希尔 295

Hill, Geoffrey: *The Triumph of Love* 杰弗里・希尔:《爱情的胜利》 258-259

Hogan, Charles Beecher 查尔斯・比彻・霍根 5,21

Hogenberg, Franz 弗朗茨・霍根伯格 参见 Braun, Georg 格奥尔格・布劳恩

Holbein, Hans 汉斯・荷尔拜因 211

Holinshed, Raphael: *Chronicle* 拉斐尔・霍林希德:《编年史》 215

Holkot, Robert：*Quaestiones super IV Libros Sententiarum* 罗伯特·霍尔科特：《箴言四书之问》 **54**

Hovey, Sallie：*The Rehabilitation of Eve* 莎莉·霍维：《夏娃的复权》 294

'How to Open a Book'"如何打开一本书" 16

Huet, Pierre Daniel 皮埃尔·丹尼尔·于埃 9

Hugh of St. Victor：*Didascalicon* 圣维克多的于格：《教育研究》 160-161

Hugo, Victor：*Notre Dame de Paris* 维克多·雨果：《巴黎圣母院》 161, 162

humanism 人文主义 240, 242

Hume, David 大卫·休谟 247

humour 幽默 参见 satire, parody and humour 讽刺、戏仿与幽默

Humphry, Ozias 奥齐斯·汉弗莱 36

illumination(手抄本)彩饰 42, 43, 44-45, 111, 129

illustration 插图 120

 colour in 色彩 231

 dust-jackets 护封 16-17

 Paradise Lost（1688）《失乐园》(1688) 8-9

 of science books 科学著作的 216-217, 232

imprimaturs(印刷)许可 58

imprints (publishing information) 出版信息 47, 54, 55-56

imprints (subsidiary brands) 出版子品牌 55, 56-57

incipits 起始页 42-43

incunables 摇篮本 43-45, 72-76, 111, 彩色插图 4

 foliation 张数编码 147

 signatures 折标 142

 另见：Caxton, William 威廉·卡克斯顿；fifteenth century 十五世纪

'index learning'"索引研究" 272-273

index of forbidden books 禁书索引 58

indexes 索引 265-274

 and electronic reading 与电子阅读 273-274

 emergence of 的出现 266-272

 objections to use of 反对使用 265-266,272-273

 plural form 复数形式 265 n.

 and rise of the preface 与前言的发展 10

 satirical and humorous 讽刺与幽默 272-273

 vs. tables of contents 与目录的比较 67,74,76,265

indicio(图书)标识 67

inscriptions (carving)铭文(雕刻)

 dedications as 作为献词 100

 epigraphs as 作为题词 167

 representation in woodcuts 木版画中的运用 214

 Roman legal texts 古罗马法律文本 153,156

 另见 mottoes 格言

inscriptions (handwritten)铭文(手写) 104,281

intaglio processes 凹版过程

 engraving 雕版 225-227

 etching 蚀刻 231

internet reading 网络阅读 260-261,273-274

introductions 序言 3-4,6-10,85-86

 另见 prefaces 前言

ISBNs 国际标准书号 63,64

Isidore of Seville：*Etymologies* 塞维利亚的伊西多尔:《词源学》 73

Jack Juggler(play)《杂耍者杰克》(戏剧)　129,**130**

'jacket'"夹克"　18

　　另见 dust-jackets 护封

Jackson,Holbrook：*The Printing of Books* 霍尔布鲁克·杰克逊：《书籍的印刷》　289

Jaggard,William 威廉·贾格德　255

James,Henry：author prefaces to New York Edition (1908)亨利·詹姆斯：纽约版作品集作者前言(1908)　86

Japan 日本　17

Jerome,Saint 圣哲罗姆　158

Johnson,Samuel 塞缪尔·约翰逊

　　on footnotes (commentary on Shakespeare)对脚注的看法（莎士比亚作品评注）　243

　　'Dedication'《献词》　101

　　Dictionary《英语大词典》　167,171

　　Lives of the Poets《诗人的生活》　240

Jonson,Ben 本·琼森　29,84

　　Catiline his Conspiracy《喀提林的阴谋》　87

Joseph,Michael 迈克尔·约瑟夫　56

Joyce,James：*A Portrait of the Artist as a Young Man* 詹姆斯·乔伊斯：《一位青年艺术家的肖像》　261

Kastan,David Scott 大卫·斯科特·卡斯坦　111-112

Kastner,Erich：*The Missing Miniature* 埃里克·卡斯特纳：《消失的微型画》　292

Keepsake,*The* (annual)《纪念册》(年鉴)　13,14,19

Kent,Rockwell 洛克威尔·肯特　18

Kerrigan, John 约翰·科里根　87

Kindle（Amazon）（亚马逊）Kindle 阅读器　206–207, 248, 273

　　另见 e-books and e-readers 电子书与电子阅读器

King, Alexander: *Mine Enemy Grows Older* 亚历山大·金：《我的敌人老去了》　17

King, Pamela 帕梅拉·金　128

King, William: 'A Short Account of Dr Bentley by Way of Index' 威廉·金：《索引形式的本特利博士简介》　272–273

Kipling, Rudyard 鲁德亚德·吉卜林

　　The Jungle Book《丛林之书》　16

　　Just So Stories（auction price）《如此故事》（拍卖价格）　21

Kirkall, Elisha 伊莉莎·基尔卡尔　114

Kyd, Thomas: *The Spanish Tragedy* 托马斯·基德：《西班牙悲剧》　184

label-titles 标签书名　45

laced-in binding 线装　278

Landino, Cristoforo: *Commentary on the Divine Comedy* 克里斯多福罗·兰迪诺：《〈神曲〉评论集》　227–229, 230

Langland, William 威廉·兰格伦　89

Langton, Stephen 斯蒂芬·朗顿　266

Lathis（Emmanuel Peillet）: *L'Organisteathée* 拉蒂斯（埃马纽埃尔·佩莱）：《无神论者》　3–4

Lavater, Johann Caspar: *Aphorisms on Man* 约翰·卡斯珀·拉瓦特《人类格言》　35–37

laws 法律　48, 56, 57, 58, 116

　　另见 copyright law 版权法

layout of text 文字版式　70–71, 100, 154

headings 标题 153,154,157

stage directions 舞台指示 181-182

LBS (endsheet manufacturer) LBS(衬纸制造商) 281-282

Le Fèvre, Raoul: *Recueil des histoires de Troyes* 拉乌尔·勒费弗尔:《特洛伊故事集》 83,92-93

leaf numbering 纸张编码参见 foliation 张数编码

leaf signatures 纸张折标 140,142

lectio 经文诵读 194

Legenda aurea sanctorum (Caxton)《黄金圣徒行传》(卡克斯顿版) 271

Lennox, Charlotte: *The Female Quixote* 夏洛特·伦诺克斯:《女吉诃德》 154,**155**

Lerer, Seth 赛斯·勒尔 256

Lesage, Alain-René: *Gil Blas* 阿兰-勒内·勒萨日:《吉尔·布拉斯》 120

libraries 图书馆 19-20,49

medieval 中世纪的 43

另见: Bodleian Library 波德林图书馆; cataloguing 图书编目; Library of Congress 国会图书馆

library binding 图书馆装帧 279,281

Library of Congress 国会图书馆 64

licences(出版)许可 57-58

Creative Commons 知识共享 60-61

Licensing Acts《许可法案》 58

Licensing Order (1643)《授权令》(1643) 116

limited editions 限量版 55

Lipking, Lawrence 劳伦斯·利普金 240

Lowndes, Marie Belloc: *The Chink in the Armour* 玛丽·贝洛克·朗蒂丝:《弱点》 294

Luckombe, Philip 菲利普·卢克姆贝　119

Lupton, Christina 克里斯蒂娜·卢普顿　246

Luther, Martin 马丁·路德　211

Lyons, Tara L. 塔拉·L. 莱昂斯　201

Mackenzie, Henry 亨利·麦肯齐　246

Macmillan 麦克米伦出版社　15

Maecenas, Gaius 盖乌斯·梅塞纳斯　97-98

Mainz Psalter (1457)《美因茨诗篇》(1457)　54

Malory, Thomas: *Le Morte Darthur* (Caxton) 托马斯·马洛礼:《亚瑟王之死》(卡克斯顿版)　88

Malone, Edmond 埃德蒙·马龙　180

Mann, Thomas: *Doktor Faustus* 托马斯·曼:《浮士德博士》　164

manuscripts 手抄本

　　blank outer leaves 空白外部纸张　282

　　catchwords 页首词　143-144, **144**, 145

　　colophons 出版标记　42, 53

　　dedications 献词　98

　　incipits 起始页　42-43

　　mystery and morality plays 神秘剧与道德剧　181-182

　　page numbe 页码　139, 146, 270-271

　　section numbering 章节编码　147

　　signatures 折标　140-142

　　tables of contents 目录　68-72, 73

　　as unique objects 作为独特实体　43

maps 地图　226-227, **226**, **228**, 231, 233-235, 280, 彩色插图 6, 彩色插图 7, 彩色插图 9

marbled paper 大理石纹纸 280, 282 - 283

marketing 市场营销 15, 17, 28

 另见 blurbs 书封文字

Marotti, Arthur 亚瑟·玛洛迪 105

Martz, Louis 路易斯·马尔茨 167

Masten, Jeffrey 杰弗里·马斯滕 41

McCracken, Ellen 艾伦·麦克拉肯 174 - 175

McCue, Jim 金·麦丘 121

McKitterick, David 大卫·麦基特里克 253

McLeod, Randall 兰德尔·麦克劳德参见 Cloud, Random 兰登·克劳德

Medwall, Henry: *Fulgens and Lucrece* 亨利·梅德瓦尔：《福尔根斯与卢克雷塞》 182, **183**

metadata 元数据 47 - 48, 49

 另见：bibliographic information 图书信息；cataloguing 图书编目

Michael Joseph (imprint) 迈克尔·约瑟夫（出版品牌） 56 - 57

Middleton, Bernard C. 本纳德·C. 米德尔顿 282, 283

Miège, Guy: *The English Grammar* 盖伊·米耶热：《英语语法》 194

Milbourne, Luke 卢克·米尔本 199, 206

Mills and Boon 米尔斯与布恩出版社 292

Milne, A. A. A. A. 米尔恩

 The House at Pooh Corner《维尼角落的家》 3

 Winnie-the-Pooh（endpapers）《维尼小熊》（衬页） 280

Milton, John 约翰·弥尔顿

 Areopagitica《论出版自由》 58

 Paradise Lost《失乐园》 8 - 9, 85

 Paradise Regain'd《复乐园》 255

 Poems《诗集》 167

Mirror for Magistrates, *A*《为官之鉴》 91-92

Mirrour of the World《世界之镜》 213

monasteries 修道院 71-72

 另见 St Jacques 圣雅克

Monotype Corporation 蒙纳字体公司 120-121

Moorcock, Michael: *The Steel Tsar* 麦克·穆考克:《钢铁沙皇》 101

moral rights 人身权利 59

More, Thomas 托马斯·莫尔 256

 Utopia《乌托邦》 289

Morison, Stanley 斯坦利·莫里森 41, 121

Morris, William 威廉·莫里斯 221

Morton Missal《莫顿弥撒》 111

mottoes 格言 167

 on frontispieces 卷首页 33, 34, 35-36, 37

Moxon, Joseph 约瑟夫·莫克森 116, 194

multi-work volumes 多作品合集 43, 74, 76, 195, 206

 另见 sammelbände 汇编集

Mutschmann, Hermann 赫尔曼·穆特施曼 156

mystery and morality plays 神秘剧与道德剧 181-182

Nabokov, Vladimir 弗拉基米尔·纳博科夫

 The Enchanter（endpapers）《魔法师》(衬页) 281

 Pale Fire《微暗的火》 249

navigation of texts: sequential vs. non-sequential 文本导航:按序与无序 68, 76

New York Times《纽约时报》 260

Newton, Sir Isaac 艾萨克·牛顿爵士 **32**, 33

Principia《自然哲学的数学原理》 58

Niccols, Richard 理查德·尼科尔斯 92

nihil obstat"无异议"声明 58

nineteenth century 十九世纪

 bindings 装帧 56, 290

 chapter heads 章节标题 161–162

 decorated papers 装饰纸张 284–285

 dust-jackets 护封 13–16, 290

 epigraphs 题词 170

 illustration and ornament 插图与装饰 120, 221, 235

Noble Stranger, The (L. S.) (play)《高贵的陌生人》(L. S. 著) (戏剧) 184

Nolan, Sidney 西德尼·诺兰 17

North, Anna: 'On Acknowledgements' 安娜·诺思:《论致谢》 102 n.

novels 小说

 author prefaces 作者前言 86

 blurbs, evolution of 书封文字的发展 294–299

 blurbs, modern 现代书封文字 289, 290–292, 293, 294

 chapter heads 章节标题 154, **155**, 161–164

 character lists 人物表 125, 136

 epigraphs 题词 168, 170–174

 footnotes 脚注 242, 243–244, 248, 249

 tables of contents 目录 68

number lines 数字串 63–64

Nuremberg Chronicle《纽伦堡编年史》 215

Oberndorf, Johann: *The anatomyes of the true physition, and counterfeit mounte-banke* 约翰·奥伯恩多夫:《正规医生与冒牌大夫的解剖法》

254

Obi 腰封　17

Open Access 开放获取　60

ordinatio 逻辑结构　195,197

Organiste athée, L'《无神论者》　3-4

Ortelius, Abraham: *Theatrum Orbis Terrarum* 亚伯拉罕·奥特柳斯:《寰宇大观》　233-234,彩色插图 6

Orton, Joe and Halliwell, Kenneth: vandalized book covers 乔·奥顿与肯尼斯·哈利维尔: 篡改图书封面　20,22,彩色插图 3

Orwell, George 乔治·奥威尔　289

page heads 页眉参见 running titles 页眉标题

page numbers 页码　141

　　foliation vs. pagination 张数编码与页码的比较　147-148

　　in manuscript codexes 手抄本中的　139,145-146

　　and navigational paratexts 与导读功能辅文　72,76,270-271

　　for prefatory material 前辅文中的　4

Palmer, Samuel (printer) 塞缪尔·帕尔默(印刷商)　118

Pangallo, Matteo 马迪奥·庞加罗　129-131

paper quality 纸张质量　62-63

　　endleaves 衬页　279,280,281-282

paperbacks 平装本　17

paratexts 辅文　5-6,18

　　另见 *First of April*, The《四月一日》

Parmar, Priya: *Vanessa and Her Sister* 普莉亚·帕尔马:《凡妮莎与她的姐妹》　60,**61**

parody 戏仿参见 satire, parody and humour 讽刺、戏仿与幽默

Parrish, Morris 莫里斯·帕里什　21

paste papers 糊染纸　283-284,**彩色插图 10**

pastedowns 衬页粘连部分　277,278-279

Patchett, Ann 安·帕切特　104

patronage 赞助　97-98,100,101

Pearson, David 大卫·皮尔森　278

Peele, George: *Edward I* 乔治·皮尔:《爱德华一世》　182,**183**

Penguin 企鹅出版社　56,57

Pepys, Samuel 塞缪尔·佩皮斯　28,37,48,58

peritexts 内文本　18

Pettie, George: *A Petite Pallace* 乔治·佩蒂:《佩蒂特宫殿》　86-87

Pfister, Albrecht 阿尔布雷希特·普菲斯特　213

piracy 盗版　48,206,217

place of publication 出版地点　47-48,56,57,87,119

playbooks 剧本　**202,203,204**

    collection and running titles 文集与页眉标题　201-206

    narrative frontispieces 叙事性卷首页　30

    vs. 'parts' 与台词本的比较　185

    另见 character lists 人物表; stage directions 舞台指示

Pliny the Elder: *Natural History* 普林尼:《自然史》　7,68-69,78,157

Pliny the Younger: *Letters* 小普林尼:《书信集》　70-71,74,76

Plomer, Henry R. 亨利·R. 普洛莫　111

poetry 诗歌

    annotation of 的注释　242-243,244-246

    commendatory verse 赞美诗　8,293

Pollard, A. W.: *Last Words on the History of the Title Page* A. W. 波拉德:《最后的书名页史话》　41,48

Ponsonby, William 威廉·庞森比　88,112

Pope, Alexander 亚历山大·蒲柏　30–31,118,240

 as editor of Shakespeare 编辑亚历山大作品　179

 The Dunciad《愚人志》　10,242–243,257–258,272

 The Iliad of Homer (frontispiece)《荷马史诗：伊利亚特》(卷首页)
  30–31

Porphyry: *Enneads* (Plotinus) 波菲利：《九章集》(普罗提诺著)　157–158

Porta, Giambattista della: *Natural Magick* (frontispiece) 詹巴蒂斯塔·德拉
 波尔塔：《自然魔法》(卷首页)　31

prefaces 前言　7,9–10,84,86,295

 content listing in 其中的内容目录　73,76

 另见 introductions 序言

Price, Leah 莉亚·普赖斯　171,174

printers 印刷商

 blamed for errors 错误责任　87,197–199,254,255,259

 identifying 确认身份　119

 unionized 印刷公会　63

 visibility in book production 图书制作过程中的存在感　56

 printers' devices 印刷商纹章　54,**54**,77,112,**113**

  imprint logos 出版品牌商标　57

printers' epistles 印刷商致读者书, 参见 addresses to the reader 致读者书

printers' flowers 印刷商花饰, 参见 fleurons 花饰

Printer's Grammar, The《印刷商语法》　247

Printers' International Specimen Exchange, The《国际印刷样本交流》
 120

printers' keys 印刷厂编码　63–64

printers' ornaments 印刷商装饰　111–122

  block ornaments 木刻装饰画　111,112 - 114,**113**,119

  fleurons 花饰　111,114 - 119,**114**,**115**,**117**,120 - 121,**彩色插图 5**

printing, introduction of 印刷技术的引入

  and dramatic texts 与戏剧文本　126

  and errata lists 与勘误表　253 - 254

  and frontispieces 与卷首页　27

  localization 本地化　229

  and ornamentation 与装饰　111

  page-by-page catchwords 逐页页首词　143

  and page numbering 与页码编写　147 - 148

  running titles 页眉标题　195 - 196

  stability of pagination 页码的稳定性　271

  and the title page 与书名页　41,43,45 - 46,48

printing process 印刷流程

  catchwords and 页首词与　143

  decorated papers 装饰纸张　284

  engravings 雕版画　225 - 226,229

  fleurons 花饰　111,114,118 - 119

  frontispieces 卷首页　28

  inks 油墨　63

  letterpress vs. etching pages 活版印刷与蚀刻印刷　36

  liability to error 错误责任　253

  machine presses 机械印刷　56,120

  timeline 时间线　88

  woodcuts 木版画　114,211 - 214,215 - 216

prologues 开场白　10,84

Ptolemy's Geography 托勒密所著《地理学》

  Berlinghieri (Florentine) version 贝林吉耶里（佛罗伦萨）版　226 - 227,

226,229

　　Sweynheym(Roman) version 斯温海姆(罗马)版　227,**228**,229

publishers 出版商

　　advertisement by endpaper 衬页广告　281

　　advertisement by frontispiece 卷首页广告　28

　　dedicatees of *No Thanks* (Cummings)《不了谢谢》(卡明斯著)献词　103

　　and development of dust jackets 与护封的发展　13,14-17

　　licences 出版许可　57-58

　　mandatory identification of 确认身份的强制要求　48

　　另见 imprints 出版品牌

Publishers' Weekly《出版商周刊》　18

Puffin 海雀出版社　57

Pynson, Richard 理查德·平森　111,201

quality and standards statements 质量与标准声明　62-63

quires 书帖　139 n.

Radcliffe, Ann 安·拉德克利夫　171-172

Rasputin and the Empress (film)《拉斯普丁与皇后》(电影)　60

reader response, attempts to direct 引导读者反馈的尝试　86,87,91,200,
　　202-203,244

readers, additions made by 读者所补充内容　74,104,146,183,270,281

reading culture 阅读文化

　　catchwords and reading aloud 页首词与朗读书籍　143

　　'index learning' "索引研究"　272-273

　　medieval 中世纪的　42-43,71,194-195

　　skipping and skimming 跳过与略读　10,174-175,197

reference reading 参考文献 68,71

registers（binding instructions）顺序（装订说明） 54-55

registers（of contents）名单（目录） 265

Regnault,François 弗朗索瓦·勒尼奥 147

Reinhardi,Johannes 约翰内斯·莱因哈迪 215

reprints 重印 62,91-93

reviews 评论

    blurb quotes 书封文字引用 292,293

    user-published 用户发表的 175

Richard of Stavensby 斯塔万斯比的理查德 267

Richardson,Samuel 塞缪尔·理查逊 244

    Clarissa《克拉丽莎》 116-118,**117**,243,244

    Pamela《帕梅拉》 294-295

    Sir Charles Grandison《查尔斯·格兰迪森爵士》 **135**,136

Ricks,Christopher 克里斯托弗·里克斯 100,121

Ridpath,George：*The Stage Condemn'd* 乔治·里德帕斯：《舞台谴责》 197

Roberts,Matt 马特·罗伯茨 278

Roman Catholic Church 罗马天主教会 58

Rood,Theodoric 西奥多里克·路德 111

Ross,Angus 安格斯·罗斯 244

Ross,Fran：*Oreo* 弗朗·罗斯：《奥利奥》 168

Rouse,Mary A. and Richard H.：'LaNaissance des index' 理查德·H.与玛丽·A.劳斯：《索引的诞生》 265-266

Rowling,J.K.：*Harry Potter and the Deathly Hallows* J.K.罗琳：《哈利·波特与死亡圣器》 104

royalty 皇家 57,98,100-101

rubrication 红字写印 42,70–71,182

running titles 页眉标题 193–207

 in Dryden's Virgil 德莱顿的维吉尔作品中的 199–200,206

 functions 功能 195–197,202–203

 inaccuracy in 其中的错误 197–199

 and medieval reading practices 与中世纪阅读习惯 194–195

 in modern publishing 现代出版中的 206–207

 and multi-work collections 与多作品合集 195,200–202,203–206

 terminology 术语 193–194

Sacks, Sam 萨姆·萨克斯 102

sacred texts 宗教文本 111,116,147,239

 decoration 装饰 213,220

 另见 Bible, the《圣经》;Mainz Psalter《美因茨诗篇》

Saenger, Michael 迈克尔·辛格 91

sammelbände 汇编集 74,**75**,204–206,**205**

 另见 multi-work volumes 多作品合集

satire, parody and humour 讽刺、戏仿与幽默

 in addresses to the reader 致读者书的 87,91

 apparatus without text 无文字的作品 46–47

 in blurbs 书封文字的 290–292

 in character lists 人物表的 132–133

 in dedications and acknowledgements 献词与致谢的 100,102

 in epigraphs 题词的 168

 in errata lists 勘误表的 256–258

 in footnotes 脚注的 240,242–244

 in imprints 出版信息的 47

　　　　in indexes 索引的　272-273

Sayers, Dorothy L.: *Clouds of Witness* (doctored jacket) 多萝西·L. 塞耶斯:《证言疑云》(篡改护封)　20

SBN (Standard Book Number) 标准书号　63

Schiffman, Jean 琼·希夫曼　187

Schmidt, Suzanne Karr 苏珊娜·卡尔·施密特　232

scholarly publishing 学术出版

　　　　acknowledgements 致谢　104-105

　　　　bindings 装帧　20

　　　　digitization and notes 数字化与注释　248

　　　　imprimaturs (印刷) 许可　58

　　　　material quality 印刷质量　62

　　　　mathematical 数学　254

　　　　Open Access movement 开放获取运动　60 另见 'Battle of the Books'《图书之战》

Schwartz, Jacob 雅各布·施瓦茨　18

science books 科学著作　216-217, 232-233

Scott, Walter: *Ivanhoe* 沃尔特·司各特:《艾凡赫》　102

Scriblerus, Martinus/Scriblerus Group 马迪努斯·斯克里布勒鲁斯/涂鸦社　7, 242, 257-258

Scribonius Largus: *Compositions* 斯克里博尼乌斯·拉格斯:《构成》　69

scrolls 卷轴　69, 156

secundo folio records 下一页记录　146 n.

Seneca 塞涅卡

　　　　character lists 人物表　128-129

　　　　decorated catchword depiction 装饰性页首词插画　144, **144**

　　　　'Englished' playbooks "英文版"剧本　201-202, **203**

separable and temporary parts 临时独立构件

    border trimming 边缘剪裁　145

    engravings as 雕版画　232,234

    frontispieces as 卷首页　28 – 29,34 – 37

    另见 dust-jackets 护封

Seres,William 威廉·赛里斯　84

seventeenth century 十七世纪

    addresses to the reader 致读者书　85,87

    character lists 人物表　126 – 127,132 – 133

    dedications 献词　105

    endleaf decoration 衬页装饰　282 – 283,284

    engraving 雕版画　231,234 – 235

    epigraphs 题词　168

    errata lists 勘误表　254,255,256,259

    footnotes 脚注　239 – 240

    frontispieces 卷首页　27 – 28

    praise poems 赞美诗　293

    running titles 页眉标题　194,196 – 200

    textual editing 文本编辑　240

    typography and fleurons 排版与花饰　116

    woodcuts 木版画　220

Seward,William：*Anecdotes of Some Distinguished Persons* 威廉·苏厄德:《名人轶事》　33 – 34,**34**

Shakespeare,William 威廉·莎士比亚

    First Folio《第一对开本》　29,84,93,**141**,179,180

    frontispiece portraits of 卷首肖像画　29 – 30

    ornaments in modern editions 现代版本中的装饰画　121

As You Like It《皆大欢喜》 186

Hamlet《哈姆雷特》 180

I Henry Ⅳ (first quarto)《亨利四世》(第一版四开本) 289-290

Henry V《亨利五世》 179-180

Macbeth《麦克白》 180,185,186

Richard Ⅲ (third quarto)《理查三世》(第三版四开本) 183

Troilus and Cressida《特洛伊罗斯与克瑞西达》 265 n.

Two Noble Kinsmen (quarto)《两个高贵的亲戚》(四开本) 184-185

Shaw, George Bernard: *Man and Superman* 萧伯纳:《凡人与超人》 188

Sidney, Philip: *Arcadia* 菲利普·西德尼:《阿尔卡迪亚》 112

signatures 折标 54,72,140-142,**141**,145

signed copies 签名本 104,281

Simmes, Valentine and Creede, Thomas 瓦伦丁·西姆斯与托马斯·克里德 92

Simon, Linda 琳达·西蒙 86

Simon, Richard 理夏·西蒙 239

Simon and Schuster 西蒙与舒斯特出版社 17

sixteenth century 十六世纪

 addresses to the reader 致读者书 83-84

 binding instructions 装订说明 54

 catchwords 页首词 143

 dedications 献词 105-106

 errata lists 勘误表 253-254,255,256

 fleurons 花饰 116

 illustration 插图 213,217,220,231-234

 indexes 索引 74

 introductions 序言 7-8

page numbering 页码编写　147-148

　　paper marbling 大理石纹纸制作　282-283

　　playbooks 剧本　126-127,128-132,201-206

　　proto-blurbs 书封文字原型　289-290

　　title pages 书名页　7

Smith,D. Vance D. 万斯・史密斯　42-43

Smith,Margaret 玛格丽特・史密斯　45,46

Snodham,Thomas 托马斯・斯诺达姆　85

Snow,C. P.,cover art for works of C. P. 斯诺作品的封面艺术　17

social media 社交媒体　148

Society of Indexers 索引员协会　274

Southey,Robert 罗伯特・骚塞　256-257

Spenser,Edmund 埃德蒙・斯宾塞

　　Complaints (printer's epistle)《抱怨》(出版商致读者书)　88,**89**

　　Epithalamion《新婚颂歌》　4

　　The Faerie Queene《仙后》　88,261

St Jacques,Dominican priory (Paris):Bible concordances 圣雅克多明我修道院(巴黎):《圣经》用语索引　266-268

stage directions 舞台指示　179-189

　　authorship of 的作者　181,183-184,186

　　and the director 与导演　186-188

　　intended users 目标受众　184-185,188

　　layout 排版　181-183,**183**,189

　　literary 文学性　188,189

　　terminology 术语　179-181,186,188

Stallybrass,Peter 彼得・史泰伯拉斯　174

Stapleton,Thomas: *A Counterblast of M. Hornes Vayne Blast* 托马斯・斯

泰普顿:《反驳霍恩先生的驳斥》 196,**196**

Star Chamber decree (1637)《星室法令》(1637) 116

Stationers' Company 出版商公会 59,211

Statute of Anne (1710)《安妮法令》(1710) 45,58

Steevens,George 乔治·斯蒂文斯 180

Stendhal (Marie-Henri Beyle): *Le Rouge et le noir* 司汤达(玛里-亨利·贝尔):《红与黑》 161,162

Sterne,Lawrence: *Tristram Shandy* 劳伦斯·斯特恩:《项狄传》 3,101-102,220-221,243

Straet,Jan van der (Stradanus) 扬·范德斯特拉特(斯泰达努斯) 233

Straten,Derek van der 德里克·范德施特拉滕 201

Strauss,Ralph 拉尔夫·施特劳斯 21

Sweynheym,Conrad 康拉德·斯温海姆 227

Swift,Jonathan 乔纳森·斯威夫特 240

　　A Tale of a Tub《木桶的故事》 10,242,272

Swinnock,George: *Heaven and Hell Epitomized* 乔治·斯文诺克:《天堂与地狱缩影》 197

tables of contents 目录 67-79

　　in incunables 摇篮本中的 72-74,76

　　vs. indexes 与索引的比较 67-68,74,76-78,265

　　in medieval manuscripts 中世纪手抄本中的 71-72

　　to multi-work volumes 多作品合集中的 74-77,**75**,**77**,204-205,**205**

　　placement in book 书中的位置 67-68,72

　　and readers' routes 与读者阅读顺序 67,78-79

　　transmitted from antiquity 从古书中流传 68-71,74

tabula Bembina "本波铜表" 153,156

索引　455

tailpieces 章尾花饰　111,**115**,118

Tallent,Gabriel: *My Absolute Darling* 加布里埃・塔伦特:《我的挚爱》
290-291

Tanselle,G. Thomas: *Book-Jackets* G. 托马斯・坦赛尔:《图书护封》
19,21

Tatham,Jonathan: *The Fancies Theater* 约翰・塔特汉姆:《幻想剧场》
293

Tatler,*The*《闲话报》　256

Taylor,John: *Sir Gregory Nonsence his newes from no place* 约翰・泰勒:《格雷戈里・胡说爵士及其无中生有的故事》　100,105,256-257

Terence,editions of manuscripts 泰伦斯作品手抄本版本　129

    Pynson (1490s)平森版(十五世纪九十年代)　201

    Reinhardi (1496)莱因哈迪(1496)　215

    Vérard (1503) 维拉尔(1503)　129

textual editing 文本编辑　240,257-258,259

Theobald,Lewis 刘易斯・西奥博尔德　179,242-243,257

Theroux,Paul: *World's End* 保罗・塞洛克斯:《世界末日》　102

Third Concordance《第三版〈圣经〉用语索引》　268

Thornhill,James 詹姆斯・桑希尔　33

title pages 书名页　41-49

    absence in manuscript era 手抄本时代的缺失　42-43

    Bagford collection 巴格福德的收藏　48

    classical epigraphs 古典题词　171

    descriptive blurbs on 其上的描述性书封文字　295-297

    and digitization 与数字化　49

    dramatic 剧本的　129,**130**,131-132

    early variation in 早期的变化　45-46

imprints on 其上的出版信息 47-48,54,55

incunable precursors 摇篮本中的前身 43-44,45

Jenson's Aristotle (1483) 詹森版亚里士多德作品集(1483) 44,**彩色插图 4**

woodcut decoration 木版画装饰 211

另见 frontispieces 卷首页

titles 标题 7,42,43-44

另见 running titles 页眉标题

titulos/-i 标题 158

Tolstoy,Leo：*Anna Karenina* 列夫·托尔斯泰：《安娜·卡列尼娜》 161 n.

Tombes,John：*Christs Commination against Scandalizers* 约翰·汤贝斯：《基督对诽谤者的天谴威吓》 197

Tonson,Jacob 雅各布·汤森 29-30,200,206

Tribble,Evelyn B.伊芙琳·B. 特里布尔 239,242

Trollope,Anthony：*Framley Parsonage* 安东尼·特罗洛普：《弗莱姆利教区》 162,**163**

turn-ins 折入部分 277

Turnbull,Margaret：*Looking after Sandy* 玛格丽特·特恩布尔：《照顾桑迪》 16

Turner,William 威廉·特纳

The Examination of the Mass《弥撒的检验》 133,**134**

Herbal《芳草植物志》 98

Twain,Mark：*Puddin' head Wilson* 马克·吐温：《傻瓜威尔逊》 91

twentieth century 二十世纪

authorial prefaces 作者前言 86

blurbs 书封文字 290,291-292,293-294,298-299

copyright symbol 版权符号 59

dedications 献词　107

dust-jackets 护封　16-17

editions and reissues 版本与再版　62

errata poetry 勘误诗歌　258-259

specialty publishing 专业出版　56,57

typography and ornaments 排版与装饰　121

Two Merry Milkmaids,*The*（play）《两个快乐的挤奶女工》（戏剧）　183

Tyndale,William 威廉·廷代尔　7-8,47,256

typography 排版　100,206

　　另见 fleurons 花饰

Udall,Nicholas（attrib.）：*Jack Juggler* 尼古拉斯·尤德尔（公认作者）：《杂耍者杰克》　129,**130**

Ugelheimer,Peter 彼得·威格尔海默　44

Union Label 公会标签　63

United States of America 美国

　　copyright law 版权法　59,188

　　Union Label movement 公会标签运动　63

universities 大学　266

variorum editions 集注版　242-243

Vasari,Giorgio：*Lives of the Artists* 乔尔吉奥·瓦萨里：《艺术家的生命》　232,233

Vesalius,Andreas：*De Humani Corporis Fabrica* 安德烈·维萨里：《人体构造》　217,232-233

Victor Gollancz Ltd 维克多·高兰茨有限公司　17,56

Voltaire（François-Marie Arouet）：*Elemensde la Philosophie de Neuton* 伏

尔泰(弗朗索瓦-马里·阿罗埃):《牛顿哲学原理》 31-33,32

Walpole, Horace 霍勒斯·沃波尔 245,246

Walsh, Marcus 马库斯·沃尔什 239,242,249

Warburton, William 威廉·沃伯顿 31,243

Ward, Beatrice 比阿特丽斯·沃德 121

Watkins, Richard 理查德·沃特金斯 86

Watts, John 约翰·沃茨 112,114

Waugh, Evelyn 伊夫林·沃 17

Wayland, John 约翰·韦兰德 91-92

websites 网站 175

Weijers, Olga: Dictionnaires et répertoires au moyen age 奥尔加·韦耶:《中世纪的字典与目录》 71 n.

Wellisch, Hans 汉斯·韦利什 271

Wheatley, Henry: *What is an Index?* 亨利·惠特利:《什么是索引?》 265 n.

Wheatley, Phillis: *Poems on Various Subjects, Religious and Moral* 菲利斯·惠特利:《有关宗教道德等各种主题的诗歌集》 89-91,**90**

Wheelock, John E.: *In Search of Gold* 约翰·E. 韦洛克:《寻金记》 14

Wikipedia 维基百科 148

Wildfire 野火(出版品牌) 56-57

William de Montibus: *Distinctiones* 威廉·德蒙蒂布斯:《区别》 270

Wilson, Alexander 亚历山大·威尔逊 115-116

Wilson, Robert 罗伯特·威尔逊

Three Ladies of London《伦敦的三位夫人》 182,**183**

Three Lords and Three Ladies of London《伦敦的三位贵族与三位夫人》 204

Wisdom（play）《智慧》（戏剧） 127

Wolfe, Richard J. 理查德·J. 沃尔夫 283

Wood, Kelli 凯利·伍德 232

wood engraving 木雕 212, 221, 235

woodcuts 木版画 211-222

 Accipies woodcut 木版画《授予》 45

 colorization 上色 231

 on dramatic title pages 剧本书名页上的 129

 image and text 图像与文字 211, 213-214, 216

 printing process 印刷流程 212

 reuse of blocks 木刻印版的重复使用 215-216, **218-219**, 219, 222, 233

 status and perception 地位与认知 217, 219-221, 232-233

 另见 block ornaments 木刻装饰画

Woudhuysen, Henry 亨利·伍德海森 121

Woolf, Virginia 弗吉尼亚·伍尔夫

 Orlando《奥兰多》 **106**, 107

 The Waves《海浪》 292

Worde, Wynkyn de 沃恩·德沃德 111-112

 device 纹章 112, **113**

Worm, Ole：*Museum Wormianum* 欧勒·沃姆：《沃姆博物馆》 31

wormholes, in woodblocks 木版画中的虫洞 119

wrappings, sealed 密封包装纸 14

xylography 木刻技术 211, 213-214

Zainer, Gunther 冈瑟·蔡纳 213

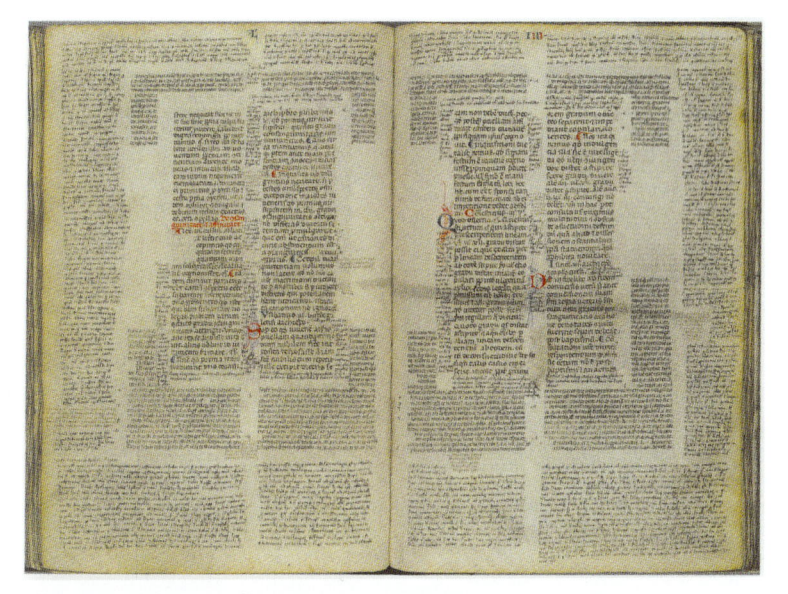

彩色插图 1　源自十三世纪晚期或十四世纪早期的意大利手抄本页面，正文周围有种注释辅文。《格雷戈里九世法令》(Decretales Gregorii Ⅸ)，现为加州大学伯克利分校法学院罗宾斯馆藏(Robbins Collection)，www.digital-scriptorium.org

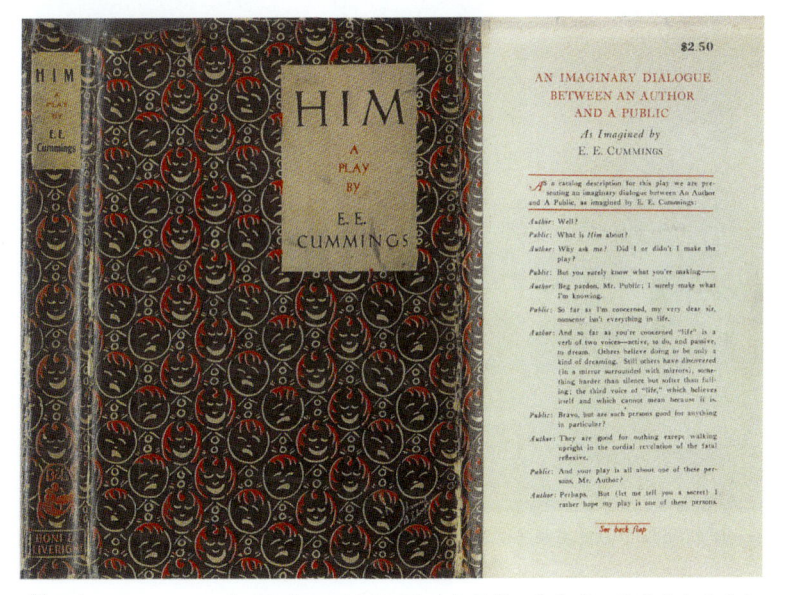

彩色插图 2　E. E. 卡明斯作品《他》(1927)的护封勒口处印有一段作者与公众之间的对白。通过 W. W. 诺顿出版社(W. W. Norton)由 E. E. 卡明斯遗产管理委员会授权。现藏于耶鲁大学贝内克珍本及手抄本图书馆

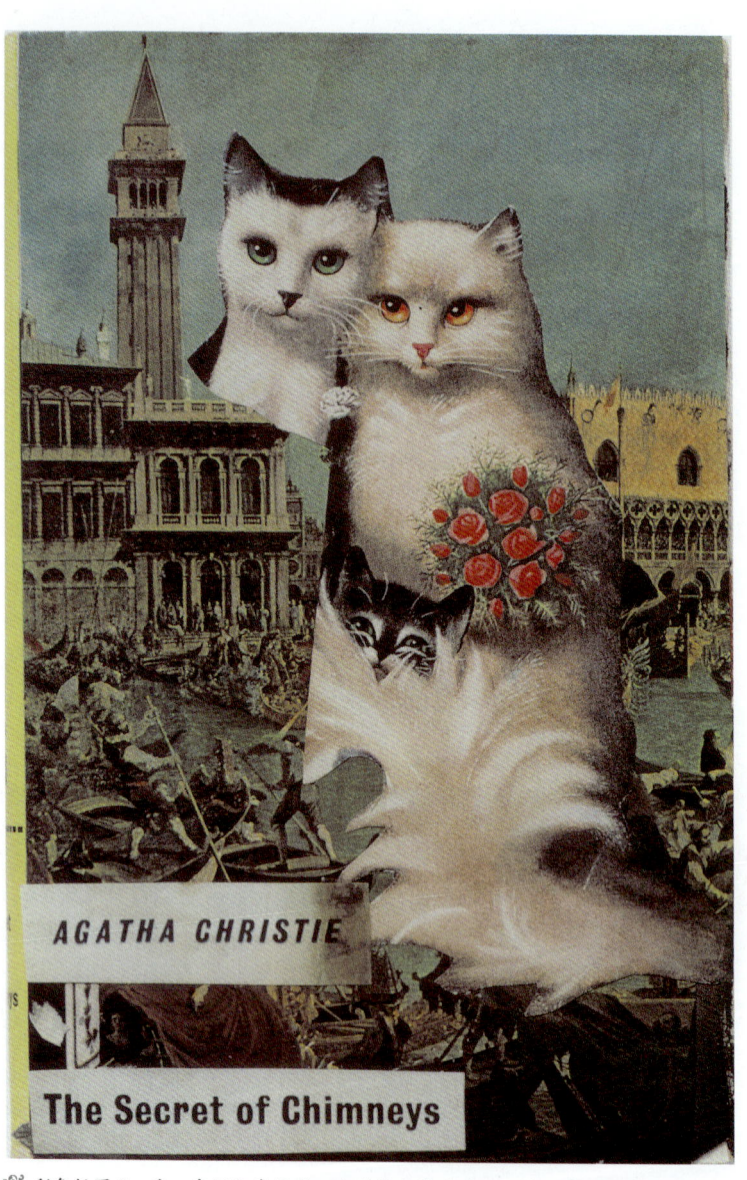

彩色插图 3　乔·奥顿与肯尼斯·哈利维尔篡改的阿加莎·克里斯蒂所著《名苑猎凶》护封。由伊斯灵顿地方历史中心/乔·奥顿遗产管理委员会授权

彩色插图 4　亚里士多德作品[《歌剧》]（威尼斯，1483），PML 21194 – 5 vol. I, f. 2r. 现藏于纽约皮尔庞特·摩根图书馆与博物馆（The Pierpont Morgan Library and Museum）

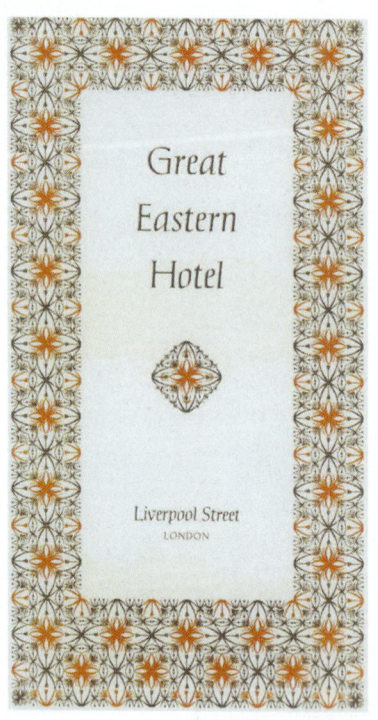

彩色插图 5　东方大酒店(Great Eastern Hotel)1967 年菜单上的格林特花饰。摄影师迈克·阿什沃思(Mike Ashworth)

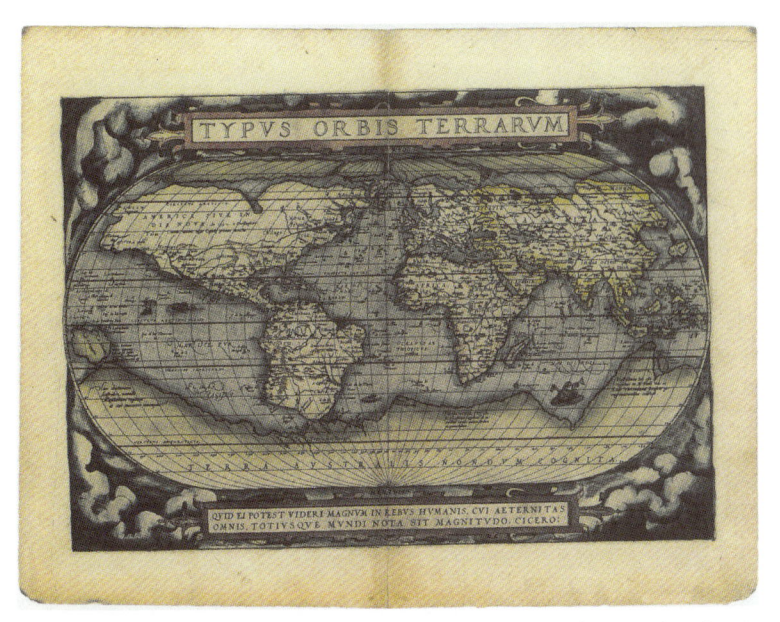

彩色插图6 亚伯拉罕·奥特柳斯作品《寰宇大观》(安特卫普,1570)中的手工上色铜版画世界地图。现藏于华盛顿国会图书馆

彩色插图7 约翰内斯(琼)·布劳作品《大地图集》中的手工上色雕版画世界地图。现藏于苏格兰国家图书馆

彩色插图 8　1837 年墨西哥朱利安出版社(I. Julian)书籍中的衬页。现藏于加州大学河滨分校里维拉图书馆(Rivera Library)

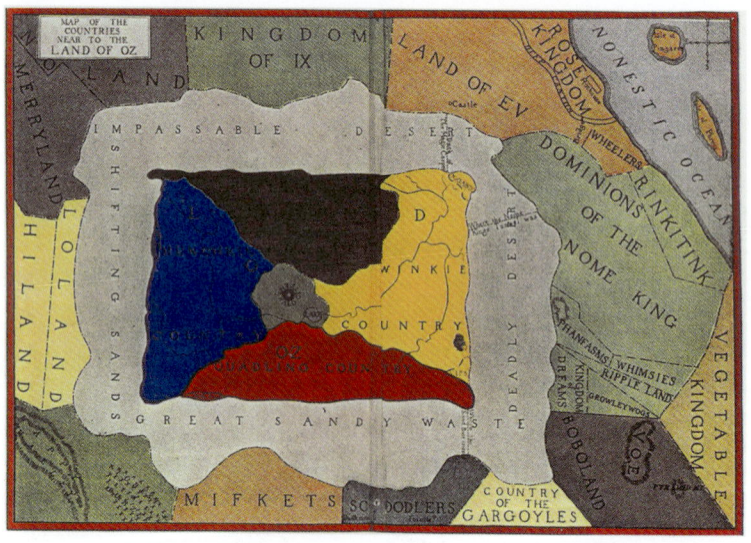

彩色插图 9　《绿野仙踪》的衬页［伊利诺伊州芝加哥市：雷利与李(Reilly and Lee)，1908)］

彩色插图 10　附有镀金花边的糊染纸衬页。摄影师劳伦斯·A. 米勒(Lawrence A. Miller)，http://www.virtual-bookbindings.org

彩色插图 11　内含 2000 种纸样的大型样板册，出自阿沙芬堡的造纸厂。该厂商拥有数十本样板册，无数纸张种类被用作衬页

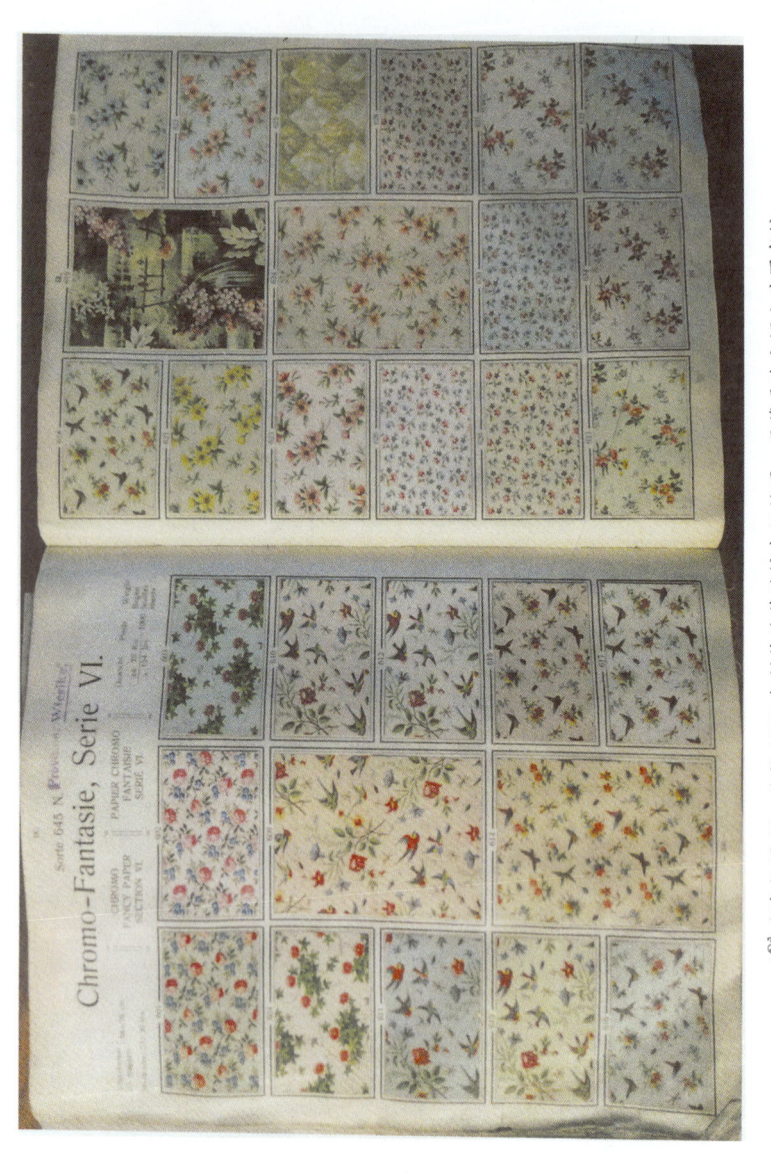

彩色插图 12 伦敦 1695 年制作的荷兰烫金纸衬页。现藏于波士顿公共图书馆